RACHEL COHEN

A CHANCE MEETING

偶　遇

美国作家与艺术家的多维私交

（美）瑞切尔·科恩　著

高伟　译

新星出版社 NEW STAR PRESS

谨将此作

　　献给我挚爱的双亲

目录
CONTENTS

序　言

　　在这本书中,30个人以常见的方式相遇:或倾慕已久,有心安排;或朋友引见,不期而遇;或吧台举杯,无心邂逅。他们或是在摄影室遇见彼此,或是相会于杂志编辑室,他们彼此交谈几小时,或甚至四十年。后来他们总会觉得,恰如司空见惯的那般,纯属偶遇但又注定不会失之交臂。

　　他们有的相遇后留下难忘的记忆,尽管再也不曾谋面;有的相遇时一见倾心,却又中途生变,永远相互影响,却又偶尔彼此对抗。在记录自己的生活时,他们常常会把这些相遇看成是人生的重要转折点,如同跨过一道新门,或是握住一只不熟悉的手。

　　他们之间所发生的事情,有时仅仅靠一张照片记录下来,有时又是经久不渝的友情,珍藏在彼此心间。随着他们彼此了解得更深,便常常写信鼓励对方,或编辑彼此的小说,或一起去游泳,或齐心奋斗,或将诗作奉献给对方,又或者是在棋盘上博弈厮杀。

　　他们先后出现在一个多世纪的历程中,那是一段多产而又艰难的时光,发生过两次相关的大事件:南北战争和民权运动。有时他们相逢于战场之外,有时又巧遇在示威现场。他们一起坐在某个人的藏书室里或是坐在出租车里时,战争与政治也是他们心中思考的内容。

　　10年前,在我孤身一人驾车周游美国时,他们中的许多人就与我为伴,陪我度过了那孤寂的一年。在我汽车尾部的行李箱中有两箱图书,作者有亨利·詹姆斯(Henry James)、马克·吐温(Mark Twain)、尤利塞斯·S.格兰特(Ulysses S. Grant)、维拉·凯瑟(Willa Cather)、凯瑟琳·安娜·波特(Katherine Anne Porter)、詹姆斯·鲍德温(James Baldwin)、玛丽安娜·穆尔(Marianne Moore)以及伊丽莎白·毕晓普(Elizabeth Bishop)。我读着这些以前没有读过的书,希望藉此了解它们的作者。我观察这些作者如何对待爱情、孤独、宗教、自然界、历史、阅读以及他们的家庭,但我最关心的还是他们如何看待友谊。

我开始大量阅读散文集和书信集,意识到这两箱书中的许多作者彼此相识。例如,是马克·吐温首先出版了尤利塞斯·S.格兰特的《尤利塞斯·S.格兰特自传》(Personal Memoirs)。维拉·凯瑟在文章中写到安妮·亚当斯·菲尔兹(Annie Adams Fields)以及莎拉·奥恩·朱厄特(Sarah Orne Jewett)时,文笔优美地描述了其他作家对她的帮助。经过长时间思考,我借用了凯瑟一篇文章的标题——《偶遇》(A Chance Meeting)——作为本书的书名。在墨西哥,凯瑟琳·安娜·波特几乎是将哈特·克莱恩(Hart Crane)轰出了她的房子;伊丽莎白·毕晓普除了给玛丽安娜·穆尔写过诗,还给她写过数百封信;在一起观看了一场职业拳击赛以后,詹姆斯·鲍德温再也没有与诺曼·梅勒(Norman Mailer)交谈过。

在我看来,以上这一切似乎都是马克·吐温称为"私人历史"的事件。最先我是分别思考这些人的相遇之事,但是这样做却无法解释这类情形:吐温终生不渝的朋友威廉·迪恩·豪威尔斯(William Dean Howells)与亨利·詹姆斯的关系也很亲密。我意识到这些私人历史存在着互相交叉的现象,于是,我开始整理自己手中的种种资料。我发现,尽管有中断,但这种立体交叉的人际关系模式随着时间流逝而愈发清晰,需数十年或几百年方可展示得充分,展示得彻底。因此我想,是否有可能阅读较长的私人历史,这样就有可能揭示出他们之间错综复杂的立体关系的全貌。

在随后的数年里,在前面的人物名单中又加入了新的人名,他们互相影响的种种线索也浮现出来。为了追求身临其境的感受，我尽可能地阅读了一切公开出版的材料，包括散文、自传、信件、日记、笔记、小说、诗歌、其他人写的回忆录以及传记。此外，我也研究了大量的人像摄影作品，它们主要是由这四位摄影家拍摄的：马修·布雷迪（Mathew Brady）、爱德华·史泰钦（Edward Steichen）、卡尔·范维克顿（Carl Van Vechten）以及理查德·阿维顿（Richard Avedon）。

在我整理资料的过程中，我读到过许多记忆深刻的细节：沃尔特·惠特曼（Walt Whitman）参观医院时，士兵们觉得他的皮肤看起来红润得不同寻常；W. E. B. 杜·波依斯（W. E. B. Du Bois）酷爱看电影；格特鲁德·斯泰因（Gertrude Stein）觉得自己的第一次飞行经历毛骨悚然；爱德华·史泰钦能在几秒钟内给人拍出肖像照片。我反复地读着这些资料，感到这些人似乎就在我身边栩栩如生地生活着，这种和谐和自然，就如同我与自己真实生活中的朋友所交往的感觉一样。在他们写谩骂信件时，偶尔成为种族主义者时，使他们妻子的鼻梁折断时，我也未曾试图回避。

我尽力用符合历史时期的语言来反映他们的相互影响，因此，在措辞上，我使用"黑人"而不是"非裔美国人"，使用"部落与地区"而不是"美洲原住民"。也就是说，我忠于当时人们实际上的态度和选择。所以，读者会看到女性出现的不规律性，还有种族之间令人不安的关系。我经常对这些社交圈的偏狭感到失望，也许这点是不需要明说的。

我所写的作家和艺术家或者是生于美国，或者是在美国完成了其重要工作。他们生活在城市里，花费大量时间去拜访，去交谈，在离开之后则写了大量的信件。对他们的朋友而言，他们从来没有真正消失过。不过，这种情况并不显见于下面这些人的生活中：艾米莉·狄金森（Emily Dickinson）、简·图默（Jean Toomer）、罗伯特·弗罗斯特（Robert Frost）、威廉·福克纳（William Faulker）或者是弗兰纳里·奥康纳（Flannery O'Connor）。本书中的这些人都对社会现实抱有浓厚的兴趣，但他们基本上没有把那些活动记录下来。这也是导致下面这些人缺失的部分原因：亨利·亚当斯（Henry Adams）、珍妮·亚当斯（Jane Addams）、西奥多·德莱塞（Theodore Dreiser）、伊迪丝·华顿

(Edith Wharton)以及理查德·赖特(Richard Wright)。另外,如果书中的人物是视觉艺术家,我所写的只是他们作为肖像摄影家在单独的环境中工作的情形,或者是他们聚集在一起时的场景。我没有选择下面的这些人作为中心人物:约翰·辛格·萨金特(John Singer Sargent)、沃克·埃文斯(Walker Evans)、多萝西·兰格(Dorothea Lange)、雅各布·劳伦斯(Jacob Lawrence)、乔治亚·欧姬夫(Georgia O'keeffe)或者是马克·罗斯科(Mark Rothko)。最后有一点很重要,我写的是那些我内心对其有感觉的人。我经常想起在《桥》(The Bridge)中哈特·克莱恩对沃尔特·惠特曼的致辞——

> 你,不是最伟大的,
>
> ——也不是第一个,
>
> 不是最后一个,
>
> ——但却是亲近的。

我想给读者提供一种乐趣:在我们已知的东西与我们仅能靠想像获得的东西之间穿梭。此外,我也想把自己的直觉很清楚地表达出来。我的猜测出现在章节的开头与结尾处,否则,我会用"也许"、"可能"这类词来显示出语气的变化。本书附有尾注,在尾注中我详述了根据推测所做的研究,也记录了某些氛围以及我产生的某些想法的来源。我阅读的很大一部分资料均包括在本书所附的参考书目中。

在写作这种想像型的非小说作品时,许多学者、作家和编辑在我写作之前就已经取得的成就,或是他们正在进行的种种杰出的工作都让我受益匪浅。尽管我在注释、参考书目以及谢词中表达了对他们的感谢,但是我依然很想在序言中就说明,如果没有下述这些人所构思的新的传记世界,我的这本书就不可能问世,他们是:里翁·艾德尔(Leon Edel),大卫·坎尔斯多恩(David Kalstone),贾斯廷·坎普兰(Justin Kaplan),大卫·利弗霖·刘易斯(David Levering Lewis),肯尼思·林恩(Kenneth Lynn),F. O. 马修森(F. O. Matthiessen),路易斯·梅南德(Louis Menand),阿诺德·拉波塞德(Arnold Rampersad)和布伦达·维恩艾普(Brenda Wineapple)。另外还有许多人的工作成就也让我获益良多,在此特对他们表示衷心的感谢,他们是:艾米丽·伯纳德(Emily Bernard)、波拉·布莱查德(Paula Blanchard)、爱德华·伯恩斯(Edward Burns)、玛丽·安·考斯(Mary Ann Caws)、邦尼·卡斯特罗(Bonnie Costello)、玛丽·蒂尔博(Mary Dearborn)、尼可拉斯·德邦科(Nicholas Delbanco)、克里弗·费希尔(Clive Fisher)、谢尔白·富特(Shelby Foote)、保罗·福塞尔(Paul Fussell)、威廉·M.吉布森(William M. Gibson)、罗伯特·吉罗克斯(Robert Giroux)、(Joan Givner)、伊恩·汉密尔顿(Ian Hamilton)、菲利普·霍恩(Philip Horne)、卡拉·坎普兰(Carla Kaplan)、布鲁斯·凯尔纳(Bruce Kellner)、大卫·利明(David Leeming)、珍妮特·马尔科姆(Janet Malcolm)、威廉·S.麦克菲利(William S. McFeely)、詹姆斯·麦克斐逊(James McPherson)、布莱特·米勒(Brett Millier)、玛丽·潘策尔(Mary Panzer)、琳达·西蒙(Linda Simon)、亨利·纳什·史密斯(Henry Nash Smith)、苏珊·桑塔格(Susan Sontag)、琼·施特劳斯(Jean Strouse)、卡文·托姆金斯(Calvin Tomkins)以及理查德·维兰(Richard Whelan)。

我还特别感谢这里所选的这些作家和艺术家,他们创作的作品以及留下的肖像照片,为他们的存在提供了某些线索。我钦佩他们坚持对其他人给予慷慨豁达的理解,也敬重他们始终对前人与后来者保留着责任意识。

有件事对我一直意义非凡,那就是詹姆斯·鲍德温住在巴黎的时候,他写了一篇文章,讨论对于他来说作为美国人意味着什么,他是通过引用亨利·詹姆斯的话开头的。我想,他这样做是因为他非常了解詹姆斯,非常了解这位他素未谋面的人。有时,想到鲍德温和詹姆斯已经从这个世界消逝了,我感到有些悲伤。但是,大部分时间里我都很快乐:正是因为鲍德温有他自己的詹姆斯,这才帮助了我,让我有了我自己的詹姆斯。我已经越来越习惯了这样一个想法,正如维拉·凯瑟记忆中马塞尔·普鲁斯特(Marcel Proust)所写的文字:我们前行时,让伟人与我们同在。

第一章

亨利·詹姆斯与马修·布雷迪

　　他们是从布鲁克林回来的。当时正值 8 月,斑斓悦目的夏日盛景正渐渐退去。老亨利·詹姆斯(Henry James Sr.)发现自己有个想法迫切需要与《纽约论坛报》(*the New York Tribune*)的一位先生交流一下,于是他吻别了自己的妻子,带着儿子小亨利·詹姆斯(Henry James Jr.)上了开往布鲁克林的渡轮。返回途中,老詹姆斯对自己突然冒出的一个想法兴奋莫名,他想要给詹姆斯太太一个惊喜:父子二人拍一幅银板照相合影。很多年后,在回忆起那一天时,小亨利·詹姆斯写道,虽然自己已经不太记得具体的细节,但在感觉上很确定,在他们一回到家时,父亲应该就泄露了这个秘密:"他走起路来显得急躁、张皇而又兴奋,即使不是欣喜若狂,也是兴高采烈,这种样子将秘密暴露无遗。"

　　下了渡轮之后,很可能他们先是回了家。当时是 1854 年,那年小亨利·詹姆斯该是 11 岁,詹姆斯一家住在远离联合广场(Union Square)的 14 街。小亨利和父亲常常在曼哈顿下城区(lower Manhattan)附近散步以消磨时光。老亨利·詹姆斯 13 岁时在一场火灾中失去了一条腿,过后他装上了木制假肢,后来又换成了软木假肢。尽管行动多有不便,他仍然非常热衷于步行。而小亨利·詹姆斯则很高兴可以躲开那个总是显得比他更聪明的哥哥——威廉·詹姆斯(William James)的阴影,独占父亲。走到联合广场时,他们常常会驻足仔细阅读近期的戏剧海报,然后或许沿着百老汇街向前散步到第四街,在那里,停下来与坎农夫人(Mrs. Cannon)说几句话。她经营着一家专卖男士手帕、硬领、领结和古龙水之类的绅士用品店,总会应声从楼上跑下来迎接客人们。最后,他们会到达百老汇街尽头的书店(Bookstore)。这家店的拥有者是一位友好的英国绅士,他偶尔会到詹姆斯家做客,与他们共进晚餐。每次逛到这间书店,他们都会问起最新一期的《魅力》(The Charm)杂志到了没有,那是老詹姆斯以儿子的名义订阅的。然而,这本黄颜色封面的英国出版物似乎总是无法按时收到。

亨利·詹姆斯父子俩几乎肯定是走路到马修·布雷迪(Mathew Brady)位于百老汇街359号的工作室去的。工作室位于巴纳姆博物馆(P. T. Barnum's Museum)北侧,在一座建筑物的二楼,而一楼则是汤普森餐厅(Thompson's Dining Saloon),詹姆斯一家经常到这里来吃冰淇淋。尽管在当时那个年代,美味的冰淇淋并非人人都能经常享用,但詹姆斯一家每周一次的定时光顾却人所共知。小亨利·詹姆斯后来在他的自传体作品《一个小男孩及其他》(A Small Boy & Others)中回忆说,他们当时最常去两家餐厅吃冰淇淋,一家是汤普森,另一家则是泰勒餐厅(Taylor's):"我至今记忆犹新,前者的装饰庄重而古朴,后者虽有点儿暴发户味道,但却很抢眼。"

布雷迪的工作室是个绝妙的好去处,它与众多服装设计师和摄影师的工作室一样,坐落在富人住宅区中交通最拥挤的地段,隔壁是一家钢琴商店。在1854年时,曼哈顿和布鲁克林区有百余间类似的摄影工作室,而布雷迪的工作室属于最豪华的。工作室不仅地上铺着天鹅绒地毯,窗边悬挂着镶有上等蕾丝边的窗帘,墙壁也用昂贵的绸缎和金箔作为装饰,天花板上那盏巨大的吊灯更是将这里装点得富丽堂皇。客人等候区有几只精巧舒适的沙发和嵌有大理石台面的桌子,这些家具和精致华丽的天窗全部出自布雷迪的亲手设计。环顾四周,四壁上满是将军、总统、国王、王后和贵族们的银版照片。

布雷迪出身于纽约的上等阶层,其具体家庭背景已经无从查考,只能推断出他大约是在1839或1840年到曼哈顿落脚的。1839年1

老亨利·詹姆斯和小亨利·詹姆斯父子,马修·布雷迪摄于1854年

月,路易斯·达盖尔(Louis Daguerre)在巴黎宣布他发明了用镀银的铜版和水银蒸汽显影成像的技术。与许多摄影家一样,布雷迪也是一位发明家。就在为詹姆斯父子拍摄合影照片两年之后,布雷迪把自己通过浸盐相纸显像的发明公布于众。这项众人注目的发明影响颇大,它为布雷迪在美国上层社会确立了相当于欧洲"宫廷画师"的特殊地位。在他的职业生涯中,布雷迪的拍摄对象包括美国政治家和军事家、同时又是第十二任总统的扎卡里·泰勒(Zachary Taylor),还有亨利·克莱(Henry Clay)、丹尼尔·韦伯斯特(Daniel Webster)、英国威尔士王子(the Prince of Wales)以及墨西哥皇帝马克西米利安一世(Maximilian I. Joseph),他也为亚伯拉罕·林肯拍摄过很多次,还在1868年为印第安苏族(Sioux)和犹特(Ute)部落代表团成员拍摄了照片。当时,这些代表到东部来与华盛顿当局签署协议,并获得特殊尊崇与礼遇。说到布雷迪其他的拍摄对象,对于在舞台大幕升起前都会"激动得发抖"的小亨利·詹姆斯来说,还有更多的名字是意义非凡的,这些人都是当时的著名演员,包括埃德文·弗里斯特(Edwin Forrest)、埃德文·布斯(Edwin Booth)、珍妮·林德(Jenny Lind)和夏洛特·卡希曼(Charlotte Cushman)等。

做摄影师以前,布雷迪曾经是一位专门制作首饰盒和银板的工匠,他有一双细长、灵巧的手,在手工制作方面颇有天分。布雷迪的一位朋友形容他"总是能恰当地抓住眼前的机遇,并知道如何充分利用这样的机会"。在当时,纽约相对于波士顿来说,还显得过于年轻,没有后者那样雄厚的实力。曼哈顿的财富源于其民众始自1854年的原始积累,是在南北战争之后的数十年间才聚积起巨额财富。不过,纽约有众多极为悠闲的绅士和淑女,他们比生活来源虽已获得独立保障但仍略有起伏的詹姆斯一家悠闲得多。这些绅士淑女们考虑去何处拍照的时候,常常会想起布雷迪颇具吸引力的广告,想起他在多次国际比赛中获得的一大堆奖项,其中也包括刚刚在伦敦闭幕、由维多利亚女王(Queen Victoria)和阿尔伯特王子(Prince Albert)赞助的名为"盛大展览会"(Great Exhibition)的大型展览中的获奖。在这次展览中,美国人充分证明了他们的特殊才艺,正如他们骄傲的同胞、报社记者贺瑞斯·格瑞莱（Horace Greeley）在一篇记述布雷迪的文章中所写："在摄影方面，我们征服了世界。"这是上流社会，也是美国给予布雷迪的荣誉。

1850年，一本以布雷迪的银版照相法摄影作品为基础，后来多次重版的肖像集《杰出的美国人》（A Gallery of Illustrious American）出版了。布雷迪在着手一个项目：拍摄所有知名和有影响力的美国人。而此时，他离成功只有一步之遥了。虽然马修·布雷迪已经结婚并且有了自己的孩子，但他希望在以后，历史记住的是他的作品而不是他的子孙后代。

老亨利·詹姆斯则不然，他对下一代倾注了许多心血，因此对自己两个年龄较长的儿子在日后所能取得的成就抱有很高的期望。作为这样一位父亲，他不可能不对年轻的小亨利提及请布雷迪为他们拍照的原因，以及这幅照片背后的意义。

布雷迪俊美而又不失阳刚之气，他应该在小亨利这位敏感的未来小说家的脑海里留下了深刻印象。布雷迪头发乌黑卷曲，面容英俊，蓄着山羊胡子，戴一副近视眼镜。因为这把山羊胡子，他曾在参加一次化装舞会时，有意把自己打扮成了画家凡·代克（Van Dyck）的样子。他的高度近视令自己无法亲自进行拍摄。为詹姆斯父子拍摄的那个时期，在实际操作时，他的工作团队共有包括美工、操作员和助理各数人，总共26人。毫无疑问，这也正是布雷迪的摄影作品和他的工作与众不同的原因所在。当然，詹姆斯父子也会同意这样一个获得普遍认可的观点，即在布雷迪拍摄的照片里，人们比在由任何其他人所拍摄的照片里看起来都更像自己。大家常说，布雷迪拍摄的人像照片，让人感觉到好像照片上的人物被得体地向他人做过介绍一样。布雷迪能够从当时尚不成熟的拍摄行业中脱颖而出，也得益于他温柔的嗓音、他的绅士风度、他那井井有条的工作方式和毋庸置疑的领导才能。他的一言一行都能够让拍摄对象感到平静踏实，使得他们在等待拍摄时可以轻松自在地还原自我，将自己的经历与深度清晰地呈现在面孔上。他拍的这些照片有独特的风格，这是小亨利·詹姆斯几乎顶礼膜拜的一种特质。小亨利·詹姆斯穷其一生都在国外探索这种特质,每次他回到美国时,都悲哀这种特质在美国仍然欠缺。

当老少两位亨利·詹姆斯先生坐下来准备拍摄的时候,相机操作员发现,面前是一个神情敏感的小男孩,身穿一件缝制得略紧的外套,胸前有一排闪亮的扣子,共有9颗。他的后背挺直,肩部摆放自然。男孩左手拿着一顶白色宽檐帽,站在一个盒子上,以便增加自己的高度,使右臂刚好能放在父亲的肩上。父亲老亨利·詹姆斯正端坐在他的身边,头上已经谢顶,颔下留着一抹胡子,双手握着手杖的顶端。男孩的目光直视着镜头,眼神看上去似乎是若有所思。

大约60年之后,詹姆斯回忆起当时的情形时表示,摆姿势的时候他在想英国小说家威廉·梅克比斯·萨克雷(William Makepeace Thackeray)前不久拜访他们家的事,与萨克雷最初见面的情形似乎已经深深地烙在了詹姆斯的记忆里。当时,詹姆斯在走廊里,而那位已经被请进客厅的尊贵客人则面朝着他招呼说:"过来,孩子,让我看看你身上这件奇特的夹克衫。"很明显,詹姆斯常穿的这件夹克外套比当时一般的英式夹克衫有更多的扣子。回忆起萨克雷时,詹姆斯写道:"虽然他的手慈爱地搭在我的肩上,却以一种好奇的目光盯着我的衣服。"詹姆斯一家也都过来围拢在萨克雷身边,看着这位老人、著名的小说家弯着腰细细欣赏那些扣子。这时候,萨克雷扬了扬眉毛,评论了几句。詹姆斯在自己的回忆录中写下这样的句子:"[他说]如果我到英国去,就会被人称为'纽扣先生'。"随后他又写道:"从那个时刻起,这件夹克衫在我心目中就变得沉甸甸的。"

这应该是令小亨利特别痛苦的事。因为在那时候,小亨利·詹姆斯唯一渴望的事情就是回到英国去。他的父母谈起有西方文化典范之称的欧洲来,总是没完没了。孩子们的书籍全部来自英国,都是最新出版的,书页上那新鲜墨水的气味令詹姆斯着迷不已,那是一种"生机勃勃"的气味,一种被全家人称为"英国味儿"的气味。小亨利·詹姆斯在学业上不如哥哥威廉·詹姆斯那样自信与成功,但是他深信,如果回到欧洲,自己就会自在得多。于是他便生活在这样一

马修·布雷迪，
马修·布雷迪工作室摄于 1861 年左右

种强烈的渴望中,梦想着有朝一日他们一家可以踏上重返欧洲的旅程。很有可能,在见到萨克雷的那一晚,小亨利躺在床上,感觉平常的那种渴望变得异常强烈,反复想着自己的外套和上面过多的扣子,怀着对回到英国后很有可能无法适应的恐惧,渐渐进入了梦乡。即便是在梦中,他也怀着莫名的恐惧,睡得并不安稳。

　　萨克雷到访几个星期之后的某一天,他们去拍了这张照片,当时纯粹是因为老亨利·詹姆斯的一时兴起。小亨利·詹姆斯清晰地记得,自己甚至没来得及把那件令人讨厌的外套换掉,就去了布雷迪的摄影工作室。少年詹姆斯站在那里,望向布雷迪和他的照相机,而助理们的目光则全部聚集在他和他父亲的身上。在拍摄过程中,小亨利·詹姆斯的头部始终被特制的夹子固定着,他就这样一动不动地站了好久,恐怕有三四分钟。有那么一刻,强烈的自我意识苏醒,他才感到非常难堪。这一点儿也不奇怪,因为多年以后,他仍然对那一排扣子耿耿于怀。而且,当时他清晰地感觉到几乎要崩溃了,觉得"在布雷迪先生看来",他和他的家人"恐怕有点儿古怪"。

　　长大成人的小亨利·詹姆斯的确要比其他人古怪得多,不过,当时他只是觉得自己的家庭和家人或多或少与他人有所不同。詹姆斯一家的确与众不同。他们不乏金钱,但是,他们熟识的美国"上流"家庭的朋友都能追溯到英国血缘,他们一家却是爱尔兰后裔。老亨利·詹姆斯对孩子们有着近乎残忍的苛求,后来他又令他们中断学业,迁回欧洲,他甚至从未停止对他们的生活、师长与抱负指手画脚。老詹姆斯曾经是一位清教徒,但不久又潜心于神秘的史威登堡(Emanuel Swedenborg)派宗教哲学。老亨利·詹姆斯有着令人费解的哲学观,他关注"不息的生命"多于"不变的永恒",自己出版过一系列小册子与图书,其中一本叫做《史威登堡的秘密》(The Secret of Swedenborg)。对于这个特殊的秘密,小亨利·詹姆斯的好友、小说家兼编辑威廉·迪恩·豪威尔斯(William Dean Howells)评论说:"他保守了这个秘密。"

　　但是,这些差别并非是,或者说并不完全是令斜倚在父亲肩旁的小亨利·詹姆斯心神不宁的原因。拍照时,他似乎就已经感觉到,因为他们是美国人,所以他们与别人有差异。这种自我意识与定位预示了他将穷尽一生去斗争,在那个由欧洲历史和品味占主导地位的世界里,为美国艺术家争取立足之地。另一方面,此举也使他与众多追随他的脚步前往欧洲的美国作家拉近了的距离。1934年,银版照相法诞生80年后,诗人玛丽安娜·穆尔(Marianne Moore)发表了散文作品《作为典型美国人的亨利·詹姆斯》(Henry James as a Characteristic American)。正是感怀于那帧令人仿佛回到当年的照片,感受到亨利·詹姆斯作为一位美国作家曾经拥有的心路历程,穆尔被他深深吸引了,并从他的身上汲取到了力量。

　　小亨利·詹姆斯后来在英国住了近40年。最终,在第一次世界大战期间,他对美国的孤立主义绝望了,认为这是人类的危机,并因此加入了英国籍,正式成为英国公民。即便如此,他似乎从未改变自己是一名美国作家的认知。父母去世之后,他仍保留着这幅真实记录那一时刻、颇有纪念意义的银版相纸照片,不过,由于种种原因,照片已经变得斑驳不堪。他在出版文集的时候复制了这幅珍爱的照片,这意味着他的读者们可以有机会一窥当年布雷迪摄影工作室助理们眼前的情景:小亨利·詹姆斯的头抵着一块黑色天鹅绒布,而马修·布雷迪和蔼可亲地低语着:"现在保持安静,就是这样,再坚持一会儿。"

拍完照片,詹姆斯父子参观了布雷迪展示的作品,对挂在墙上的一幅幅人像照片评价了一番。此时,布雷迪的助手已经将他们的合影装进有着红色天鹅绒衬里的黑色真皮护套,照片随即被装进老詹姆斯上衣胸前的口袋里。于是,亨利·詹姆斯两父子沿着百老汇街往家走去。或许,他们会在经过楼下庄重而古朴的汤普森餐厅的时候停下来吃上一份冰淇淋。不过,如今这世上已经几乎无人知道那里曾经存在过这个餐厅。小亨利·詹姆斯坐在那里,身上仍是那件前排有着9枚扣子、略显紧身的外套。他心事重重地舔着勺中的冰淇淋,心中却装着困惑:为什么自己及家人会显得与众不同。于是,他所咀嚼出来的乃是两种味道的混合感觉:既有冰淇淋的冰爽甜腻,又有隐隐约约的持续不安。

第二章

威廉·迪恩·豪威尔斯、安妮·
亚当斯·菲尔兹与沃尔特·惠特曼

威廉·迪恩·豪威尔斯（William Dean Howells）早晨 7 点不到就起床了。他呆坐在那里，想着昨天发生的事情，似乎仍然觉得难以置信。洗漱、着装完毕，他沿着波士顿的大街向前走着，思索着该如何把自己在派克酒店（Parker House）用餐时的情景告诉住在俄亥俄家中的姐姐维克·豪威尔斯（Vic Howells）。真是难以置信，与他一起用餐的竟然有诗人兼《大西洋月刊》（*Atlantic Monthly*）编辑詹姆斯·拉塞尔·洛厄尔（James Russell Lowell）、该刊的出版人詹姆斯·T. 菲尔兹（James T. Fields），以及当前最引人注目的作家、《早餐桌上的霸主》（*The Autocrat of the Breakfast-Table*）的作者老奥利佛·温德尔·霍尔姆斯（Oliver Wendell Holmes, Sr.）。他倾听着他们机敏睿智而又海阔天空的对话——"那样的谈话，"豪威尔斯后来写道，"对于当时的我来说，显然是闻所未闻的。"

当时，豪威尔斯年仅 23 岁，为一家报社工作，在那以前还从没离开过美国中西部地区。在 8 月初的那个清晨，空气中有一股慵懒的气息，豪威尔斯满怀敬意地快速回忆了一遍昨晚上耳闻目睹的全部细节。聚会的时候，坐在他身边的长者们又惊又喜地接纳了这个博学儒雅、言辞颇具说服力却又略乏自信的中西部青年。那时，《大西洋月刊》上已经发表了他的两首诗作。不客气地说，编辑洛厄尔当初差一点儿就把它们作了退稿处理,因为他认为这些诗的风格和内涵与德国诗人海因里希·海涅(Heinrich Heine)的作品颇为相似,而海涅正是洛厄尔的偶像。因此,他猜测豪威尔斯的诗是译自海涅某些不为人所知的作品。豪威尔斯后来写道:"在这个世界上,我不知道还有谁能像1860年的我那样将全部身心投入到文学领域中去。"

还在俄亥俄的时候,威廉·迪恩·豪威尔斯就已经开始将所有晚间时光都用于阅读柏林和波士顿的全部出版物,他走访东部完全是出于对那边的一种朝圣心理。与他所展示出的雄心相得益彰的是,这里的文学圈子本来也不大。短短几周之内,除了赫赫有名的赫尔曼·梅尔维尔(Herman Melville),豪威尔斯已经见过了当时文学界几乎所有的重要人物。

到达波士顿以后,豪威尔斯就大胆地找到詹姆斯·拉塞尔·洛厄尔做了自我介绍。他完全没有想到,洛厄尔会在数天之后邀请他参加晚餐会,而这次聚会对他的未来意义重大。豪威尔斯终其一生都记得,在用餐即将结束时,霍尔姆斯从座位中探身出来,以亲切的口吻对洛厄尔说:"詹姆斯,与教廷的继任典礼差不多,我们就当这是个抚首礼吧。"说这话时,霍尔姆斯略带调侃,却未曾料到,他的这句话会成为准确的预言。就这样,这个后来日渐萎缩、在南北战争之后的30年中几乎不复存在的波士顿文学圈子,宣布豪威尔斯加入其中了。

晚餐结束时,詹姆斯·T.菲尔兹顺便邀请豪威尔斯第二天一早到他家里共进早餐。按照约定好的时间,威廉·迪恩·豪威尔斯准时敲响了查尔斯大街(Charles Street)148号的门,詹姆斯·菲尔兹和太太安妮·亚当斯·菲尔兹(Anne Adams Fields)一起迎接了他。当时的文学界众所周知,菲尔兹夫妇二人是波士顿最快乐的夫妻之一。他们的房子位于查尔斯河(Charles River)岸边,豪威尔斯坐在那里,感觉"房间很漂亮,向窗外望去,在树叶和花草的尽头,可以看到河水正一波一波拍打着堤岸。"那天早晨,他生平第一次吃到了蓝莓蛋糕。

　　年轻的安妮·亚当斯·菲尔兹是一位诗人和散文作家,她的亲密朋友包括纳撒尼尔·霍桑(Nathaniel Hawthorne)和索菲亚·霍桑(Sophia Hawthorne),以及哈丽特·比彻·斯托(Harriet Beecher Stowe),后来,她还给斯托、约翰·格林里夫·惠蒂埃(John Greenleaf Whittier)和纳撒尼尔·霍桑写了传记。当时,她与詹姆斯·T.菲尔兹结婚已5年,来往的朋友包括狄更斯(Dickens)、萨克雷、阿尔弗雷德·丁尼生男爵(Alfred Lord Tennyson)、伊丽莎白·勃朗宁(Elizabeth Browning)一家等等。安妮·亚当斯·菲尔兹保留下来一本日记,日记中记载着这些社交往来及部分谈话,希望有朝一日人们可以从中发掘出史料价值。这本日记的部分内容在她去世之后以《主妇回忆录》(Memories of a Hostess)为名结集出版。对菲尔兹一家来说,无论是为12位客人提供晚餐并于餐后在图书室准备一次小提琴独奏,还是组织一场早餐聚会,或是接待参加完朗诵会的40位宾客,还是请客人在家中两间客房里留宿,这些都是家常便饭。就算这些事情同时集中在一周之内发生,也没有什么大不了的。宾客们一致认为,吸引他们的并不是菲尔兹家漂亮的房子或是房间里的珍宝,而是詹姆斯·T.菲尔兹的亲切和蔼,以及安妮·亚当斯·菲尔兹低浅优雅的嗓音和善解人意的美德。

　　那天早餐之后,詹姆斯·菲尔兹就出门上班去了,安妮·亚当斯·菲尔兹问威廉·迪恩·豪威尔斯是否愿意参观他们的图书室。他当然很想看看,于是,他们沿楼梯走上二楼。这个房间空间巨大,它的长度与整栋房子一致,所有的窗户也都朝向查尔斯河。站在这里,窗外的景色尽收眼底,能够一直望见查尔斯河对岸。豪威尔斯立刻觉得眼前豁然开朗,仿佛走入书的圣殿。"那里满室书香,我恍然以为走进了伦敦那些重要的文学图书出版社。"安妮·亚当斯·菲尔兹向他展示了蒂克纳与菲尔兹出版公司(Ticknor & Fields)的首批出版物,该公司是她丈夫负责管理的。她喜欢这个感觉敏锐的年轻人:他个子不高,恐怕只有5英尺4英寸,正以钦慕的目光望着菲尔兹夫妇的藏书;她也察觉到了他脸上掠过的一丝丝激动和羞涩。5年之后的一个晚上,当身为《大西洋月刊》编辑的詹姆斯·T.菲尔兹

提到他需要一位助理时，建议他去问一问威廉·迪恩·豪威尔斯的
似乎正是安妮·亚当斯·菲尔兹。豪威尔斯后来在一封写给女儿的
信中提到，洛厄尔曾经告诉他："因为菲尔兹夫人喜欢我……所以我
才能够在《大西洋月刊》编辑部谋到一席之位。"

威廉·迪恩·豪威尔斯，
摄于 1866 年

　　那天，在图书室里，安妮很可能问到了他对于未来的计划。他
呢，也可能就向她坦白了以往很少对人提及的、想要成为一名作家的
志向与艰辛。接下来，她应该会给他一些指点，哪些人是他应该去康
科德（Concord）拜访的。洛厄尔曾经答应豪威尔斯，说要给他写一封
引荐信，介绍他认识霍桑，进而由霍桑将其引荐给爱默生（Emerson）
和梭罗（Henry David Thoreau）。结果，豪威尔斯见到了所有这些人，
也应该感觉到了他们那些人或多或少有些难以接近，波士顿人以及
与之如出一辙的康科德人身上都具备特有的高傲自大，还有些表情
冷漠。豪威尔斯非常喜欢埃德加·爱伦·坡（Edgar Alan Poe），爱默

生对坡作品中的押韵却大加讥讽,还称其为"叮当人"(the jingle-man);梭罗,这位豪威尔斯准确预言到日后定会得到公众认同、获得广泛赞誉的作家,坐得离豪威尔斯远远的,待在房间的另一角,整晚上几乎一言未发;只有霍桑以他一贯的深沉姿态对面前的这个年轻人给予了必要的鼓励。豪威尔斯记得,霍桑曾经说过,他很想去趟俄亥俄,去那种"欧洲的阴影(确切地说,原话应该是'欧洲该死的阴影')无法企及的地方"。豪威尔斯回到波士顿后,再次见到了詹姆斯·T.菲尔兹,对他讲述了这次的际遇。詹姆斯·T.菲尔兹听得很开心,在他听完豪威尔斯以诙谐的口吻对梭罗作出的描述后,甚至笑得差点儿从椅子上摔下来,这令豪威尔斯颇感宽慰。不过,随后发生的一件事情,豪威尔斯日后却极少提及。在豪威尔斯向詹姆斯·T.菲尔兹问起,是否可以安排一个助理编辑的位置给自己时,却遭到詹姆斯·T.菲尔兹以没有空缺为由拒绝了,豪威尔斯对此深感失望,这种情绪曾长期盘桓在他的心头。就这样,豪威尔斯登上了开往纽约的轮船。

抵达纽约的次日,怀着渴望展示自我的心愿,豪威尔斯前往《星期六新闻》(Saturday Press)报社的办公室。那天,他很早就起来了,用过早餐,到达那里的时间正好在编辑们和其他工作人员上班之前。他明白,"他们为了活得快乐,不得不拼命工作,所以总是清晨才入睡,上午很晚才起床。"豪威尔斯一整天都跟他们泡在一起,却并没有觉得如鱼得水:尽管他们曾经发表过他的几首诗作,但在他们眼里,他仍然是一个来自乡下的毛头小伙子;他们甚至嘲笑他在波士顿的师长们。这让豪威尔斯颇为痛心,"因为波士顿刚刚成为我心目中的第二故乡"。纽约对他来说似乎太过喧哗,粗俗不堪。在1860年那时候,这个城市的人口已经达到81.4万,比20年前增加了一倍还不止。走在街上,豪威尔斯常常觉得拥挤不堪。他就住在报社附近,那天晚上,尽管不太喜欢啤酒和雪茄烟,他仍然跟报社的几个作者一起去了他们经常聚会的地方,那家位于百老汇街上,而且临近布利克(Bleecker)街的普凡夫酒吧(Pfaff's)。他在一张木头桌旁坐了良久,越来越觉得自己与这里的气氛格格不入，于是准备起身离开。就在这时，有人抓住他的胳膊，把他介绍给了《星期六新闻》的另一位作者——沃尔特·惠特曼（Walt Whitman）。

> 他经常跟他们在普凡夫酒吧小聚，那晚遇到他可能是我这次纽约之行最大的收获……我记得他如何将身体向椅子后面倾着，向我伸出他的大手，仿佛要把它永远交到我的手中似的。他有一张精致的面孔和罗马皇帝朱维安式的头发，还留着络腮胡。他那一双目光温柔的眼睛友善地望着我，仿佛很乐意接受我向他传达的好感。尽管当时我们没有交谈什么，但在我们目光交汇的那一霎，以及双手紧握的那一刻，我们便已认识了彼此。

1860年8月，惠特曼41岁。在12年前，他被人称为沃尔特·惠特曼先生，只是一位衣着优雅得体的都市绅士、模仿他人风格进行写作的小说家，以及布鲁克林《每日鹰报》（The Brooklyn Daily Eagle）的编辑。他时常在此份报纸上发表文章，其中有一些是介绍约翰·沃尔夫冈·冯·歌德（Johann Wolfgang von Goethe）、塞缪尔·柯勒律治（Samuel Coleridge）和乔治·桑（George Sand）的作品。后来，惠特曼因反对美国在新近从墨西哥吞并过来的地区推行奴隶制，被《每日鹰报》解雇了。那以后，在惠特曼开始进行诗歌创作时，上面这三位作家对其影响很大。1855年，惠特曼的《草叶集》（Leaves of Grass）初版正式发行，这是其自费出版的。从不特别承诺要给人帮助的爱默生，在《草叶集》中敏锐地发现了属于惠特曼独有的某种特性："一个有限个体身上的无限潜能。"他以鼓励的口吻写信给惠特曼说："祝贺你，正在开创一项伟大的事业。"惠特曼认为自己的诗歌是对爱默生呼吁"美国新诗"的响应，受到他的赞扬，惠特曼不禁大受鼓舞。不过，在《星期六新闻》作者圈以外，惠特曼却并没有得到广泛认可，几乎只有这个圈子的人赞赏他那不拘一格的大胆诗风。豪威尔斯觉得惠特曼的这种诗歌语言"令人不快"。

惠特曼经常从布鲁克林到普凡夫酒吧来。他通常会先搭富顿渡船(Fulton Ferry)穿过东河,然后在百老汇街上一辆公共马车,坐在车夫旁边的位子上一路而来。一位波士顿报社记者曾经在一篇有关纽约之行的文章中提到惠特曼,把他描述成"在百老汇大街上驾车载客"的马车夫。这也情有可原,因为常常有乘客走过来,拿出钱要给惠特曼。

那个夏天,惠特曼密切关注着美国总统选举。这位诗人对亚伯拉罕·林肯十分着迷,所以,早在1856年的总统大选开始时,惠特曼就向民众发出号召,呼吁大家选举一位"生于木屋,出身平民"的总统,并对林肯公开表示支持。后来,在1859年的年末,约翰·布朗(John Brown)为反对奴隶制在哈珀斯渡口(Harpers Ferry)举行了武装起义,起义失败后布朗在弗吉尼亚被处以绞刑。美国的劳工阶层也动荡不安,几个月后,美国马萨诸塞州爆发了规模空前的大罢工。对于那个时代认识惠特曼的人来说,他的表现有如过度压抑之后略带疯狂的发泄。当时,他刚刚完成了一首名为《流星之年》[*Year of Meteors* (1859—1860)]的诗。他写道,这是一个"血腥之年","这是你的颂歌,啊,由邪恶与美好共同交织的年代——充满预兆之年!"

惠特曼希望能够将"一个人,一个人性的存在(在19世纪后半叶的美国,这种说法指的是'我自己')表现得自由、丰满和真实",而年轻的威廉·迪恩·豪威尔斯却并不认同这一点。还是在初次见到惠特曼前的几个月,他完成了一篇略显愤慨的评论,对惠特曼的诗作是如此评论的:"没有章法,不讲音韵,毛糙、粗鄙、壮观、恶心、美丽、温柔、刺耳、卑劣、振奋、愚蠢、睿智、纯粹和下流,所有这些都交织在一起。"尽管他作出这篇深刻评论的原意是责难多于褒奖,但豪威尔斯仍以他一贯犀利的笔法准确地描绘出了人们阅读惠特曼诗作时的真实感受:"读他的作品,仿佛身处一个不甚愉快的梦境,全身赤裸,衣服搭在手臂上。"惠特曼很欣赏这样的效果,他说这是"英勇的赤裸",但是这种感受让豪威尔斯特别不自在。豪威尔斯总是动不动就身陷痛苦的尴尬之中,他厌恶鲜血和疾病,对身体与性充满焦虑,甚至从不详细提及自己的家庭或童年。

安妮·亚当斯·菲尔兹,索斯沃斯与霍伊斯摄影公司
(Southworth and Hawes)摄于 1861 年

　　惠特曼应该读过这篇评论,但是文章发表时并未署名,这种做法在当时很普遍。豪威尔斯怀疑惠特曼知道是自己写的这篇评论:"他很可能会记起来的,我的名字就印在《星期六新闻》那些海涅式诗句的后面。"这种可能性虽然存在,但也未必就是事实。不过惠特曼倒是应该知道,豪威尔斯刚为亚伯拉罕·林肯写过一本用于竞选宣传用的传记。这部传记在当时的美国西部十分有名,并且在东部也有稳定的销售量,为林肯在大选中取得进展颇有助益。但相对而言,由马修·布雷迪为林肯拍摄的人像照片影响更为广泛,直至最终赢得选举,林肯使用的都是这张照片。林肯有时也会认为,是这张照片帮助自己赢得了这次大选。豪威尔斯为林肯所写的传记庄重得体,尽管林肯本人在书中发现了 13 处小的事实性误笔,但似乎仍对此书颇为欣赏。担任总统期间,他曾两次到美国国会图书馆(the Library of

Congress)查阅此书。写作之初,豪威尔斯曾经计划亲自采访这位总统候选人,但后来却因担心无法胜任而请一位熟识的法律专业学生代劳,而那本传记正是根据这位采访者的笔记写成的。对于失去与林肯的会面机会,豪威尔斯后来写道:"这是我一生中最重大的机遇,或许我错失了它,又或许……我压根儿就不配得到它。"

豪威尔斯初次见到惠特曼的时候,距约翰·布朗之死已经过去了9个月,南方各省正在大量征兵,而8个月之后,进攻联邦要塞萨姆特堡(Fort Sumter)之役即将打响。然而,豪威尔斯清楚地记得,在他的整个行程中,没有任何人提及过政治,就连这位为林肯竞选撰写传记的作者本人也对此兴趣索然。豪威尔斯和那些新结识的朋友们都没有任何时局不稳的感觉,他说,他们当时认为战争不可能发生,而且,他们真正在意的还是文学。事实上,他们当时正处于时代的转折点上,紧接下来,时代的洪流将使洛厄尔、霍尔姆斯等人与惠特曼踏上完全不同的道路。但是,对于威廉·迪恩·豪威尔斯来说,与站在菲尔兹家的图书室里与菲尔兹夫人畅谈"由于某部作品的关系,某位作家成了我的最爱"相比,他与惠特曼的相遇也就显得不那么激动人心了。同时,对于惠特曼来说,那一晚与自己在普凡夫酒吧度过的其他夜晚也没有什么两样。

1860年的夏天,威廉·迪恩·豪威尔斯解决了一连串令他应接不暇的问题。到1861年,因撰写林肯传记有功,豪威尔斯被派往美国驻威尼斯领事馆担任领事一职。一方面不想卷入战争,另一方面,也想远离对他索求过甚的俄亥俄老家,豪威尔斯决定不辜负热爱意大利文化的洛厄尔的信任,赴威尼斯上任。他去华盛顿办理就职手续的时候,刚好看到经过白宫走廊的林肯,但是却又一次放弃了走过去与他握手的机会。就这样,南北战争时期,豪威尔斯一直待在威尼斯,在洛厄尔的支持下,以欣赏意大利建筑和撰写有关意大利歌剧的散文打发时光。等到豪威尔斯返回美国之时,林肯已经遇刺身亡了。

从1866年起,豪威尔斯受聘为《大西洋月刊》的助理编辑,1871

年升任编辑。1881年,詹姆斯·T. 菲尔兹去世了,安妮·亚当斯·菲尔兹对于丈夫的离去悲痛万分,终生怀念。不过,过了一段时间之后,她与莎拉·奥恩·朱厄特(Sarah Orne Jewett)成为密友。朱厄特是《大西洋月刊》的作者之一,十年间,她的多部短篇小说和随笔被豪威尔斯采用。也是在那段时间,经豪威尔斯力捧并最终在现代美国文坛上确立了代表地位的作家还有不少,其中也包括豪威尔斯的两位好友——马克·吐温和亨利·詹姆斯。在这些作家们看来,豪威尔斯既具有文学评论家的惊人的洞察力,也具有非凡的包容性,这些都来自他对工作的积极投入。作为豪威尔斯的朋友,他们既欣慰自己的作品能够得到用心阅读和深刻理解,也很自信自己作品的价值能够得到他的认可。

任职于《大西洋月刊》期间,豪威尔斯没有刊载过惠特曼的任何诗作,这一点是颇具包容心的豪威尔斯唯一的重大失策。安妮·亚当斯·菲尔兹一直非常喜欢豪威尔斯,总的来说,她对于他的审美品位还是颇为赞赏的。但对于惠特曼的作品,他们的看法却截然不同:她从惠特曼的作品中读到“雄性的喜悦”,而豪威尔斯却认为《草叶集》“充斥着粗俗、残暴”,对其进行了公开抨击。惠特曼奋斗的目标包括冲破束缚、在工人中间生活和写作,一如他所写的:“还事实、科学和众生以本来面目。”然而,这些却正是豪威尔斯所抗拒的,但实际上也是他内心所渴望的。在《塞拉斯·拉帕姆的发迹》(*The Rise of Silas Lapham*)、《时来运转》(*A Hazard of New Fortunes*)、《来自奥尔特鲁利亚的旅客》(*A Traveler from Altruria*)和《狮头山的地主》(*The Landlord at Lion's Head*)等作品中,豪威尔斯将美国部分中产阶级成员的愚笨,对成功的追求与失败的体验都描绘得栩栩如生。这些作品也深刻地影响了另外一批人,比如一直受到豪威尔斯鼓励的斯蒂芬·克莱恩(Stephen Crane),再比如写信给豪威尔斯表达仰慕与感谢之情的西奥多·德莱塞,豪威尔斯曾称他的作品是“我所读过的最动人的作品之一,流淌着同情、温柔与丰富的变化”。

豪威尔斯渐渐将创作朝向现实主义的风格,有一部分原因是受到1877年美国全国铁路工人大罢工中几起事件的影响。当时,罢工者与武装警察之间的暴力冲突十分激烈,这让广大城市居民深受震撼,他们忽然意识到不同阶级之间的关系已经发生了深刻的变化。而作为一名编辑,豪威尔斯对此的回应则是发表出更多关注社会问题的作品。此时,他转向了自己一直视其为道德指南针的安妮·亚当斯·菲尔兹。1878 年,豪威尔斯出版了安妮的杂文《三种典型工人》(Three Typical Workingmen)。菲尔兹曾帮助创建波士顿联合慈善机构(Associated Charities of Boston),这是美国最早的进步社会工作组织之一,以"不做一时的施舍,只交真正的朋友"为座右铭。菲尔兹的好友珍·亚当斯(Jane Adams)在芝加哥创立了赫尔馆(Hull House)[1],菲尔兹在与她进行了多次交流之后,建起了多间咖啡屋,这些地方后来成为工人们的重要集会场所。咖啡屋的成立是实现安妮·亚当斯·菲尔兹社会变革理论的一部分内容,菲尔兹在其颇有影响的著作《如何帮助穷人》(How to Help the Poor)一书中也提到了这一点。这本书的销量很可观,有 22 000 册。菲尔兹和波士顿联合慈善机构的创新之一就是将工作重点放在招募志愿者去走访普通工人的家。根据菲尔兹的建议,威廉·迪恩·豪威尔斯也在 19 世纪 80 年代早期加入了走访者的队伍。

　　在某种程度上可以说,直到那时候,豪威尔斯才真切地体会到战争给民众带来的悲惨命运。他痛心于工人们恶劣的生存环境,称他们是"工业社会的奴隶"。他开始拜读列夫·托尔斯泰(Leo Tolstoy)的作品,并在他的影响下试图做些改变。在 1886 年的干草市场事件(Haymarket affair)中,豪威尔斯表现出鲜明的立场。当时,为抗议警察此前一天射击罢工者,人们在芝加哥举行了一次集会。集会之后,有一颗炸弹爆炸并炸死了许多人。芝加哥警察在没有目击证人的情况下逮捕了 8 人,其中 4 人被判处死刑并随后执行,另有一人以自杀捍卫自己的尊严。豪威尔斯是美国文学界唯一一位公开站出来抗议

---

　　〔1〕　创立于 1889 年,是美国最早意义上的收容中心,它大部分是针对移民和难民提供社会和教育的服务。作为移民之国,1900 年时,3/4 的芝加哥人是外国人。——译者注

这次宣判的名人,并且说服一位时任《纽约论坛报》编辑的老友,在这份颇具影响力的报纸上发表了一封公开信,要求将死刑判决改为终身监禁。此举令豪威尔斯付出了沉重的代价,干草市场事件带来的负面批评像暴风雨一样向他阵阵袭来。作为美国文坛最强有力和最受尊敬的作家之一,这次事件将豪威尔斯带入了他人生中最黑暗的一段时期。

1900 年,豪威尔斯带着忧郁与反思开始撰写回忆录《文学圈的友人与熟人》(*Literary Friends and Acquaintance*),其创作灵感大多来自他在赴新英格兰和纽约的文学之旅中的所思所想。安妮·亚当斯·菲尔兹非常喜欢这本书,它使她回想起了许多与豪威尔斯类似的记忆,这让菲尔兹感到非常愉快。或许正是安妮的信给了豪威尔斯一些慰藉,她在信中说,他的回忆录让她能够以一种"从来不曾有过的胆量,去回首充满灵性的往事"。在她看来,那样的过往"温柔地证实了我们深信的未来"。

直到 19 世纪 90 年代初期,威廉·迪恩·豪威尔斯和沃尔特·惠特曼才得以再次相遇,那时,惠特曼刚刚结束一场演讲。这些演讲都是有关林肯的,吸引了前所未有的舆论关注。在历经一系列打击之后,惠特曼走路已经离不开手杖。惠特曼住在新泽西的卡姆登(Camden),在外界看来,他的生活颇为穷困潦倒。惠特曼其实并不认识自己演讲中的主人公林肯,只是有一次,惠特曼在华盛顿大街上遇见过骑马而过的林肯,两个人曾彼此点头致意,但他们的交情仅止于此。演讲结束时,惠特曼背诵了自己的诗作《哦,船长,我的船长!》(*O Captain! My Captain!*),这首诗也是他最为脍炙人口的作品。在频频受人邀请去朗诵这首诗的时候,他偶尔会嘟囔着说:"又是我的船长,总是我的船长。"

豪威尔斯从意大利回到美国时,林肯已遇刺身亡有一段时间了。此时,出于对林肯的真诚之心,他也来到演讲现场。听着惠特曼的朗诵,他一定也为之动容了:

　　但是,一滴滴鲜红的血!

　　从心脏,从心脏往外流淌!

　　甲板上躺着我们倒下的船长,

　　他已离去,浑身冰凉。

坐在观众席中的豪威尔斯很可能联想到了他参加的一次聚会,一同前去的还有演员埃德文·布斯(Edwin Booth),他的弟弟就是现场行刺林肯的那位演员约翰·威尔克斯·布斯(John Wilkes Booth)。在那次聚会中,埃德文看到主人家的壁炉架下有一个手部的石膏模子,就举起来不停地追问,那是谁的手。主人后来告诉他说,那是林肯的。布斯安静下来,放下了那个巨大的手模。布斯走出房间之后,豪威尔斯很可能会小心翼翼地走过去拾起那个手模,抚摸其肌肉的纹理,对那宽大的手掌和突出的指节琢磨一番,然后才含着敬爱之意把它放下。

　　惠特曼的演讲结束后,豪威尔斯趋上前去,与他简单地交流了几句。豪威尔斯后来写道:"他向我传达的善意和诚挚一如既往,我从他的身上感受到了一种精神上的高贵……不粗野,不媚俗,一位优雅的绅士;在阐释社会冲突问题时,他的沙哑嗓音有一种沉静的风度,传达出一种迷人而亲切的友善。"那时,惠特曼应该认识豪威尔斯,而且很可能不喜欢他。当时的惠特曼对于波士顿文学圈子十分憎恶,而豪威尔斯已经成为这个小团体的中流砥柱。这个圈子对惠特曼作品的苛刻评价使得这位作家在有生之年无法获得自己应得的荣誉,而不得不像惠特曼自己所说,"赌一赌"百年之后读者对其作品的评判。尽管如此,对惠特曼来说,自己发表有关林肯的讲演的那个晚上仍然是辉煌而值得纪念的一刻,即使有所怨怼,他也可以置之不理了。

　　对于豪威尔斯来说,这第二次会面更为加剧了其内心的懊悔。惠特曼让他想起了林肯。豪威尔斯可能错过了一生中两次最为重要的机遇,如果当初他像后来一样有那样的愿望,愿意选择在这个时代里过一种充满更多痛苦的人生,他是应该去握住林肯的双手的。不过,豪威尔斯年轻时代的羞怯中可能还包藏着另外一些东西:如果他在 1861 年留在美国,紧随着林肯和惠特曼,被卷进诗歌与政治这两股大潮中,很可能早已像其他人一样,被战争无情地摧毁了,因为那时候的诗歌与政治一样,都是一团杂乱,表现极端。豪威尔斯避开林肯和惠特曼,可能恰好是因为担心二人将对自己产生极为深刻的影响,让自己无法抵御。对于豪威尔斯来说,可能安妮·亚当斯·菲尔兹家那个安静的图书室更为适合他。也许,在普凡夫酒吧的那个晚上,豪威尔斯只是简单地跟惠特曼握手寒暄,然后远离混合着啤酒与雪茄气味的空气,来到百老汇大街上,将自己融入八月夜晚的热浪中,这样做对他是最合适的。

在惠特曼生命的最后几年,如诗人自己写到的那样:"(每隔两个星期都会发现自己的身体变得更加僵硬,更加无力)就像某种即将灭绝的古代硬壳动物,如壳鱼或贝类(没有腿,一点儿也动弹不得)。"朋友们非常担心惠特曼会完全出不了门,其中一位写信给当时文学界颇有影响的一些人士,请求大家捐些钱出来,为惠特曼买一匹马和一辆马车。波士顿文学界的人寄了钱过来,甚至连总是嫌惠特曼"不像样"的老奥利佛·温德尔·霍尔姆斯也在写给惠蒂埃的信中表示,惠特曼"为人类的事业勤勤恳恳,我非常愿意寄给他一张10 美元钞票。"

而安妮·亚当斯·菲尔兹,某天晚上,在她那宽大的图书室里,坐在书桌前,在油灯下读到了那封信。她默默点了点头,将它放在一旁,过了一会儿,做完其他事情之后,她拿起钢笔,蘸了蘸墨水,在信纸上写下了一些对惠特曼崇高精神表示赞赏的话。然后,她将一张纸币折好,与信一起放进信封,并在第二天一早将它们寄了出去。

第三章

马修·布雷迪与尤利塞斯·S.格兰特

　　马修·布雷迪走出帐篷,招呼他的助手们将那辆充当暗房的马车收拾停当,然后穿过布满车辙的旷野赶到位于点城(City Point)的总部去,他为尤利塞斯·S.格兰特将军(Ulysses S. Grant)拍照的时间安排在下午一点钟左右。在他到达那里的时候,格兰特已经准备停当了。布雷迪先是走进将军的帐篷看了看,发现那里十分简单整洁,没有酒瓶或其他饮酒的迹象,甚至,正如他听说的那样,帐篷里连张地图都没有。然后,他们就走了出来。在其他的军官们退到远处之后,布雷迪建议格兰特站在那些矮帐篷前的树干旁。在格兰特迈着标准的步伐走过来时,布雷迪和他的助手们已迅速地将照相机架好了。为了让三脚架在凹凸不平、布满碎石的地面上更为稳固,他们还用上了特地带来的压重之物。布雷迪还从别处拿来一把露营用的折叠椅,将它在格兰特身旁摆放好。他对于在拍摄中如何使用道具颇有天份。有时候,他会在一张表现战地的照片中加上一双鞋,使得尸横遍野的战场略显人性化一点儿。

　　格兰特倚树而立,右手和右前臂略高于肩。布雷迪看着将手向前伸出、拇指随意搭在下方的格兰特,从他作为摄影师的位置,刚好能看清拍摄对象张开的五指。毫无疑问,那是一只优雅的手。格兰特的左手因撑在胯部而被隐藏起来了。他身穿一件长款军大衣,前襟的两侧各有9颗钮扣,双肩上各缝有一块带星的军衔徽标,大衣的敞开处露出所穿的马夹、外翻的白衬衫领子和一个小巧的领结。格兰特下身所穿的裤子柔软而多皱，仿佛已穿了多次却一直没有很好地打理过。脚蹬一双平底、略为褪色的软靴，鞋面柔软，但是已经失去了原有的光泽。头戴一顶军帽，但格兰特似乎在拍照时故意把帽子从前额向后推了一下，这样一来，看上去更像一顶普通工人的宽檐帽了。

　　陆军中将尤利塞斯·S.格兰特将军于1864年6月到达位于弗吉尼亚州的点城，这里很可能是当时北美形势最复杂的地方，对于格兰特和林肯而言，也是最需要严密防御的地方。此前，格兰特已经把数万名年轻的士兵送进了鬼门关，而这个过程还将残酷地继续。当时的格兰特年已42岁，他的军事生涯是从美国侵略墨西哥的战争开始的，那时他是一名军需官。在墨西哥，那些后来在南北战争中将会成为敌对双方将领的军官们，齐心协力，共同战斗，从墨西哥手里将德克萨斯和加利福尼亚两大州的疆土强占了过来。格兰特后来谈到这场战争时说道："这是一场最具代表性的由强国发动的欺凌弱国的非正义战争之一。"他认为这两次战争之间有着明显的联系："南部的反叛在很大程度上是侵占墨西哥战争的延伸。国家与个人一样，会因违法犯罪行为受到惩罚。我们遭到了应受的惩罚，发生了最残酷无情且代价高昂的现代战争。"

　　侵占墨西哥的战争结束之后，格兰特被派往加利福尼亚，由于思念家乡，他从军队中退役下来，建造了一座被他称为"贫瘠之所（hardscrabble）"的农场。再次奔赴北方之际，格兰特解放了自己唯一的奴隶，还回他的自由之身。格兰特也曾在俄亥俄州一家皮件商店工作过，南北战争爆发后，他再次入伍，参加了一连串战役并为北方军队取得一场又一场胜利，这其中也包括威克斯堡（Vicksburg）和查塔努加（Chattanooga）的战斗。就在布雷迪为他拍照的几个月前，他刚刚被任命为美军总司令，权力仅次于美国总统林肯。

　　为了接受这项任命，格兰特从当时的陆军总部所在地田纳西前往华盛顿。他去了白宫，聆听了林肯的演讲，以温和的语调表示，他感受到了"被赋予的重大责任"。在林肯举办的例行接待晚宴上，一大群客人慕名而至,都希望见一见格兰特将军。他们要求格兰特站到椅子上,以便大家都可以好好看一看他。格兰特个子不高,一头棕发,蓝色的眼睛清澈迷人。他比较羞涩,寡言而又自信,乍看之下,平凡得与普通人别无二致。

然而,格兰特此前已经在西部战争舞台取得所有战役的胜利。但是,即便如此,他心里很清楚,战争的中心仍然在东部舞台,在华盛顿与南部政权首府里士满(Richmond)之间的广大区域。这里也是政坛和媒体所关注的焦点。要想掌控这个舞台,他必须从南方军总司令罗伯特・E. 李(Robert E. Lee)的手里将这片地区夺过来。于是,他没有回到田纳西,而是选择了接过驻波拖马可河(Army of the Potomac)军队的兵权。他很快又写了一封信给妻子朱莉娅・邓特・格兰特(Julia dent Grant),暗示说也许她和孩子们不得不到华盛顿来;他们很快照做了。格兰特很乐意妻子跟自己一起住在行军帐篷中,她坚定、节俭又有奉献精神,而且有她在身边,格兰特很快就戒了酒。朱莉娅频频往返于他们在乔治敦(Georgetown)的房子与点城之间,在南北军队交战的最后一年,她几乎定居在点城。格兰特夫妇对于政治的野心绝不亚于在军事方面,他们两个都很清楚,他们需要将华盛顿作为自己生活的中心。

6 年前,即 1858 年,当时的华盛顿上空正笼罩着战争阴云,人心惶惶,马修・布雷迪此前已经把其一部分工作从纽约转移至位于华盛顿宾夕法尼亚大街(Pennsylvania Avenue)的新工作室。当时,他正有条不紊地忙着为美国诸位名人拍摄肖像照片。时间到了 1860 年,在人们还在纷纷猜测当时正在召开的国会会议或许是国会在分裂前的最后一次全体会议时,布雷迪已经为众议院(House)和参议院(Senate)的每一位议员拍了照,并且将这些照片合成为两张巨幅照片,照片上是全部参会者共 250 人的大头像。这些照片销售火爆。1861 年,埃尔默・埃尔沃斯(Elmer Ellsworth)曾到位于华盛顿的布雷迪工作室印过一些名片大小的肖像照片。后来,埃尔沃斯在亚历山大(Alexandria)正将一家旅馆所悬挂的一面南方联盟大旗扯下时遭到枪杀。各家报纸竞相报道了他的死讯,称他的死亡是首例"联邦死难",布雷迪因此也卖出了数千张加印的埃尔沃斯的照片。在摄影界,布雷迪是最早想到深入战地进行拍摄的摄影师之一,他有一辆改装成暗房的马车,这使得他可以带上所有感光底片与冲洗药剂随时随地拍摄。布雷迪曾经拍摄过布尔朗(Bull Run)、安特提姆(Antietam)和葛底斯堡(Gettysburg)的战役。或者说,至少从照片上看来,他曾经到过这些地方,虽然许多署名由他拍摄的照片并非出自他本人之手,而是其助手们的作品。由亚历山大·加德纳(Alexander Gardner)拍摄的一组反映南北战争的照片改变了整个美国对战争的看法,这些照片上显示的是激战过后战场上堆积如山的尸体。在当时,拍摄的过程仍然需要长时间的曝光,所以,摄影师无法拍摄实时动态的战争场面。

布雷迪也拍摄过一些反映尸体和战场的照片,但那些战场照片通常都是在尸体被清理干净之后拍摄。大多数时候,他还是按照自己通常的做法进行人物肖像拍摄。他曾经为许多将军、成群结队的军官和士兵拍摄过照片。拍摄这些作品时,布雷迪抱持这样一种主导思想:让照片中的主人公受到恰如其分的歌颂。虽然许多士兵和民众都已经开始质疑军人气概有何意义,但是家中的人们却仍然渴望见到在战场上作战的亲人们那活生生的面容。作为一个完美主义者,这也是布雷迪在战争摄影中想要表现出的东西。布雷迪一直受着这一动机的驱使,所以,他俨然成了一位记录狂人,总是尽可能往前赶呀,赶呀赶,争取让士兵们在走进鬼门关以前,先在他的镜头前留下宝贵的仪容。

1864年6月14日,格兰特的军队开始跨越詹姆斯河(James River),第二天,两支先头部队率先抵达彼得斯堡(Petersburg)。几天之内,格兰特的整个大军全部在这里聚齐。格兰特将总部建立在了点城,他后来在那里停留了3个月,直到罗伯特·李投降时才转往阿波马托克斯(Appomattox)受降。格兰特抵达后不久,6月19日,布雷迪就凭借其良好的个人声望,通过朱莉娅·邓特·格兰特

尤利塞斯·S.格兰特，马修·布雷迪摄于 1864 年

的办事机构也到达了那里。在这件事上，是布雷迪的夫人茱丽叶特·汉迪·布雷迪（Juliette Handy Brady）出面向格兰特夫人朱莉娅·邓特·格兰特求助才成功的。朱莉娅·邓特·格兰特当然很清楚，如果由布雷迪来为自己的丈夫拍摄照片并广为流传，对她的丈夫将有益无害；而且，如果在某天接到丈夫来信时，读到诸如"布雷迪一直随军拍摄了许多很好的照片，不久之后将把这些照片多洗印一份寄给你"的字句，她也应该会非常高兴。在布雷迪的眼里，处处有机遇，他似乎还曾经因为将格兰特的计划通报给自己在《华尔街日报》工作的朋友们而赚到了一笔外快。对于需要用到布雷迪这个事实，格兰特想必是与夫人的意见保持一致，因为，尽管他听说了外面所传的流言蜚语是出自布雷迪的轻率之口时，也没有将其遣送回家。

　　点城并非驻波拖马可河大军向里士满行进途中的第一个总部。在士兵们首次跨过弗吉尼亚州拉皮丹河（Rapidan River）后，就进入了威尔德涅斯（Wildness）。在这次战役中，仅仅两天之内就死了2.7万人。丛林中发生了一场可怕的火灾，军官们能够清楚地听到士兵们在身上着火时发出的惨叫声。尽管如此，格兰特却并没有下令部队撤离。威尔德涅斯之战以后，紧接着就是发生在斯巴萨维利亚（Spotsylvania）的血腥角（Bloody Angle）之战，这使得一周之内的人员伤亡累计达到了5万名。格兰特在其回忆录中描述了接下来发生在冷港（Cold Harbor）的战役，称这绝对是一次惨败。他以其特有的方式轻描淡写地叙述道："我对于在冷港之战中那最后一次进攻一直感到非常遗憾……无论我们赢得了什么，都无法补偿当时所遭受到的重创。"冷港之战结束后，李和格兰特两位将军彼此都向对方传达出希望暂时停火以解救伤员的意图。这些互通的消息在各级指挥者那里层层耽搁，而且看起来两边都没有把这当成紧急军务来处理。最后，停火的斡旋总共进行了4天时间。在达成一致意见时，那些一直在战场上不住呻吟的伤兵们已经悉数死去。

　　在冷港之战发生时，格兰特应该曾有意要为个人谋取某些好处。如果他当时能够率领大军从冷港攻打到里士满，他将很有可能获得共和党候选人提名，参加1864年的美国总统大选。格兰特似乎也真的有此打算，而且也有传言说，林肯曾经提到："如果格兰特拿下里士满，就让他当候选人。"然后，由于这一役，随着格兰特和他受挫的大军最终垂头丧气地艰难进驻点城，他与里士满和总统宝座也都渐行渐远了。

　　在南北战争的最后几个月里，格兰特和李双方都还保有雄厚的军力，两军在里士满和彼得斯堡共驻有大约17.5万名官兵，彼此僵持不下却又动弹不得。事实上，格兰特并没打算怎么大规模调动部队，因为他的主要意图是，一方面与李继续对峙，使李及其手下全部官兵都被拖在里士满布防；另一方面则令自己手下最得力的两位爱将威廉·T.谢尔曼（William T. Sherman）和菲利普·谢立丹（Philip Sheridan）分别率军直捣乔治亚（Georgia）和申南多亚谷（Shenandoah

Valley），要将那两地化为焦土。格兰特当时曾告诉谢尔曼和谢立丹，务必要将敌人"赶尽杀绝"，林肯也在随后发布命令，对此战术表示赞许。他在给格兰特的信中表示，要赶尽杀绝，"但是绝不要轻举妄为，除非敌人每一天，每一小时都在你的掌控之下，届时再一举歼灭"。

格兰特在其《尤利塞斯·S.格兰特回忆录》（*Personal Memoirs*）中描述了在点城的那个8月。当时，谢尔曼付出惨重代价逼近了亚特兰大，其后卫部队则占领了所有通向乔治亚的交通要道。面对谢立丹的部队，南方军队将领犹巴·厄里（Jubal Early）则加强了对申南多亚谷的防守。不仅如此，厄里还很快出兵，将威胁直逼华盛顿。格兰特不同寻常地以亲切而又尴尬的个性化口吻说道："这提醒了我，要积极地顾全好各个方面。"

与公然将助手的作品署上自己名字的布雷迪不同，格兰特不仅对身为属下的谢尔曼和谢立丹取得的成功感到骄傲，而且对他们予以积极保护和支持。虽然他曾经与他们彻底失去联络，直到事后才知道他们取得的战绩，但是，格兰特仍然对于他们在战斗中采取主动的做法表示赞赏。他信任他们。毫无疑问，取得这场胜利，其最大的功绩和最重要的因素都在格兰特这儿，来自格兰特对他们的无条件支持，但是，从格兰特的回忆录中，丝毫看不到他要抢占属下功劳的意思。

反常的是，格兰特并没有将在威尔内斯、斯波特瑟尔韦尼亚和冷港所发生的战事当做挫折。他率领大军继续缓慢地向前推进，最终完全包围了里士满，这简直就是奇迹。格兰特源源不断地将他的兵士们送上战场，同时，又精明地小心猜想着，认为李应该不会想到去进攻自己兵力薄弱之处。北方军不断向兵力空虚的地方补充着力量，而南方军则伤亡越来越惨重。只要南方军人不断被消灭，战争对格兰特来说就不是失败。格兰特表现得异常冷峻，他计算着两边残存的人数，心里清楚地知道，自己这边拥有的队伍规模仍在李之上。

拍摄照片的那个下午，格兰特和布雷迪可能没有过多交谈，不过,在为拍摄而取景的过程中,他们应该都对对方当场展现出来的突出的组织能力颇为欣赏。在这方面的能力上,两人旗鼓相当。无论是设备安置还是补给供应,不管是安排人员在前线、战地指挥中心、华盛顿之间来回奔波,还是这些地方之间的电报往来,总的来说,他们两个人的头脑中都有一幅美国全境地图,也都有要开展的种种行动部署。

格兰特总是从地理学的角度看待世界。仅仅看一眼地形图,他就可以立刻知道那片他从未涉足的土地上复杂的地形结构与特点,而且终其一生牢记脑海。在这场战争中,他没有采用以往修筑战壕、双方会战的打法,而是将部队运动到敌人四周,对敌人采取包围战术。碰到难以逾越的地形,他就让工兵们通过修建桥梁、隧道与堤坝,使得军队顺利通过。格兰特还是第一位下令各级指挥员校对时间,并以核准的时间同时开战的将军。他认为,如果无法在既定的时间内通过特定的阵地,势必导致整场战役的失败,胜利总是掌握在主动行动的一方手中。格兰特会注视着他的队伍训练有素地穿越阵地,成功地在另一侧重新集结。

在西点军校时,格兰特唯一喜欢而且成绩优异的课程是由罗伯特·韦尔(Robert Weir)任教的绘图课。10年之后,同样是在西点军校,同样是这位罗伯特·韦尔,还会给未来的知名画家詹姆斯·麦克尼尔·惠斯勒(James McNeill Whistler)讲授绘画课。西点之所以设立临摹课,是因为好的将军需要从视觉角度掌握阵地的地形特点。在南北战争期间,摄影术也在军事方面表现出与绘图相似的用途。最初,布雷迪得以在战地拍摄是由于他与华盛顿某些官员的私交。但是,随着战事延宕,显而易见,摄影术这个新兴媒体在战争地形学、作战计划的制定以及士兵建档、治疗和死亡记录等方面发挥着越来越重要的作用。摄影,包括首次从热气球上实现的航拍,成为战场作战中发挥积极作用的工具。而摄影师们与其他日益重要的专业人员如工程师等一样,也逐渐在为将军们服务的专业人员队伍中拥有了一席之地。

格兰特驻扎在点城时,林肯经受住了两项政治考验:共和党全国代表大会和将军选拔。虽然格兰特明确说自己不参加共和党的这次竞选,却仍然赢得了几张选票。8月底,对于不久即将到来的政局变化极为了解的林肯已经断定,共和党会在竞选中遭遇失败,并开始为将政权移交给民主党候选人乔治·B. 麦克莱伦(George B. McClellan)做准备计划。随后的9月2日,谢尔曼拿下了亚特兰大;而10月19日,谢立丹也在希得克里克(Cedar Creek)击败了厄里。有意愿前去分享胜利成果的联邦军队士兵们开始了又一轮招募登记,而格兰特也再次对彼得斯堡发起进攻。发起这场战事的原因很多,但从某种程度上,它也是因总统选举而发起的最血腥的战役。

总统选举的中心议题围绕着是否要举行和平谈判,是否允许南方继续独立自主并保留奴隶制进行。奴隶制在当时已经成为林肯和格兰特的眼中钉、肉中刺。如果由其他人当选总统并举行和平谈判,从道理上分析,不仅将格兰特千辛万苦取得的胜利成果毁于一旦,并且也会将他计划继林肯之后担任下届总统的期望化为泡影,而他对总统宝座渴望已久。由于身在点城无法断然脱身,格兰特需要谢尔曼和谢立丹能将捷报传递至华盛顿,这样,林肯就有可能继续担任下任总统,而他则可以按照自己的方式赢取这场战争。格兰特和林肯都想要南方军队无条件地投降。

所以,这就是布雷迪为其拍摄的肖像照片所能真正起到的作用。格兰特需要让自己在照片中看起来坚定而又值得信赖。作为一位从1849年起即为多位总统和将军拍摄照片的摄影师,布雷迪当然清楚该如何拍摄这幅作品。布雷迪为林肯拍摄过的照片比任何其他人给林肯拍摄的都要多,他显然将赌注投在了北方军队这边,而且他非常清楚,如果林肯当选,对于他布雷迪意味着什么。北方军队最终取得了这场战争的胜利,而格兰特也如愿在1868年成为美国总统。

眼睛近视的布雷迪和一心要赢得美国历史上最血腥战事的格兰特,并不特别在意拍出的照片是否漂亮。但是,照片冲洗出来后,格兰特和布雷迪应该看到了随风而动的帐篷,浅色地面与深色人物的鲜明对比,以及照片中英雄摆出的优雅的姿态,所有这一切,都会有助于实现将军与摄影师当初的期望,让这张照片成为不朽的佳作。

布雷迪站在照相机后面,注视着斜倚着树干的格兰特,仍然感觉似乎有点儿什么不大让人满意。于是,他让一位助手站在自己的身边,然后让格兰特向助手头顶处望过去。格兰特的目光再次聚拢,他的整个面部表情立刻变得更加有力,也更加坚决了。布雷迪这才满意地点了点头。格兰格将军看上去不再那么僵硬,姿态也自然多了。如果坦白告诉大家,格兰特将军当时正在倾听盖子将镜头盖上的声音,恐怕就太无趣了。看到这张照片的人们,恐怕都会从画面中感受到格兰特将军运筹帷幄的雄韬大略。他们会设想,将军看起来总是像照片中这样,坚定沉着地站在硝烟四起的战场中间,目光炯炯地望向远方,仿佛在等待什么人的到来。

第四章

威廉·迪恩·豪威尔斯与亨利·詹姆斯

威廉·迪恩·豪威尔斯在书房的地毯上来回踱着步。他在担心自己以意大利为背景的创作看起来过于褊狭,他应当可以加入更多历史故事,让内容更充实一些的。豪威尔斯认为自己在文字运用上的精妙与深度比不上亨利·詹姆斯,他永远不可能像詹姆斯那样,面对一幅同样的画面可以产生上千种联想。另外,身为美国人,豪威尔斯也觉得自己进行以欧洲为背景的写作实在有些冒昧,他对英法小说的阅读总是滞后,甚至还从未拜读过詹姆斯大加赞赏的新派作家乔治·艾略特(George Eliot)的大作。豪威尔斯在地毯转角处折回了脚步。他记起在自己对前路充满疑虑之时,詹姆斯·拉塞尔·洛厄尔总是对他有关威尼斯的作品颇多溢美之词。他想,或许他那些以意大利为背景的随笔能赚些钱,那样他和埃莉诺·米德·豪威尔斯(Elinor Mead Howells)就能买得起书架了。他停下脚步憧憬了一会儿,又想起詹姆斯尽管对种种理论原理甚为精通,但对这些世俗事务可是完全不了解。他深吸了一口气,仿佛在这一刹那已经将脑海中的疑问完全抛掉,开始回味起詹姆斯说过的那些引人入胜的事情。有时,豪威尔斯甚至要踱步整整一个小时以上才能回味完与詹姆斯在傍晚散步时的交谈内容。

当时是 1866 年,他们应该会谈到伊万·屠格涅夫(Ivan Turgenev)的《父与子》(*Fathers and Sons*)或者古斯塔夫·福楼拜

（Gustave Flaubert）的《萨朗波》（Salammbo）。亨利·詹姆斯应该是在法国的最后那几年就已经读过这两部著作了。他们更可能会就艾略特刚刚出版6个月的新作《菲利克斯·霍尔特》（Felix Holt）进行语法剖析，亨利·詹姆斯曾在《大西洋月刊》上就这本书发表过一篇书评，而当时29岁的豪威尔斯已经成熟，任职于《大西洋月刊》，担任助理编辑。在谈话过程中，亨利·詹姆斯应该能自如地把话题集中在讨论作品主人公之一艾瑟·里昂（Esther Lyon）的优缺点上。

　　尽管正值冬季，他们还是想要在剑桥市（Cambridge）的大街小巷转悠转悠。不知不觉间，他们又像往常一样走出很远，走到了鲜湖（Fresh Pond）。他们谈论着美国小说，谈论着它们目前存在的局限和各种发展的可能。当时的詹姆斯只有23岁，已经发表了一系列短篇小说，其中有一篇叫做《风云年事》（The Story of a Year），发表在《大西洋月刊》上。詹姆斯认为，物质至上的美国提供给作家们的写作素材是贫乏的。在他看来，如果想要描写美国风光，唯一的做法只能是像纳撒尼尔·霍桑所做的那样，去写霍桑称为浪漫故事的那种东西，那种没有历史厚重感的单调的现实主义作品。亨利·詹姆斯后来为这位海丝特·白兰（Hester Prynne）[1]的创造者写过传记，并对纳撒尼尔·霍桑高超的小说创作手法表达了敬意，他说，霍桑的作品就像是贫瘠、荒芜的美国土壤中生长出的一株精美的花朵，豪威尔斯对此也颇有同感。虽然豪威尔斯仍然觉得自己是个无知的美国人，但还是很高兴能够在威尼斯度过几年美好的时光。亨利·詹姆斯则有种自己会爱上意大利的感觉，对豪威尔斯与意大利的缘分颇有妒意；而豪威尔斯却对詹姆斯流利的法语和旅居纽约、日内瓦、伦敦和巴黎的丰富经历艳羡不已。

　　不过，豪威尔斯后来渐渐开始对美国人的生活轨迹产生了兴趣。在这方面，具有超凡沟通能力和敏锐欣赏品味的妻子对他帮助很大。豪威尔斯的妻子埃莉诺·米德来自一个世代居住在佛蒙特州（Vermont）的名门望族，他们二人在她探望一位住在俄亥俄州的亲戚

―――――――――――

　　〔1〕　霍桑小说《红字》中的女主角。——译者注

时相识。虽然相隔很远,他还是对她展开了热烈的追求,而她也大胆地答应了他的求婚,并在后来前往意大利与他结为夫妻。这时,他们已经回到美国,并把家安在了马萨诸塞州的剑桥市。之后不久,豪威尔斯开始动笔写小说,这些小说几乎可以说是他们婚姻史的见证:《他们的新婚之旅》(*Their Wedding Journey*)、《时来运转》等。从某种程度上来说,《塞拉斯·拉帕姆的发迹》(*The Rise of Silas Lapham*)和《现代婚姻》(*A Modern Instance*)等这些美国风格十足、有关夫妻和家庭的作品,几乎都是以波士顿和纽约为背景的。

　　豪威尔斯仍乐于与詹姆斯交流他在面对美国现实主义题材时感受到的种种障碍。这次鲜湖散步后的次日早晨,豪威尔斯蹀完步之后,又像以往那样,一下子第六感突生,拿起纸笔写信给一位朋友。这种第六感常常会不期而至,并成为其艺术判断的重要特征。豪威尔斯在信中说:"昨晚,年轻的亨利·詹姆斯和我一起度过了一段绝妙的时光,我们一直在谈话,恐怕有两三个小时之久。交谈中,我们确立了文学艺术的真正原理。他是个非常真挚细心的小伙子,在我看来,他拥有过人的天赋,这种天赋足以让他比任何人都有可能写出真正的美国式小说。"

　　1866年,亨利·詹姆斯随父母在剑桥市定居下来。刚刚随一支生物标本采集队远征巴西的威廉回来了,但是,之后没在家中待上多久,威廉就又踏上了去往欧洲的旅程,以避免濒临崩溃的边缘,或者避免承认有过这样的崩溃经历。自成年起,威廉·詹姆斯与亨利·詹姆斯就发现,只要兄弟二人生活在大西洋的同一侧,两人就会不约而同地遭受到背痛、头痛、胃痛等病痛的折磨,痛苦不堪,以致精疲力竭。这些病痛发作得最厉害的时候,也总是他们同时住在父母家中之时。

　　老亨利·詹姆斯在剑桥市待得很惬意,也渐渐与波士顿的文学圈建立起了颇为友善的关系。这份友情的建立,在某种程度上来说是因为爱默生,因为他与爱默生曾就种种先验问题通过大量的信。在詹姆斯大家庭中,柯蒂斯·詹姆斯(Curtis James)和威尔金斯·詹姆斯(Wilkins James)都住在佛罗里达,他们都是南北战争的幸存者,在战斗中受过伤的他们如今又将精力投入到一座棉花种植农场中,力争有所作为。尽管爱丽丝·詹姆斯体弱多病,常常因为就医往返于纽约与剑桥两市之间,但是,她有时也会成为詹姆斯家客厅中激烈辩论的主角。在豪威尔斯的印象中,她"整洁、睿智,常常因为疼痛而待在家中休养"。在詹姆斯家,豪威尔斯颇有宾至如归的感觉,他的父亲也与老亨利·詹姆斯一样,是一位信奉史威登堡学说的废奴主义者。在后来的记述里,豪威尔斯说自己已经不记得第一次见到年少的小亨利·詹姆斯究竟是在詹姆斯家或是其他什么地方。那时,小亨利·詹姆斯的伙伴们常常叫他"哈利",以便将他与同名的父亲区别开来。豪威尔斯写道,"但是,我们最近似乎见面更频繁了,有时在他父亲家,有时在我家,"或是在"剑桥的大街小巷"。他们在一起时,讨论的并不是南北战争之后的废墟重建,也不是佃农耕种,更不是其他无用的工作,"他们常常在一起,常常谈起小说的各种创作手法"。

豪威尔斯和詹姆斯各自都有不少同性朋友,但是,他们对于同时代的男子们常常津津乐道的政治和商业话题并不感兴趣。特别是在青春年少时,他们喜欢与女性交谈,更为关注与女性相关的话题,如艺术、写作与家庭生活。他们知道,自己作品的很大一部分读者是女性。豪威尔斯后来在 19 世纪 90 年代曾写道:"美国文学之所以存在,是因为美国女性的欣赏与喜爱。"

亨利·亚当斯是他们共同的一位朋友,他曾经在其著作《亨利·亚当斯的教育》(*The Education of Henry Adams*)中描述了三人对于美国女性的一些共同看法。

> 19 世纪的美国女性非常在意男性的看法,只为男性的目光而活着。也许她们不如 18 世纪的女性那样出名,比如阿比盖尔·亚当斯(Abigail Adams)的女性子孙中没有任何一位能像她一样,因为那些著名的书信而家喻户晓。这些都是历史的损失,因为与同时代的美国男性相比,19 世纪

的美国女性是更好的友伴,而且从整体上看来,她们或许是
比自己的祖母那一代更为出色的友伴。

亨利·詹姆斯、威廉·迪恩·豪威尔斯和亨利·亚当斯分别把
自己的姐妹艾丽斯·詹姆斯、维多利亚·豪威尔斯和路易莎·亚当
斯都看成是最亲密、最重要的朋友之一。而对于詹姆斯而言,除了她
们,他最喜欢的表妹敏妮·坦珀·詹姆斯(Minny Temple James)也应
加在这个名单中。这些女性健谈而又令人愉快,与她们的兄弟们相
比,有时候是她们而不是他们对政治的兴趣更加浓厚。也许,有时威
廉·迪恩·豪威尔斯与亨利·詹姆斯在一起漫步时,他们也能感觉
到这些姐妹们似乎与他们同在。

1869 年,亨利·詹姆斯告别美国生疏而又艰难的生活,前往英
格兰和意大利,在那些古旧的建筑物中享受风轻光柔的自在时光,这
让豪威尔斯非常想念他。在欧洲的詹姆斯,尤其是最开始时,对自己
的新环境极为着迷,身处自己早已向往的意大利,无数次在那些迷人
的绘画作品前驻足流连,或是坐着威尼斯凤尾船悠闲自在地游来逛
去,或是前往周围的墙面上绘着精美壁画的意大利豪华住宅里,去拜
访住在那里、生活餍足的美国人……这一切,都让他感受到了如鱼得
水般的自由。他在离开美国之后,最初在写信上对豪威尔斯可能稍
有怠慢。不过,后来,亨利·詹姆斯与豪威尔斯之间的通信持续了
47 年之久。

尽管如此,在来往的书信中,他们依然会经常回想起以前一起散
步的情形,以及创造真正美国风格的小说这种彼此都在努力的事情。
近年来,豪威尔斯已经说服詹姆斯·T. 菲尔兹出版亨利·詹姆斯更
多的短篇小说。在这以前,詹姆斯·T. 菲尔兹早已对詹姆斯那种缺
乏幸福结尾的作品彻底失望了。菲尔兹告诉亨利·詹姆斯说:"我们
想要的,是令人愉快的短篇小说。"豪威尔斯担任编辑之后,便成为詹
姆斯最稳定的出版者之一,在《大西洋月刊》上连载了詹姆斯的许多
作品,如《罗德里克·赫德森》(*Roderick Hudson*)、《美国人》(*The*

American)，《欧洲人》(*The Europeans*)以及《淑女画像》(*The Portrait of a Lady*)等。几十年后，亨利·詹姆斯写信给豪威尔斯，说豪威尔斯是他亨利·詹姆斯第一个真正的支持者："你不仅给我指明了道路，还为我打开了大门。"

有一阵子，亨利·詹姆斯坚持认为豪威尔斯在美国待的时间太多，使得他缺乏合适的写作素材。1871 年，亨利·詹姆斯给一个朋友写信说，豪威尔斯"迷人的写作风格及明确的写作意图在美国这种氛围中几乎找不到什么好的内容来展现"，这真是美国的羞耻。但是，两年后，亨利·詹姆斯欣慰地收到了豪威尔斯作品《邂逅》(*A Chance Acquaintance*)最新的一期连载，发现这部作品的女主人公凯蒂·埃里森(Kitty Ellison)非常有魅力，詹姆斯开始觉得豪威尔斯对美国特点的认识比他以前认为的要深刻一些——

> 你的小说很成功，凯蒂是个非常独特的人物。我极为嫉妒你，在我阅读之际，能感觉到她变得如此真实与完整，又如此可信及迷人，真是非常快乐。我认为，将她塑造得如此恰如其分，这证明了你那非凡的想像力。真希望我能坐在鲜湖的松树旁，与你讨论她的接班人。

《邂逅》这部小说与众不同之处在于，它整个关注的是一位年轻活泼而又一身书卷气的美国女孩与她周围世界接触的经历。豪威尔斯在小说中没有选择让自己的女主人公出嫁，只是讲述她前往加拿大魁北克并经逗留后离开那里的旅程。豪威尔斯作品中塑造的凯蒂及其他美国女性形象给了亨利·詹姆斯灵感。詹姆斯当初希望能在鲜湖边讨论的、凯蒂的接班人，毫无疑义是黛丝·米勒(Daisy Miller)。5 年后，即 1878 年，詹姆斯发表了《黛丝·米勒》(*Daisy Miller*)，故事背景则放在了瑞士。

同样是在这段时间里，詹姆斯在欧洲忙得不亦乐乎。他与屠格涅夫经常相见，后者又把他介绍给福楼拜。詹姆斯与这些作家的频繁交往令豪威尔斯很是羡慕，他很想事无巨细地知道他与他们的相处。1876 年，詹姆斯给他写信说道——

他们都是迷人的健谈者。像你这样身为严肃刊物《大西洋月刊》的编辑,如果听说他们策划的一些题目后,一定会大吃一惊。前儿天,埃德蒙·德·龚古尔(Edmond de Goncourt)(他们这些人当中最优秀者)说他近来小说写作进展不错,他已经展开到他本人非常感兴趣的一段情节,准备要尽力深入地写下去。福楼拜问道:"什么内容?"龚古尔回答:"一家妓院。"

豪威尔斯回信说,很高兴自己不是法国人。不过,虽然豪威尔斯的喜好有时会受到某种过度谨慎的约束,他仍密切关注詹姆斯的种种发现,在《大西洋月刊》上对现代欧洲作品进行介绍,后来还在《哈珀月刊》(Harper's Monthly)自己的专栏《编者研究》(The Editor's Study)中进行介绍。他发表了多篇书评,对多位欧洲作家如屠格涅夫、费奥多尔·陀思妥耶夫斯基(Fyodor Dostoyevsky)、托马斯·哈代(Thomas Hardy)、居伊·德·莫泊桑(Guy de Maupassant),尤其是托尔斯泰的作品给予了评价。他所做的这一切,都有助于把这些作家介绍给美国读者。豪威尔斯极为钦佩屠格涅夫的作品,当听说屠格涅夫也喜欢自己的作品《邂逅》时,不禁甚感欣慰。

一方面是受了欧洲现实主义的影响,另一方面也由于随着年龄增长,经历了不少忧伤,豪威尔斯与亨利·詹姆斯笔下的美国女性都有了不同程度的变化。1880年,亨利·詹姆斯在作品《华盛顿广场》(Washington Square)中,描写了一位更坚忍自制、更富有悲剧色彩的女性人物凯瑟琳·斯洛珀(Catherine Sloper);然后在1881年,在其代表作品《淑女画像》中,亨利·詹姆斯又惟妙惟肖地塑造了伊莎贝尔·阿彻(Isabel Archer)这一女性形象。豪威尔斯在1882年出版的《现代婚姻》中生动地刻画了玛茜亚·盖洛德(Marcia Gaylord)这个复杂的角色,她有着纯真的一面,更有着强烈的占有欲和嫉妒心。后来,豪威尔斯又在颇具影响力的杂志《世纪》(Century)上连载了《赛拉斯·拉帕姆的发迹》,小说中的佩内洛普·拉帕姆(Penelope Lapham)聪明风趣,令人印象深刻。当时,《世纪》也在连载亨利·詹姆斯的《波士顿人》(*The Bostonians*),詹姆斯的笔下诞生了维蕊娜·塔兰特(Verena Tarrant)这个纯洁软弱的女性形象。时光流转,之后到了1890年,豪威尔斯在《时来运转》中精心描绘了一个热心慈善事业、具有独立意识、光彩照人的女性形象阿尔玛·雷顿(Alma Leighton)。光阴荏苒,1897年,亨利·詹姆斯从大西洋彼岸给豪威尔斯寄回了小说《波音顿的珍藏品》(*The Spoils of Poynton*),作品中的主人公同样是一位女性形象:芙里达·维奇(Fleda Vetch)。不久以后,他又在《鸽翼》(*The Wings of the Dove*)中给读者带来了米莉·希尔(Milly Theale)这个女主角,最后在《金碗》(*The Golden Bowl*)中又推出了玛吉·沃尔沃(Maggie Verver)。

两人后来在作品中刻画的这些美国女性,其命运安排都可以部分归因于作者的姐妹和表姐妹所经历的种种令人心酸的遭遇。生活中真实存在的这些个体,没有一个有幸活到50岁。艾丽斯·詹姆斯一生受病痛折磨,最后因乳腺癌去世;敏妮·坦珀患肺结核过世;维多利亚·豪威尔斯(Victoria Howells)自愿照料身有残疾的弟弟亨利·伊斯雷尔·豪威尔斯(Henry Israel Howells),由于长期照料其基本生活,后来逐渐沦为陪祭,不幸死于疟疾;路易莎·亚当斯在车祸后感染破伤风,不治身亡。豪威尔斯与亨利·詹姆斯通过塑造笔下的那些美国女性,寄托了对自己姐妹们的敬意。

豪威尔斯与詹姆斯均是惊人的多产作家。豪威尔斯有时写得右手拇指肿胀,右手腕毫无力气。在几乎40年的时间里,他们每人每年都写出一本书,而且彼此还全部阅读完了对方的作品。他们的通信就像他们的交谈,类似于普通人走路的方式:流畅、准确、稳健,有自我特点,自信,而且目的明确。他们在通信中既谈论自己,又不由自主地深入到对方的生活,有时候也讨论彼此生活之外的人与事。好像他们仍然在并肩散步,每隔几周,就出外沿着鲜湖岸边漫步。

1904年,亨利·詹姆斯在长大成人远赴欧洲、阔别美国21年后第一次回国,直到1905年才再赴欧洲。当时,豪威尔斯住在纽约。根据这次旅行经历,詹姆斯写出了《美国景象》(*The American Scene*)

一书。这是一本游记,但是字里行间无不流露出作者成年之后对美国新的忧虑,包括有关剑桥市的那段不长的文字也是如此。尽管那时的惯例仍然是避免在回忆录中提及在世的朋友的尊姓大名,但那时那刻,亨利·詹姆斯实在是极为欣赏善良儒雅的豪威尔斯,另一方面,又对现如今空空荡荡的剑桥大街小巷深感失望,终于忍不住写到了自己的这位朋友:"站在这一片废墟中,我近乎愤怒了,因为这次回归故里,我主要是希望重拾过去的记忆——在梦中反复出现的青春印记,种种传说的源头,那些联结友情、同情与彼此包容的纽带……一句话,联结我与亲爱的威·迪·豪的纽带,然而,这一切都已经荡然无存。"

威廉·迪恩·豪威尔斯那时快 70 岁了,感觉到自己已经落伍了,因为下一代人已经把他当成僵化老朽的象征,并起而反对他。他在给詹姆斯的信中写道:"可以说,我现在已经成为一座被推倒砸碎的神像,在一片死寂的月光下,周身已被荒草掩埋。"他常常安慰自己,觉得至少这个比他年轻六岁的亨利·詹姆斯会一直理解和支持自己,因为在将近 50 年的岁月里,他们始终是一起携手走在小说创作这条艰难道路上的朋友。可是,在 1916 年,亨利·詹姆斯过早离世了,豪威尔斯几乎难以承受这异常沉重的打击。又过了几年,在豪威尔斯着手写一篇名为《美国人詹姆斯》(*The American James*)的纪念散文之时,记忆中两人早年一同散步过程中那些灵感迸发的交谈依然清晰,始终不曾淡去。在生命末期,豪威尔斯躺在病榻上,想着玛吉、凯蒂、维多利亚和艾丽斯,以及那次寒冷冬夜里鲜湖边的散步,他写下了一生中最后的文字:"我们喜欢去鲜湖,在那些岁月里,那里林茂水清,是漫步谈心的好地方。冬天到来,人们滑行冰上;夏日光临,大家泛舟湖中。"

1866 年的那个晚上,两人散步结束,他们可能照旧又回到了豪威尔斯的家里,而且,埃莉诺·米德·豪威尔斯应该也已经准备好了晚餐。不过,亨利·詹姆斯始终受消化不良折磨,从来不与他们一起吃饭,而是从衣服口袋里掏出饼干来,慢腾腾地嚼一点儿。在他的衣兜里,总是随身带着几块饼干。这时,大家交谈的话题应该会与两位作家在散步时所谈的有所不同,大家可能会聊一聊《大西洋月刊》,或是侃一侃房子,这可是埃莉诺·米德·豪威尔斯最喜欢的话题之一。另外,难得的是,他们三个都对建筑与装饰感兴趣。詹姆斯已接近形成自己独特的谈话风格,不过,他现在的谈话,更多的还是表现为话题摇摆,语气激昂。至于那些需要假以时日才能形成的风格,诸如复杂难懂与含蓄高深,在詹姆斯此时的谈话中则尚不多见。詹姆斯告辞后,也许埃莉诺·米德·豪威尔斯会对丈夫说,见到年轻的哈利总是让人很快乐。但是,她又认为哈利应该离开父母家,走进外面的世界去。其实,亨利·詹姆斯也很明显急于想离开父母。此时,豪威尔斯应该感觉到因嫉妒和难过带来的一点儿刺痛。詹姆斯家庭中每一个人都能自由行动,这让他嫉妒;詹姆斯即将远离,这又使他难过。也许,紧随而至的又是一种温暖和欣慰的感觉,因为豪威尔斯感到自己各方面均已安定,事业也正蒸蒸日上。他走进藏书室,手中拿着一本书坐了一会儿,眼睛望着书页,心里却在想着艾瑟·里昂(Esther Lyon),在思考詹姆斯认为美国不存在这种女性的观点是否正确。他又在头脑里开始了激烈的自我争辩。一个小时之后,当埃莉诺过来靠着门边向他说"晚安",他仍然在不停地来回踱着步。

第五章

沃尔特·惠特曼与马修·布雷迪

沃尔特·惠特曼今天选了那件灰色法兰绒外套。他依次穿好袜子、衬衫和衬裤,细致地扣上白衬衫的纽扣,然后小心地把胡须从衬衫的领口里理出来。接着,他又套上裤子和马夹,一颗颗扣好马夹前面的排扣,随后漫不经心地将领带围系在领口,最后,惠特曼罩上那件宽松肥大的外套,抓起帽子走出家门。路过邻居詹宁斯(Jennings)家时,惠特曼看到詹宁斯夫人(Mrs. Jennings)刚好在花园里,就请她送给自己一两朵花来装饰外套。詹宁斯夫人为他选了两朵含苞欲放的玫瑰,花枝上还有几片绿叶。惠特曼真诚而又亲切地谢过她,然后步行到了马车巴士站,站在那里等着车辆过来。

虽然已是早春,寒风却愈发凛冽,吹得惠特曼的耳朵像针扎一样痛,平时健康红润的脸颊更是冻得通红。马车一到,他就立刻上了车。这是彼得·道耶尔(Peter Doyle)负责的行车路线。彼得·道耶尔是惠特曼所深爱的人,道耶尔回馈给惠特曼的那份情愫隐秘而又暧昧,令惠特曼体会到了一种强烈、痛楚而急切的复杂快感。他站在公交巴士上,紧邻着彼得·道耶尔,两人的腿部紧靠在一起,彼此摩擦着。道耶尔每隔一会儿也会走动几步,向刚上车的乘客收取车费。马车巴士并不拥挤,惠特曼出来得也有些早。于是他故意坐过了站,随马车沿着华盛顿的条条大街转来转去。在兜了几个大圈之后,才不得不遗憾地准备下车。虽然心里很希望能够与道耶尔吻别,但惠特曼最终还是放弃了这个念头,只是将手臂搭在道耶尔肩上,将他往自己这边用力揽了一下,道了再见,在宾夕法尼亚大街350号附近的拐角处下车,此刻时针已指向10点。惠特曼整理了一下外套,把双肩处抚平,扶正领带,又用满意的目光检视了一下胸前佩戴的花朵,举步踏上了通往布雷迪摄影工作室的楼梯。

　　他到那儿的时候,布雷迪的准备工作还没有完全做好,于是,惠特曼放松地在一边坐了下来。这是一只红色的沙发,木质扶手精巧别致,但似乎有点儿过于精致。助理们正在忙着布置场地,并按照布雷迪的要求把拍摄用的椅子向前挪动,置于白色背景板的前方,并把背景板再向后挪动一点儿。一切就绪后,布雷迪亲切地把惠特曼唤来,让他坐到位子上。或许正是因为看到惠特曼坐在红色沙发上时,曾经将一只手臂随意地搭在沙发的靠背上,于是布雷迪让他坐在椅子上时仍采用同样的姿势。惠特曼坐了下来,跷起一条腿。布雷迪用手轻轻碰了一下他的左膝,告诉他不必把双腿盘得那样紧;之后又亲自动手移动惠特曼的左手和手肘,将胳膊的位置向前做了调整。他的动作沉稳而友善,每当与惠特曼有肢体接触,两个人都会相视微笑一下。随后,布雷迪走到惠特曼身后,把他的头又向右偏了一些,并说服他的拍摄对象应该将右肘弯曲一下,再将头部向右手方向倾斜一点儿。这一切告一段落,他才退回到照相机后。此时的惠特曼已经在自己的位置上做好接受拍照的准备,摆出他在镜头前的那种标准表情:直视前方的眼睛中呈现着一种梦幻般的神态。就在此刻,布雷迪命令手下按下快门。

　　在他所处的那个时代,惠特曼是最为频繁地出现在大众视野中的艺术家:他从容接受着对自己文学生涯有益的各种邀约,包括拍照、画像、雕塑和素描邀约。一句话,他喜欢在公众面前曝光。一方面,人们普遍渴望近距离真实地接触艺术家,另一方面,不言而喻的是,未来会有形形色色的观众注视他。这种双重的关注,也许会带给惠特曼些许激动吧。

　　从某种程度上来讲,笼罩在惠特曼周围的情色气氛要比其他人身边的更浓郁。他认识的有些男性,通常并不会受其他男人的吸引,却很乐于与他同床共枕。这些同床伙伴之一曾经向外界描述过某个清晨,他欣赏惠特曼沐浴的情景。他凝视着惠特曼的身休:"我从没见过如此有型的身体,它是那么健美,粉嫩……我对他说,他真的秀色可餐。"惠特曼之所以有着玫瑰色的皮肤,可能是由于他的血液循环比普通人快,这真是非常罕见。不过,他周围的男女可能更愿意把这想像成是他对他们,或他们对他的欲望所致。更有甚者,仅凭借一张他的照片就下此断言。一位家在英国的女士即作家安妮·吉尔克里斯特(Anne Gilchrist)曾经写信给惠特曼说,当她对着自己买到的《草叶集》中作者的照片凝视许久之后:"我的内心充满了甜蜜的期许:书中照片上你的眼睛中流露出的内容让这种感情更强烈了。唉,你目光中无法言说的温柔是否意味着一位男子灵魂深处对于我这样一位女子灵魂的向往呢?"惠特曼颇有让自己跨越时空的天赋。

沃尔特·惠特曼,
马修·布雷迪摄于 1867 年

他写道:"看哪,随着时间流逝/将出现我无穷无尽的听众。"在另一首诗里又说:"我能照见未来的历史。"在《过布鲁克林渡口》(*Crossing Brooklyn Ferry*)中,他为后来的拥戴者而歌咏:"渡船下波涛汹涌!我面对面地看着你!"

有些时候,惠特曼也认为摄影术可以照见未来的历史,这个观点加强了他与布雷迪的友谊。他经常去找布雷迪,与他一起小坐、谈天,并在后来记述过那些情景:

> 我们一起交谈过很多次,经常谈起这个话题:有些历史人物,与之同时代的人们或者史学家们会存在各种各样彼此抵触的记载,比如恺撒、苏格拉底和埃皮克提图(Epictetus)等。对于他们,如果我们能够手中有每个人的三四张或者五六张肖像照片,而且是非常精确的那种,那么,这才是历史,真正的历史,而且是无法辩驳的历史。

另一方面,摄影术似乎也常常不够精确。惠特曼曾经抱怨说,没有任何一张林肯的照片或肖像画能够传神地表现出他面孔上那种奇异、美好却又令人费解的复杂表情。或许最终,惠特曼不再对摄影术能否精确记录历史而耿耿于怀,而是将注意力更多地转移到它能怎样表现出一种亲密、性感、有神和美国文化层面的东西。

威廉·詹姆斯曾经在自己的著作《宗教经验种种》(*The Varieties of Religious Experience*)中提到过惠特曼的多愁善感,说他总是情绪化得"不加节制";他认为惠特曼对于宗教的虔诚可能源于其童年时期在祈祷室的经历。"一种热烈而神秘的本体化情感,"詹姆斯写道,"充满了他的字里行间。"亨利·亚当斯则认为,这是因为,惠特曼身为一位美国艺术家,独自"主张性的力量"。尽管并非毫无保留,威廉·詹姆斯仍然乐于承认:"惠特曼作为一位名副其实的先知后裔,我非常尊敬他。"同时拜倒在惠特曼脚下的还有奥斯卡·王尔德(Oscar Wilde),他在惠特曼唇上留下一吻以示崇敬。此外,还有众多摄影师,如定吉·哈特曼(Sadakichi Hartmann),既被惠特曼深深吸引，又因为摄影术向人们展现出一个不同凡响的新领域而为之着迷。在惠特曼去世几年后，哈特曼成了阿尔弗雷德·斯蒂格利茨（Alfred Stieglitz）的忠实信徒。斯蒂格利茨坚决主张摄影术既要表现情爱，也要展现美国特色，这不能说没有惠特曼之功。

威廉·詹姆斯以及亨利·亚当斯二人的观点最后让亨利·詹姆斯信服了。在生命晚期，亨利·詹姆斯羞愧地承认，在1865年惠特曼的《桴鼓集》（Drum-Taps）第一次出版时，自己写过一篇谴责评论，他把那篇评论称为是一种"无伤大雅的恶劣行径"。随着《草叶集》这本惠特曼呕心沥血近40年完成的诗集的多次增订再版，詹姆斯逐渐意识到惠特曼是最优秀的美国诗人。正是有意识地效仿惠特曼在南北战争中的经历，詹姆斯在一战前期经常去英国医院里看望那些在战场上受了伤的年轻人。

1867年，惠特曼坐下来让布雷迪拍照时，那三年里频频去医院看望伤病员的情景应该仍然历历在目。他旁观过无数次的截肢过程，听过"截下的肢体掉落在桶里那可怕的声音"，见过血迹斑斑的破旧衣物。他写道，他亲吻过成百上千浸透着汗水的额头以及冰冷的双唇，有时会吻上半分钟甚至更久。他帮许多濒临死亡又不识字的年轻人写家书，用海绵揩拭一个又一个躯体，拥抱额头发热、脸色转白的士兵们。第二天又回到医院的时候，看到空荡荡的床铺，始而激动，继之恐惧，又觉残酷……各种感觉全都袭过心头，最后才慢慢清醒过来。

马修·布雷迪也看见过大量垂死挣扎的年轻人，与每一个到过南北战争战场上的人一样，习惯了靠近众多的躯体，不管是活着的还是死去的。但是，在布雷迪拍摄战争照片时，与惠特曼感受深刻并记录下来的那种亲密经历不同，他显得与那些拍摄对象稍有些疏远。所有栩栩如生的作品都会打动布雷迪，所以，他应该没有因为惠特曼诗歌中大胆的同性恋内容去对他进行评判。布雷迪对那些既有声望又有恶名的人处之泰然。他曾给夏洛特·库什曼（Charlotte Cushman）〔1〕拍过照片，库什曼以在舞台上塑造哈姆雷特和罗密欧的形象著名。他也给费里茜塔·维丝特瓦莉（Felicita Vestvali）拍过照片，她是一名歌剧演员，擅长演"穿裤子的角色"，同样以勾搭多名演威廉·莎士比亚（William Shakespeare）剧中奥菲莉娅和朱丽叶的女演员闻名于世。惠特曼走进布雷迪的摄影室时，非常喜欢看到所有这些人物的照片。布雷迪在与陌生人面对面时，也是颇为关注对方。

1870 年，惠特曼在自传《典型的日子》（Specimen Days）中罗列了一串在纽约百老汇大街上可以见到的名人，这些人的照片也悬挂于同在百老汇大街上的布雷迪摄影室里。惠特曼说，自己的书是"一种尝试，就像是在我内心最深处美利坚合众国本身的形象"。在《草叶集》中，他不仅想让那些与他同时代的著名人物能被看见，而且还想把与他自己的生活有过交集的所有人都表现出来。这些出场的人物是生活在城市中的，尽管《草叶集》所写的内容包括田野、大海和天空。惠特曼常常说，他的自传以及其中的大众就是"一座伟大的城市"。临终前，惠特曼也说过，《草叶集》是他"给新世界后来人的名片照"。其实，那就等于是他的照片。

那天，惠特曼离开布雷迪的摄影工作室之后，布雷迪发觉自己的精力异常旺盛。他希望自己的助手捕捉到了那种表情，那种表情让你感觉到，似乎已经触及此人，但是，同时又觉得好似根本没有触及。布雷迪坐卧不安，感觉像是在为什么事情而焦虑。他把双手插进自己浓密的头发，一直到把那些头发弄得站立起来，他似乎在座位上连续坐上两分钟都办不到。他发觉自己在回想着把惠特曼的手臂往前放的情景，在回想着惠特曼宽大手掌上的纹路。布雷迪摇摇脑袋，好像想把这些景象甩掉，让大脑静下来。

---

〔1〕　夏洛特·库什曼，1816—1876，美国戏剧舞台上第一位本土明星，是在欧洲和美国均极享盛名的女演员。擅长演感情强烈的角色，一生曾扮演过 30 多名具有男子汉气概的女性角色，是一位女同性恋者。——译者注

第六章

马克·吐温与威廉·迪恩·豪威尔斯

　　马克·吐温心情大好。不到 4 个月前,其第一本真正的图书《傻子国外旅行记》(*Innocents Abroad*) 出版了,且销路极好,引起了全国报界的注意,也彻底改善了他的经济状况,同时还极大地改善了吐温与未来岳父岳母的关系。女友奥莉薇娅·兰登(Olilvia Langdon)非常可爱,但直到现在却仍有些捉摸不定。吐温心里暖意洋洋,大脑中装满了自己打算一生去做、去说、去写的各种事情。他走到特勒蒙特(Tremont)街 124 号《大西洋月刊》办公室的门前,敲了敲门,请求与该刊的发行人詹姆斯·T. 菲尔兹先生谈话。《大西洋月刊》最近登载了一篇匿名文章,评论了吐温的作品《傻子国外旅行记》,吐温想对此事表示感谢。这篇文章是一篇表达赞扬的书评,文章对吐温的种种喜剧才能和他精湛运用本土语言的能力显示出充分的理解。其实,吐温并不介意书评正文中没有出现他的笔名,不过,他还是希望书评作者能把他的名字拼写正确。对书评中自己最喜欢的那些话语,吐温也赞同其所述的内容:"因为克莱门斯先生写的是自己的经历,我们相信他会谈到这些事情,而且会说得非常有趣",同时,"加利福尼亚赋予我们许多幽默大师,虽然把他确定为其中一员并非我们的分内之事,但是我们认为,他完全可以采用一种根本有别于他人的方式,与那些最优秀的人为伍,因为他有这个资格。"吐温先后在密苏里、内华达以及加利福尼亚做过多种工作。1867 年,"贵格城"

(Quaker City)号旅游船自纽约起航,满载一船美国的基督教徒,经由欧洲的主要旅游景点然后去往圣地巴勒斯坦。马克·吐温受雇为随船通讯记者,为加利福尼亚的一份报纸写沿途报道。对这些后来辑成了《傻子国外旅行记》一书的报道,豪威尔斯忍俊不住地写道:"显示出纯粹的人性,这是文学作品中罕见的。"

詹姆斯·T. 菲尔兹对吐温表示欢迎,并问这位年轻的作家是否愿意等一会儿,然后去见书评的作者,该刊助理编辑威廉·迪恩·豪威尔斯。那时是1869年的11月末或者是12月初,豪威尔斯已经在这个杂志社工作3年了。他们在办公室坐着,交谈了一小会儿。后来,豪威尔斯清晰地记得"克莱门斯(我必须这样称呼他,而不是叫他马克·吐温。不知为何,我个人觉得吐温这个名字似乎总是像给他罩上了一层面具。)穿着一件海豹皮大衣,毛皮外翻。"豪威尔斯也记得,来客有"一头浓密的红发",讲了一个不便公开的笑话,吐温用这个笑话来说明自己对豪威尔斯撰写的正面评论的愉快感受。吐温说这种感觉就像一个"曾恐惧会生出黑白混血儿的母亲终于生出来一个白孩子"那样欣慰。吐温发现,东北部的人们对于种族话题保持着令人不解的沉默。要知道,在马克·吐温的老家密西西比州的汉尼拔(Hannibal),人们会在大街上高声大语地公开谈论这些,而波士顿人却只是在自己的客厅里窃窃私语。使豪威尔斯想笑不行、不笑也尴尬的这个笑话,实际上是吐温在给他的一封信里讲的,那时,豪威尔斯就吐温的《艰苦岁月》(Roughing it)写了一篇表示赞美的书评。但是,有一点显然是真的,那就是:这个笑话属于那种马克·吐温能够讲得出口并真的讲了出来的笑话,而威廉·迪恩·豪威尔斯对这样的笑话就是知道也不愿意讲出口。

马克·吐温与豪威尔斯两人颇有相似之处。他们都是伴着对河流的认识成长起来的:豪威尔斯的几位叔叔分别是俄亥俄河上的蒸汽轮船领航员和船长,而这条河是吐温笔下的密西西比河的一条支流;两人在孩提时代都曾当过印刷工的学徒,后来都成为东海岸文学圈里具有影响的成员;他们二人都乐意用心讲述或是听人讲述趣闻轶事。

在坐了一段时间之后,吐温可能有些不情愿地起身告辞了。据豪威尔斯说,吐温双手小巧灵活,与任何人握手的时候都不怎么用力,感觉非常轻柔。也许在豪威尔斯握着吐温伸过来的手时,觉得与一般情况下同人握手的感觉有着明显的不同。

他们并没有立即成为朋友,因为吐温离开那儿之后便前往纽约市南部的埃尔迈拉城(Elmira)去见自己的女友兰登小姐了,而豪威尔斯则回家去忙于撰写自己的作品《他们的新婚之旅》。但是,到了1872年前后,他们便有了非常频繁的书信往来。最初,双方往来的信件显得比较正式,都在互相探底,不过,很快他们就解除了顾虑,下笔时能够完全放开并感觉异常轻松。在40年的漫长友谊中,他们给彼此共写了600多封信。这些信件中,有的信在先写完如何安排拜访活动后,随后便是天南海北地闲聊;有的信则与图书有关;还有的信谈到他们计划过但从来没有付诸实施的旅行。二人一定从阅读和写作每一封信件中得到了乐趣,因为他们把那些信全都保存了下来。

大约在1873年的某个时候,马克·吐温开始拜访豪威尔斯。那次,他们熬夜到很晚,一边抽着雪茄一边开怀畅饮,吐温还在豪威尔斯的藏书室里踱来踱去讲故事。其间,豪威尔斯提出把有些故事登载在《大西洋月刊》上。这让吐温感到很惬意,他开始考虑写一些与早年在密西西比河上当蒸汽轮船领航员有关的东西。最后,他寄了一篇给豪威尔斯,后者几乎立刻回信:"关于密西西比河的这篇作品棒极了,在我读着它的时候,眼前立即浮现出密西西比河水奔腾的样子,连我家水罐里的水都几乎受了感染,快要变得浑浊起来。"吐温对自己的作品有些紧张,担心这种主题不合波士顿文学圈的口味并有可能"激怒那些'批评家'",而豪威尔斯则回信道:"如果是我来考虑这个问题,我会说:坚持事情的真相与特质,并用细节讲述事情。那么,所有昔日的河流生活都是新颖的,现在也是极具历史意义的。不要考虑为任何一位想像中的《大西洋月刊》读者去写作,而是认真把故事讲出来,就当是讲给我这双堪称知音的耳朵去听。"

确信它们是自己的"知音",吐温果然动笔为豪威尔斯的耳朵写作。随后吐温发现密西西比河及其丰富的个性都在回报自己:"当我在小说或传记中发现一个刻画得很好的人物,通常我本人会对他产生浓厚的兴趣,因为我以前认识他,在那条河上见过他。"他曾设想过,该书也许能写成六章或最多九章的篇幅,但是,他后来写道:"现在,九章的篇幅看起来只是刚开始展开主题,刚让故事有所发展。"他觉得"需要写成一整本书才行。"而最后的结果是出版了整整 3 本书。有关吐温的大量事情,乃至豪威尔斯从来没用过的"马克·吐温"这个名字,都是来自密西西比河。"马克、吐温"这两个词原意是水深两浔(一浔约 1.8 米),这是河水深度的计量单位,在蒸汽轮船驶过浅滩时,船上的人们常会大声这样喊出来,表示河水在这个深度,轮船可以安全驶过。

后来,在有关《密西西比河上》(*Life on the Mississippi*)的另一封通信中,吐温问道:你对使用粗俗话语怎么看?豪威尔斯考虑到那些出身高贵有教养的读者的感受,回信说也许应该尽量少用点。当他收到吐温用新打字机打印出来的回信,一定忍俊不禁,大笑了出来。这封信全部使用的是大写字母:

> 克莱门斯太太今天早晨收到了这封信,紧接着她就满眼冒火地冲进书房,样子很是可怕。她大声质问我:豪威尔斯先生所说的粗俗之语在哪里?然后,我不得不一副可怜兮兮的样子表态说,我已经将那些粗俗之语从作品手稿中剔除了,读给她听的时候已经没有了那些字眼儿。除了硬着头皮急中生智吐出的谎话,我几乎哑口无言。这些谎言让我免去了一顿炮轰。请问,在你有点儿主见之时,你的太太是否给过你颜色看?

埃莉诺·米德·豪威尔斯很可能不会认为克莱门斯太太的这种做法是在给谁颜色看。埃莉诺在豪威尔斯的生活中也是拥有很大的发言权。埃莉诺·米德·豪威尔斯和奥莉薇娅·克莱门斯(Olivia Langdon Clemens)两人的丈夫有不少相似之处,而她们两个也有很多共同之点：两位女士都容颜姣好，也都来自东部的上等家庭；两人都在选择夫婿时冒了一点儿风险，但后来都得到丰厚的回报；两人都经常生病，不能旅行或是外出，按照要求躺在光线黯淡的房间里以康复病体；两人都认可传统，并且喜欢对此发表高论；两个似乎都是非常好的伴侣，不过，埃莉诺·豪威尔斯可能有点儿饶舌。就如吐温曾经从豪威尔斯夫妇家给妻子写信报告的，当埃莉诺进入房间，"对话死了"，"独白继承了对话的全部财产，并按照对话的样子喋喋不休地进行下去"。这两位女性也成了朋友，马克·吐温与豪威尔斯之间的许多往来信件里都包括她们两人书写的附言，语气生硬且正式，与两位男士的通信语言形成鲜明对照。不过，字里行间还是传达出了真诚的愉快心情。两对夫妇各有三个孩子，两家人经常互相拜访。孩子们也常常出现在各自慈父的书信中。豪威尔斯写道，自己的儿子约翰尼（Johnny Howells）已经决定成为一名离经叛道者；吐温则说，苏茜（Susy Clemens）已经宣布，她希望自己拥有母亲那样的畸形牙齿和眼镜。

吐温为自己的孩子们创作了精彩的故事，而他最亲近的女儿苏茜早在年仅十三四岁的时候，就计划为他写传记，这让吐温感到非常高兴；豪威尔斯则是让妻子和孩子们在自己的小说中一次又一次出现。吐温的家庭给吐温提供了一种可以让其重温童年记忆的氛围；但是，对于豪威尔斯而言，某种意义上，他的家庭却让他无法找回自己的童年感觉。豪威尔斯认为，马克·吐温的夫人莉薇·克莱门斯（Livy Clemens）给丈夫起的昵称"小伙子"十分恰当；他总是有点儿嫉妒吐温，认为吐温在密西西比河边度过的童年生活是那么丰富，又是那么有用。在得到《汤姆·索亚历险记》（*The Adventures of Tom Sawyer*）的手稿时，豪威尔斯怀着一丝渴盼之意写道："但愿我曾在那个小岛上待过。"

马克·吐温对趣闻轶事反应灵敏，而豪威尔斯则是他搜寻这些奇闻趣事的最亲密伙伴。在《我的文学造船厂》（*My Literary Shipyard*）一文中，吐温解释说，他总是有几部小说像在建的大船那样搁置着,等待灵感降临时予以完成,这也是他巧妙保住那些故事不被半途丢弃的良方。他发现,离开自己在康涅狄格州的房子去波士顿看望豪威尔斯一家,对于帮助自己把一个故事继续写下去最是有益。有一次,在造访豪威尔斯之后,吐温给豪威尔斯写了一封信。在这封信中,吐温感谢豪威尔斯,说那是一次"营养丰富、收获良多"的拜访,那次拜访"给了我'看透他人心思的能力'",非常有助于自己对一个类似于哈姆雷特的人物形象的塑造。而且,无论如何,相当重要的是,"在你家里度过了一段令人愉快的好时光,"并且与一条"可爱又健壮的狗"也处得熟识了。

　　"你的来访,"豪威尔斯在回信中写道,"对我们来说,就是一件值得尽情欢呼的美事:除了你的光临,我们从来没有这么高兴过。又是抽烟,又是喝酒,加之随后长达几个小时的熬夜,几乎要了我们的命。但是,在[你]离开之后,我们一家人会直视着彼此的眼睛说,这是多么美妙的时光啊!随后,我们给藏书室通通风,这才开始睡觉并恢复节食,同时,心里渴望着你再次过来。"

　　在令人尊敬的约翰·格林里夫·惠蒂埃举办70寿宴时,吐温前往波士顿为其祝寿,并即兴发表了一次讲话,尽情嘲讽了詹姆斯·拉塞尔·洛厄尔以及拉尔夫·瓦尔多·爱默生(Ralph Waldo Emerson),甚至连惠蒂埃本人也不放过,而所有这些人当时无一不在现场。吐温此举让豪威尔斯蒙羞,同时也让吐温自己短时间内感到窘迫。不过,后来吐温反而认为这件事相当有趣,经常反复回味。长期以来,波士顿文学圈子始终支配着豪威尔斯的文学喜好与生活,豪威尔斯也很可能会暗自喜欢观察这个圈子里那些年迈的承继者之间的勾心斗角。吐温与豪威尔斯两个人彼此影响,其中一个人的特殊才能往往会对另一个人有极大帮助。

　　有时,豪威尔斯会觉得有点儿沮丧,特别是在他忧虑自己的小说太不显眼、一文不值时。这时,马克·吐温就会写信激励他,帮助他振作起来。在吐温读到豪威尔斯的《小阳春》(Indian Summer)时,他提笔给豪威尔斯写了一封信,这样开头道:"你真是我唯一的作者,我受限于你,看都不看别人的作品。"接下来,他继续写道:

　　这是一个优美的故事,既能让人不住大笑,又能让人内心饮泣,让人感觉如此老迈,又是那般绝望;既让人感受到在瞥见失去的青春之时,无法估量的巨大遗憾填满心田,又让人隐约地意识到自己曾经是位王子,生活在某个遥远的迷人国度,然而眼下却四处流亡,再也没有机会重回乐土!那是多么疼彻心扉的事情!噢,你用纯熟的技巧写出了这部精彩的作品,而且不用像乔治·艾略特那样条分缕析,就能把所有的动机和感情完美地表达清楚。我不能忍受乔治·艾略特,不能忍受霍桑,也不能忍受百十年来毫无变化的那些人,他们简直让我厌倦得要死。对于那本《波士顿人》,我宁愿被诅咒到约翰·班扬(John Bunyan)笔下的天国去,我也不想读它。

你永远的　吐温

　　在吐温写这封信时,亨利·詹姆斯的《波士顿人》和豪威尔斯的《赛拉斯·拉帕姆的发迹》都在《世纪》杂志上连载。吐温那样看待《波士顿人》,可能是对豪威尔斯与詹姆斯之间的友谊有一点点嫉妒。吐温以前常常建议豪威尔斯把亨利·詹姆斯请来和他们二人一起做项目,就像他们曾计划找来12个作家,围绕同样的情节每个人写一篇短篇小说那样。吐温和亨利·詹姆斯见过几次,而威廉·詹姆斯也曾在意大利与吐温不期而遇,并且非常喜欢吐温。威廉曾经谦和地写道,吐温是"一个出色的小伙子,性情温和,鼻音很重,说话时拖着长音,慢条斯理地,但是很有人情味儿,心地善良。我认为,人们可能会渐渐喜欢他,并有可能非常喜欢他"。吐温不能接受《波士顿人》,大概是对詹姆斯家庭表现比较高傲的一种反应,也有可能他只是对书中人物不大活泼感到厌倦。吐温喜欢一则故事要有点儿变化,所以,豪威尔斯那些情节富于变化的作品,就很契合他的心意。豪威尔斯回信感谢他善意的来函,说这封信"让我信心倍增"。

　　马克·吐温阅读范围广泛。他热爱罗伯特·勃朗宁(Robert

Browning)诗歌中的人物形象和《唐吉诃德》(*Don Quixote*)中的肆意虚构。同时,他又是一个发明家,不想按照传统的方式进行写作。他常和豪威尔斯一起嘲笑自己运气不佳的哥哥欧里安(Orion Clemens),因为吐温这位哥哥致力于做生意致富,却又总是功败垂成。吐温与哥哥不同,吐温念念不忘的是拥有属于自己的专利。在作品《亚瑟王宫廷中的美国佬》(*A Connecticut Yankee in King Arthur's Court*)中,吐温让这个美国佬在6世纪的英国功成名就后做的第一件事情就是建立一个专利局。吐温独自发明了一种固定婴儿毯子的扣环和一种带自粘功能的剪贴簿,还持有许多项专利权,他为此很自豪。不过,对豪威尔斯来说,很显然,吐温最好的发明正是他自己。

豪威尔斯曾经在一封信的结尾说道:"我弟弟乔(Joe)有个4岁的小男孩,他最喜欢的作品是《汤姆·索亚历险记》,尤其是其中'打斗最激烈和最扣人心弦的那些内容。'这件事让我知道了什么是名气。"豪威尔斯写信给吐温,就像是自己在心中暗自思忖一样,"讨厌鬼,我想知道你会走红多长时间?有时我想,我们这些人将只能作为你的朋友和通信者而留下印记。"对于豪威尔斯来说,有点儿奇怪的是,马克·吐温,他的亲密朋友,同时也是美国最著名的人物之一,竟然是一个始终生活在假名之下的公众人物。马克·吐温有时应该也会觉得这有点儿奇怪。可能他们都喜欢豪威尔斯称呼"克莱门斯"时的感觉,这让二人觉得拥有一份独属于彼此的私人情谊。

1905年,威廉·迪恩·豪威尔斯造访了吐温在康涅狄格州雷丁(Redding)的住所"风暴原野"(Stormfield)。这座房子是由豪威尔斯的儿子约翰·豪威尔斯设计的,约翰秉承了父母对建筑的兴趣,已经成长为一位颇受尊重的建筑师。吐温几乎难以置信,这位约翰与那个他记忆中印象深刻的7岁的小约翰尼竟是同一个人。很多事情都与过去不同了:奥莉薇娅·克莱门斯已经去世,苏茜·克莱门斯也在24岁时因脊髓脑膜炎病逝。吐温后来说,在接到苏茜去世的电报后:"这是我们这个世界的一个奥秘,一个男人在毫无准备的情况下,能接受那样的晴天霹雳并活了下来。"豪威尔斯对于自己钟爱的女儿温尼弗雷德·豪威尔斯(Winifred Howells)的去世有着同样的感觉,她在经历了极度痛苦的静养疗法,以及那时的医生就未知疾病推荐的强制进食之后,年仅25岁即早早逝去。女儿离世之后,豪威尔斯家其余的人都迁往纽约定居下来。让豪威尔斯和吐温感到欣慰的

马克·吐温

是,其中一个人的儿子可以给另一个人设计住房。豪威尔斯在回忆录《我的马克·吐温》(*My Mark Twain*)中写道,自己在"风暴原野"一觉醒来时,发现吐温已经起床,正在大厅里走来走去,大声叫豪威尔斯的名字,"因为这样做比较有趣,而我也知道他这是出于喜爱。"吐温那时已是满头银色长发,留着长胡髭。在家里的时候,吐温常穿着一件宽松的睡袍,抽着家中常备的雪茄。

1906年,吐温写了一篇评论豪威尔斯作品优点的文章。在这篇

文章中,吐温除了赞扬朋友的散文清新和精确,他还确认这些散文具有一种特质。吐温推测,其他读者大概没有像他那样花那么多时间读豪威尔斯的书,因此,他们可能不知道去寻找这种特质。吐温说,豪威尔斯的作品"有诗歌的某些特性,能够牢牢地抓住我们,驻留在我们的记忆中。最先我们不理解这是为什么:所有的字眼只是合适的字眼,没有哪一个显得突出,所以,它们似乎全都不起眼。正因如此,我们不知道它们到底是怎么回事儿,由它们所传递的信息居然就能牢牢抓住我们。"豪威尔斯深受感动,他给吐温写了一封信:"我仔细想过了,发现在这个世界上,那些依然在世的人间中,没有谁的赞扬我会更在意。也许我会在意托尔斯泰的好评,但是我不像爱你那样爱他。"他们彼此都不向对方隐瞒自己的真实想法。吐温回信说:"你说的这些话真是太美好了,你真可爱,我都不知道怎么谢你才好。但是,我爱你,我深知这一点。"

1910年,豪威尔斯最后一次外出造访,依然是去看望吐温。他们讨论了吐温的男管家,曾是奴隶的乔治;谈到了工会这个"弱者反抗强者的唯一现有的帮手";也谈到了做梦,因为近来他们夜间所做的噩梦越来越多。"接下来,"豪威尔斯尽可能地写得简单明了:"我看见他去世了,躺在棺材里。"在那一刻,那副熟悉的面容"极具忍耐力,我曾如此频繁地在那张脸上看到过这种忍耐力:带着点儿迷茫,还有寂静无声的尊严,一种来自内心深处自愿的默认:他用笑声抒发内心那深沉的悲伤,而无知的人却认为他的整个人生充满的都是欢笑。"豪威尔斯为自己在《大西洋月刊》工作时认识的许多作家写过悼念文章,以最明晰、最能引起共鸣的方式把他们再次带到其读者面前。所以,他一直都是朋友们的编辑。尽管动笔时吐温去世仅几个星期,但是,豪威尔斯对他这位朋友的不朽声名已深思熟虑,很容易就知道该如何评说:"爱默生、朗费罗(William Wadsworth Longfellow)、洛厄尔、霍尔姆斯——我认识所有这些人,还认识所有健在的我们的圣贤、诗人、先知、评论家以及幽默作家,他们彼此类似,像其他文人。但是,克莱门斯却是独一无二、无法比拟的,他是我们文学界的林肯。"

第七章

马克·吐温与尤利塞斯·S.格兰特

　　现在是凌晨 4 点钟,马克·吐温几乎已经连续五天都在熬夜。此时,他在给威廉·迪恩·豪威尔斯写一封信。写着写着,他停了一会儿,再次仔细回想那些细节:芝加哥的哈弗雷剧院(Haverley's Theater),那面弹痕累累、来自维克斯堡(Vicksburg)战场的旗帜,高高地飘扬着;千来名士兵齐声高唱"当我们昂首迈进,穿过佐治亚",声音高亢嘹亮;接下来,军官们在帕尔默酒店(Palmer House)举办宴会,敬酒畅饮达 6 个小时之久,一直持续到次日清晨才结束。这是自从其士兵开进亚特兰大后,田纳西州驻军(Army of the Tennessee)最重要的聚会;吐温想到了与谢尔曼和谢立丹坐在一起的尤利塞斯·格兰特。聚会那时候是 1879 年,谢尔曼和谢立丹在率军结束了对夏安族(Cheyenne)、苏族、阿拉巴霍族(Arapaho)以及派岗族(Piegan)的大肆杀戮后,已经回到了这里。马克·吐温的心头匆匆掠过所有那些有关"女士们"和"美国的爱国者们"的无聊讲演。到了后来,那些发言者开始站上桌子,以便让别人能听得见他们说话。吐温满意地想到最后轮到自己发言时的情形,当时,第 14 个发言者坐下之后该他发言了,他故意在强烈的喝彩欢呼声中爬上了桌子。

　　尽管吐温只在一支民兵部队中服役过几个星期,而且并不怎么光彩地当了逃兵,尽管这支队伍实际上是站在南方军队那边,尽管他后来放弃了任何服役的想法,逃到内华达(Nevada)和加利福尼亚,躲过了此后的战争,在这两地一直待到战争结束,但是,只要那晚有吐温待在宴会现场,当晚的压轴戏肯定是非他莫属。接到出席宴会的邀请之后,有人在晚会之前就对他提出要求,在宴会上发言时应该对"女士们"表示敬意。但是,吐温在回复过去的电报中说:"祝酒累人。"如果他们不介意,他可不可以自己准备一个发言主题?可能是受到菲利普·谢立丹的妻子刚刚生下一对双胞胎这一事实的启发,他那时提议道:"婴儿,以婴儿为主题,因为他们在我们深感悲伤时安抚我们,所以,在我们举杯欢庆的时候,请不要忘记他们。"尽管这是一个非同寻常的选择,聚会活动的组织委员会还是予以认可,接受了这项提议。

吐温在讲演时,带着一个父亲所应有的温暖、顾家的情怀提醒军官们回想一下,想一想他们的孩子在夜间哭泣时,他们是如何用糖水抚慰孩子的;想一想他们品尝糖水时,那种"温热却寡味的东西"尝起来是怎样的味道。大家开始大笑起来。"一个婴儿所带来的事务,你们和整个内政部都管不过来,所以,只要你头脑正常,你永远不会祈祷要双胞胎。"吐温希望自己讲到最冒险言辞的时候,这些听众的反应能跟得上他的思维。然后,吐温接着说:毕竟,格兰特,他也曾是个婴儿:

> 在美国国旗覆盖下的某个地方,在那里的一个摇篮里,这位美国军队未来战功赫赫的总司令,他并没有为了将来的威严与责任发什么愁,那一刻,他那充满战略思想的心,正整个儿用于考虑如何把他的大脚趾伸进自己的嘴巴里。我这样说,并不是因为对今晚我们这位显赫的贵宾有什么不敬之意,我真正的意思是说,这是一项成就,大约56年以前,他正把他的全部注意力都用于完成这项成就。

一阵激烈的战栗,听众们都屏住呼吸,等着看吐温是否会在整个队伍面前侮辱格兰特。此时,吐温很满意大家的这次停顿。等待,再等待,然后吐温转向格兰特,抖开了包袱:"如果孩子正是成人的预言,那么,几乎没有人会怀疑:他当时成功了。"

　　格兰特已经苦撑着坐在那儿听完 6 个小时的讲演,此时终于开始大笑起来。就像吐温后来讲述的,在人群的欢呼声中,他被大厅里的人们抬起来,在他们的肩膀上抛起又落下。"我希望你在现场,"吐温给豪威尔斯写道,"这是个伟大的时刻,我的好伙计,真是个伟大的时刻……我像炸药一样震动了他……〔格兰特〕告诉我,他那天和 15 000 人握了手,过后也没有感到疼痛或是痛苦,但是我说的那些真相却把他身上所有的骨头都折腾得散了架。"

　　有时,当再次讲述这次宴会上发生的故事,马克·吐温会从他最先如何见到尤利塞斯·格兰特开始讲起。在格兰特担任总统时,吐温那时还相对无名,只是一个 34 岁的作者,《傻子国外旅行记》一书的作者而已。有一位来自内华达州的议员与吐温熟识,这一天,他把吐温带进了白宫,吐温颇不自在地坐在格兰特总统面前。那个时候,因为战后重建中对南方奴隶主作出妥协,以及内阁成员贪污腐败丑闻不断,格兰特连日来始终饱受舆论攻击,所以,在吐温的眼里,他显得沉默寡言,心事重重。吐温最后状起胆子说道:"总统先生,我觉得挺尴尬。你呢?"吐温总是用军事语言叙述他与格兰特的这些会见:格兰特"勉强挤出一丝笑容,笑容非常僵硬,只比铜浇铁铸的塑像稍微好看一些。而我则连珠炮般提了一连串的问题,然后告辞了"。如同吐温所讲,1879 年的那一天,当他们在宴会开始之前再次相遇,格兰特不无幽默地对吐温说:"我不觉得尴尬。你呢?"吐温感到挺高兴,格兰特居然还记得这些。那时,格兰特正与美国每一个算计他的人作斗争。与格兰特坐在一个房间里,很难不把自己想像成李将军。

　　格兰特可能不像吐温那样喜欢这些攻击言行。那次宴会是格兰特在暗中筹备、以赢回总统职位期间精心安排的一次政治活动,他已经失去总统宝座两年半了。格兰特夫妇当时境遇不佳,一没有自己的房子,二没有退休金,三没有适合这个曾经赢得内战并两次当选总统之人的职位,所以,在过去的一年,他始终在世界各地周游。美国报纸刊登了格兰特夫妇会见日本天皇和在埃及乘坐骑参观金字塔的照片,这些照片都是慎重挑选出来的。格兰特夫妇一直在留意能东山再起的时间。在这种状况下,提醒这个国家说,这个军事英雄有时表现得像一个婴儿,他在担任总统期间大量表现都像婴孩想含住自己脚趾那般尴尬,这几乎不可能是对格兰特竞选活动最有助益的姿态。格兰特所在的共和党最后提名的总统候选人是詹姆斯·加菲尔德(James Garfield),而不是格兰特。那次讲演,吐温个人取得了成功,因而感觉惬意。当他走出沾沾自喜的状态,考虑到自己的表演成为格兰特竞选失败的部分原因,他可能感受到了失眠的痛苦折磨。

许多年以后,这两个男人已成为了朋友,格兰特住在纽约市第5大道一栋借来的房子里并在市中心的一处办公室上班,吐温常常去拜访格兰特。有一次,吐温带上了豪威尔斯一道,三个人就在格兰特的办公室吃了一顿咸肉豆子午饭。再后来,在格兰特迁到位于萨拉托加泉(Saratoga Springs)附近的麦克雷格山(Mount Mcgregor)之后,吐温和格兰特才恍然发现,很久以前,他们曾经近距离地相遇过。那是1861年,在密苏里州的森林里,那时,吐温正在执行自己那仅维持了短短几个星期的任务,与几个骑兵一起巡逻。与此同时,格兰特正好赶赴其第一个司令部,途中经过了那片森林。这个新发现极大地激发了吐温的想像力,他重写了早期与巡逻骑兵们在一起时候的那些倒霉事,加进去这么一段情节:当时,他瞄准并击毙了一个骑手,此人像极了格兰特描述的当年的自己。最初,吐温给这篇作品起名为《我的枪口瞄准格兰特》(*My Campaign Against Grant*),但是,在格兰特去世后,吐温把题目改成了《一次失败行动的内幕》(*The Private History of a Campaign That Failed*)。

提起自己在南北战争中失败的经历,吐温心中五味杂陈。他认为,战争既无功又浪费。即使是在19世纪70年代,整个社会充斥着浓郁的军事氛围,战争故事成为每一场社交聚会上必不可少的谈资,吐温有时仍然在想,他当初没杀死一个格兰特那样的人就离开了战场,这比不上格兰特一直身处战场、下令杀死一千个吐温这样的人罪孽深重。同时,吐温因为曾经在南方军队中服役过,尽管是短期,心中也全然无轻松之感。战争结束之后,吐温个人为赎罪默默地做出过各种努力,他曾恳请加菲尔德总统(Garfield)允许黑人民权运动领袖弗雷德里克·道格拉斯(Frederick Douglass)继续担当哥伦比亚特区的司礼官,还资助过一名黑人在耶鲁大学接受教育。

　　到了 19 世纪 80 年代,尽管军队仍然在镇压美国本土人的反抗行动,不过,人们不愿再去回想那场战争,国家的注意力转向了商业。这时,铁路公司以最快的速度铺设铁轨,人们大发石油、煤炭和钢铁之财,一个新的英雄阶级极为迅速地出现了。格兰特和吐温发现,他们正在与一种公众意识作斗争,这种意识认为,战争和写作的重要性日益逊色于金钱。吐温偶尔会撰文尖锐批评贪婪做法和帝国主义政策,例如《败坏了哈德莱堡的人》(*The Man That Corrupted Hadleyburg*)、《致坐在黑暗中的人》(*To the Person Sitting in Darkness*)和《国王利奥波德的独白》(*King Leopold's Soliloquy*)都属于这类作品。但是,他和格兰特也都是工业巨头们的朋友,也都渴望像他们那样腰缠万贯。安德鲁·卡内基(Andrew Carnegie)从自己的私人库存中拿出多桶苏格兰威士忌酒送给吐温;身为标准石油托拉斯(Standard Oil)的创建人之一,亨利·罗杰斯(Henry Rogers)常常带上吐温一道,乘坐他的专列周游全国。1883 年,格兰特年逾六十,此时既不是将军,也不是总统,而且也不再是雇员。所以,为了养家糊口,格兰特做出最后一次努力,把他所有的钱投进儿子和另外两个人共同经营的投资业务。后来,他们将格兰特所有的钱亏损殆尽。这时,格兰特只得羞愧地去向威廉·亨利·范德比尔特(William Henry Vanderbilt)乞求帮助,借贷了 15 万美元,将公司保了下来。这笔借款本身以及他随后偿还这笔贷款时遇到的种种困难,都是格兰特业已失败的又一标志。

　　终其一生,吐温都珍藏着一个希望,即他能借助那些有利可图的发明加入百万富翁的行列。他对有可能开发出一种历史棋盘游戏感到特别兴奋,这个念头最初是他走在自家的私车道上时想到的。当时他的女儿们在车道上往家奔跑,同时大声喊出历史上一些人的名字,并讲出此人在某个日期做出什么事情,最先到达房子的人成为胜利者。有了这个想法后,吐温通宵熬夜设计了这个棋盘游戏。不过,最终导致吐温破产的不是他自己的那些发明,而是其他一些人的行为所致。那时候,他完全相信那些人,并投入大笔财富——超过 20 万美元的个人资金。他先是投资生产一种治疗胃病的神奇粉末。更糟糕的是,还投资制造名为佩吉(Paige)的排字机,这是曾为印刷厂学徒的吐温热衷的机器,按照设计,这种排字机能以每小时 8 000 em〔1〕的速度排版。但是,这种排字机后来被默根塞勒(Mergenthaler)发明的机器打败了,后者的性能更加可靠。那时,吐温正生活在欧洲,那里的生活成本比美国的便宜,他的作品在那里也比较畅销。许多美国人是身处国外时才第一次读到吐温的作品,阿尔弗雷德·斯蒂格利茨便是如此。19 世纪 80 年代前半期,斯蒂格利茨刚开始从事摄影,并且正在德国学习,这时候,他就深爱阅读吐温的作品。而若干年以前,吐温就出版了一本书,记述其本人在德国和瑞士旅行的经历,书名为《国外漫游》(A Tramp Abroad)。到了 19 世纪 90 年代,美国经济严重萎缩,吐温开始害怕自己真的会像 1893 年至 1894 年之际的冬天那 250 万找不到工作的人一样,成为另一个无业流浪汉。就在这个冬天,吐温第二次破产了。

在这次决定性的经济打击后,亨利·罗杰斯接管了吐温的财务管理,吐温则心怀感激地出发去开始自己的环球演讲之旅,努力挣钱来还清债务。这次旅行中,他去了澳大利亚和南非;后来也到了印度,并和卢迪亚·吉卜林(Rudyard Kipling)在一起。人们说,吐温一方面忧心忡忡,另一方面又开始了还债自救之旅,这都导致了他不能专心写作,成为他再也写不出另一本《哈克贝里·芬历险记》(The Adventures of Huckleberry Finn)的原因,尽管也许没有人会有两本《哈克贝里·芬历险记》可写。

吐温的生意失败发生在格兰特去世后,但是吐温本性中的冒险精神及其财富状况不稳定的状态,在他与格兰特进行唯一的一次生意合作时就得到了很好的证实。当时格兰特一贫如洗,患了喉癌,正

---

〔1〕　欧美文字排版的字行长度单位。——译者注

面临着死亡的阴影。而吐温这边,由于他及其侄子查理·韦伯斯特
(Charles Webster)共同的责任,吐温的出版社查理·韦伯斯特公司
(Charles L. Webster and Company)正处于令人心惊胆战的管理混乱
状态,并存在耗尽吐温所有私人财产的危险。格兰特最近刚写了一
篇回忆维克斯堡战斗的文章,并发表在《世纪》杂志上,该刊编辑部
的人正在催促格兰特撰写回忆录,并给他提供一笔数额不大但是还
算诱人的费用。吐温听说此事后,立刻断言说他们是在欺骗格兰特。
他给格兰特提出建议,希望该书能在韦伯斯特公司出版,通过吐温的
订货渠道对外销售。在多次讨论和劝说之后,格兰特同意了。吐温
调动订阅力量,而格兰特则凭着极为清晰的思路和令人惊叹的准确
记忆,按照计划,充分发挥个人才智,从头至尾完整地写下自己的回
忆录。除了一小部分写的是他的童年和他在侵占墨西哥战争中担任
军需官的经历,格兰特将大量笔墨用在叙述南北战争上,"这场战争
是一次可怕的教训"。这是一部气势不凡的作品,是格兰特觉得能够
拿出来证明自身价值的最后证据。在吐温他们从他那里拿走定稿校
样 12 天后,格兰特去世了。

　　吐温阅读了全部校样,又去了格兰特家所在的麦克格雷山。格
兰特去世之前,他的家人将住处费力地修缮了一番,然后就等着格兰
特最终命运的到来。格兰特有时候会在门廊那儿接待来访者,吐温
也经常和他一起在那里坐过。格兰特很满意吐温对自己的关注。他
喜爱吐温的作品,吐温写的绕世界旅行的那几本书,他最喜爱的是
《傻子国外旅行记》;他也想知道吐温怎么看待自己的作品。最后,
有人跟吐温讲了这件事。吐温得体地自嘲了一下,声称这种感觉"就
像哥伦布的厨师获悉哥伦布想了解他对哥伦布航海之事的反应,感
到十分吃惊"。他找了一个机会告诉格兰特,说他一直在读恺撒
(Caesar)的《高卢战记》(Commentaries):

　　　　我认为格兰特的传记与恺撒的作品是同等水准,它们
　　同样成功。后来我听说格兰特将军对我的看法很满意。这
　　表明他只是一个人,只是人类的一员,只是一位作者。作者

看重褒扬，即使这种褒扬只是来自一个凡夫俗子。

格兰特始终担忧自己作品的销路。等到他已不能再说话时，他还用铅笔给家人和医生写了小纸条，表达这种忧虑之情。有一次吐温来访，格兰特给他写了一张便条，为妻子和家人未来的困境感到焦虑。吐温对他保证说，已经收到足够的订单，能给他的家人带来20万美元的收益，而且自己预计最终数字会达到这个数额的两倍多。格兰特"用铅笔写下了他的感谢"。事实证明，吐温预计得极为准确。最终，格兰特这部两卷本作品实际售出30万套，格兰特夫人因此获得40万美元的收益。吐温的出版社也获利不菲。

他们联手合作的业务取得成功，这是一件美妙的事情。终于有这么一次，他们不需要罗杰斯或者范德比尔特，也不需要铁路、机器和银行。在格兰特去世之前那个漫长的夏季，他们纯粹是两个投身写作的朋友。这种写作上的合作比金钱更为重要，正是依靠写作，他们拯救了彼此。吐温始终慎重对待自己将要留下的遗产，其自传写了长达37年，而且只允许在他身后出版。豪威尔斯说："克莱门斯在一贯极为满意的现实生活中，感到最满意的事情中就包括他与格兰特的关系。"吐温非常明白他给予将军的是什么。

在格兰特出殡那天，吐温在其位于联合广场的办公室窗子边站了5个小时，观望外面地面上列队经过的男男女女。他不想成为公众仪式上的一员，所以并没有参加格兰特的葬礼。吐温在格兰特生前，还曾最后去看望过几次。站在窗子边，吐温也许想到了其中某一次的情景。当时，他们两人一起坐在门廊下，格兰特正忍受着极大的痛苦，静静地坐着，表情漠然，而吐温则面带忧伤地注视着他。此时，两个人仍然都在想着格兰特将军写的那套书。格兰特用铅笔写了一张纸条，说但愿自己不曾忘掉任何事情。吐温答复了几句，希望知道一场战斗结束后，军官们晚上在帐篷里会如何谈论死亡。随后，吐温点了一支雪茄。这时，有人走出来，端着饮料送到门廊那儿。格兰特感到有点儿凉，用毯子裹住了肩膀。夜色更深了……

第八章

W. E. B. 杜·波依斯与威廉·詹姆斯

W. E. B. 杜·波依斯（W. E. B. Du Bois）对威廉·詹姆斯挥挥手，示意他先上马车。也许他们都很高兴，因为这样做只是出于礼节，而不是由于种族因素：教授应该走在学生的前面，不管谁是白人谁是黑人。威廉·詹姆斯穿上自己那件沉甸甸的、做工考究的大衣，把粗花呢夹克、方格裤子以及意大利式领带都裹在了里面，随后登上了马车。杜·波依斯的外套要薄一些，也许还有点不大合身。尽管在获得了研究生奖学金并开始认识波士顿富裕黑人家庭的子女们之后，杜·波依斯在衣着上已经整洁得体许多，但是，他依然是一无财力二无社会地位，不可能仿效自己的导师，在衣着上既考究又标新立异。杜·波依斯晚年时，人们每次看见他，都发现他挂着一根手杖，不过，现在的他还没有开始那样做。这时是 1892 年，杜·波依斯年方 24 岁，威廉·詹姆斯则有 50 岁了。

马车夫扯起缰绳，马车开始向前驶去。他们安安静静地坐了几分钟，各自抬眼望着马萨诸塞州冬日天空中那低沉厚重的云层。下午他们去了位于罗克斯伯里（Roxbury）的波金斯盲人学校（Perkins Institute for the Blind），看望了 12 岁的海伦·凯勒（Helen Keller）和她的老师安妮·沙利文（Anne Sullivan）。似乎波士顿的每一个人都准备去看看这个小女孩，了解她为何能对一个既没有光线也没有声音的世界适应自如。这次拜访可能是詹姆斯的主意，因为他对知觉问题着了迷。他叫上杜·波依斯与自己一起前往,就如以前叫他去参加哈佛哲学俱乐部(Harvard Philosophical Club)的会议或是去其他一些场合那样,习惯成自然了。威廉·詹姆斯极为欣赏杜·波依斯。杜·波依斯出生在马萨诸塞州大巴灵顿(Great Barrington)一个以白人为主的社区,父亲不知是谁,母亲很贫穷。他自己想方设法接受了良好的中学教育,随后,经过努力进入菲斯克大学(Fisk University)就读,毕业后去了田纳西州的乡村任教。后来他又进入了哈佛大学,两年前以优异成绩从哈佛大学毕业,并荣幸地成为毕业典礼上的五位致辞人之一。此后,他又获得哈佛大学的奖学金,在该校继续就读。威廉·詹姆斯以前的确倾向于把杜·波依斯的杰出才智部分归功于他的出身,就如他给弟弟亨利·詹姆斯的信中所说,杜·波依斯不是黑人,而是"一个黑白混血儿"。另外他也认为,杜·波依斯的褐色皮肤无论如何不应该限制到其发展。

威廉·詹姆斯是哈佛大学哲学系唯一从没有取得哲学学位的人,却因善于发现和支持被其他人称为"跛脚鸭"的学生而拥有某种声望。杜·波依斯在哈佛读大学时最先很不起眼,他非常感谢威廉·詹姆斯给予自己的关注。他后来写到威廉·詹姆斯时说,有一群人与自己的个人教育至关重要,他们是"传统势力的叛逆,宗教领域的异端,金钱世界的贫儿,曾经短期主导过美国文化,使其更具典型性,并将其向前推进了一大步",而詹姆斯就属于其中之一。杜·波依斯也许想过仿效詹姆斯,不过他意识到在哲学教授职位上难以为提高种族地位而工作,因此决定继续走其卓有成效的历史调查这条路,但是他仍与詹姆斯保持着密切的关系。杜·波依斯正在撰写一部著作的初稿,这部著作后来成为一部划时代的作品,它是最早从经济角度考虑奴隶制问题的作品之一,名为《1638—1870年美国黑奴贸易的废止》(*The Suppression of the African Slave-Trade to the United States of America*, 1638–1870)。这个年轻人对现实问题的深刻认识让詹姆斯很满意,他一直喜欢听杜·波依斯所说的东西。

他们的谈话可能是从安妮·沙利文对小海伦的倾心照顾开始的。威廉·詹姆斯经常表达对母性力量的欣赏,尤其是自己母亲身上体现出来的那种母性力量;同时,他觉得自己妻子艾丽斯·詹姆斯身上也具有这种品质。威廉·詹姆斯的妹妹也叫艾丽斯·詹姆斯,这使得二人的名字容易让人混淆。很显然,沙利文像是把海伦当成了自己的孩子,但在对语言的种种局限性的探索方面,沙利文的工作同时又堪称是在进行研究,这让威廉·詹姆斯觉得颇为有趣。杜·波依斯后来描述这份工作是一项"无限痛苦和饱含深情"的工作。

那天,他们去看望安妮·沙利文时,她可能讲述了自己如何教会海伦识字。安妮曾经无数次地在海伦·凯勒手上书写那些字母,它们代表凯勒触摸到的东西的名字,但是海伦仍难以领会,挫败感更是与日俱增。然后,一天下午,海伦·凯勒把手放在水龙头下,冷水从手上流过,沙利文果断地又抓住小女孩的手,写下 w-a-t-e-r(水)的几个字母。凯勒最终明白了,原来这种凉凉的飞溅着的东西就是用她手上感觉到的符号来表示的。后来,海伦·凯勒也经常讲起这个故事。

也许詹姆斯对杜·波依斯说,这是他日常观察的又一个特例,即信念先于事实。不久之后,詹姆斯就把这个例子写入自己的著作《对教师讲心理学》(*Talks to Teachers on Psychology*)中。杜·波依斯很熟悉老师的思路,所以,他也许立即就给出了结论:在习惯形成的过程中,人们在信念上就做好了准备。当初老亨利·詹姆斯曾频繁地带着自己的孩子们迁居,不让他们在任何一个地方形成某种学习习惯。可能因为有这样的经历,所以,威廉·詹姆斯对日常观察拥有无穷无尽的兴趣。他兴致勃勃地观察着沙利文利用肢体动作很好地证实了自己的观念,即随着时间推移,通过接触可以形成认知。

那个时候,在大学里教书的哲学家和心理学家都认为,詹姆斯提出的这些原理缺乏足够的科学性。对于詹姆斯而言,接触、共享语言及集体记忆是统一的,由于拥有共同的话语、经历与姓氏,才使得詹姆斯家族成为詹姆斯家族。在观察安妮·沙利文和海伦·凯勒在一起的情景时,威廉·詹姆斯可能想到了自己的妹妹艾丽斯,想到了她总是倡导的女性教育方式,想到她应该会对小女孩凯勒的故事抱有浓厚的兴趣。

　　杜·波依斯深刻地认识到了詹姆斯的种种观察结果对社会的重大意义。1910年,杜·波依斯准备放弃自己在亚特兰大大学的职位,前去《危机》(The Crisis)杂志社担任编辑。这是一份新杂志,刚刚由全国有色人种促进会(the National Association for the Advancement of Colored Perple,NAACP)创办。此时,杜·波依斯发表了一次讲演。他在讲演中说:"一个民族要继承现代文明世界的伟大社会遗产,其主要的也是重要的方法就是训练。这种训练主要来自人类的接触,即有知者与求知者相互接触。"在《危机》杂志社工作时,杜·波依斯总是主张说,美国的那些欧洲和非洲后裔,只要他们彼此隔离,就永远不可能成为真正有良好教养的人。

　　与此同时,詹姆斯的实用主义政治观点也受到杜·波依斯的影响。杜·波依斯从亚特兰大给詹姆斯来信,详述了私刑的数量,这使詹姆斯感到惊骇,促使他采取行动。那天下午在波金斯盲人学校里的人,并不仅仅只有杜·波依斯和詹姆斯会在以后去抗议"种族分界线不公又愚蠢"。将近40年以后,杜·波依斯写了几句话,赞扬海伦·凯勒在她家乡阿拉巴马州勇敢地批评种族关系的做法。他写道:"这位女性,虽然生活在黑暗中,与许多人相比,对这个世界有着更加清楚的认识,而那些人,大睁着双眼却对这个存在偏见的世界熟视无睹。"

　　师生二人发现凯勒这孩子聪明又敏捷。她喜欢用手指触摸一副副新面孔,通过双手,她已经接触过新英格兰文学界的许多人。数年后,在她写自传时,她记得她是怎么"从马克·吐温的嘴唇读到他的一两篇好故事的",她还能"在与他握手时感觉到他的眼睛在熠熠发光"。凯勒应该能感觉到威廉·詹姆斯嘴巴周围那些显示自信的纹路,另外从詹姆斯潮湿的脸颊应该能感到他健康状况不佳。即使在那时,通过触摸杜·波依斯的下巴,凯勒也一定感受到了他那顽强的意志。

　　杜·波依斯非常尊重海伦·凯勒身上表现出的勇气。他是一个身体健康、精力充沛之人,对于自己伟大的工作也充满热情和抱负,但是,有时对身边的身体虚弱之人却显得缺乏耐心。对于第一个妻子妮娜·杜·波依斯(Nina Du Bois)身体疾病,他几乎不闻不问。威廉·詹姆斯则不同,可能因为他在马萨诸塞州贝尔蒙特(the Belmont)的麦克林精神病院(McLean's mental hospital)度过了一段时间,而且也遭受过许多疾病折磨,如背疼、眼疾、心脏病、失眠症以及痛风,所以,他能对遭遇各种恐惧和疾病的人们表达深切的同情,或者说,至少听过他讲演的听众和读过他书籍的读者会产生这样的感觉。不过,威廉·詹姆斯的家人却对此置疑。

在去拜访海伦·凯勒之前的那一年,威廉·詹姆斯的妹妹艾丽斯被诊断患有乳腺癌。威廉曾考虑要回欧洲去与她告别,不过最后并未成行,而是寄去了一封信,信中表达了自己的同情与关注。亨利·詹姆斯和爱丽丝·詹姆斯都对这种语气非常熟悉,那些话几乎起不到安慰的作用。爱丽丝在回信中明确说道:"我去世后,假如有了神经科学,也恳请你不要只是简单地把我看作也许是一个异类。尽管我缺乏生活阅历,但是对我本人而言,我的人生一直都是有意义的。"

威廉·詹姆斯为神经科学的合法化做了很多事情,他的生命也一直很有意义。他发展了重视事物矛盾的彻底自省的方法论。当他在思考中遇到一个矛盾情况,他经常是将矛盾保留下来。尽管家人有时希望他能在面对矛盾时做出决定,但是,他的读者和听众发现这样处理既诚实又有益。詹姆斯坚定地认为,一个人具备公开检查自己内心生活(包括所有不合常规之处)的能力,对其职业是至关紧要的。

在自传作品中,杜·波依斯留意到了自己经历中的种种矛盾状态。他在《黑人的灵魂》(*The Soul of Black Folk*)中将其解释为同时身为黑人与美国人的"双重意识"。在这本书出版的 1903 年,威廉·詹姆斯立刻意识到了杜·波依斯所取得的成就,他给亨利·詹姆斯寄去了一本《黑人的灵魂》。亨利·詹姆斯自己那时刚用了"双重意识"这个词,用来刻画自己的小说《专使》(*The Ambassadors*)中兰伯特·斯特莱塞(Lambert Strether)这个人物的性格。斯特莱塞的双重意识来自其既是美国人又远离美国的感觉。詹姆斯的小说是连载发表的，第一期于 1903 年 1 月刊出。但是，这两个作家似乎是分别独立提出这个说法的。那时候，这个词经常用于心理实验。在确定使用这个词时，杜·波依斯在语言中为大量富于变化的人类体验留了一个位置，在这点上，也许有人会说他受威廉·詹姆斯的实用主义所吸引，并深化了其内涵。

那天，在从波金斯盲人学校回家的路上，杜·波依斯坐在马车里，脑海里想得更多的应该是欧洲问题，而不是美国问题。他一直希望去德国学习，现在看来，似乎下一年秋季就会有机会。也许杜·波依斯问起过老师在德国度过的学生时代，而威廉·詹姆斯微笑着回答道，在德国，对本身的专业用功不多，更多的时间是用来读了许多其他的书。他那时给父母写信，也给弟弟亨利及妹妹艾丽斯写信，恐怕这些家信既让他们颇为担忧自己的健康，也会使他们有点快意地嘲弄一下自己。不过，他肯定杜·波依斯会表现得非常出色。也许杜·波依斯能从自己导师的音调变化觉察出他在想自己的妹妹。

马车沿着查尔斯河一路驶向剑桥，詹姆斯家和杜·波依斯的学生宿舍都在那儿。天空中仍然云幕低垂，这两个人中，不知道是谁在平静地哼着曲子，哼的是当时很流行的一首歌中的一小段，另一个在听，几乎把这当成了自己思想活动的一部分。詹姆斯也许说到了海伦·凯勒，虽然她看不见他们，也听不见他们说话，但她还是立即接受了他们提议的学习方法。杜·波依斯也许回答说：我总觉得，语言需要读出来，就像物体需要看得见，语言也需要听得到，但是语言要能被我们所掌握，这是相当关键的。您说呢？"嗯，"詹姆斯应该回答道，只是仍然看着窗外，"是的，"他转过来看着杜·波依斯，"是的，那当然是对的。"他靠向前，指示马车夫把车子赶向杜·波依斯当时的住所。他们握了握手，杜·波依斯说了声"再会"。马车开走了。在马车里，詹姆斯仍在轻柔地哼着小调，自娱自乐。

第九章

格特鲁德·斯泰因与威廉·詹姆斯

　　格特鲁德·斯泰因坐在实验室的桌子边上,她对面是一位年轻女性,正在尝试被称为无意识写作或者自动写作的事情。她们二人正在进行一个实验,斯泰因左手边上放着一个小杠杆,杠杆和一根线相连,这根线延伸出去,架在一个滑轮上,线的另一端系在对面那位年轻女性手中的铅笔上。斯泰因能轻轻移动小杠杆,以此暗示那位女性用手进行无意识写作。格特鲁德·斯泰因对通过潜意识研究所发现的"第二人格"抱有兴趣,她的哥哥利奥·斯泰因(Leo Stein)和其他许多人那时候都在做着这样的研究。但是,坦率地说,她认为与自己认识的某个人坐在桌子面对面进行无意识写作并不会创作出多少内容来。她成为一名作家后,有些人猜测说,斯泰因轻视无意识写作,恰恰因为这是其创作素材的一个来源,而她一直对自己作品的素材来源讳莫如深。斯泰因只承认受过绘画艺术的影响,尤其是保罗·塞尚(Paul Cézanne)的作品为她提供了灵感。除此以外,她坚持说自己的写作都是精心构思出来的,完全是自己的创意;而且,她22岁读大学那阵,在哈佛大学的实验室做心理实验时,她没有就无意识写作得出任何有价值的结论,并且在开展那项实验时,她专注于让那位年轻女性进行无意识写作尝试,自己并没有亲身体验。

　　断断续续地做了多次实验,并没有得到什么让人满意的结果。格特鲁德·斯泰因对此应该并未感到惊奇,甚至看到实验室门被打开之际可能还略感欣慰。威廉·詹姆斯教授走进了实验室,他进来后,这个实验还继续了一会儿,但是依然毫无结果。而且这另一个观察者的到来,也使写作者不可能再继续处于无意识状态。最后,格特鲁德·斯泰因停下实验并站了起来,她比自己的导师要矮上半英尺。他们一起走到了实验室的一侧。詹姆斯对各种各样的方法都饶有兴趣,他想知道这个进行了无意识写作的女性是否表现出了潜意识的某个层面,这让斯泰因莞尔一笑。詹姆斯教授喜爱超自然现象,这是他的学生们特别喜欢讨论的有趣话题。斯泰因汇报说毫无结果,他和颜悦色地接受了这个结论。

这时的斯泰因是大学三年级的学生,她在实验室的所有工作都由詹姆斯予以指导。无意识写作是一项新的研究,斯泰因以前的大部分实验都是在探索色彩感知。感知研究是那时心理学研究遵循的两条途径之一,威廉·詹姆斯对色彩感知很感兴趣,这为他写作《心理学简编》(*Psychology: Briefer Course*)一书的开头几章奠定了基础。在这几章里,他以斯泰因可能喜欢的一种方式探讨了对颜色的阐释:"很显然,我们对深红色的感觉有别于我们对粉红色的感觉,即使在粉红色中再加入更多的粉红色,我们对它的感觉还是与对深红色的感觉不一样,深红色与粉红色是很不一样的两种颜色。"这不是要做一种描述,而是威廉·詹姆斯把感受归类的方法的部分内容。詹姆斯认为:"举例总比描述好。"他的这种表达方式与其弟弟亨利·詹姆斯的做法有着极大的差异。

威廉·詹姆斯一直是研究领域的博采众长者。他也阅读另一批心理学家的作品,那些人是西格蒙德·弗洛伊德(Sigmund Freud)和其他一些人的信徒,他们将"幻觉、疼痛、狂笑、感觉和运动的麻痹,以及包括身体和心理两方面歇斯底里病症状在内的种种情形"一起带进意识研究领域。威廉·詹姆斯有可能打断了斯泰因实验的这一年是1896年,那时他已经开始为新书《宗教经验种种》考虑素材问题。在这本书中,他认为弗洛伊德和其他一些人的作品是"自从我学习心理学以来,该学科取得的最为重要的进展"。这个观点极具前瞻性,因为要等到几十年后,弗洛伊德等人的重要性才得到了社会的公认。上面那些情形的研究比分析各种感觉需要更长的时间,而得到的可以量化的信息却更少。不过,在那个时候,这两种方法还不是截然分离的。格特鲁德·斯泰因去了约翰·霍普金斯大学(Johns Hopkins)医学院(她后来曾声称是遵从了威廉·詹姆斯的建议)后,她的计划是继续其在感觉实验室时所做过的实验,专门研究女性神经系统疾病。后来弗洛伊德在这个领域就做出了很大的成就。不过,主要是由于斯泰因医疗服务态度糟糕,她没能在医学院完成学业就离开了,这似乎意味着她更喜欢攻克实验中的种种难关而不是面对治疗过程中的那些难题。她一直是一个适合从事实验的人,即提出一个假说,想出一种方法去验证它,并寻求最终结果。在此过程中,他人的感受并不是至关重要的。在这一点上,她不如自己的导师威廉·詹姆斯教授那样有包容心。

威廉·詹姆斯从来不在实验室久待,因为实验室里有种莫名的东西让他觉得不舒服,也许是它的刻板,又或者是对他有所期待的那种氛围。在与格特鲁德·斯泰因谈话时,他可能很快就找到了一个理由,建议二人离开实验室到户外去,尽管3月的天气仍是潮湿而寒冷。她应该欣然同意了。斯泰因不像詹姆斯那样觉得一个封闭的空间令人感到不舒适,但是她喜欢和他待在一起,因为他喜欢说一些有趣的事情。他转身面对已经彻底恢复意识的这位实验对象,征求她的意见,问她是否可以第二天下午过来继续实验。那时,心理学实验是相当受欢迎的社交约会,科学家们经常用他们本人和朋友做实验对象。年轻女性离开后,斯泰因与詹姆斯出了实验室,走进了哈佛校园。

当时,格特鲁德·斯泰因是一名在校大学生,威廉·詹姆斯正是五十五六岁上下,他的《心理学原理》(Principles of Psychology)已经成为很多大学的标准课本。他是哈佛教师中的重要成员。在接下来的1897年,在为奥古斯塔斯·圣-高登斯(Augustus Saint-Gaudens)制作的纪念雕塑举行的揭幕仪式上,威廉·詹姆斯应邀发表了一场演说,这使他成为波士顿更为重要的公众人物。该雕塑是为纪念罗

伯特·古德·肖(Robert Gould Shaw)和马萨诸塞州第54黑人步兵
团而作,肖和他的黑人步兵团因为在南卡罗来纳州瓦格纳要塞(Fort
Wagner)的攻击行动中作战勇敢而被后人记住。选中詹姆斯来做这
次演讲,部分是因为他对多种进步事业的同情,部分是因为他的一个
弟弟加思·威尔金森·詹姆斯(Garth Wilkinson James)曾经是第54
黑人步兵团的一名军官,但是,最主要的还是因为,在波士顿,人们普
遍认为威廉·詹姆斯的各种演讲可以帮助人们顺利度过心情忧郁的
不快时光。詹姆斯本人在发表这次演说之前相当紧张。在准备这场
演说时,也许他想到了以前的学生W. E. B. 杜·波依斯发表的那
些演讲:雄辩有力,令人信服。现在,杜·波依斯已经从德国回来
了,在俄亥俄州的齐尼亚(Xenia)任教。在这次演讲获得成功以后,
詹姆斯感到如释重负。他给弟弟亨利·詹姆斯写信说,现场听讲的
人们情绪高昂,感觉就像是"整个波士顿大地上爆发的最新一轮战
争波涛"。

　　詹姆斯和斯泰因一起漫步在校园里,可能是詹姆斯先提起了
话题。以前曾有人让威廉·詹姆斯描述他想像中的天堂,他回答
说自己想像中的天堂应该很像哈佛校园。詹姆斯一直在布鲁克林
开讲座,那些讲座内容最后也成为他在罗威尔研究所进行的系列
演讲内容(Lowell lectures)。讲座主题涉及催眠状态、多重人格、歇
斯底里症、特异功能和巫术,最后还涉及了天才,天才这个主题可
能对斯泰因来说影响是最大的。在詹姆斯的讲座《人生是否有价
值?》(Is Life Worth Living)中,他激励听众不要向绝望投降。这个
讲座在斯泰因心中引发了强烈的共鸣。在1895年春天写的一篇
文章中,她也阐述了詹姆斯曾提出过的这个问题:"人生是否有价
值? 当然有价值,并且价值无限,只要世界仍然拥有像詹姆斯教授
这样的圣贤之人。"

　　斯泰因觉得詹姆斯让她在这个动荡不安的世界上有一种安全
感。斯泰因在当时称为哈佛分院的地方学习,1893年进校,比哥哥
利奥进入当时只招收男生的哈佛大学晚一年。这两个姓斯泰因的兄
妹是他们家最小的孩子,二人在奥克兰(Oakland)度过了整个童年,

在母亲去世后变得更是亲密。母亲过世时，格特鲁德·斯泰因 14
岁，利奥·斯泰因还不足 16 岁。格特鲁德后来跟随哥哥的脚步，也
去了东部求学，这对整个斯泰因家族都很有意义。不过，到了东部以
后，斯泰因发现自己身处一个与以前很不一样的陌生环境中。在这
所即将成为雷德克利夫学院（Radcliffc College）的哈佛分院中，那些
女孩子大部分不是来自加利福尼亚，大部分不是犹太人，大部分也没
有既定的追求。在她们摆出各种姿势照相时，看起来身材修长、胸衣
紧束，并具有基督徒精神。格特鲁德·斯泰因身上则带点儿佛性，照
片中的她看上去端庄祥和、平静安稳。

　　威廉·詹姆斯的生活一直没有真正安静过。即使他没有像他弟
弟描述他们父亲那样走起路来都是"急躁、张皇"，他也的确是为了
生活经受着各种各样事情的干扰：有时必须改变既定计划，有时要
处理重重矛盾，有时需要去拜访催眠师，有时要斟酌一些观点，有时
还要指导学生……尽管他本人有时因优柔寡断会停止活动，但他的
确被各种纷繁芜杂需要做的事情包围着。

　　威廉·詹姆斯的学生们，无论男生还是女生，提到他的时候，都
说他不限制他们，而是放手让他们以自己的方式完善自己所提出来
的各种观点。斯泰因应该听说过才华横溢的玛丽·维顿·卡尔金斯
（Mary Whiton Calkins）。卡尔金斯拥有哲学硕士学位，她希望在威
廉·詹姆斯门下攻读博士学位，因她是女性，哈佛校长拒不同意。威
廉·詹姆斯给卡尔金斯写信说，他认为校长的决定"非常残忍……
足以让你和所有女性点燃炸药去泄愤"。后来，卡尔金斯成为詹姆斯
的非正式学生。1895 年，卡尔金斯写出论文，并通过答辩。对此，威
廉·詹姆斯断言道："这几乎是哈佛有史以来最精彩的博士学位
答辩。"

　　威廉·詹姆斯是位很善于与人交谈的人。他也许向格特鲁德·
斯泰因问起过她那个做事情喜欢有始无终的哥哥，利奥·斯泰因两
年前对威廉·詹姆斯的课程"宇宙论"半途而废，现在已离开哈佛法
学院去了欧洲。格特鲁德·斯泰因很牵挂利奥。想到自己的哥哥，
她有可能对詹姆斯说自己最近去看了歌剧，这个习惯还是她和利奥

一起养成的。以前在波士顿时,凡有歌剧演出的夜晚,他们都一定会到场观看。威廉·詹姆斯也热爱音乐,他们也许还谈论了瓦格纳(Wagner)。

后来有几年,格特鲁德·斯泰因常常讲到这样一个故事:在一个美妙的春天,有一周,她每个晚上都去看歌剧,累得精疲力竭,结果在参加威廉·詹姆斯教授的课程考试时,她发现自己"根本没办法做题"。于是,她在考卷上用第三人称描述了自己坐在那儿的情形:"亲爱的詹姆斯教授,她在试卷顶部写了字,然后她走了。我非常抱歉,但是我今天真的一点儿都找不到哲学考试的感觉。"威廉·詹姆斯给她回了话,写在一张卡片上,说他完全理解,并且根据她所写的那些话,给了她全班最高分。实际上她确实通过了该门课程的考试,不过得的是 B。但是,在她的记忆中,这个结果似乎已明显的模糊不清了,因为她更喜欢自己对整件事情的记忆版本,这个版本显示出了斯泰因与詹姆斯之间的默契。

从很多方面来说,格特鲁德·斯泰因与哥哥利奥·斯泰因都是詹姆斯兄弟的后继者。亨利·詹姆斯是斯泰因兄妹的"专属"作家,只要他有小说出版,他们就会认真阅读,仔细分析其中每一处细微的暗示。而威廉·詹姆斯则不喜欢这样细致考虑弟弟的作品,他对弟弟的作品并不满意。他的这种否定态度一直深深伤害着亨利·詹姆斯的心,兄弟二人后来能和好,部分原因是妹妹艾丽斯·詹姆斯对亨利·詹姆斯的全心支持。在斯泰因兄妹前往剑桥市求学之前那几年,威廉·詹姆斯曾给妹妹艾丽斯写信,说自己不怎么喜欢亨利最新出版的小说《卡萨玛西玛公主》(*The Princess Casamassima*)。艾丽斯那时住在英国,与亨利·詹姆斯相距不远。她在给威廉的回信中措辞尖锐,态度鲜明地维护自己最喜欢的哥哥亨利。她写道,这真是悲哀,"不得不把自己的长兄——母亲子宫中最初的果实,归于福楼拜称之为市侩小人的那一类,而我却来自同一个子宫!"詹姆斯的回信却说到其他地方去了:"对抗行为是我们生存的坚实基础。"

　　格特鲁德与利奥也曾有过规模很大的对抗行为,而且也是被一个名叫艾丽斯(Alice B. Toklas)的人缓和下来的。离开大学30年之后,格特鲁德·斯泰因出版了使其声名鹊起的作品——《艾丽斯自传》(The Autobiography of Alice B. Toklas)。在这本书中,格特鲁德·斯泰因从艾丽斯的角度落笔讲述了自己的生平。尽管斯泰因在书中明显地撒谎,用了很长的篇幅强调自己在成为作家之前从来没有拜读过亨利·詹姆斯的作品,但是,詹姆斯两兄弟的名字还是反复出现在了这部作品中。斯泰因在书中还开心地讲了下面这件事,并没有怎么隐藏自己的快乐感觉。艾丽斯·B.托克拉斯曾希望以亨利·詹姆斯的一部小说为基础创作一出戏剧,便给亨利·詹姆斯写了一封信过去,此后还收到了亨利·詹姆斯的回复。出于傲慢,托克拉斯既没有给亨利·詹姆斯复信过去,也没有保留亨利·詹姆斯回过来的这封信。在这件事情上,很难说得清格特鲁德·斯泰因的快乐是在于托克拉斯表现出来的傲慢,还是由于收到了亨利·詹姆斯的回信,或者是因为这封信最终遗失了。

　　格特鲁德·斯泰因和利奥·斯泰因两兄妹都被欧洲所吸引,他们也都注意到了亨利·詹姆斯一再提出的主张,即对于美国作家来说,在国外生活有益于才智发展。格特鲁德特别赞同这种主张,并将其转化在了自己的作品中。她也从亨利·詹姆斯那儿学会了如何获得知识,还学到了通过逐渐变化主题保持亲近感的方法。格特鲁德·斯泰因和亨利·詹姆斯都有确定的信念,也都是各自家庭里第一个出版作品的人,他们促使各自的兄长约束自我,完成了他们自己的写作计划。

　　利奥·斯泰因与威廉·詹姆斯都酷爱徒步旅行。威廉·詹姆斯经常长途跋涉于美国纽约州东北部的阿迪朗达克山脉(the Adirondacks),有两次还累得精疲力竭,以至于损害了心脏。晚年的詹姆斯患上了心绞痛。有一次在奥地利,他与西格蒙德·弗洛伊德一起步行去一个火车站的途中,心绞痛还轻微地发作了一下。利奥·斯泰因则喜欢在意大利托斯卡纳(Tuscany)的群山之中远足,有时还与艺术批评家伯纳德·贝伦森(Bernard Berenson)结伴同行。

亨利·詹姆斯与威廉·詹姆斯

有一次,他们边走边谈,说到了威廉·詹姆斯在《心理学原理》(*The Principles of Psychology*)一书中对某种艺术理论的多种推断。利奥始终对心理学富有兴趣,他曾以弗洛伊德的著作为指导,花费数年时间进行广泛的自我分析,这是他与妹妹格特鲁德失和,独自回到意大利之后发生的事情。

　　大约就在他们兄妹闹翻的时候,利奥·斯泰因开始指责自己的妹妹,说她的作品只写表面现象而缺乏心理深度。格特鲁德·斯泰因认为,哥哥的指控是出于嫉妒,尽管如此,她应该还是感到了恐惧。她与威廉·詹姆斯的另一个故事在后来的那些年里对她显得极为重要,可能就是因为这个故事是向她那个不在身边但又深谙心理学的哥哥证明自己的一种方式。她在《艾丽斯自传》中写了这个故事。有些学生曾在詹姆斯的课堂上做过一项实验,希望表明潜意识是存在的。斯泰因作为一个实验对象参加了该实验,但是并没有显示出

多少潜意识。这个实验者

　　开始解释说，在其中一个实验对象身上没有得到任何结果。由于这个结果大大降低了实验样本所得数据的平均值，使得自己的实验结论不正确，因此他希望能够获准删去这条实验记录。"谁的实验记录?"威廉·詹姆斯问道。"斯泰因小姐的。"那个学生答道。"哦，"詹姆斯接口道，"如果斯泰因小姐在实验中没有任何反应，我认为，没有反应与做出反应都一样正常，这个结论绝对不能删去。"

　　利奥·斯泰因和格特鲁德·斯泰因这两兄妹，还有威廉·詹姆斯和亨利·詹姆斯这两兄弟，他们都遭受到这样一种感受的折磨，即无论有无潜意识，也无论对潜意识探索得太深或太浅，他们都可能随时"被删除"。这种危机意识在他们所有的散文作品中都显而易见，或者表现为进取，或者表现为退缩；有时显得自信，有时显得焦灼。

　　詹姆斯兄弟和斯泰因兄妹，他们四人在所有的艺术形式中，都无一例外最热爱绘画。尽管斯泰因兄妹在研究和收集上比一直游移不定的詹姆斯兄弟要系统一些，但是，他们四人走进视觉王国的方式却都有点儿逍遥自在，随心所欲。最后，在威廉·詹姆斯和格特鲁德·斯泰因漫步穿过哈佛校园时，他们可能谈论了绘画，或者是聊到了斯泰因一直在建立的各种色轮。也许斯泰因曾说，回过头再来看那些色彩的时候，各种色彩看起来的确会有点儿不同，或是的确看不出来有什么不同：黄色总还是黄色，但是它又并非黄色。威廉·詹姆斯也许透露说，自己早年曾有成为画家的意愿，这是斯泰因以前不知道的事情，她应该为受到他的信任感到很高兴。

　　威廉·詹姆斯可能还说到，太阳都下山了，该吃晚饭了。尽管詹姆斯想找学生谈话时总是随心所欲，但是在生活作息上一直很有规律。校园围墙正在修建中，他们走到其中一处校门前，互相礼貌地躬了躬身，表示这次交谈让人感到异常愉快。她向北往自己的寄宿公寓走去，边走边想像着詹姆斯有可能作为画家的生涯，并想像下次给哥哥利奥写信时如何把这件事告诉他。威廉·詹姆斯的思绪转回到他讲演中的一个问题上,刚才由于找来格特鲁德·斯泰因谈话,他暂时回避了去考虑那个问题。威廉·詹姆斯在湿冷的夜风中步行回了家,漫不经心地与管家道了声"晚上好",随后走回自己的房间,换上衣服准备吃晚饭。

第十章

亨利·詹姆斯、安妮·亚当斯·
菲尔兹与莎拉·奥恩·朱厄特

1898 年 9 月 22 日,亨利·詹姆斯坐下来给一个朋友写信说:
"菲尔兹夫人与朱厄特小姐的确来了,菲尔兹夫人让我回想起我俩
那遥远的青年时期,那时的她,美丽非凡;那时的我,志存高远。如果
你还没有读过朱厄特小姐的《针枞之乡》(*Country of the Pointed Firs*)
,那么尽快去读吧(如果你没有,我可以寄给你一本),你会因为书中
某种真正精致的东西而感到喜悦。"

一周前的那天,9 月 13 日,安妮·亚当斯·菲尔兹与莎拉·奥
恩·朱厄特到亨利·詹姆斯位于拉伊(Rye)的新家拜访了他。詹姆
斯用马车去火车站接到她们(他有时会雇马车用于接人),亲自赶着
马车穿过英国苏塞克斯郡(the Sussex)乡村回到拉姆宅第(Lamb
House)。他的新住所就在这里,在 6 月份时,他就已经携上所有物品
迁到此处。

亨利·詹姆斯的房子既是他的负担,又给他带来乐趣,他花了整
个夏天在这处房子里忙活。8 月份特别热,而他又对热天敏感,所
以,一会儿忙着装修,一会儿治疗中暑,如此轮替,8 月份总算是过去
了。一直到了 9 月份,差不多就在两位女作家这次拜访的时候,整个
装修的事情才算真正结束。避暑的人们回了城,天气转凉了,他开始
觉得自在起来,并真正喜欢上了自己的房子、这里的乡村风光以及一

年四季常住在这里的人们。他有一条名叫托斯卡的小胖狗,他常常用一条很长的链子拴着它,一起在灌木树篱笆那儿散步。这里的乡村沼泽很多,靠近大海,沿岸长着大量含盐的青草,顺着海边一直延伸向远方。但是他大部分时间只是带着小狗在小路和草地上散步。因为亨利·詹姆斯在牵着狗散步的过程中会时不时地与狗交谈,也因为他常常会被那条牵狗的长链子缠住,所以,他在拉伊的居民中渐渐出名了。

菲尔兹夫人与朱厄特前来拜访的这天下午,詹姆斯正被一大群客人包围着。这些人中包括小奥利弗·温德尔·霍姆斯(Oliver Wendell Holmes, Jr.),还有詹姆斯的侄子,也叫亨利·詹姆斯,他俩都已在詹姆斯家住下了。尽管身为叔叔的亨利·詹姆斯时不时地抱怨,说自己搬到乡村是为了独居和工作,但心里其实还是挺高兴,毕竟在这人生地不熟的新地方,有人可以陪自己说说话。詹姆斯热烈欢迎了菲尔兹夫人和朱厄特。"突出的基调是,"菲尔兹夫人那晚在日记中写道,"亲爱的詹姆斯先生感到很快乐,因为他有了一处可以邀请我们去的、属于他自己的家。"

菲尔兹夫人有一个习惯,即在她们的旅程中一直认真地写日记。关于这次拜访亨利·詹姆斯,她也写了几页纸的内容。她留意到"绿色的门上嵌有一个黄铜打制的门环,流露出英国人熟知的那种难言的尊贵气派"。她还评价了住所内部:"非常宽大,显得优雅,非常简洁,符合一个学者和隐士的朴素口味。"她们上楼去放帽子时,菲尔兹夫人注意到了"漂亮的扶栏和台阶上朴素的印度产绿色粗毛毯",她对此颇为欣赏。她们下楼回到客厅时,大家开始了一场诚挚却也不无尴尬的谈话,菲尔兹夫人微笑着看到亨利·詹姆斯这位单身汉"非常尽责地"跳起来,走进厨房查看午餐是否准备妥当,"詹姆斯先生尽力表现出非常殷勤好客的样子"。从厨房转回到客厅之后,詹姆斯把话题转向朱厄特的《针枞之乡》。根据菲尔兹的日记,谈话是这样开始的:

　　"这样提问是愚蠢的,我知道",詹姆斯对朱厄特小姐说,"但是,您真的曾生活在如同《针枞之乡》中所描述的那样一个地方吗?"

"不,"朱厄特小姐回答说,"恰好不是。这本书基本上是在我游览那个地方之前写的。"

事实并非如此。但是,朱厄特从来不喜欢别人认为她似乎是直接从生活中选取人物和场景,好像那样就会使她的作品成为一种游记。亨利·詹姆斯接下来说,朱厄特笔下的人物丹尼特夫人(Mrs. Dennet)"令人钦佩"。朱厄特的书中并没有丹尼特夫人这个人物,书中描写的事情发生在登尼特·兰丁(Dunnet Landing),主要围绕着一个叫托德夫人(Mrs. Todd)的人展开,此外,还顺便写到托德夫人的母亲,一个叫布莱克特夫人(Mrs. Blackett)的人。鉴于此,莎拉·奥恩·朱厄特也许停顿了一下,然后才做了回答。菲尔兹夫人注意到,这个记忆上的错误让朱厄特觉得亨利·詹姆斯容易相处,他们"在这以后相处得极为融洽"。

也许莎拉·奥恩·朱厄特感觉很欣慰。在亨利·詹姆斯离开波士顿文学圈之后,她加入了其中并曾经听那里的每一个成员说过很多詹姆斯的事情,所以,她有点儿渴望见到他本人。朱厄特的事业起步于《大西洋月刊》。她先是把创作的短篇小说寄给詹姆斯·T.菲尔兹,后来是寄给威廉·迪恩·豪威尔斯。豪威尔斯还是一贯的风格,认真地给她这个作者回了一封信,写得得体、耐心而又才华横溢,提出了建议,并表达了对其作品的欣赏之意。朱厄特渐渐在缅因州的风土人情中找到了适合自己写作的素材。她的短篇小说和随笔展现的是南伯威克(South Berwick)附近的农庄和渔村生活,因为她在那里长大,整个成年时期,她来来又去去,不断出入那里。朱厄特总是对某些地方人们的生活方式感兴趣,尤其是那些地方妇女的生活方式。在美国作家中,她是最早不把妇女的婚姻作为女性角色的重心内容来描写的作家之一。朱厄特一生中出版了19本书,并以写作为生,在那个时代,这对一位女性来说非同寻常。《针枞之乡》1896年在《大西洋月刊》上分四期连载,然后成书出版。此后,朱厄特连续不断地收到赞美信,包括一封威廉·詹姆斯写给她的信,他是她的朋友;还有一封卢迪亚·吉卜林的来信,信中说:"棒极了,就是这样的生活……这是我们见过的、真正描写新英格兰的图书。"吉卜林另加了一句附言:"我相信,即使是你自己,也不会知道那本书好到何种程度。"

　　大约在《针枞之乡》出版前 15 年,差不多是詹姆斯·T. 菲尔兹去世前后,那时,安妮·亚当斯·菲尔兹与莎拉·奥恩·朱厄特成了朋友;随着时间推移,两人成为同性伴侣。妇女间的亲密关系那时在她们生活的城市已是司空见惯,所以被人们称为"波士顿婚姻",甚至在其他地方也这样称谓。安妮·亚当斯·菲尔兹与几乎比自己小 15 岁的莎拉·奥恩·朱厄特一起住在查尔斯街 148 号,有时候也一起住在新罕布什尔州(New Hampshire),那里有菲尔兹夫妇的一栋避暑别墅。偶尔她们也会住在南伯威克朱厄特的家乡。她们经常长时间不在一起,因为菲尔兹夫人在波士顿工作,而朱厄特与自己住在缅因州的家人很亲近,经常与他们住在一起。她们一生中一起去欧洲长途旅行过 4 次:去过希腊和意大利;去了法国,英格兰以及苏格兰;1898 年,在第三次赴欧洲旅行期间,她们想到,自从亨利·詹姆斯的妹妹艾丽斯去世,她们还没有见过他,于是,特意去了詹姆斯在拉伊的新房子拜访他,那天是 9 月 13 日。

　　午饭后,詹姆斯不大确定该让客人们做什么,也不知道她们是否愿意坐马车沿着温切尔西(Winchelsea)的海岸兜一圈。在那儿,她们可以看一下天才女演员艾伦·泰瑞(Ellen Terry)的乡村小屋;然后,她们可以继续赶往附近的黑斯廷斯(Hastings)镇,那里以能够看见美妙的海上景致著称。这是一个让人心动的建议,安妮·菲尔兹与朱厄特都是永远看不厌大海的人,于是,大家很快就坐上了马车。如果他们在室内交谈时还没有来得及讨论世界局势,那么,在乘车途中应该少不了这个话题。1898 年那时候,德雷福斯事件(affaire Dreyfus)已到后期,整个法国社会怒火熊熊。詹姆斯也正密切地关注此事,每天都从报纸上追踪事件发展动态。他是德雷福斯的支持者,相信阿尔弗雷德·德雷福斯(Alfred Dreyfus)是因其犹太背景才受到从事间谍活动的不公正指控。爱弥儿·左拉(Emile Zola)是德雷福斯最有影响力的公开支持者,在这年的1月份代表德雷福斯发表了《我控告》(J'accuse)一文。后来,亨利·詹姆斯虽然在《美国景象》一书中不经意地流露出反犹太主义思想,但他对法国现实主义者却有着终生不渝的忠诚,因此,在这件事上,他是非常坚定地支持他们的。这三位作家一定也谈到了美西战争(Spanish-American War);那年2月,"缅因号"在哈瓦那爆炸,美国走上战争之路,并在后来占领了波多黎各和关岛。所有这一切让马克·吐温、威廉·詹姆斯和威廉·迪恩·豪威尔斯深感沮丧,他们认为美国的反应"极为错误"。后来,马克·吐温、威廉·詹姆斯及威廉·迪恩·豪威尔斯三人都将加入美国反帝联盟(the American Anti-Imperialist League),并公开抗议这场战争的结果之一——美国在菲律宾的扩张。对此,威廉·詹姆斯写道:在那里,"我们现在完全就是海盗"。菲尔兹夫人与朱厄特非常担心这种局势,写了信回家表达希望和平的心愿。

在他们那天短暂的游览活动中,亨利·詹姆斯也带上了自己的小狗。根据英国法律,在这种情况下,他应该给小狗戴上口套。但是他不喜欢口套,认为这样做对狗比较残忍。所以,在他们说话时,亨利·詹姆斯不停地把小狗的口套戴上又取下,如此反复多次,最后不知怎么还把口罩给弄丢了。后来,他又感到自己应该有责任感,而且也不想回去的时候小狗没有口套。如此一来,他们到达黑斯廷斯后,只是匆匆看了一下海景,结果看到的景色也并非特别美好。那天下午余下的时间,他们就去逛了村庄里的大小商店,希望买到一个新的口套。然后,他们喝了下午茶,又吃了许多蛋糕(詹姆斯声称吃了10个)。这是一个愉快而又友好的下午,最后,他们在黑斯廷斯车站告别,朱厄特和菲尔兹夫人去往伦敦,詹姆斯则返回拉伊。

拉伊很快成为一个社交场所,亨利·詹姆斯的朋友埃德蒙·戈斯(Edmund Gosse)很快开始经常来拜访詹姆斯,两人一起去骑自行车;还有其他一些作家后来索性在附近定居下来,如约瑟夫·康拉德(Joseph Conrad)、H. G. 威尔斯(H. G. Wells)、斯蒂芬·克莱恩(Stephen Crane)以及福特·马多克斯·福特(Ford Madox Ford)。他们彼此影响了对方的创作:亨利·詹姆斯曾经把康拉德的作品寄给了豪威尔斯,詹姆斯想和威尔斯合作写书,而亨利·詹姆斯的《另一处居所》(*The Other House*)中有一行文字受到福特·马多克斯·福特的《好兵》(*The Good Soldier*)开头部分的直接启发。他们在这个或是那个人的房子里上演业余戏剧,在冬天互相做伴。但是,在菲尔兹夫人与朱厄特来拜访詹姆斯的那个 9 月份,即亨利·詹姆斯在拉伊度过的第一个 9 月,那里的社交圈还不是如此热闹。无论如何,亨利·詹姆斯能看见她们,心里是非常高兴。

安妮·亚当斯·菲尔兹一直都很令人愉快。为了纪念她的丈夫,也出于她的政治信念,即在世间还有人忍饥挨饿的时候,不宜穿得奢华,所以,她总是戴着一块长长的黑色面纱以示哀悼,并穿着一件淡紫色的丧服。但是,就如亨利·詹姆斯所言:"她的一切都让人开心。"莎拉·奥恩·朱厄特活泼、风趣又快乐,所以,亨利·詹姆斯能够理解,为什么人们会觉得朱厄特的到来使菲尔兹的生活有了细微的变化。虽然朱厄特的短篇小说总有一种似有若无的悲伤迹象,但是,她的谈话却丝毫没有这种感觉,这是颇为有趣的。面对面接触时,詹姆斯发现她内心不乏孩子气。在那次拜访詹姆斯之前的那一周,她刚刚度过自己生日,已经 49 岁了。生日那天朱厄特曾给一个朋友写信说:"今天是我的生日,我一直都是 9 岁。"得知这件事,詹姆斯应该会觉得很有趣。

可能是两位女士彼此相伴时表现得既兴高采烈又心满意足,而且她们彼此都在内心里把对方置于重要地位,这种情景让刚开始踏上一条艰难路途的詹姆斯既振奋又欢欣。19 世纪 90 年代前半期,亨利·詹姆斯经历了种种痛苦。心爱的妹妹艾丽斯与其波士顿婚姻伴侣凯瑟琳·洛霖(Katherine Loring)一直住在英国,在他的住处附近。亨利·詹姆斯并不是很愿意和别人分享自己妹妹的感情。在他的小说《波士顿人》中,他刻画的奥立芙·羌色勒(Olive Chancellor)

和维蕊娜·塔兰特(Verena Tarrant)具有类似艾丽斯和凯瑟琳的这种关系,而他把奥立芙描写成了一个十分封闭、偏执、神经质的女人。詹姆斯似乎对妹妹的这层关系是不满的。但是,他们三个人对这种彼此相伴的关系基本上还是高兴地接受了,一起度过了将近8年之久。后来艾丽斯·詹姆斯患了癌症,并于1892年去世。"无异于灭顶之灾,"亨利·詹姆斯写道,"这使我的生活变得与以前迥然不同。但是,只要我还活着,我就必须适应这种变化。"菲尔兹夫人和朱厄特应该找了一个安静的时刻,告诉詹姆斯她们很想念艾丽斯。

　　让亨利·詹姆斯始料不及的是,凯瑟琳·洛霖(Katherine Loring)私自出版了艾丽斯·詹姆斯的日记。尽管詹姆斯承认这些日记"很奇妙",但是,这却让他忧心如焚,因为在这些日记中,艾丽斯指名道姓地提到了许多健在的人。他担心,如果这些日记的内容流传到更多的读者那里,有可能损害所有与此相关之人的声誉。几年之后,也许是类似的恐惧使然,亨利·詹姆斯写了一篇文章纪念菲尔兹夫妇,文章题目为《詹姆斯·菲尔兹夫妇》(*Mr. And Mrs. James T. Fields*)。在这篇文章中,詹姆斯谨慎而又婉转地把朱厄特说成是菲尔兹夫人的"养女"。这不是偏执的妄语,而是因为詹姆斯最近惶恐不安却又不由自主地关注着1895年发生的奥斯卡·王尔德鸡奸案,注意到该案件已经成为伦敦人街谈巷议的话题。

　　在菲尔兹夫人和朱厄特前来拉伊拜访时,亨利·詹姆斯正在从其失败的剧作家生涯中慢慢恢复,重新开始创作小说。从孩提时候起,他就对舞台充满热情。在19世纪90年代早期,为了专心于戏剧创作,他完全中断了小说写作。但是随后,在1895年,他的《盖·多姆维尔》(*Guy Domville*)举行首演。由于剧本有缺陷,而且演员表演也不到位,演出结束后,亨利·詹姆斯走上舞台向观众鞠躬致谢时,相当多的观众又是吐口水又是发嘘声。嘘声持续了将近15分钟,在此过程中,詹姆斯几乎无法迈步离开舞台。那天晚上,他经历了"一生中最恐怖的数小时"。因此,亨利·詹姆斯不得不重新回头写小说。他还是一如从前那样多产,新作品一部接着一部完成,如《另一处居所》、《梅西所知道的》(*What Maisie Knew*)、《波音顿的珍藏品》

（*The Spoils of Poynton*）、《螺丝在拧紧》（*The Turn of the Screw*），以及
在菲尔兹夫人与朱厄特来访时尚未杀青的小说《青春初期》（*The
Awkward Age*）。《青春初期》将以连载形式发表，第一部分就在这年
的 10 月 1 日出版，即两位女士这次拜访的两周之后，这部小说詹姆
斯那时写得很顺利。可能他没有与这两位女士详细讨论这本新作，
因为他对于过多揭示正在创作中的作品有所顾忌。但是，显而易见
的是，詹姆斯的某些创作手法是与自己的一些体验紧密相连的，诸如
他从身处演出舞台中央时的感受中所学到的东西；自己的新家所唤
起的、对童年时期家庭生活的认识；以及他处于形成中的那种既口语
化又字斟句酌的风格，就像现在他给打字员威廉·麦克阿帕恩
（William MacAlpine）口述自己所有的作品时所做的那样。亨利·詹
姆斯喜欢找人交谈。

　　在詹姆斯这段时间的作品中，会话晦涩难懂，充满强烈的暗示，
读者得费力地去推论。亨利·詹姆斯后期的小说是他给予现代主义
最好的礼物，对仔细研究其作品的那些作家也是极其重要的，如格特
鲁德·斯泰因、马塞尔·普鲁斯特（Marcel Proust），詹姆斯·乔伊斯
（James Joyce）以及弗吉尼亚·伍尔夫（Virginia Woolf）。尽管伍尔夫
曾取笑詹姆斯艰涩不畅的说话风格，但是，在见到亨利·詹姆斯并得
知他把自己看做作家时，弗吉尼亚·伍尔夫还是相当高兴。在《青春
初期》中，亨利·詹姆斯继续着他那晦涩的心理小说风格，接着他又
写出了神秘的侦探小说《神圣源泉》（*The Sacred Fount*），然后又是
《专使》以及《鸽翼》（*The Wings of the Dove*）。威廉·迪恩·豪威尔
斯一生都很欣赏亨利·詹姆斯，到了后来，尽管他仍然很欣赏詹姆
斯，他还是写出了心中的困惑，说自己并不能充分理解詹姆斯在作品
中究竟想表达什么。亨利·詹姆斯只能回答道："我写的那些东西，
就像它们已经写出来的那样，是合乎情理的——至少对我而言。"詹
姆斯一直觉得和豪威尔斯很亲近。小说《专使》的"雏形"实际上是
一个故事。这个故事是乔纳森·史特奇斯（Jonathan Sturges）转告给
詹姆斯的。当时，史特奇斯和豪威尔斯一起坐在詹姆斯·麦克尼
尔·惠斯勒的花园里，那时豪威尔斯失去了女儿温妮（Winny

Howells），又刚收到电报，得知父亲生命垂危，心情非常悲痛。豪威尔斯对史特奇斯低声说："无论如何，不要犯我的错误。好好生活！"亨利·詹姆斯把史特奇斯转述的话记在了笔记本上，后来在创作《专使》时，他把当时的情景与谈话内容移植到了《专使》主人公兰伯特·斯特莱塞身上。对兰伯特·斯特莱塞来说，欧洲的有些方面依旧代表着他以前不曾去努力的东西。这一点对于豪威尔斯来说也是一样，甚至有时对于詹姆斯也是如此。斯特莱塞在自己位于巴黎的一个花园里说："尽你最大的努力，好好生活。"

亨利·詹姆斯的短篇小说中，朱厄特最喜欢《朋友的朋友》（*The Way It Came*），因为这篇小说"那么富有感情，对人类本性又有着深刻的认识，充满了令人欢欣的希望，又反映了生活带给我们的启迪以及沮丧和失望。这些，都是我们真实生活的内容！"詹姆斯觉得，朱厄特和菲尔兹夫人她们生活中就带有类似这样的内容。数年后，詹姆斯心怀感激地写到这两位来访者，说他惊讶于"查尔斯街的精神能成功地从遥远的美国展翅而来"。

在她们这次拜访亨利·詹姆斯的第二年，莎拉·奥恩·朱厄特给詹姆斯寄去了几本自己写的书，包括最新出版的《女王的双胞胎姐妹及其他短篇小说》（*The Queen's Twin and Other Stories*）。詹姆斯注意到，朱厄特的某些短篇小说"完美无缺"，并热切地请求她把她自己身上发生的所有事情都写下来："因为我与周而复始的四季都在渴望着，并要求你把这些写出来。"收到这封信时，朱厄特正在写另一本书：《托利情人》（*The Tory Lover*）。该作品的背景设在美国独立战争（the Revolutionary War）时期的缅因州和英国，小说的意图在于，在保护古旧的观点再次流行的时代，通过类似于她与妹妹玛丽的那种努力，修复重建她们家及邻居们的那些老房子，为她的家乡小镇恢复某种历史沧桑感。朱厄特经常觉得自己就是她们家房子周围的风景，在讲述这一片地方的历史时，她觉得就是在讲述自己的过往。她把这本小说寄给了亨利·詹姆斯。

亨利·詹姆斯给朱厄特回信说她"是艺术同道中人，一位兼具天才与勇气的女性"，自己要说说对她的小说不满的地方：

> "历史"小说对我而言，即使写得如你的作品这般精致，却仍然注定是廉价的。你可以把来自图片和文件、古物和印刷物等等随便多少来源的东西组合编排，但是却做不到真实，没有它，整个效果就等于零。我的意思是指这种创作是在虚构事实，逝去的先人们的意识、精神、感觉、视野以及梦想等，我们是完全无法展现还原的，那些东西在现代世界已荡然无存……回到可爱的针枞之乡去吧，回到这个可触知的现实中的亲密朋友中来吧，他们的脉搏跳动着作出响应，他们想要你，思念你，需要你，天知道，他们因你的缺席而满腹哀伤、受尽折磨。

尽管亨利·詹姆斯喜欢让自己笔下塑造的人物具有他所说的"一种过去的意识"，但是詹姆斯本人却是历来最有时代感的小说家之一，他常常把小说的时间背景设定在写作这些作品的当年，因此，常常是在作品出版很多年后，读者都还会觉得，好像作品中所写的这些故事刚刚发生在他们眼前。朱厄特则是将视线回落在历史中的作家，她始终坚定地喜爱《玛丽·汉密尔顿》。不过，在内心某处，她可能应该知道这本书并不成功，而且，如果詹姆斯的建议来得早一点儿，也许对她会有很大帮助。1902 年的生日那天，她在缅因州驾马车外出途中从车上摔了下来，摔伤了脊椎骨、头部和脖子。尽管此后她还能写信，但是再也无法写小说了。朱厄特说，她觉得自己就"像一张拼贴地图，但却缺少了几片组件"。朱厄特的意外伤病对安妮·亚当斯·菲尔兹是一个沉重的打击，当时，她正在与亨利·詹姆斯的重要朋友、波士顿社交生活的另一个支柱性人物伊莎贝拉·斯图尔特·加德纳(Isabella Stewart Gardner)一起听一场音乐会，闻得此讯，因为过于担心朱厄特而晕倒过去。加德纳给朱厄特写信说，她把菲尔兹夫人送回家守护着，以确保她安然无恙。莎拉·奥恩·朱厄特于 1909 年去世，这使安妮·亚当斯·菲尔兹再次成为孀妇。朋友们对她提供了一些支持，对此，安妮心中充满感谢之情。

在朱厄特去世前的那几年,亨利·詹姆斯一直在大幅修改自己早年的作品,为它们的纽约版做准备。这些作品在 1907 年到 1909 年陆续出版了。在做此努力期间,詹姆斯越来越潜心于摄影,还送年轻的摄影师阿尔文·兰登·科伯恩(Alvin Langdon Coburn)去伦敦和巴黎的一些场地取景。詹姆斯认为,这样可以给自己的小说提供精美的卷首插画。詹姆斯发现,摄影术的某些功能与自己的兴趣非常类似,即抓取人物和景物,使之始终"触手可及,亲近友好,如在眼前"。

威廉·詹姆斯在 1910 年去世,亨利·詹姆斯着手写对哥哥的回忆录,写出了《一个小男孩及其他》(A Small Boy & Others)与《儿子与兄弟的札记》(Notes of a Son & Brother),却没有写自传。亨利·詹姆斯长期以来一直与哥哥暗地竞争,这次在回忆录中特地放入了自己和父亲的合影,那张照片是很久以前在马修·布雷迪摄影工作室采用银版照相法所拍摄的,他用这个举动来表明自己拥有某种优越地位。

亨利·詹姆斯与安妮·亚当斯·菲尔兹逐渐意识到,彼此都非常思念逝去的故人。菲尔兹出版了一本莎拉·奥恩·朱厄特书信集,而詹姆斯则充分表达了想为该书写序言的愿望。但是,他却因病没有写成这篇序言,只好悲伤地给菲尔兹写了封信过去,表达遗憾之情。尽管如此,他依然一直非常喜爱朱厄特和菲尔兹。随着第一次世界大战爆发,亨利·詹姆斯内心因南北战争留下的恐惧感又被唤起。伴随着熟悉的、积尸如山的情景而来的,是另一种可怕的孤独——那种没有威廉·詹姆斯和艾丽斯·詹姆斯陪伴、只身一人面对世界的孤独。正是在这时,詹姆斯在心灵上认同了惠特曼,开始经常去战时医院看望受伤的年轻士兵。

1915 年,安妮·亚当斯·菲尔兹去世。在生命的最后一年,亨利·詹姆斯口述了一篇文章,赞扬詹姆斯·T. 菲尔兹夫妇以及整个一个时期的文化与和平。他说,带着一种"介于羡慕和怜悯之间的复杂心情"回顾过去时,他现在感觉到的文化与和平则是一种幻象。"我们的的确确、全面完整而又真真切切(就像我们现在深刻感受到的）地意识到过去存在于各民族人民生活中的那种极度恐惧。"在这种令人惊恐的意识中,想到安妮·亚当斯·菲尔兹始终如一的优雅仁慈,亨利·詹姆斯心中感到某种安慰,他对她的欣赏在其偕同朱厄特前来拉伊造访自己的时候达到顶峰。

　　詹姆斯说,来到安妮·菲尔兹身边的朱厄特"既是分忧者,又是支持者",另外还说,"没有什么比这一长一少两位女士的交往更好地温暖了"他"对基督的信念……"。"她俩的关系,"他说,"是最坚定的,也是最从容的。"也许,在他说起这些的时候,他对基督的信念又动摇起来,他努力去回想她们与自己的交往,她们带来的安慰,还有那天在马车里,在去黑斯廷斯的路上,因为他弄丢了狗的口套,她们对他的嘲笑,暖意涌上心头……

第十一章

爱德华·史泰钦与阿尔弗雷德·斯蒂格利茨

爱德华·史泰钦（Edward Steichen）在街角停下，手提箱立在脚边，抬起头，看见车站正对面悬挂着他为克斯坎勒兹牌泻药（Cascarets Laxatives）设计的户外广告牌。画面展现的是一个美丽的女孩躺在一张睡椅上，形状像一个巨大的"C"，说明文字是："克斯坎勒兹：它们工作你安睡。"

史泰钦把这当作一个好兆头。他现年 21 岁，过去 6 年，大部分时间一直在工作而不是休息，设计广告、绘画、自学摄影，并向母亲学习攒钱。他的母亲来自卢森堡，一向很节俭，是一名女帽生产及贩卖商。这会儿是 1900 年 5 月，他第一次独自离开密尔沃基，也是第一次看见纽约城。他已经攒够了钱，准备去巴黎待一年。

史泰钦第一时间去做了自己此行最重要的事：造访 29 号大街上新建的班克洛夫特大厦（Bancroft Building）里那家纽约摄影俱乐部（Camera Club），试试能不能见到俱乐部主席——著名的摄影家阿尔弗雷德·斯蒂格利茨。斯蒂格利茨是美国人，19 世纪 80 年代曾在柏林学习机械工程和化学。有一次，就像当时普通人做出的正常反应，出于好奇，他拿起了照相机，结果却迷上了摄影，从此他为摄影倾注了一生的热情。学业期满，他回到美国。随着全国上下对摄影的兴趣与日俱增，在过去的几年里，斯蒂格利茨协助组织了几乎所有全国性的主要展览。

　　对很多人来说,1900 年都是忙碌的年头。这一年,亨利·詹姆斯开始写《专使》;莎拉·奥恩·朱厄特在辛勤创作《玛丽·汉密尔顿》;W. E. B. 杜·波依斯去伦敦参加了第一届泛非会议(Pan-African Congress);已经搬到纽约城的威廉·迪恩·豪威尔斯在写一篇评论,赞扬伊迪丝·华顿(Edith Wharton)的首部短篇小说集;斯蒂格利茨和史泰钦开始投入他们各自的艺术探索。

爱德华·史泰钦,
自摄像

　　斯蒂格利茨是《摄影札记》(*Camera Notes*)杂志的编辑以及主要的评论人。当时他正阐述这么一项原则,即摄影不仅仅是一种爱好,而且是一种重要的、特别具有美国特色的艺术形式。史泰钦曾认真阅读了 1897 年至 1900 年间出版的每一期《摄影作品》(*Camera Work*),他在密尔沃基公共图书馆还看了该刊的最新几期。

　　史泰钦坐电梯上了摄影俱乐部所在的八楼。在走廊上,透过半敞开的房门,他听见了各种声音,其中一个铿锵有力的、带着鼻音的声音似乎在坚持一个存有争议的观点。斯蒂格利茨和一个同事正在张贴照片,布置展览。史泰钦进屋时,斯蒂格利茨也许停顿了一下。史泰钦黑发蓝眼,人们说他看起来就像年轻时的亚伯拉罕·林肯。史泰钦遇见任何人都始终能保持自信,但是这一次,面对自己所钦佩的摄影师那具有洞察力的目光,他显得有点不自信了。斯蒂格利茨有一头波浪状的黑发和一个宽大扁平的鼻子(在6个月大时,他从高处摔下来,鼻梁断裂过),身体的姿势看上去似乎保持着警觉,同时也显得精力充沛。史泰钦客气地问斯蒂格利茨是否愿意看一下自己的作品。斯蒂格利茨做了一个手势,表示可以看看,于是,史泰钦把胳膊夹着的文件袋取下来,放在桌子上,文件袋里装着他的作品。

史泰钦在桌子上摆开自己的那些照片和水彩画,以及一些油画作品。他的油画和水彩画有着法国印象派的影响,尽管在巴黎工作的艺术家已经转向了其他创作风格,但印象派是近来才传到美国的一种绘画创作风格。巴勃罗·毕加索(Pablo Picasso)将在下一年进入自己的蓝色时期。[1]另一方面,史泰钦的相片也体现出生动的绘画风格。史泰钦和斯蒂格利茨都对看似绘画的相片深有兴趣。史泰钦那时拍摄照片使用的是很软的焦点,照片常常带点儿褐色、绿色或是蓝色;它们似乎是在微微闪烁,有从眼前轻微后退的视觉效果。斯蒂格利茨仔细研究了史泰钦带来的所有东西,宣布它们都是好作品。他丢开正在布置展览的同事,和史泰钦交谈了一个小时。

那段时间,斯蒂格利茨正在忙着推出许多摄影师的作品,格特鲁德·卡西比尔(Gertrude Kasebier)的和克拉伦斯·怀特(Clarence White)的作品也位列其中。几年之后,他还会为亨利·詹姆斯的朋友阿尔文·兰登·科伯恩(Alvin Langdon Coburn)单独举办一次作

---

〔1〕 1901年,毕加索创作了作品《蓝室》。由此开始,在之后的五年左右,他的绘画作品多用蓝色,内容也大多是反映社会底层人民包括乞丐、妓女等的忧郁生活,故此,人们把他的这一段创作时期称为"蓝色时期"。——译者注

品展。但是斯蒂格利茨自己拍照时,极少拍摄这些摄影师擅长的那类照片。他喜欢比较硬朗、干净利落,可能更具男子气概的作品。后来斯蒂格利茨与卡西比尔和怀特反目成仇。他很难忍受来自同龄人的挑战,不过他非常愿意支持年轻一代的摄影师和画家。斯蒂格利茨正在寻找一个自己认为真正具有美国风格的摄影师。认识史泰钦之后,斯蒂格利茨常常说,5 月的那个晚上,他从摄影俱乐部一回到家,就对妻子宣称:"我想,我已经找到了一直想找的那个人。"

　　史泰钦准备离开时,斯蒂格利茨问他这些相片怎么收费,史泰钦坦率地承认道,自己从来没有卖过任何一张照片。斯蒂格利茨从中挑选了三张,每张付了 5 美元。对于史泰钦来说,这似乎是很慷慨的价格。斯蒂格利茨却带点玩笑意味地说:"出这个价格,我是在打劫你。"斯蒂格利茨和史泰钦一生都在处理艺术和金钱的关系,他们把这个故事作为例子讲了一遍又一遍。在史泰钦讲述这件事时,他常常会为之增加一个结尾:那天,史泰钦离开时,斯蒂格利茨陪他走到八楼的电梯口,他对史泰钦当时准备去欧洲的做法发表了一点看法,他说,自己猜想史泰钦会把摄影忘得一干二净,转而喜爱绘画。电梯到了,史泰钦走进去,就在电梯门即将关闭时,他大声对着斯蒂格利茨说道:"我会一直坚持摄影的!"

　　几天后,史泰钦乘船出发了,从此,他和斯蒂格利茨开始了长达46 年的通信。每每提笔时,史泰钦都怀着通常是人们对父亲、兄姐和英雄所持有的那种敬意,将自己在欧洲看到的一切都告诉斯蒂格利茨。史泰钦回到纽约时,已经成熟了,并具有很强的艺术品鉴赏能力,不过,他对斯蒂格利茨仍然充满敬意。他开始投身商业摄影,这是史泰钦一生中大部分时间里的谋生手段,有时还获利颇丰。

　　史泰钦的拍摄动作不比任何其他肖像摄影师做得慢,但他同时还有过人之处,有数不胜数的各种小窍门,用以提示人们移动一下身体、举起东西或是把头偏一点儿。他能解除大家面对公众时蒙在脸上的各种面具,并有信心立刻对真实的面孔进行拍照。史泰钦在纽约开业不久,J. P. 摩根(J. P. Morgan)给了史泰钦2 分钟的时间,让

阿尔弗雷德·斯蒂格利茨，
爱德华·史泰钦摄于 1907 年

他为自己拍肖像照。史泰钦拍摄结束，正好 2 分钟，他从拍下的三张中取了两张表情不同的照片交给他，摩根非常惊讶，付了一笔优厚的报酬。

1903 年，史泰钦与一直在学习艺术和音乐的克拉拉·史密斯（Clara Smith）结了婚，他们的蜜月是在斯蒂格利茨位于乔治湖的避暑别墅度过的。史泰钦还写信给斯蒂格利茨，希望他也能到避暑别墅来。史泰钦与斯蒂格利茨家里的每个人都相处融洽。也许是希望自己的父母能多一些欧洲文化底蕴，爱德华·史泰钦常说，他真希望斯蒂格利茨的父亲就是自己的父亲。巧合的是，斯蒂格利茨的父亲也叫爱德华。

1905 年，克拉拉·史密斯·史泰钦（Clara Smith Steichen）与爱德华·史泰钦从第 5 大道 291 号搬出来，住进隔壁的 293 号，新居比旧房子大一些。9 月的一个晚上，斯蒂格利茨和史泰钦一起走路回家,他们在第 5 大道与第 31 街交汇的拐角处停了一下,两个人谈到想去参观所有在纽约举办的展览会。斯蒂格利茨说,咱们租不起任何一家美术馆去举办那些展览会。尽管后来两个人都说是自己的提议,但当时应该是其中一个这样说道:我们自己办个画廊吧。随后,史泰钦说可以把 291 号利用起来。

291 画廊,或者按照以前曾经用过的名称,也称为摄影分离派小画廊(the Little Galleries of the Photo-Secession),开张运营了 12 年,在第一次世界大战期间关闭,后来曾经在安德森画廊(the Anderson Galleries)的一个房间里重新开张,更名为密友画廊(Intimate Gallery),后来又换了地方再次开业,取名为美国地点画廊(An American Place)。在 291 画廊,斯蒂格利茨举办了约翰·马林 (John Marin) 的首次个人作品展,马斯登·哈特利(Marsden Hartley)和亚瑟·达夫(Arthur Dove)的作品首展,亨利·马蒂斯(Henri Matisse)作品在美国的最初几场展览,奥古斯特·罗丹(Auguste Rodin)的画作展览,还有康斯坦丁·布朗库西(Constantin Brancusi)的雕塑展,以及史泰钦的首次摄影作品展。有一次,斯蒂格利茨甚至没有征求乔治亚·欧姬芙(Georgia O'Keeffe)的意见,就展出了她的绘画作品。欧姬芙于是赶往 291 画廊,本来打算要求他把它们取下来,但是后来又改变了态度,同意把那些画作留下来继续展览。在后来的密友画廊和美国地点画廊里,斯蒂格利茨为安塞尔·亚当斯(Ansel Adams)举办了在纽约的首次作品展,又承办了艾略特·波特(Eliot Porter)的作品首展。举办这些展览会的想法,有一些是史泰钦提出来的,他能迅速鉴赏出具有重要意义的艺术新作。马林的绘画和罗丹的雕塑深深影响了史泰钦,他给罗丹及其制作的巴尔扎克雕像所拍的照片都传达了他对斯蒂格利茨确凿无疑的深情。斯蒂格利茨用自己的钱和妻子艾米·斯蒂格利茨(Emmy Stieglitz)的相当大一笔资金,再加上弟弟李·斯蒂格利茨(Lee Stieglitz)的长期资助,创办并经营着 291 画廊和那份颇有影响的期刊《摄影作品》。这份期刊所登载的照片中,大部分是由史泰钦和他本人所拍摄的。

斯蒂格利茨也资助他人,但仅限于艺术家。他每个月都会送

500 美元给处境艰难的亚瑟·达夫;让画家马克斯·韦伯(Max Weber)睡在 291 画廊;另外还想办法将马斯登·哈特利积压在手中未售出的那些画作拍卖掉 117 幅,拍卖非常成功,使得哈特利有钱重返欧洲,在那里又待了三年。斯蒂格利茨并不期待自己的善举能收到任何具体的回报,但是他要求每个他认识的人都忠于他本人以及他所确定的原则,否则他任何时候都有权将其从受益名单中排除。有些人觉得斯蒂格利茨专横得令人难以容忍,尤其是他拒绝将自己画廊中展出的作品卖给他认为没有资格拥有它们的人时,更令人难以忍受。但是,所有的人也都承认,他在支持自己认定的那些真正的艺术家时,从不吝啬,而且持之以恒。保罗·斯特兰德(Paul Strand)永远忘不了那一天,当时他带着自己最新拍的纽约街道的照片走进291 画廊,斯蒂格利茨把史泰钦叫过来看这些作品,说他认为也许需要为这个年轻人办一场展览,支持其发展。

　　1955 年,在史泰钦成为现代艺术博物馆(the Museum of Modern Art)摄影部主任时,举办了一场名为"人类大家庭"(The Family of Man)的摄影展。为了表达史泰钦对摄影的民主立场,这次展览办成了大杂烩。尽管这种展览与斯蒂格利茨那种专注于艺术家内心发展的小型个人展览在性质上几乎截然相反,但对 9 年前去世的斯蒂格利茨来说,这场展览也算是献给他的一份礼物。斯蒂格利茨曾经向帮助自己管理美国地点画廊且关系暧昧的多萝茜·诺曼(Dorothy Norman)讲过,自己死后,史泰钦会是众多哀悼者中最有影响力的人。年轻的摄影师们纷纷走进展览馆,希望自己的作品能参加"人类大家庭"展览。这时,史泰钦从桌子里面取出一摞 5 美元面值的钞票,自他们手中买下了那些相片。

　　在 291 画廊作为纽约先锋派中心的那些年,史泰钦回到了最终被第一次世界大战撕裂开来的欧洲大陆。此后,斯蒂格利茨与史泰钦两人的友谊开始有了某种变化。斯蒂格利茨是一名和平主义者,也是一名德裔犹太人,他认为美国不应该参战;而史泰钦住在法国,目睹房子周围那广大乡村地带积满的尸体,他不能容忍德国的侵略行径,所以,在美国最终加入战争之际,他成为最先报名参战的人员之一。他说:"我想成为一名摄影记者,就像马修·布雷迪在南北战争时所做的那样。"后来,史泰钦成为军中新成立的陆军通讯兵摄影师的四名军官之一,还执行了第一次航拍勘察任务。

第一次世界大战结束五年后,史泰钦担任了康泰纳仕(Conde Nast)出版公司总摄影师,为包括《时尚》(Vogue)和《名利场》(Vanity Fair)两份刊物在内的出版物提供摄影作品。斯蒂格利茨一直倡导艺术家必须抵制商业,认为商业贸易是出售艺术作品最糟糕的做法。史泰钦则指出,他需要金钱,因为他既没有信托基金,也没有富裕的弟弟和妻子(斯蒂格利茨的几任妻子都有钱,在与艾米·斯蒂格利茨离婚之后,乔治亚·欧姬芙嫁给了斯蒂格利茨,同时也在金钱上给他资助)。在史泰钦看来,商业摄影并没有什么害处。他一直在从商,从早年做广告设计到开办摄影馆,他用这种方式已拍摄出了很多精美的照片。他认为,人们对待艺术既不应该过于功利,也不应该过多保护,民主的做法是把它放在市场中,面向大众。

史泰钦的民主思想很大程度上归功于他妹妹莉莉安·史泰钦(Lilian Steichen)及其身为诗人的丈夫卡尔·桑伯格(Carl Sandburg)的思想。这对夫妇曾在美国中西部地区纵横奔波,为社会民主党(Social Democratic Party)发展成员。正是在桑伯格的多卷本亚伯拉罕·林肯传记里,史泰钦发现了林肯说过的话:"人类大家庭"。史泰钦和桑伯格合作写了一本书——《摄影家史泰钦》(Steichen the Photographer)。不幸的是,他们1928年写作该书,第二年出版时正赶上股市大崩溃。史泰钦是整个美国收入最高的摄影家,正为两本最光鲜的时尚杂志工作。他在书中暗示,自己将商业作为一种"令人惊奇而又富有成效的力量"加以利用。但是,此时的人们对此并无好感。

另一方面,史泰钦公正地指出,斯蒂格利茨对金钱并不排斥,在乔治亚·欧姬芙出售六幅画作获得2.5万美元的高额进账时,斯蒂格利茨欢呼雀跃并到处宣扬。斯蒂格利茨的胜利在于,欧姬芙具有强烈个人风格的画作能为她挣到大笔收入;而史泰钦的胜利则在于,在为了挣钱而给人拍照时,他仍能拍出很多好照片。

　　看到年轻一代的摄像师在周围崭露头角,斯蒂格利茨内心感到焦虑不安,他用这些对原则的争论来掩饰这种感觉。他的焦虑时常表现在精心设计的两性对抗方面,比如,他对欧姬芙的艺术、空间和时间都表现出很强的占有欲,为此,欧姬芙只得逃避到新墨西哥去工作,但是,斯蒂格利茨又设法让她因为采取了离开他的做法而感到特别内疚。另外,斯蒂格利茨一方面对保罗·斯特兰德的作品深深着迷,另一方面却又毫无顾忌地与保罗的妻子贝克·斯特兰德(Beck Strand)调情。保罗当初与贝克结婚,部分原因是希望二人能像斯蒂格利茨和欧姬芙那样生活,保罗一直爱着欧姬芙。斯蒂格利茨认为性与摄影从来就相距不远,他说:"我做摄影时,我也在做爱。"他觉得,自己给欧姬芙拍摄的情色照片便是这一观点的有力证明。他认为这些照片既是构想与摄影技术的胜利,也是照片冲洗和印刷技术的胜利。有人说,看着这些照片,他们觉得几乎能抚摸到欧姬芙。听到这些话时,欧姬芙有可能会觉得相当不悦。

　　在斯蒂格利茨与史泰钦一生的相处中,即使在两个人相处并不融洽的时候,他们也经常彼此出入对方的住所。史泰钦夫妇经历了一场痛苦的公开离婚诉讼和监护权之争后,终于经判决离了婚。此后,他们的女儿莉兹·史泰钦(Lizzie Steichen)与斯蒂格利茨的弟弟李·斯蒂格利茨及其妻子莉兹(Lizzie)住了几年。有趣的是,在离婚13年之后,克拉拉·史泰钦仍然会给阿尔弗雷德·斯蒂格利茨写信,表达对前夫爱德华·史泰钦的愤怒之感。

　　爱德华·史泰钦与阿尔弗雷德·斯蒂格利茨就像两兄弟。每个人自己的抱负都恰好与他对另一个人的期待相符。一天在学校,老师要求所有的女孩子说明一下各自父亲的职业是什么。轮到凯蒂·斯蒂格利茨(Kitty Stieglitz)时,她说不知道。老师就说:你的父亲是世界上最伟大的摄影家。凯蒂·斯蒂格利茨严肃地说:不,那不对,因为父亲总是说,史泰钦是世界上最伟大的摄影家。

斯蒂格利茨怀念史泰钦早年对艺术的敏锐感觉。人们盛赞史泰钦后来所拍的照片，赞扬它们体现的种种新风格，赞扬它们体现了摄影家的独到眼光。但是，斯蒂格利茨认为它们并不够好，而史泰钦在内心深处也明白这一点。在斯蒂格利茨去世几年之后，坐在博物馆的办公室里，也许史泰钦想到，如果时序颠倒，自己先去世，斯蒂格利茨应该会成为自己的哀悼者中最伤心的人。

1919 年，已从战场归来的史泰钦正忙于拍摄肖像照片。一天下午，他有点儿空闲，便前去斯蒂格利茨与欧姬芙的寓所。那时，斯蒂格利茨已经关闭了 291 画廊，而密友画廊也还没有开，每个人都只能去斯蒂格利茨的住处看艺术作品。那天，其他人都离开之后，也许斯蒂格利茨转向史泰钦，说道：到后面的房间来，我想给你看看我的新照片，我拍了一些乔治亚的裸体照。史泰钦应该从斯蒂格利茨的言谈举止中感觉到了主人的激动。他们走到那张高桌子边。看那些照片时，史泰钦站得端端正正的，只是用手轻触着照片的边缘。斯蒂格利茨用心地观察着他，想从他身上看出点什么特别的东西。史泰钦通常很确信自己的感觉，他觉得自己的双手几乎在颤抖。对他来说，这些影像是美丽的，但是蕴含在其中的某种东西使他心神不宁，也许是让人不能真正看见乔治亚脸部的拍摄方式。此时，史泰钦觉得心烦意乱。

斯蒂格利茨胸中涌起胜利的感觉，这是他一直在等待的一种胜利。但是，斯蒂格利茨后来多次讲起这个故事时，都没有提及这一点。他只是说，自己站在那里，摆开欧姬芙的照片，当他闻声抬起头，却看见史泰钦正在哭泣。

第十二章

维拉·凯瑟与马克·吐温

　　这份请柬可能是《麦克卢尔》(*McClure*)杂志的编辑 S. S. 麦克卢尔(S. S. McClure)转给她的,在 1905 年 11 月上旬的某个时候到达维拉·凯瑟(Willa Cather)手中,这似乎应该表明,文学界已经开始关注她了。此时的维拉年方二十六七岁,刚刚崭露头角,还不怎么有名,只是在 1905 年上半年,麦克卢尔出版了她的第一部短篇小说集《精灵花园》(*The Troll Garden*);另外就是两年前,她还出版过一本诗集。维拉现在还没有在纽约生活。收到请柬后,可能她给后来成为终身友伴的朋友伊迪丝·刘易斯(Edith Lewis)写了信,询问是否可以在她那里逗留一下。维拉也许会认为"这多荒谬",或者是想,"我穿什么好呢?"马克·吐温的生日只比她自己的早几天,可能这让她感到挺高兴的。

　　不管她是因为什么原因收到邀请,维拉·凯瑟的确去参加了马克·吐温的七十大寿晚会,并成为 50 个享有殊荣的客人中的一员,等待着与这位伟大的作家握手。吐温在这次晚会上拍了许多照片,照片上的他头发雪白,眼睛有神,眉毛浓密,嘴角处有一抹弯弯的纹路。吐温喜欢拍照,妻子还在世的时候,他常把自己的单人照或是夫妻二人的合影照送给周围的朋友。那天晚上,他摆出多种姿势,拍了很多照片。维拉·凯瑟应该是现场比较年轻的客人。她喜爱穿漂亮衣服,这之后不久,当她已在纽约享有一定声名,她有时会穿上非常时髦的裙装,戴上昂贵华丽的帽子,出现在人们的视野中。不过,在吐温七十大寿的那天晚上,作为一个仍在为前途而奋斗的人,她穿的是素衣便装,在摄影师走过身边的时候,维拉还会主动往后面退一点。不管那天晚会上他们是怎么碰面的,见面之际最多只不过是说了一两句玩笑话,彼此握了握手,点了点头,然后再拍了拍照。

满眼是闪光的礼服和可口的美味,这种喧闹的场合大家都说着客套话和恭维话,这样的话凯瑟应该也在说,吐温应该也喜欢听。凯瑟是读着《汤姆·索亚历险记》和《哈克贝里·芬历险记》这样的书长大的,但是,那天晚上,她应该一眼就能看出,在这样的场合里她是找不到机会与吐温交谈,让他知道自己为什么会喜欢它们。

吐温和凯瑟有着相似的成长环境,他们的家乡都位于视野开阔之地,吐温生长在密西西比河沿岸,凯瑟面对的则是一望无际的中部大平原。他们都像孩子一样充满活力,精力旺盛,喜欢外出探险,也喜欢与邻居交谈,以及建立属于自己的世界。在家时,他们会专注于阅读,到了晚上,躺在阁楼的床上,透过窗户凝视外面的月亮,梦想着遥远的世界,包括圆桌骑士生活过的英国,圣女贞德(Joan of Arc)以及三个火枪手所在的法国。长大成人后,他们都离开了家乡,外出四处旅行,通过奋斗,来到纽约,又去了欧洲。他们也会回家乡拜访,但从来不会长时间盘桓家中。不过,随着他们日渐衰老,他们的心又分别回到密西西比河和内布拉斯加州,又开始怀念儿时的岁月。吐温想念自己孩提时代生活过的汉尼拔、多情的密西西比河以及那轰鸣的汽轮,而维拉则思念她的故乡红云镇,还有大草原上那辽阔的天空。他们两个人大量的优秀作品都是以家乡的人和事为中心进行创作的。

吐温的生日晚会上,凯瑟身旁坐着的分别是《生活》(Life)杂志的爱德华·马丁(Edward Martin)和哈珀兄弟出版社(Harper and Brothers)的弗雷德里克·杜尼卡(Frederick Duneka)。那时凯瑟已经感觉到,自己更为关注创刊时间相对晚一点儿的杂志《麦克卢尔》以及有勇气富有创造精神的 S. S. 麦克卢尔。麦克卢尔正在着手出版卢迪亚·吉卜林、罗伯特·路易斯·斯蒂文森(Robert Louis Stevenson)、约瑟夫·康拉德(Joseph Conrad)、斯蒂芬·克莱恩(Stephen Crane)以及托马斯·哈代的作品,还有凯瑟的短篇小说。如果同坐一桌的人向凯瑟问到她的作品,她应该会告诉他们,说自己正在写一部小说,另外她也在考虑是不是放弃写作;她应该还会告诉他们,自己在匹兹堡一所中学教书。她挺喜欢这份教书的工作,但是又觉得挺累人。其间,她还与大家谈论了其他一些事情。他们一边吃着无鳔石首鱼片,啃着羔羊骨头上鲜嫩的肉块,嚼着美国潜鸭以及巴尔的摩水龟,大快朵颐,还一边根据个人的喜好喝着白葡萄酒,或者畅饮香槟,或者品味白兰地。

晚会的举办地点在第5大道与第四十四街交汇的德尔莫尼柯饭店(Delmonico's Restaurant),选在红厅。在将近50年的时间里,德尔莫尼柯饭店一直是所有纽约重要活动的举办地,人们曾在这里设宴款待威尔士亲王。吐温的生日庆祝晚会是由《哈珀周刊》(Harper's Weekly)的编辑乔治·哈维(George Harvey)上校组织的,后来,在圣诞那一期的特别增刊上,该周刊把全部32页的篇幅用于图文并茂地报道这次晚会的盛况。红厅里摆放着盆栽的棕榈和镀金的镜子,大都会歌剧院动用了40种乐器在此为170名客人演奏,为大家助兴。

吐温喜欢这类晚会。他常常会非常激动,以至于熬夜到凌晨给那些没有出席晚会的人写信,描绘晚会上发生的一些特别之事。不过,关于吐温自己的这场生日晚会,吐温的朋友们应该没有谁会收到这样的信,因为他们几乎都到场了,比如威廉·迪恩·豪威尔斯、亨利·罗杰斯、安德鲁·卡内基这几位与吐温相处一生的朋友。

尽管维拉很喜欢《哈克贝里·芬历险记》,但一直到那时,她对马克·吐温本人都是持明显的批评态度。她不喜欢任何类型的炫耀,这是基于两个原因:首先,这不符合她在内布拉斯加形成的淳朴性情;其次,这也不符合处事低调的波士顿文学圈的氛围,这个圈子是她极其渴望加入的。在她看来,如果马克·吐温不炫耀、不卖弄,他就不会出名。令他声名在外的是:他在讲演和小说中使用密西西比粗话,他价值不菲的房子,他有着不少石油界和钢铁界富甲一方的朋友。那次的生日晚会结束时,每个客人都得到一个一英尺高的吐温的石膏像作为纪念。

凯瑟第一次在文章中写到吐温时,她还是位于林肯市的内布拉斯加大学的一名在校学生。在那所学校里,她既是一名风云人物,又有点儿叛逆,常穿一身剪裁得体的男式服装。吐温写过一篇妙趣横生的评论,直言不讳地批评法国作家保罗·布尔热(Paul Bourget)的作品《美国印记》(*Outre-mer: Impressions of America*)。但是凯瑟很欣赏保罗的这本书。那时,她还没有去过欧洲,实际上,自她九岁到达内布拉斯加,几乎就没有离开过那片土地。欧洲及其孕育的作家们一直是她心目中进步文明的圣山神峰,不容侵犯。因此,看到吐温在评论中说,来访的法国客人试图给美国性格下结论的做法未免过于自以为是,又说这份工作还是留给唯一合格的人即"本土小说家"为好,而且最好是一千名不同的本土小说家,此时,维拉被激怒了。在校报上属于自己的专栏中,凯瑟非常可爱地带着年轻人常见的稚嫩判断错误地写道:吐温的评论"庸俗下流",吐温其人也是"一条恶棍"。

不过那时凯瑟也真心承认,吐温对他自己的家乡还是有所了解的,所以,在校报的另一篇文章中,她写道:"他写密西西比男孩比他令人作呕地编造圣女贞德的浪漫情事要成功得多。"这份评价颇有见地。那个时候,吐温的感伤小说《圣女贞德》(*Joan of Arc*)正受到广泛追捧。吐温常常讲述这样一个故事,尽管不见得真有其事。他说,他最先遇到圣女贞德的方式是命中注定的。当时,他只是印刷厂的一名学徒工。一天,一阵清风拂来,把一张书页吹过他面前的桌子,捡起来一看,原来是某一本写圣女贞德的书中的一页。从那以后,他就爱上了她,也喜欢上了她推动的改革运动及所取得的胜利,还有她那英勇牺牲的事迹。在吐温写作贞德的故事时,他描绘的这个年轻女性看起来很像自己的女儿苏茜(Susy)。苏茜死后,在吐温心中,贞德和苏茜的形象结合得更为紧密了,难分彼此。

　　那场生日晚会后,过了17年,凯瑟把圣女贞德变成了自己小说《我们中的一个》(One of Ours)中的女主人公,名字叫克劳德·威勒(Claude Wheeler),这部小说还获得了普利策文学奖(Pulitzer Prize)。凯瑟让威勒在法国战场上死去,就像她在许多小说中塑造的其他人物一样,都是年纪轻轻地就死去了,带着一种理想主义色彩死去。在这一点上,就连凯瑟那些实际上经历过第一次世界大战的朋友们都认为,凯瑟是相当浪漫的一个人。

　　《我们中的一个》是一部以一战为题材的小说。但是在凯瑟还是一个住在内布拉斯加的小女孩,穿着叔叔的南方军队的制服时,她就在心中想像过克劳德这种英雄形象。继这部小说之后,凯瑟又不断地写了一些有关历史人物、他国文化以及历史事件的作品。在这一点上,凯瑟与吐温非常相近。他们都有很多优秀的小说,在内容上涉及家乡早期岁月中的方方面面,凯瑟那些反映大草原的小说,吐温那些描写河流的小说,都是那么相似。他们阴郁的生命晚景也颇为相像。长大成人后,在他们身上能够看到少小时包容一切的宽容;人到晚年时,他们都再次体会到童年时面对未知世界时感受到的孤独。

　　凯瑟终于见到了吐温,这对她来说意义深远。她观察了吐温长达几个小时,看他与人交谈,看他们一起欢笑。此外,可能还耳闻同桌中认识吐温的人讲到吐温的一些轶闻趣事。她也亲眼目睹了吐温与朋友们彼此之间真挚感情的自然流露,尤其是威廉·迪恩·豪威尔斯。在维拉极为崇敬的波士顿文学圈中,豪威尔斯是一位重要人物,同时,他也是亨利·詹姆斯的出版商和老朋友,以及另一个作家莎拉·奥恩·朱厄特的领路人。亨利·詹姆斯是维拉的偶像,莎拉·奥恩·朱厄特也是维拉非常钦佩的作家。那个晚上,敬酒碰杯持续了好几个小时。最后,豪威尔斯总结道:"我不会对他说:'噢,国王,长寿无疆!'但是我会说:'噢,国王,寿如所愿!'"

　　晚宴过程中,也许凯瑟的一位同伴瞥到了她那特别的微笑。这种表情让人感觉到,尽管她身在此处,而且过得也很快乐,但她并不真正属于这个喧嚣的圈子。凯瑟抱住双肩观察着大家,这多少让人觉得,她来自一个吹着洁净之风的地方,所以,即使身处又热又挤的房间里,她也带给大家某种遥远的清新之感。

现在,终于到了晚会的最后时刻,该吐温致辞了。于是,吐温站起来,开始了演讲。首先,吐温说,自己已经"通过严格遵守会杀死所有人的生活方式",活满了70岁。他的生活准则一直是,只要别人不熬夜,自己也就不熬夜;一次只抽一根烟;只有别人在饮酒,自己才会端酒杯;只吃别人认为适合自己而且自己也相信有益于自己的食物。至于道德品质,吐温说自己拥有很多美德,首先就是,自己买过"糟糕得不能再穿的二手货"。尽管大家都知道,吐温仍然是遇晚会必参加的人,但是,在讲演接近结束时,他还是承认,自己已经冷静一些了。而且,吐温还说,在70岁的时候,你可能发现,"一想到夜晚,一想到冬天,一想到灯火辉煌、笑语满堂的宴会结束后,需要在深夜穿过寂静空旷的街道回到家里……",不由自主就会退缩。于是,你可能会谢绝邀请,以免回到家后想起,在空旷的房子里,再也没有人会叫醒你。

如果一想到这些事情,你就会退缩,那么,你只需作出回应:"很荣幸收到您的邀请,这让我非常高兴,因为您仍然记得我。但是,我70岁了。70岁,只能坐在烟囱边的角落里,抽烟,读书,休息。衷心地祝愿您:一切皆好,当轮到您到达70号码头,您可以精神抖擞地登上那艘等您的船,心满意足地驶向太阳下沉的方向。"

人们静静地听完了吐温的演讲,然后就一次又一次对着吐温欢呼,并报以暴风雨般的掌声。之后,当晚的聚会落幕了。客人们开始穿起外套,马车也排队等候在饭店门外。离别的气氛极为温暖,客人们知道,自己度过了有历史意义的一晚。

那时,吐温住在第5大道和第9大街交叉口附近。尽管由于吐温更多地与他那些富人朋友待在一起,这导致他与豪威尔斯的关系有点儿疏离,但是,客人们纷纷离去之后,有可能还是豪威尔斯陪他一起回去的。他们一起坐在吐温家里不住说笑,谈到吐温以前在约翰·格林里夫·惠蒂埃的70大寿晚会上对寿星的不敬之举,两个人不禁哈哈大笑一番。吐温应该说过,如果自己年轻那会儿不是那样愚蠢,他势必会对那位年迈的绅士恭敬有礼一些。想到他们能够继续分享的美妙夜晚可能不会很多了,于是,他们应该熬了夜,直到再也无法坚持下去,才尽兴地结束了这次畅谈。

凯瑟后来逐渐对第5大道上吐温居住的那栋房子熟悉起来。在吐温70岁生日晚会的次年,维拉搬进了与吐温住处相距不远的格林威治村(Greenwich Village),还不时地与其他一些人一起过去拜访他。吐温爱读维拉的作品,并对她发表在《麦克卢尔》杂志上的诗歌《帕拉廷山》(The Palatine)大加赞赏,还曾把这首诗朗读给自己的秘书听。那时,吐温已经改在卧室里接待来客,自己躺在床上,一边抽烟一边给客人讲故事。

吐温常常靠着枕头倚在床上,被褥胡乱地盖在身上,抽着雪茄,房间里充满烟味,室内的光线也有点儿暗。吐温慢条斯理地讲述着种种故事:与密西西比河有关的人和事;他在印度与吉卜林的相处;他和豪威尔斯一起试图步行走到康科德城;他的仆人乔治如何奋力抓住一匹脱缰的马并阻止马车出事;他的侄子查理·韦伯斯特如何将他的出版公司窃为己有;他在田纳西军队的宴会上如何发表让格兰特难堪的讲演。他讲得滔滔不绝,而凯瑟表现得体,认真倾听着,她那深蓝色的眼睛和会意的微笑中所透露出的深深理解,应该会让吐温感到很满意。吐温应该是做了精心准备的,在凯瑟到来的那些日子里,吐温总会把故事讲得特别精彩。凯瑟离开后,吐温重新靠在枕头上,抽完雪茄才满意地睡去。

1913年,在小说《啊!拓荒者!》(O Pioneer!)出版后,维拉·凯瑟接受了一次采访,并被问到她最喜欢的美国作家是谁。"'我自己最喜欢的美国作家?'凯瑟小姐答道,'噢,自我上小学起,我就从来没怎么改变过那份深深的敬意。我那时最喜欢、现在仍然喜爱的伟大作家是马克·吐温、亨利·詹姆斯以及莎拉·奥恩·朱厄特。'"
1925 年,凯瑟应邀给朱厄特的作品写序言。在序言中,维拉说:"正是这种非常特别的洞察力,加之朱厄特小姐生动、独特的生活经历,共同形成了其作品中的一种'风格'。这种风格,马克·吐温在其状态最佳时所创作的作品中曾表现出来过,霍桑的作品中也有。但是在一般的哪怕是 5 万本的书籍中,你会发现几乎没有什么作家能体现出一点儿风格。

　　在举办吐温 70 岁生日晚会的那个晚上,也许凯瑟开始明白,自己低估了吐温。"他拥有属于自己的风格。"那天晚上回去以后,她应该这样对伊迪丝·刘易斯说过。在返回住处的路上,凯瑟坐在出租车里,胳膊下面夹着吐温的石膏雕像,想到时间已是深夜,想到晚会盛大的场面,感到这笔额外的车费物有所值。

第十三章

维拉·凯瑟、安妮·亚当斯·菲尔兹与莎拉·奥恩·朱厄特

    1907年至1908年的冬季,维拉·凯瑟从纽约到波士顿,住在古老的派克酒店(Parker House)。凯瑟这次出行是受《麦克卢尔》杂志所派。《麦克卢尔》准备刊登有关基督教科学派(Christian Science)创立者玛丽·贝克·埃迪(Mary Baker Eddy)的一系列文章。这些文章最先是由记者乔吉娜·米尔麦恩(Georgine Milmine)采写,这些交来的稿子虽然必须要采用,但是稿子本身却又不宜付印。S. S.麦克卢尔便给自己器重的总编辑维拉·凯瑟下达了一个任务:核实细节,追寻出处,总的来说其实就是重写。一天,凯瑟去拜访朋友路易斯·布兰代斯(Louis Brandeis)夫人,她丈夫时任该地法官,后来担任了最高法院法官。布兰代斯夫人认为,凯瑟可能愿意去见见她的一些朋友。她们一起走了很远的一段路,然后凯瑟被领进了位于查尔斯街148号的图书室。室内有两个壁炉,安妮·亚当斯·菲尔兹与莎拉·奥恩·朱厄特正围坐在一个壁炉的旁边,享受着温暖的炉火。

    四位女士坐在楼上的大房间里,这个房间前面临街,向后一直延伸到整栋房子的后墙。从房间尽头的窗子看出去,后面的花园和下面的查尔斯河尽收眼底。凯瑟第一次去的那天,冬日里迟暮的天空中光线已转暗,河面上笼罩着一层薄薄的雾气。尽管凯瑟更关注第一次结识的这两名女性,而不是这个住所和此处的风景,但是,坐在

炉火旁,远望外边的河水,的确令人心情舒畅。安妮·亚当斯·菲尔兹那时已经年逾七十,但是优雅如昔,活力依旧。凯瑟特别清楚地记得,菲尔兹那天穿得与平时一样,身着一袭淡紫色的丧服,面罩蕾丝黑纱,带着点淡淡的哀思。1908 年之际,莎拉·奥恩·朱厄特已经成就非凡,对凯瑟来说,其声名更是如雷贯耳。凯瑟几乎读过朱厄特所有的书,并且早在儿时玩耍的那些印着作家头像的扑克牌上就认识了她。从小到大,凯瑟经常与她的兄弟姐妹们一起用这样的扑克玩游戏。不过,与那张扑克牌上的形象相比,现在的朱厄特要丰满一些,头发也有些灰白。在布兰代斯的催促下,两位女主人给凯瑟展示了这所房子的珍贵收藏:狄更斯的小说,上面留有狄更斯的亲笔签名,文字写得龙飞凤舞;萨克雷当初住在查尔斯街时给自己画的素描;以及约翰·济慈(John Keats)的一缕头发。但是,对凯瑟而言,能够坐在炉火边与她们交谈,自己已经感到心满意足,似乎并不在意另外再看到什么。正如她后来所写的:"有时,迈进一道新的门槛,能给一个人的生活带来巨大的变化。"

此后,凯瑟便经常到她们这里来,有时候只见到安妮·菲尔兹,有时候会同时见到她们两人。凯瑟还去过安妮·菲尔兹位于曼彻斯特镇海滨的夏日度假别墅,也曾前去南伯威克拜访过朱厄特。凯瑟那时似乎已经知道,这些人都是她想认识并且需要认识的,自己没有错失良机。朱厄特仍然忍受着那次严重事故带来的种种痛苦,出事的那天,是她的 49 岁生日,她从马车上不慎摔下来。在事后所有的通信中,她对此只是偶尔抱怨过一两次。但是,她已经不能再专注于写作,这让她痛苦不堪。凯瑟见到朱厄特后,仅过了 16 个月,朱厄特就去世了。在朱厄特去世之前,她和凯瑟都曾意识到,生活中很容易就会发生让她们永远无缘相识的意外事故。

维拉·凯瑟正在写作的道路上艰难地跋涉。她在创作短篇小说和诗歌,但发现《麦克卢尔》杂志的工作氛围使她不能专心创作,而且她现在的任何作品都达不到她没有搬到纽约时的水准。对她来说,做一名记者应该是轻而易举的事情,她写玛丽·贝克·埃迪的那些文章大获成功,而且后来还结集成书,尽管凯瑟并不特别为之感到骄傲,并总是坚持说,这些都是乔吉娜·米尔麦恩所写。"在《麦克卢尔》杂志社工作,就如同在疾风中工作,有时还是巨型龙卷风。"这是凯瑟的同伴伊迪丝·刘易斯在其自传中的相关记载。伊迪丝也在该杂志社工作,她描述说,办公场所始终处于一片混乱之中,麦克卢尔亲自冲来冲去,如同"放烟花"一样提出一些想法,然后,大家没完没了地讨论。有一天,伊迪丝感到很高兴,因为这天威廉·迪恩·豪威尔斯信步走了进来,询问伊迪丝在做什么。伊迪丝做了回答,接下来,豪威尔斯"声音非常动听地说道:'我也是一个校对员'"。凯瑟上班时要应付无数的拜访者,又得安排种种活动,晚上回到家时,已是精疲力竭。查尔斯街148号的两位主人以及她们坚定不移地致力于文学的精神给凯瑟留下了深刻的印象。

另一方面,菲尔兹和朱厄特一定也非常喜欢凯瑟,喜欢这个热情的年轻作家,因为她既具有引人注目的天分,又拥有异乎常人的强烈怀旧意识。在去世前的那几个月,朱厄特曾就凯瑟新出版的短篇小说集《精灵花园》给凯瑟写了一封长信。在这封信中,朱厄特首先说:"如果你不保持进取之心,保护和发展自己的能力,最重要的是,如果不将你的时间用于写作上,而是心浮气躁,不能安心完善你的作品,那么,你今后所写的东西将不会比你5年前写的更出色。"朱厄特对凯瑟拥有那么多唾手可得的写作材料感到欣慰,但是又提醒她说:"我想,你应该对自己身上的背景更有信心,即你拥有在内布拉斯加的生活经历,曾在弗吉尼亚度过童年时光……但是,你还没有从外部深入进去,把这些东西看个透彻。"她觉得,凯瑟是在为错误的读者群写作,现在应该——

撇开你在工作场所的那种紧张活泼、激动人心的同事关系,你必须找到属于自己的写作重心,由这里出发,让你的笔触延伸到整个世界,写出那些能够牢牢抓住各个办公室、抓住整个社会的作品来。简而言之,你必须用自己的笔尖去触动整个人类的心,去反映全人类的伟大思想。否则,对一个作家来说,就只有蛮力而没有笔力,只有观察而没有

洞察，只有感伤而没有感情。你可以描写生活，但永远不可
能刻画生活本身……默默地全身心投入到写作中去，那是
作家的命运；最好的艺术家必然是孤寂的，但是必须看到最
广阔的世界。

"我不知道，"朱厄特总结道，"我怎么会这么容易就能写出这么长的
一封信，但是我满脑子想到的都是你。你会很快让我再次收到你的
回信，对吧？"

很多年过去后，伊迪丝·刘易斯在其回忆录《维拉·凯瑟的人
生》《Willa Cather Living》中引用了这封信里的上述内容。刘易斯说，
凯瑟最初还不能按照朱厄特的建议去做，因为她必须在《麦克卢尔》
杂志谋生，而且，实际上凯瑟在很长一段时间内都没有领悟到朱厄特
在信中所写的有些内容的意义。不过，刘易斯随后又肯定地说，对于
凯瑟而言，朱厄特的这封长信"永远留在了她的思想深处"。

在安妮·菲尔兹与朱厄特可能对他人讲述的那些故事中，除了
有关狄更斯、有关屠格涅夫与歌剧演唱家宝琳·维亚尔多（Pauline
Viardot）之间伟大的爱情悲剧以及勃朗宁夫妇的小公子在罗马宾西
亚山（Pincian Hill）上骑小马的故事，维拉·凯瑟最喜欢听的还是那
些有关小亨利·詹姆斯的故事。故事说，在收到儿子小亨利·詹姆
斯从欧洲寄回来的几篇没什么分量的小故事之后，尽管老亨利·詹
姆斯知道这些作品大都不受赏识，但是，他还是走进了詹姆斯·T.
菲尔兹先生的办公室，满怀信心地向菲尔兹先生开口说道："菲尔兹
先生，请相信我，这个孩子有朝一日会在文学领域拥有一席之地。"一
天，凯瑟正和安妮·菲尔兹一起坐着吃早饭，这时，"说起甜瓜"，安
妮接着描绘起老亨利·詹姆斯如何吃早餐，不过，凯瑟回想不起"到
底是老亨利·詹姆斯非常喜欢[甜瓜]，还是不能忍受它们"。接下
来，还有这么一个故事：一天下午，在曼彻斯特镇，詹姆斯·菲尔兹
随身带了一大摞老亨利·詹姆斯转给他的手稿，然后与夫人安妮·
菲尔兹一起走到河边，在他们最喜欢的地方坐下来，费力地辨读小亨

莎拉·奥恩·朱厄特

利·詹姆斯那些"糟糕透顶的"字迹，以便最终能够大声朗读小亨利·詹姆斯写的新故事《旅伴》(*Compagnons de Voyage*)。凯瑟喜爱安妮·亚当斯·菲尔兹对小亨利·詹姆斯小说作出的反应，那晚安妮在日记中记下了这样的文字："我不知道为什么成功的小说能如此强烈地影响一个人，但是我在读完《旅伴》后应该已经潸然泪下，不是因为故事中那种甜蜜廉价的感伤气氛，而是因为知道作者成功了。在这个神秘的世界上，要把任何一样事做好都太艰难了。"维拉·凯瑟欣然接受菲尔兹夫人的建议，阅读了约翰·邓恩(John Donne)的诗歌或是约翰·德莱塞(John Dryden)所写的几篇序言。她也喜欢看着菲尔兹夫人讲述她自己的那些故事。菲尔兹夫人那么有活力，她对作家们表现出的尊重之意让凯瑟觉得受到重视并相当自豪。凯瑟记得，那些日子里的安妮·菲尔兹美丽依旧。"'那是一张女性的嘴,'在观察她对使她高兴的人说话时,我常会这样想,'那不是一张老妇人的嘴!'"

　　几年以后,凯瑟写到,自己好几次想起能吸引菲尔兹夫人以独有的方式阅读其作品的那些作家,这让她想起马塞尔·普鲁斯特曾经"在什么地方说过,在他死的时候,他会把他心中的那些伟人一起带走,因为他心中的贝多芬和瓦格纳永远不可能与别人心中的贝多芬和瓦格纳一样"。

　　1911 年夏天,朱厄特去世 2 年后,维拉·凯瑟去曼彻斯特镇拜访了菲尔兹夫人。那天,天气很热,她们在等小亨利·詹姆斯。哥哥威廉·詹姆斯去世了,因此,小亨利·詹姆斯已于去年回到了美国。即使美国文学界很大程度上忽视了他最近的纽约版作品,亨利·詹姆斯仍对美国怀有感情。在遭受这次冷落之前,1904 年至 1905 年,因为詹姆斯的纪实作品《美国景象》,他给人们留下了这样的印象:作品充满种种抱怨,如倾盆大雨般落在人们心中,作品对于忽视移民现象以及富人身上表现出来的俗气多有不满,但是仍然不失新颖,包含着各种变化,因而引人注目。詹姆斯仍然认为物质至上的美国只能给其艺术家提供贫瘠的土壤。此时,在美国的小说作品中,维拉·凯瑟最喜爱的就是亨利·詹姆斯的小说,所以,她很认可他对于美国所做的如上评判。

　　在《美国景象》中,亨利·詹姆斯非常努力地想认识南方。他为自己发现了南方的文化空虚而烦恼,"没有奴隶制就没有南方文化"的潜台词让他感到更为困扰。他对哥哥威廉·詹姆斯以前的学生杜·波依斯的作品表示赞许,但同时也写道:"事情怎么会是这样?许多年里出版的唯一有'南方'特色的书竟然是《黑人的灵魂》?"由那位黑色人种中最有成就的 W. E. B. 杜·波依斯先生所写?难道那时唯一的生活重心就是奴隶制度?"在亨利·詹姆斯 1910 年返回美国时,W. E. B. 杜·波依斯正在帮助成立全国有色人种促进会。在这件事情上,杜·波依斯很早就得到了威廉·迪恩·豪威尔斯的签名支持。

　　按照亨利·詹姆斯的说法,菲尔兹夫人关注社会的发展,"让自己与现代社会同步";但与此同时,她仍然在查尔斯街 148 号保藏了对另一个时代的记忆。亨利·詹姆斯曾去菲尔兹夫人的图书室拜访过她,对此他曾写道:

　　　　这里,在被忘却的无名的大门背后,是现代洪水中的一条小方舟;这里,坐在长长的客厅中,仍然可以看到不远处的河水和西去的夕阳。这些座位上已留下此前每一位房客的身影,从遥远的萨克雷以降,加之四周墙壁上挂满的各种历史实物和纪念品,无疑使这里成为整个城市怀念过去的圣殿。

　　维拉·凯瑟和安妮·亚当斯·菲尔兹一起等着亨利·詹姆斯的到来。此时,维拉·凯瑟非常激动,因为她不仅是在等着亨利·詹姆斯,从某种意义上来说,也是在等着她的其他偶像,等着福楼拜和屠格涅夫,同时,她也是在等待自己强烈喜爱的文学生活即将迎来的一个全新的时代。然而,最后,她等来的不是这些,却是一封短笺,字里行间怒斥"美国伟大的夏天",并道歉说,写信的人(即亨利·詹姆斯)根本无法离开纳罕镇(Nahant)。继丈夫詹姆斯·T. 菲尔兹离世,如今亲密伴侣朱厄特也撒手人寰,致使菲尔兹夫人再次居丧。此时,即使菲尔兹夫人也许因为老朋友詹姆斯没有来做伴而感到难过,她也并没有表示出来。"我对此非常失望,"凯瑟写道,"但是菲尔兹夫人很体谅地对我说:'亲爱的,不要紧。詹姆斯总是很怕热,他在纳罕镇还有可能享受到微风的抚爱。'"

　　凯瑟此后也没有见过亨利·詹姆斯,但是,在错过那次与他相见之后的次年,即 1912 年,她出版了自己的第一部长篇小说《亚历山大桥》(Alexander's Bridge)。作品完全是詹姆斯式的风格,写的是美国人在欧洲的生活。她逐渐意识到,这种写作方向对她而言是错误的。于是,她去了西南地区,让自己再次熟悉新墨西哥的种种文化,感受这些文化的重要影响。不过,她的一些朋友认为,凯瑟笔下的印第安人物形象倾向于单调和模式化。这次旅行之后,凯瑟出版了《啊,拓荒者!》(1913),书名取自惠特曼一首诗的标题。自此以后,每过几年,凯瑟总是有伟大的小说面世,如《云雀之歌》(*the Song of the Lark*,1915),《我的安东尼亚》(*My Antonia*,1918),《一个迷途的女人》(*A Lost Lady*,1923),《教授的住房》(*The Professor's House*,1925),《死神来迎接大主教》(*Death Comes for the Archbshop*,1927),《岩石上的阴影》(*Shadows on the Rock*,1931)以及《快乐的露西》(*Lucy Gayheart*,1935)。这些作品全部都以美国为背景。

1936 年,凯瑟写到她认识朱厄特并受其影响的那段时期。凯瑟说:那时

> 亨利·詹姆斯是美国文学的领军人物,他毫无疑问是献身小说艺术的美国人中最热忱的。但是,他的热情几乎毫无例外地全部用于研究其他比我们更古老的社会。他对自己同胞的兴趣主要是在这些人现身于与欧洲有关的场景时才会表现出来。作为一名美国作家,他似乎要求、也完全应该得到,某种与众不同的特权。

历时 11 年,直到 1936 年,凯瑟才开始像这样去理解詹姆斯。而在她作此理解的 11 年之前,在有生之年曾享有盛名的莎拉·奥恩·朱厄特却开始声名渐衰。那时,凯瑟编辑了朱厄特的一些短篇小说,准备出版。凯瑟在序言的结尾说,她认为有三本美国小说将永久流传:《红字》(*The Scarlet Letter*)、《哈克贝里·芬历险记》和《针枞之乡》(*The Country of the Pointed Firs*)。她把亨利·詹姆斯的作品单独归为一类:无与伦比,与众不同。

那次未能与亨利·詹姆斯见面,加上莎拉·奥恩·朱厄特的来信,这两个因素很有可能使维拉·凯瑟免去了长达十年的失望以及在文学创作上的游移不定。这是因为,如果那次她见到亨利·詹姆斯,并感受到他那晦涩难懂而又影响力强大的谈话风格,那么,以后在她每次坐下来准备写作时,头脑中都应该会出现他的声音,从而写出更多像《亚历山大桥》那样的小说。相反,凯瑟证实了朱厄特身上

具备的全部洞察力,并接受了她的所有建议,从而成为一个具有坚定不移的原则与不可动摇的信念的作家。凯瑟写内布拉斯加的人和事,写自己在弗吉尼亚的童年生活。随着时间的流逝,凯瑟越来越喜欢独处。同时,她也因能以开阔的视野认识世界而闻名。由于越发重视历史题材的写作,她选择的那些主题应该正是朱厄特最喜欢的。在那些能够深刻理解朱厄特的后辈作家中,凯瑟是最伟大的,此外,她在文学方面的悟性也是唯一最接近朱厄特的。在《死神来迎接大主教》和《岩石上的阴影》这两部作品中,凯瑟取得的成功是詹姆斯曾认为朱厄特几乎不可能取得的。在这两部小说中,凯瑟也设法使自己寻回了过往的意识,去写那些已逝去几百年的人,那种感觉就仿若他们刚刚来过。

　　也许维拉·凯瑟会满心欢喜地作这样的想像:莎拉·奥恩·朱厄特在读着《死神来迎接大主教》,并在查尔斯街 148 号安妮的图书室中她那宽大、柔软的扶手椅上迫切地剪辑书页。然后,朱厄特会给她写一封饱含赞美之情、充满成就感的信:你做得棒极了! 我的感动无法言表。这正是我想要的,甚至好得超乎我的想像!

第十四章

爱德华·史泰钦、阿尔弗雷德·
斯蒂格利茨与格特鲁德·斯泰因

爱德华·史泰钦与妻子克拉拉在 1906 年搬回了巴黎。他曾决定从事绘画,他认为那也许更有趣,尽管会比肖像摄影业务赚钱少些。在纽约生活的 4 年里,他一直孤身一人追求巴黎先锋派艺术。他和克拉拉在巴黎蒙帕纳斯(Montparnasse)林荫大道上租了一套公寓。他对罗丹做了回访,也自己作画。到巴黎后,史泰钦夫妇很快就去了两个著名的当代艺术沙龙:一个位于迈克尔·斯泰因(Michael Stein)和莎拉·斯泰因(Sarah Stein)夫妇在夫人街(Rue Madame) 58 号的住处,另一个则在格特鲁德·斯泰因和利奥·斯泰因兄妹俩在花园街(Rue de Fleurus) 27 号的寓所。迈克尔是格特鲁德和利奥的长兄,跟随弟弟和妹妹到了巴黎。在那里,他继续精明地为大家打理父母离世后留下的遗产,使得他们几兄妹一生都能舒适地生活,而且有财力购买画作。迈克尔夫妇,尤其是迈克尔的妻子萨拉,一直醉心于收集亨利·马蒂斯的作品。爱德华·史泰钦对马蒂斯非常着迷,因此,与阿尔弗雷德·斯蒂格利茨一起做了安排,将于 1908 年在 291 画廊为马蒂斯举办一次水彩画和素描作品展览,291 画廊那时已经开张 3 年。马蒂斯作品在纽约的第一次展览引起一片愤怒,这让斯蒂格利茨感到欣喜。那些评论家们曾经拒绝接受斯蒂格利茨 1907 年介绍给大家的罗丹裸体雕像作品,但在看过马蒂斯那些色彩绚丽、令人震惊的裸体作品之后,他们觉得对罗丹的作品能够接受一些了。

　　格特鲁德和利奥也知道马蒂斯并收集了他的画作,但是他们也收集有其他人的作品,如皮埃尔·奥古斯特·雷诺阿(Pierre-Auguste Renoir)、塞尚以及毕加索。史泰钦和克拉拉常在周六晚上去拜见格特鲁德和利奥,一方面为了交谈,另一方面也是想看一看他们收藏的绘画作品。有时他们会在那里遇见马蒂斯,有时也会遇到毕加索以及他那时候的同居女友费尔兰迪·奥莉维亚(Fernande Olivier)。在斯泰因兄妹那里,史泰钦见到了那位伟大的罗马雕塑家康斯坦丁·布朗库西,他为此一直很高兴。在星期六前往斯泰因兄妹寓所的还有其他一些美国人,如艾丽斯·B. 托克拉斯(Alice B. Toklas),她那时还没有住在花园街 27 号,另外还有约翰·马林、马克斯·韦伯以及阿尔弗雷德·冒勒(Alfred Maurer)等几位画家。每到这时,大家就会走到房子后面的画室去,因为那里悬挂着许多画作,他们会在那里一边欣赏一边交流看法。然后,大家回到前面的房子里,边喝酒边聊天。

　　到了后期,格特鲁德·斯泰因成为这类聚会最重要的人物,但第一次世界大战之前,利奥·斯泰因还住在花园街时,那时他是中心人物。利奥·斯泰因能够滔滔不绝地一口气说上几个小时,他说,自己天性就喜欢答疑解惑。他是一个善于分析的思想家,在人们写到他时,他们经常会提到利奥的这句口头禅:"确定一下你要表达什么意思吧。"毕加索给他画了张速写,画上的他看起像个犹太族长,蓄着一把长长的胡须,戴着一副眼镜。利奥·斯泰因天生就是一位收藏家,在战争期间,他住在新墨西哥州,手中收集的印第安时期艺术作品令人叹为观止,在当时,只有很少的人能意识到那些艺术品的价值。不过后来他又是有始无终地把那些藏品卖掉了。利奥·斯泰因在 1903 年刚到巴黎时即已开始收藏画作,而且他还是斯泰因家族中第一个欣赏马蒂斯和毕加索作品的人。但是,收藏在花园街的那些画作,大部分是格特鲁德和利奥一起挑选的。尽管彼此各有自己的视觉偏爱,但是他们兄妹二人常常一起购买画作。他们的欣赏品位极佳,动手时机也是恰到好处,无人可及。从 1904 年开始,一直到大约 1912 年,这是他们收藏的重要时期。1914 年,在兄妹俩于同一屋檐下生活了几乎 40 年以后,用利奥的话来说:"分道扬镳了"。自此以后,两人在收藏方面再也没有做得这样得心应手。

史泰钦夫妇是星期六艺术沙龙的常客,他们见证了发生在这里的许多事情。时间流逝,到了 1908 年,艾丽斯·托克拉斯越来越频繁地出现在这里。那年冬天,斯泰因一家全部的四个人都在阅读《麦克卢尔》杂志上有关玛丽·贝克·埃迪的连载。此后,萨拉·斯泰因放弃了绘画创作,成为一名基督教科学派的信徒。毕加索偕同新女伴一起来了,乔治·布拉克(Georges Braque)夫妇也来了。几年以后,立体画派将会迅猛发展,马赛尔·杜尚也会来这里,并"热切地"与格特鲁德·斯泰因辩论他对第四维空间的观点,格特鲁德对此话题也是极感兴趣。

1909 年,阿尔弗雷德·斯蒂格利茨的父亲爱德华·斯蒂格利茨(Edward Stieglitz)去世。在孩子们年龄尚小的时候,爱德华·斯蒂格利茨举家迁到德国住了几年,以便孩子们可以置身于欧洲文化的氛围中更好地成长。不过,对于自己的儿子爱好现代艺术,他却向来不大赞成。父亲的去世,对阿尔弗雷德·斯蒂格利茨来说,是一个沉重的打击。但是,从另一方面来看,这件事似乎也让斯蒂格利茨的爱好有机会充分发展,父亲给他留下了一笔遗产,使他能继续开办画廊,也能继续资助他的朋友们。同一年,阿尔弗雷德·斯蒂格利茨与妻子艾米到巴黎参观。史泰钦带他去见了罗丹,并去了约翰·马林的画室,还一同去了花园街 27 号,去看斯泰因兄妹二人收藏的画作。

他们坐在画室里,放眼四壁,映入眼帘的都是绘画作品,利奥·斯泰因又滔滔不绝地说起来。谈话时,史泰钦心情愉悦,神态轻松,斯蒂格利茨也是口若悬河,铿锵有力,格特鲁德·斯泰因说起话来就像是在自言自语,但是,利奥·斯泰因很快就变成了主讲人。"我很快意识到,"斯蒂格利茨后来写道,"我从来没有听过比这更优美、更清晰的英语。"在彼此被引荐给对方时,斯蒂格利茨却没有记住格特鲁德·斯泰因的名字,后来也想不起来她在这次会面中是否说过什么。格特鲁德按照自己的习惯坐在角落里一把高高的皮椅上,脚放着一堆沙袋上。她穿着平时常穿的褐色灯芯绒裤子,斯蒂格利茨记得,她"面容模糊,体形硕大"。

斯蒂格利茨那时已经颇为赞赏马蒂斯。利奥·斯泰因断言,马蒂斯真正伟大的作品是他的雕塑,而且觉得他的雕塑作品比罗丹的还要伟大。对此,斯蒂格利茨并不认同。利奥·斯泰因又得出结论,说罗丹与惠斯勒就算不是三流艺术家,也只是二流的,本世纪真正伟大的艺术家是毕加索。对此,斯蒂格利茨同样也不认可。利奥神采飞扬地演讲了一个半小时。在史泰钦和斯蒂格利茨准备离开时,斯蒂格利茨问利奥·斯泰因,是否愿意把他刚才谈话中的一些内容写下来,以便自己能将其发表在《摄影作品》杂志上。利奥·斯泰因回答说,他还不能考虑这个问题,因为那些观点还远远没有成形,而且他从来没有这样做过。利奥谢绝了斯蒂格利茨的邀请,但是3年后,1912年,格特鲁德·斯泰因在斯蒂格利茨的《摄影作品》上发表了自己最早的几篇作品。这是格特鲁德·斯泰因的作品首次在美国公开出版发行。对于自己研究马蒂斯和毕加索的文章能得以发表,格特鲁德是喜形于色。对于《马蒂斯》(*Matisse*)和《毕加索》(*Picasso*)这两篇文章,斯蒂格利茨给一个朋友做过解释,朋友记录道:斯蒂格利茨说"他一看完就决定发表,主要是因为他看不懂。"格特鲁德以其独特的方式进入到艺术家描述艺术家的活动中,在谈起马蒂斯时,格特鲁德说:"有些人相当肯定,他是这样一个人,他能不同寻常地表现某种正在挣扎的东西。"关于毕加索,她说:"这是一个正在创作的人。"

"肯定"二字是格特鲁德·斯泰因最喜欢用的字眼之一,也是她频繁用来反驳它本身的字眼,关于马蒂斯的文章中就包括这样的话:"也有些人肯定地认为,他没有能不同寻常地表现这个东西。"格特鲁德·斯泰因喜爱似是而非的东西,她喜欢见到在有人肯定某部作品伟大的同时,也有人肯定这部作品表现差劲。不过,对她自己的作品,她则不能容忍存在丝毫怀疑。利奥·斯泰因也喜欢阐述肯定性,这是他发现威廉·詹姆斯的作品既令人苦恼又如此重要的部分原因,在看到不肯定的东西时,利奥·斯泰因既是怀疑者也是焦虑者,而格特鲁德·斯泰因则是压路机。

格特鲁德·斯泰因对于自己与艾丽斯·托克拉斯的关系感到轻松,部分原因就在于艾丽斯肯定可以让人放心。托克拉斯在自己的传记《难忘的记忆》(*What Is Remembered*)中说,她们第一次会面时,斯泰因"就吸引了我全部的注意力,在我认识她的所有这些年里一直如此,直到她去世;在她去世之后的所有这些年,情况依然如此,一直让我感到心中空荡荡的"。斯泰因的声音"低沉,圆润,像真正的女低音那样柔软,听上去如同两个声音","她的身体宽大肥胖,但双手却纤细小巧,头部形状精致独特"。斯泰因在《艾丽斯自传》中提到托克拉斯有一个特别之处:她内心有一个小铃铛,只要有天才出现,小铃铛就会响动。它仅摇响过三次:为毕加索,为阿尔弗雷德·诺斯·怀特海(Alfred North Whitehead),当然,最让人满意的是,为格特鲁德·斯泰因。

毕加索一直都很肯定自己做的事,这个风格可能正是最初吸引斯泰因两兄妹的地方。但到了后来,利奥·斯泰因对这一点却难以忍受,但是格特鲁德·斯泰因则一直都很欣赏。但是在 1909 年,在史泰钦带着斯蒂格利茨来做客时,他们还都对毕加索是非常肯定的,还说服那时并不信服毕加索的斯蒂格利茨接受他。事实上,在花园街 27 号洋溢着的肯定态度,非常像斯蒂格利茨在 291 画廊所表现出来的态度。斯泰因兄妹和斯蒂格利茨,均是德裔美国犹太服装商人的孩子,分别在巴黎和纽约大力支持先锋派艺术,为之做了很多事情。他们在巴黎见面的两年后,即 1911 年,斯蒂格利茨已经回到美国,他在摄影分离派小画廊为毕加索举办了在美国的首场个人画展。画展结束后,斯蒂格利茨准备把整场展览中的素描、水彩画和铜版画共 83 幅以 2 000 美元卖给大都会艺术博物馆(the Metropolitan Museum of Art),但是遭到该博物馆的拒绝。斯蒂格利茨买了其中一张作于 1910 年的素描,他很喜欢它,因为作品的构图让他想起了自己 1900 年的摄影作品《春浴》(*Spring Showers*),那幅照片中有一棵树,其四周竖着金属围栏,围栏后方斜站着一位马路清洁工。最后,就像 291 画廊举办的画展常发生的情形,这次画展只卖出了两张画,其中一张还是斯蒂格利茨买下了的那幅。

那天下午，利奥·斯泰因结束了讲话之后，斯蒂格利茨和史泰钦离开花园街，上了一辆出租车。斯蒂格利茨神情振奋，而史泰钦则一副忧心忡忡的样子。利奥·斯泰因贬低了罗丹和惠斯勒，甚至提都没提史泰钦的绘画，这让史泰钦觉得茫然。在斯蒂格利茨对这次谈话所做的记录中，有史泰钦说过的这样一句话："相比于这个世界上任何其他人，我最想听到的是你和利奥·斯泰因称赞我的作品。"斯蒂格利茨对史泰钦的危机意识感到不耐烦，接口说："你是为自己作画还是为了取悦他人？无论利奥·斯泰因还是我，与你的画作有何关系？"在和斯泰因兄妹会面之后，也许斯蒂格利茨对史泰钦显得有点儿不近人情，这应该是因为斯泰因兄妹对别人的肯定认识也使这位年迈的摄影家感到窘迫。

史泰钦始终未能真正理解，斯蒂格利茨与斯泰因兄妹怎么会如此强硬。就在第一次世界大战爆发之前，利奥·斯泰因搬出了花园街，去了意大利，这是一种让格特鲁德·斯泰因不能原谅的背信弃义之举。离开时，他带走了雷诺阿的作品，而留下了毕加索的画作，这样安排对兄妹二人都比较适合。但对于塞尚那些以苹果为主题的绘画作品的归属，他们则存有争议。后来，利奥·斯泰因至少写了两封信试图和解，但是格特鲁德·斯泰因根本不予回复。整个二战期间，兄妹二人都在欧洲。由于年龄、美国国籍、合作者的善意以及说不上来的好运气，二人幸免于被送进集中营。即使在战后，他们两兄妹也没有通信，只是都曾通过一位表亲去核实，看看另一个人是否还活着。

斯蒂格利茨拜访这兄妹两人的那天，花园街 27 号的空气中涌动的必定都是决断和定论，即使是悬挂于兄妹二人后屋中的那些画作，也应该在和空气一起颤动。斯蒂格利茨不愿再去见识利奥的肯定态度，也许那就是他再也没有去花园街的原因。1911 年，斯蒂格利茨再次来到巴黎时，收到了去那里参加一场星期六晚间聚会的邀请，但是，斯蒂格利茨回绝了。他告诉史泰钦，自己根本不想改变对那个下午的记忆。

第十五章

卡尔·范维克顿与格特鲁德·斯泰因

《春之祭》（*The Rite of Spring*）的首场演出成为一个丑闻，引起一场骚动，也收获一个新发现。由塞尔吉·帕夫洛维奇·狄亚基列夫（Sergei Pavlovich Diaghilev）编导，瓦斯拉夫·尼金斯基（Vaslav Nijinsky）编舞，俄罗斯芭蕾舞团（Ballets Russes）的演员们随着伊戈尔·斯特拉文斯基（Igor Stravinsky）那节奏凌乱的新式音乐不停地舞动。看台上，人们尖叫连连，口哨不断，女士们掌掴男人们的脸，另外还有手杖重重击打在大礼帽上的场面；男人们互换名片，相约过会儿在黑暗的大街上打上一架。人们靠在阳台上，身体斜着倾向外边，大声欢呼，以示赞同。这次演出既可说取得了绝对的成功，也堪称是彻底的失败。自然而然，这个消息像野火一样迅速燃遍巴黎；自然而然，巴黎的先锋派立刻动员起来；自然而然，任何错过观看首场表演的人，都去看了 1913 年 6 月 2 日的第二场演出。

卡尔·范维克顿（Carl Van Vechten）在过去的 4 年里一直在为《纽约时报》（*The New York Times*）撰写舞蹈评论。当初他到这家报社工作时，舞蹈还没有进入评论界的视野，但是他和约翰·马丁（John Martin）、爱德华·邓比（Edward Denby）以及后来的同事林肯·柯尔斯坦（Lincoln Kirstein）一起努力，将其纳入了该报的评论范围。对于这部被别人视为绝对疯狂的舞蹈作品，范维克顿很快就理解了它的价值。在巴黎逗留期间，他立即迷恋上这出俄罗斯芭蕾舞剧,也没有对其服装和台上舞蹈所表现出的"有伤风化的"感觉感到不安,相反,他还狂热地赞扬尼金斯基的天赋:"属于最伟大的舞台艺术家之列(在这个笼统的陈述中,我指所有的音乐会演奏家,还有歌剧歌手和演员)。我这样说的意思是,他向我这么一名观众传递了更多的美感和情感,这比其他艺术家的阐释更为丰富。"范维克顿后来因许多事情出名,比如:在纽约举办过最精彩的聚会,喜欢逗乐,喜欢朋友,有时醉酒有时醒,处变不惊,狂热起来时又吼又叫,是纽约第一个在公众场合戴手表的人,他还因对自己喜欢和不喜欢的人都咬上一口而闻名。他无论如何不会错过《春之祭》这种演出的。

据范维克顿自己所述的,那晚他走进包厢时,身上的衬衫是自己喜欢的款式,衬衫胸前自上而下打着数十道细细的褶子。由于已经有三位妇女坐在第一排的座位上,他便坐在第二排,身边是一个不讨人喜欢的年轻男子。范维克顿向座无虚席的剧场看去,注意到人们的交谈声比平常要高一些,而且更加热烈。大家坐在那里,正急切地等待大幕开启。在音乐开始的瞬间,人们便立即尖叫不断,叹息不断,欢呼连连。尼金斯基站在剧院后台的一把椅子上,大声喊着拍子,让舞蹈演员们能保持舞蹈节奏整齐。范维克顿后来写道:他们"随着想像中听到的音乐起舞。但是,随着观众席发出强劲的喧嚣声,他们的舞蹈节奏乱了,但舞姿依然优美"。由于观众席上声音太响,演员们只能偶尔在喧嚷的间隙听见音乐声,所以,在舞蹈表演按计划进行到将要为其中一名角色举行祭祀仪式时,观众感到越来越不自在。范维克顿为他几乎不能听到的东西出神,并陶醉于斯特拉文斯基配乐节奏的爆发效果,直到几分钟之后才意识到邻座上那位年轻人已经站起来了,而且正随着鼓点的节奏,在他范维克顿的头上连续重击。范维克顿转过身来,年轻人低头看看自己的双手,赶紧忙不迭地道歉,随后坐下了。周围的尖叫声还在继续,这时,范维克顿扯下自己的手套鼓起掌来。也许,那些尖叫喧闹的女性离开时,他对她们鞠过躬,因为她们与他分享了这场喧嚣。

　　其中两位女士就是格特鲁德·斯泰因和艾丽斯·B.托克拉斯。格特鲁德·斯泰因在《艾丽斯自传》中写道,自己是如此着迷于这个男人和他身上华丽的衬衫,并受到这场表演的强烈刺激,所以,她和托克拉斯刚一回到花园街27号,便立即坐下来提笔写作,一直写到深夜,对这位穿着精致衬衫的绅士做了文字速写,并称其为"《一》(One)";速写的第二部分记为"《二》(Two)",多方描写了这位绅士穿的那款独特的衬衫。将"《二》"大声朗读出来的时候,给人一种感觉,恍如与某个人正有着最亲密的身体接触。

卡尔·范维克顿,
自摄于1933年

　　在《艾丽斯自传》一书中,斯泰因写道,几天之后,有个人手持一封介绍信出现在她们的门口,他居然就是那个人——卡尔·范维克顿,那晚穿着迷人衬衫的人,她与托克拉斯感到又惊又喜。

　　他们的确去看了《春之祭》,他们的确碰巧坐在同一个包厢,但是在讲这件事时,他们两个都改变了至少一个重要细节。实际上,他们已经见过,几个晚上之前,卡尔·范维克顿已经在花园街斯泰因的家中吃过晚饭。他们三人已经发现彼此有共鸣,范维克顿也观看了格特鲁德·斯泰因收藏的所有画作并很专心地聆听主人对它们的分析。回到家以后,范维克顿还给他深爱的人即后来的妻子法尼娅·玛里诺夫(Fania Marinoff)写了一封信,说他太喜欢格特鲁德·斯泰因了。范维克顿后来写这件事时,在两本不同的出版物中均声称他观看的是第一场演出。事实上,他在两场演出引起喧嚣之前就买了票,却只是在第二个晚上才去看了演出,因为在他买票时,首场演出的票已经售罄。范维克顿猜想,对首映式时骚乱的报道能让自己善于发现新事物的声誉传播得更广。事实证明,他的想法是正确的。他观看第一场演出这件事被同时代人作为证据,说明他具有超前的欣赏品位。从斯泰因这方面来说,看到他发表的文章中对同一包厢中素不相识的三名女性的描写,她也是满心欢喜。他给她回信说,很高兴她注意到自己在文中省去了演出那天晚上坐在包厢里的许多人。"你真有趣,注意到我写了包厢里有三个人,"并补充道,"这并不是《春之祭》的首晚演出,而是第二晚。但这样的细节只有在小说作品中才必须精确。"1932 年,在《艾丽斯自传》中,格特鲁德·斯泰因甚至更加精心地编织着这个谎言,虚构说包厢里满是陌生人,但是演出时间还是说的第二场。她还在书中增加了描述范维克顿的衬衫以及那晚回到家给范维克顿写文字速写这样一些细节。格特鲁德·斯泰因和范维克顿两人都喜欢说闲话、打探隐私、说悄悄话,喜欢神秘的重复现象、数字、纯属偶然的新奇发现,这个经过他们改编的轶闻趣事让他们方方面面都感到心满意足。

　　卡尔·范维克顿认为,所有伟大的艺术都是私密的,他属于最先在格特鲁德·斯泰因的作品中看出这个特点的人。这些作品中包含的那种感觉,是只会在心底最深处对自己说的某种东西,尤其是在大声朗读这些作品时,更是深有体会。在读过格特鲁德·斯泰因的《三个女人》(Three Lives)一书及她对那时还鲜为人知的马蒂斯、毕加索和玛拜·道杰·鲁汉(Mabel Dodge Luhan)的生动描写之后,范维克顿非常喜欢那些文字,于是,他出现在了格特鲁德·斯泰因的门口。范维克顿没有错过自己的老熟人阿尔弗雷德·斯蒂格利茨在《摄影作品》刊登的斯泰因的文章,认为那些都是伟大的作品,并把自己的看法详尽地告诉了斯泰因。拜访了格特鲁德·斯泰因之后,范维克顿再去阅读她的作品时,使用的是大脑中记忆下来的斯泰因的声音,于是,他更加喜欢她的作品。1933 年,范维克顿写了一篇文章,介绍《三个女人》这本书。在文章中,范维克顿说:

> 这个声音是一种温暖的爱抚,所以,不必去理解格特鲁德·斯泰因在说什么,因为任何时候她都把话说得清清楚楚,目的明确,因此,应该欣赏的是那她优美的嗓音。我第一次听见莎拉·伯恩哈特(Sarah Bernhardt)[1]那著名的金嗓子是在 1896 年,那时它还没有丧失其金属般响亮清脆的魅力。但是,我认为,即使是莎拉的声音,其音质也不如格特鲁德·斯泰因的深沉和圆润。

范维克顿说,伟大的艺术中蕴涵着想像力、生命力及魅力。在格特鲁德·斯泰因的嗓音中,他发现了所有这三点。

格特鲁德·斯泰因以前与哥哥利奥·斯泰因之间有悄悄话可说,而在她渐渐开始与艾丽斯·B. 托克拉斯分享私房话时,利奥离开了。格特鲁德·斯泰因说,她是在为自己和陌生人写作。后来,范维克顿注意到,她"撇下了陌生人",大部分情况下,她是在为少数几个熟悉其生活细节的人写作。除了托克拉斯,另外两个人也完全进入了这个特定的读者圈,他们是毕加索和卡尔·范维克顿。到了1923 年,格特鲁德·斯泰因已经开始更多地写地理环境和风景;她一直在创作戏剧,这些剧作能让她回想起自己孩提时代热爱的那些反映南北战争的剧作。她说:"地理环境是天然的战场或是剧院,所

---

〔1〕　莎拉·伯恩哈特,1844—1923,法国戏剧演员、导演,有"女神莎拉"的美誉,以极佳的容貌、出色的演技和优美的嗓音成为历史上著名的舞台剧演员,也被誉为当代最伟大的演员。——译者注

以,作家必须撰写戏剧作品。"在 1923 年,她为自己最亲近的人又创作了三篇文字速写。她为托克拉斯写了《爱情故事》(*A Book Concluding With As A Wife Has A Cow A Love Story*),〔2〕她为毕加索写了《如果我告诉他:毕加索文字速写》(*If I Told Him A Completed Portrait of Picasso*),为范维克顿写了《二十年后的范》(*Van or Twenty Years After*),尽管那时格特鲁德·斯泰因与卡尔·范维克顿彼此认识才 10 年。对她来说,编撰神话是不可抗拒的极大诱惑。

后来,她又从戏剧创作转向歌剧,并与维吉尔·汤姆森(Virgil Thomson)一起写了《三幕剧中四圣人》(*Four Saints in Three Acts*),并在纽约实现首次公演。汤姆森决定,这部歌剧全部由黑人演员表演。范维克顿一开始比较好奇,既然剧中角色都是白人,这样安排是否有意义。但是,汤姆森指出,既然白人歌手能"变黑"成为埃塞俄比亚女俘虏阿依达(*Aida*),那么黑人歌手就能"变白成为四位圣人"。范维克顿知道,格特鲁德·斯泰因会对这个想法感兴趣的,因为他认为斯泰因对美国黑人面临的困难特别有共鸣,而且对她在短篇小说《梅兰克莎》(*Melanctha: Each One as She May*)中把两个中心人物安排为黑人有深刻印象。也许因为斯泰因在《梅兰克莎》中用这些角色讲述的是她本人失败的爱情故事,所以这种方式并不见得能引起所有人的共鸣。不过,理查德·赖特(Richard Wright)后来却的确说过,斯泰因的语言对他形成自己的语言风格大有裨益。无论如何,汤姆森对演员的挑选是正确的,《四圣人》1934 年首演时引起一片轰动。斯泰因那时没有到美国来,范维克顿立刻给她写了封信说——

> 亲爱的格特鲁德,《四圣人》太迷人了,简直棒极了,取得了巨大成功……从《春之祭》至今,我就再也没有看到人们表现得比这次更加激动。不同之处在于,这次大家的激动是因为快乐。黑人们真了不起,宛如一群埃尔·格列柯

---

〔2〕 英语题目中的"cow",属于斯泰因与托克拉斯之间的私房话,学者们对它的具体意义众说纷纭。代表性的说法有两种:一种认为它是指女性的性高潮,一种认为它是指大便排泄。——译者注

(El Greco),〔3〕他们表现出来的尊严、**质朴**及非凡的创造力,使他们更像西班牙人,更像圣人,更像歌剧演员,比**任何**一名白人歌唱演员都更为出色。

范维克顿对黑人文化入迷,也积极支持它的发展。他同时代的一些黑人发现,他的热情不容置疑;其他人认为,他是他们遇见的思想最开明的白人。范维克顿积极支持并参与哈莱姆文艺复兴(Harlem Renaissance)运动,还是哈莱姆文艺复兴作品的重要收藏家。他安排出版了兰斯顿·休斯(Langston Hughes)的第一本书,他与保罗·罗宾逊(Paul Robeson)、埃塞尔·沃特斯(Ethel Waters)和佐拉·尼尔·赫斯顿(Zora Neale Hurston)都是朋友。他曾经给一个朋友写信说:"如果我是一条变色龙,那么,我的肤色现在至少应该是深褐色的,除了黑人,我看不见任何人。"

他的确是一条变色龙。他在依阿华州的塞达·拉皮兹(Cedar Rapids)长大,在家乡,他收集鸟蛋,极为注重修饰打扮,从来不会错过巡回歌剧团的任何一场表演。经过努力,他进入了芝加哥大学,在毕业后开始为芝加哥的报纸工作,后来又去了纽约。他幸福地与犹太裔俄国女演员法尼娅·玛里诺夫(Fania Marinoff)结了婚,两人的婚姻关系异常亲密,又特别开放。即使在他们俩50年婚姻生活期间,范维克顿也与至少三个男人长期保持着亲密关系。他是一名小说家,也是音乐及舞蹈评论家;是第一流的档案保管员,也是一名纯文艺作家;是一个动物爱好者,还写过一本关于猫的书;与此同时,他还是一个对他人的事业有着无穷热情的人。在1932年以前,他便在认真地拍照片,而在余生中,他也是一个摄影家。他想方设法作出安排,给同时代的几乎每一个重要作家和艺术家都拍了照。让范维克顿非常高兴的是,阿尔弗雷德·斯蒂格利茨非常喜欢那些照片。斯蒂格利茨曾写信给他说:"如果我戴着一顶帽子,我会在你的照片前摘掉它,以示敬意……它们拍得真是太好了!"

---

〔3〕　西班牙著名画家。——译者注

　　《四圣人》首演几个月后,时间接近了 1934 年末。此时,格特鲁德·斯泰因和艾丽斯·B. 托克拉斯时隔 30 多年第一次回到美国。在写出她的成功之作《艾丽斯自传》之前,格特鲁德·斯泰因一直认为自己不能回国。该书出版后,正好可以凯旋回国,在全国举行一轮巡回演讲。与格特鲁德·斯泰因的其他作品相比,这本书比较容易读懂,部分原因在于它是模仿托克拉斯的风格写出来的。范维克顿早就认为斯泰因是位杰出的作家,他为她这次获得了这份早就该得到的荣誉感到非常高兴。他鼓励斯泰因回美国来举行巡回演讲,尽情享受荣归故里的感觉。

　　斯泰因做了多场演讲,包括《什么是英语文学》(*What is English Literature*),《文字速写与再现》(*Portraits and Repetition*),以及《美国人的逐渐成长》(*The Gradual Making of The Making of Americans*)。格特鲁德·斯泰因解释说,她已经注意到,所有美国人都在重新开始去书写美国的历史或者美国小说;她也留意到,从某种意义上来说,每个美国人都在选择一项传统,也都在积累各自的人生体验。而且,她也是这样做的。她说她写作的方式不是重复而是坚持,而那种坚持每次都各不相同。她说,这种坚持“正是威廉·詹姆斯所说的‘求生的愿望’”;她也说,她所做的是避开名称,这一点是她曾在沃尔特·惠特曼身上发现的,他“想的是真正表达具体的事物本身,而不是仅仅叫出其名称”。随后,她的话题屡次回到亨利·詹姆斯身上:“他的所有文字段落都抽离于所言所行,抽离于所存所有,在所有这一切之上,他要表达的事物飘动着。不是飘走,就只是飘动着,飘起来。”至于斯泰因自己的创作,她认为是“采取了美国文学常用的……脱离实体的方式,从普遍性中发现特殊性,从特殊性中找出普遍性”。

　　范维克顿发现,参与斯泰因的巡回演讲特别激动人心。他给斯泰因作品的出版商贝内特·瑟夫(Bennett Cerf)写信说:“现场的气氛越来越狂热,连葛丽泰·嘉宝在其最负盛名的时候也未曾受到过这样的热捧!”在给自己妻子法尼娅·玛里诺夫的信中,他说斯泰因刚“开始朗读,他们就爱上了它(指她的作品),为它疯狂,对它着迷。

她继续读啊读啊,他们越来越爱它,然后他们差点亲吻她"。几年之后,他会引用斯泰因讲演现场某一个学生说过的话:"我是坚决反对她的,我只不过想去看看她长得什么样。然后,她把我心灵之门正好从铰链那儿完整地卸掉,现在对她是门户大开。"一贯活泼开朗的范维克顿觉得与格特鲁德·斯泰因在一起更是开心快乐了。

格特鲁德·斯泰因,
卡尔·范维克顿摄于 1834 年

　　格特鲁德·斯泰因与艾丽斯·B.托克拉斯喜欢上了坐飞机出行,尽管她们第一次坐飞机时非常害怕,还请范维克顿陪同,一起坐飞机去芝加哥。但她们刚一到空中,立即喜爱上了飞行,此后她们在美国的所有时间里都是乘飞机出行。斯泰因一直都喜爱美国地图上人为的横平竖直,她喜欢从空中俯瞰地面上那些农场,整整齐齐的,既有褐色的,也有绿色的,都向四处延伸开去。

　　除了飞行,她们也喜欢开车,格特鲁德·斯泰因还是在法国最早拥有汽车的美国人之一。她从美国定购了汽车,以她独有的高傲方式学会了驾驶,她基本上不考虑倒车操作,直至很久以后才改变这种做法。斯泰因和托克拉斯都是在一战时给前线士兵送物质的妇女组织的成员。斯泰因驾车在泥泞的道路上运送士兵和物质,托克拉斯则为汽车指引方向。有一次,她们顺路捎了一个人上车,因为那个人的车队集体抛锚了。因为是晚上,她们没能看见这人是谁,只是告诉他爬到后面去,接着就把不停颠簸的车往回开。她们把车开到指挥部时,那位将军很有礼貌地表示了感谢,然后爬下车来。

托克拉斯有时说,斯泰因让她想起一种将军,南北战争时的将军,将军支持南方还是北方并不重要。斯泰因写《美国四人行》(*Four in America*)时,她似乎对自己所描写的格兰特将军感到很亲近,她喜爱他的回忆录。对于斯泰因来说,将军们永远是美国人的将军,而她则是先锋派的一名将军。

斯泰因和托克拉斯在美国的时候,范维克顿给她们拍了很多照片,有的是单人照,有的是二人的合影,其中还有一张是斯泰因站在一面悬挂着的美国国旗前的留影。通常将军与摄影家之间会有一种天然的亲近感,他们常常都对英雄或是风光感兴趣,于是,很自然的,在这次讲演旅程中,范维克顿和格特鲁德·斯泰因以及艾丽斯·B.托克拉斯他们组成了一个乌佳姆斯家庭(the Woojums family),范维克顿是乌佳姆斯爸爸,斯泰因是乌佳姆斯宝宝,而托克拉斯则是乌佳姆斯妈妈。这个家庭名称来自他们私下里的一个玩笑。"乌佳姆斯"是范维克顿发明的一种"致命的"鸡尾酒的名字(五份杜松子酒,一份巴卡第酒,少量苦酒,少量苦艾酒,一茶匙柠檬汁,以及一点石榴糖浆)。这种鸡尾酒的配方没有出现在托克拉斯若干年后整理的《艾丽斯·B.托克拉斯食谱》(*The Alice B. Toklas Cookbook*)中,但是,法尼娅·玛里诺夫制作咖喱羊肉和山核桃蛋糕的配方,以及范维克顿制作大蒜冰淇淋、维也纳奶酪薄煎饼的菜谱都能在书中找到。

斯泰因与托克拉斯还去了西海岸,这是她们旅程的一部分,但是范维克顿没有陪同前往。在那里,她们见到了达希尔·哈米特(Dashiell Hammett)和查理·卓别林(Charlie Chaplin)。这两个人都被斯泰因写进了《似是而非》(*A Play Called Not and Now*):"他们初次相见之际正是彼此都正准备离开之时。"得知卓别林欣赏她那句最有名的话"玫瑰就是玫瑰就是玫瑰就是玫瑰",斯泰因肯定应该很高兴。这句话后来成为卓别林电影《舞台生涯》(*Limelight*)中的一句台词,接着这句话,电影中的人物说道:"妙极了,有人竟会那样引用。"能在美国被介绍给所有的人,这让斯泰因觉得激动万分;但是看到美国文化欣欣向荣地向前发展,自己却不能与之融为一体,这又让斯泰因深感孤独,初次与大家相见之际却正是她准备离开之时。范维克顿似乎对他们那次充满美好感受的旅程有着更为高涨的热情。他给乌佳姆斯家庭的妈妈和宝宝写信说:"桑顿·怀尔德(Thornton Wilder)让我嫉妒得发晕。拜托别去,不要更喜欢他!你们绝不会叫怀尔德乌佳姆斯吧!我要咬他!……我整天都待在暗室里哭泣,我想念正在西部旅行的漂亮的乌佳姆斯妈妈和宝宝。爱你们,爱你们,爱你们两个!……卡罗。"一个将军,甚至是先锋派的将军,也一定有一些能看到她同样是一个小孩的亲密朋友。格特鲁德·斯泰因一直是家中最小的孩子,她为自己的家写作,这是她为自己建立的家。

在卡尔·范维克顿为 1946 年出版的斯泰因《选集》(*Selected Works*)写序言时,他这样写道:"对于读者们不知道的那些事情,这位艺术家的书中实际上充分提供了种种顽皮的线索,但是,只有完全熟悉斯泰因小姐日常生活中种种常见的、拐弯抹角的方式的人,才有可能解释她作品中的每一行文字。"他认为,可以说任何伟大艺术家的作品都具有这样的特点,这可能就是他对亲密的理解。结束前言时,他的措辞就像正在开始写另一封信,用他自己最亲切的名词代替了玫瑰:"亲爱的格特鲁德,我能抚摸着《选集》由衷地说'选集就是选集就是选集就是选集'吗?"

看见范维克顿撰写的序言之后,过了几个星期,格特鲁德亲自为《选集》写了简短的前言。她这样开始:"我一直想青史留名,几乎从婴儿时期开始,我就那样想了,而卡尔是最早给我信心让我肯定我会成功的人之一。"她继续写道:"这个信念渐渐建立起来,在此期间卡尔一直给我写信,我也给他写信。他一直确信我会成功,这一直激励着我,现在他写下了所有他所知道的我做的事情,这对我是一种极大的鼓舞。"

范维克顿在收到斯泰因撰写的前言时极为欣喜,以至于他在回信时都没有注意到自己什么时候又做了一个改动,将他们首次见面的日期记错了一年:"最心爱的乌佳姆斯宝宝,'鉴定'收到,写得真漂亮,每一个人都为之疯狂。乌佳姆斯爸爸深受感动,非常怀念过去,而且希望有一件带褶子的白衬衫可以让他穿在身上,这样,他就能看起来让人感觉像 1914 年时的他。"一个月后,7 月 28 日,在他接到一封电报时,也许他对他们双方有过这次通信感到欣慰。电报的内容是:"最亲爱的乌佳姆斯爸爸,乌佳姆斯宝宝今天突然过世了。爱你的乌佳姆斯妈妈。"

第十六章

马塞尔·杜尚与阿尔弗雷德·斯蒂格利茨

1917 年春季的一天,约瑟夫·斯泰拉(Joseph Stella)、沃尔特·阿伦斯伯格(Walter Arensberg)和马塞尔·杜尚坐在一起共进午餐。这时刚进入 4 月,天气温暖。他们喝了几杯葡萄酒,场面显得有点儿喧闹。约瑟夫·斯泰拉是意大利画家,在美国和巴黎度过了人生的大部分时光,对立体画派〔1〕和即将风行一时的达达主义〔2〕均很感兴趣。沃尔特·阿伦斯伯格热爱现代艺术,在 1913 年那次著名的纽约军械库画展(Armory Show)之后,更是特别欣赏杜尚。那次展览中,展出的作品包括《下楼的裸女》(*Nude Descending a Staircase*),这幅画被新闻界描述成"木板加工厂里的一次爆炸",它也让杜尚一时之间成为在美国最声名狼藉的欧洲艺术家。尽管马塞尔·杜尚对自己突然出名显得饶有兴趣,但是并没有去军械库展览会的现场,不过,这次经历倒是有可能提醒了他,可以把美国作为自己最后的居住地。1915 年,由于心律不齐,他从法国军队退役,然后迁居到了

---

〔1〕 20 世纪初出现于巴黎的一个绘画和雕刻方面的抽象流派,其特征是把各种自然形态简化并分裂成抽象的、通常为几何形状的结构,并常被描绘成一系列互不相连的平面。——译者注

〔2〕 达达主义运动,欧洲文学界与艺术界的一场创新运动(1916—1923),通过随意涂写的方式创作那些表达嘲讽及不和谐声音的作品,从而蔑视传统艺术和文化的价值。

纽约。

与许多人一样,阿伦斯伯格和斯泰拉完全被杜尚征服了,还成为杜尚的热心合作者,帮助他共同策划那些定期举办的展览活动。他们三个人喜欢在纽约四周闲荡,觉得一切东西都挺有趣,这也许并不让人感到意外,假如不这样过日子,他们另外的选择就是去想那惨烈的凡尔登(Verdun)战役。他们都是独立艺术家协会(Society of Independent Artists)的成员,那时正专注于策划一场大型展览,意图在军械库画展之后继续向美国观众全方位介绍现代艺术。这次展览安排在他们共进午餐之后的那一周,展览会举办地在中央大厦(the Grand Central Palace)。

只需支付6美元的费用,任何想在展览会上展出自己作品的人都能心想事成。毫无疑问,相当多的艺术家能够付得起这笔费用。马塞尔·杜尚是展出委员会的负责人,该委员会负责对展品予以审查。想必这个头衔一定是他所喜欢的。按照他的主意,展览会展出了所有报名参赛的2 125件艺术作品,展品是按照其创作者名字的字母顺序摆放的。开头的字母是"R",这是从放在一顶帽子里的那些字母中抓阄决定的。这种民主做法使展品放得一片混乱:传统风景画作紧挨着立体画派静物作品,摄影作品则紧挨着展厅内摆放的那些假花。杜尚、斯泰拉和阿伦斯伯格工作得非常努力,可能他们发现委员会其他成员那一本正经的腔调很讨厌,于是,共进午餐时,他们产生了一个想法。

第二天,他们去了第5大道118号,找到J. L.莫特(J. L. Mott)铁制品厂(J. L. Mott Iron Works)的展览间和仓库,那里出售各种管件设备。他们买了一个男用小便池:一个"后背直直的、标准的'英国贝德福德郡'样式的瓷质"小便池。杜尚把它带回自己的工作室,倒转90°放着,用方方正正的黑色大写字母写上名字"R. 穆特(R. Mutt)"。这个名字是综合了这家管件公司以及系列连环画《穆特和杰夫》(Mutt and Jeff)的名字取的。然后,这三个人让其他人把小便器送至中央大厦,还一并送去一个信封,里面装着为"理查德·穆特"(Richard Mutt)这件作品交的入场费6美元现金。

　　几个小时后,当他们到达展览大厅,发现那里已经乱成一团。展览的组织者中,许多人都是社会名媛,例如威廉·K.范德比尔特(William K. Vanderbilt)夫人和哈莉·佩恩·惠特尼(Harry Payne Whitney)夫人,她们参加各种社交聚会时,大部分时候都慷慨地主动支付账单。此时此刻,她们都被吓坏了。董事会已经作出反应,当即决定拒绝让“穆特先生”入场。这掀起了一场意义重大的争论。争论中,观点对立的双方都引证艺术自由和社会责任来支持自己的立场。争论达到高潮时,沃尔特·阿伦斯伯格站在巨大展厅的中央,周围是那2 125件艺术作品,只见他把手轻轻地放在小便池上,开口对一个董事会成员说:“一种可爱的艺术形式展现在这里,和它的功能分开了,因此,男人们显然是给美学作出了一项贡献。”

　　董事会经过协商,仍然坚持拒绝“穆特先生”。阿伦斯伯格和杜尚立即辞职,当即转身离开了大厅。独立艺术家协会似乎没有任何人注意到,这个小便器是怎么或由谁拿走了。但是,一周之后,就在阿尔弗雷德·斯蒂格利茨的画廊,在马斯登·哈特利的一幅绘画作品前面,画廊的中心位置上摆放的就是这个小便器,这的确极为醒目。这幅哈特利的画作,也是除了291画廊之外的其他任何地方都不能展出的作品,因为它表现的是带着钢盔的德国士兵,以及飘扬着的信号旗。美国参议院一周前刚刚对德宣战,此时,这幅画可能很容易就被看成是卖国之作。斯蒂格利茨为身在法国的史泰钦和那里的其他朋友担忧,但是,对他来说,把德国视为侵略者也并非易事。此外,他还憎恨审查制度。所以他坚持在291展出这幅哈特利的画作。

　　过去的那一周,斯蒂格利茨还挂了一张他拍摄的乔治亚·欧姬芙的照片,部分原因是用以显示他与独立艺术家协会的那些委员们并非同类。斯蒂格利茨是一名反传统的人,同时还不乏幽默感。阿伦斯伯格和杜尚把小便器拿到291画廊来,希望他可以拍一些照片。斯蒂格利茨照做了。卡尔·范维克顿眉飞色舞地将此事告诉了格特鲁德·斯泰因:“这些照片把小便器拍得看起来既像圣母玛丽亚,又像菩萨。"在中央大厦举办的那次展览并未充分展示斯蒂格利茨最为关心的那些艺术家的创作,他很高兴自己可以加入进去,成为一场小小抗议活动的一部分,在他看来,整件事情真是颇为有趣。

杜尚和斯蒂格利茨相识多年,并且彼此非常了解对方。乔治亚·欧姬芙通常会对来过291的人进行非常仔细的观察。她曾描述自己在一次聚会时第一次见到杜尚的情景。当时,她一直在喝茶,因而非常清楚地记得,当她喝完一杯,杜尚"从自己的椅子上站起来,将我手中的取走,然后非常优雅地把它放在旁边。这种优雅的举止,是我前所未见的,而且此后同样鲜见"。

杜尚应该觉得斯蒂格利茨说话办事有点儿独断专行,斯蒂格利茨最初则确信杜尚是一个自吹自擂之人,不过,291画廊的这位创办人后来改变了对杜尚的看法,而且把未曾在自己的画廊为杜尚举办画展引为憾事。他们始终未能建立起伟大的友谊,但是,两人互相尊重,彼此留意对方的状况,还有不少信件来往。"我想,我能让你一直想找的那个康斯坦丁·布朗库西参加下次的展览。听到乔治亚·欧姬芙做了手术,我感到很难过。谢谢你的关心,是的,我们现在在这儿一切都好。"斯蒂格利茨写信的风格是夸大其词,而杜尚的书信风格则可以想见,言简意赅。有一次,斯蒂格利茨打算出版《摄影作品》里刊登的一些东西,于是,他给自己认识的艺术家一一写信,向他们提出了自己最喜欢的问题之一:"照片能像艺术作品那样有意义吗?"杜尚回信说:"你完全知道我对照片的看法。我愿意看到照片让人们对绘画心生厌恶,直到有一天,另外的东西让人们对照片不堪忍受。"

小便池是杜尚那时正在创作的一系列作品中最震撼人心的一件,那个系列的作品都是现成品,都是杜尚先选择一样实物,然后重新命名所得。比如,一把雪铲摇身一变,成为《折断胳膊之前》(*In Advance of the Broken Arm*);一个玻璃安瓿,则被命名为《50毫升的巴黎空气》(*50cc of Paris Air*);仅仅是那么一个小便池,则名之为《泉》(*Fountain*)。斯蒂格利茨为《泉》所拍的照片被杜尚采用,发表在《盲人》(*The Blind Man*)杂志第二期上,杜尚是该刊的编辑。在该刊同一期登出的还有一篇文章,以《理查德·穆特》的艺术创作过程为主题,可能出自杜尚之手。作者在这篇文章中说:"理查德·穆特先生是否亲手制作了《泉》,这并不重要,重要的是,他选择了它",而且,通过这样处理,"就赋予了那件物体以新的思想。"

斯蒂格利茨应该很欣赏杜尚这种独特的选择性创作方式,可能还会觉得,杜尚的这种做法多少有点儿像摄影师选择主题,只有等到胶卷冲洗出来,才知道这样选择的结果会怎样。但是,这两个人并不能在他们所有的合作项目上取得一致意见。杜尚很快发觉,他对那些被自己称做"视觉"艺术作品的东西都感到兴趣索然。那些艺术作品都是在画布或者纸张上涂色而成,然后推到大众面前,直逼双目而来。然而,这种艺术作品恰是斯蒂格利茨大力支持并亲自参与创作的。从 1915 年到 1923 年,杜尚公开声称永远"放弃"艺术,实际上却在创作《大玻璃》(*The Large Glass*),这件作品也以《新娘,甚至被光棍们剥光了衣服》(*The Bride Stripped Bare by Her Bachelors, Even*)的名称广为人知。在两张大玻璃上,杜尚用铅线作边线,创作出性爱机械构图。尽管人们对这件作品可能会有无穷无尽的解释,但多多少少可以说上面那块玻璃上的装置表现出新娘绽放了自己的"花期",或者说展示了其"多彩的人体银河"。这个装置通过"温柔的地心引力"与下面那块玻璃上的"单身汉装置"相连。下面这块玻璃上,有着 9 个光棍,处于性焦虑中,他们中有警察、有僧侣、有百货店配送员、有宪兵、有仆人、有咖啡馆助手,旁边是巧克力研磨器。这是一件未完成的艺术作品,也是一件有趣的作品。斯蒂格利茨通常都很严肃,但这次却令人惊讶地愿意让这件作品逗乐自己。他认为杜尚的这个玻璃作品将永远是最伟大的作品之一,在布鲁克林博物馆(Brooklyn Museum)就这件作品发表讲话时也是如此宣称。

杜尚有一件未展出的与《大玻璃》相关的作品,叫《绿盒子》(*The Green Box*),这件作品包含了杜尚写的一系列说明,这些说明把他创作《大玻璃》的意图解释得既更为清楚又更为模糊。1934 年,《绿盒子》完成了,杜尚让人把它送给斯蒂格利茨,并附了一张便条,解释说这是他"最后的分泌物(最新的)"。杜尚在便条上还说,它"全都与几年前你在布鲁克林看到的那件玻璃作品有关(随便说一下,那件作品的玻璃已经破裂了[希望可以修复])。你怎么样?乔治亚·欧姬芙怎么样?抱歉极少去看你们……人类生命的'精华'可能总计只有区区几个小时"。听说玻璃在展览后的运输过程中破裂了,斯蒂格利茨应该会觉得遗憾,但是,也许他私下会认为有了一些裂隙的玻璃作品会更有趣。

小便池事件发生后,杜尚致信同为艺术家的妹妹苏珊娜·杜尚(Suzanne Duchamp),讲起《泉》的故事。杜尚转弯抹角地写道,理查德·穆特是自己一个女性朋友的男性假名,尽管这可能是他给自己女性身份的一个男性假名;他有时会以罗丝·瑟拉薇(Rrose Sélavy)这个名字创作或做一些事情。他说,那件作品遭到展览委员会的冷遇之后,他决定不再让它留在展厅遭受委屈,因为他不想它独处一隅。在这封信中,只有这最后一个词语"独处一隅"是用英文书写的。

那天,阿伦斯伯格和杜尚去291画廊展出那个小便池时,斯蒂格利茨让他们将其靠窗口摆放,他们站在小便池旁边。这时,斯蒂格利茨架起照相机,并在窗子前面横拉上一道纺织品帘子遮挡一下光线,目的是让照在小便池上的光线变得柔和一些。在那间艺术品原件最终丢失或者遭弃之后,斯蒂格利茨拍摄的这些照片遂成为有关《泉》的全部记忆。说不定,杜尚在看到那些照片时,还曾忍俊不禁,因为照片中从左边投射过来的光线非常微弱,突出显示了小便池外形的优美;而在背景中,他刚好可以清楚地看见哈特利那幅作品中的一个头盔和一面旗帜。

第十七章

维拉·凯瑟、爱德华·史泰钦
与凯瑟琳·安娜·波特

维拉·凯瑟从容地走在第5大道上。那天上午,她像平常一样工作了三个小时,顺利写完了手头这篇短篇小说中一小段非常难写的内容。那时节,天气已经转暖,但还没有热得让人受不了。忽然,维拉发现自己很想去照相。说起照相,有时她会穿戴得很正式,一袭拖地长袍,身佩精致的珠宝;有时她又穿得像个男子,着一身西服套装。但是这一天,她又与往日有所不同,上身一件白色水手式衬衫,这种衣服是她在工作的时候常穿的,同时,脖子上围着一条黑色的小领带。这些照片将会用来做宣传,她希望让大家看到,自己在眼下居住的这座城市生活得与当初在西部时一样安闲自在。在她的新书中,西部正是故事发生的背景地。

对维拉来说,过去的两年是非常繁忙的两年。她先是出版了《我的死敌》(*My Mortal Enemy*),继而写完了《死神来迎接大主教》。其间,她还与伊迪丝·刘易斯一道回西南部旅行了一趟。这次旅行对她颇有益处,她手头这篇小说的创作灵感就是在这次旅途中获得的。此外,这两年之间,她还完成了莎拉·奥恩·朱厄特两卷短篇小说集的编辑工作。重新分析朱厄特作品的框架结构之后,她再次动了念头,想知道能否写出一本主要描写自然风光的作品。她很满意《死神来迎接大主教》展示的创作方向。同时,她也感觉到,西南地区的干燥环境让她在《死神来迎接大主教》一书中塑造的那位 19 世纪法国神父的形象变得更加丰满。伊迪丝说得对,维拉笔下的人物更具历史感,也更具说服力了,维拉现在把这些人物塑造得空前成功——维拉觉得自己现在对福楼拜的理解越来越深入了。

凯瑟曾疑惑《死神来迎接大主教》是否真的能得到理解。后来,她致谢卡尔·范维克顿,说自己感到欢欣鼓舞,因为他喜欢这本书。维拉也曾担心城市读者不知道如何理解该书。就自己开始文学创作的起点来看,维拉仍然感到某种自豪,也许,这正是她从家乡向城市奋斗的过程中内心最重要的感觉。想着想着,维拉来到了公共图书馆——这栋新式建筑已经开放 15 年了。维拉继续沿着曾经是克劳顿水库的地方向前走去,一直走到西 40 街 80 号布杂艺术工作室(Beaux Arts Studios),这就是爱德华·史泰钦拍照的地方,自 1923 年起,史泰钦就在这里营业。

史泰钦的照相馆位于二楼。也许是接待员把她领进了女宾休息室,然后请她就坐。史泰钦常常会比约定的时间晚几分钟才到,但是,这次他几乎是立刻就过来了,他的助手詹姆斯·麦克基恩(James McKeon,一般称为马克(Mac)也跟在一道。史泰钦进摄影室的方式总是很夸张。后来,20 世纪 40 年代,在他另外一个摄影室,他安装了一座超大号的电梯。随着巨大的电梯门打开,等在接待室里的人们会很惊讶地看到,史泰钦坐在一辆单排座敞篷福特轿车中,然后,史泰钦将轿车开出电梯,一直开到接待台前面才停下来,并停放在那儿。

史泰钦和马克向凯瑟打过招呼,然后,史泰钦蹦蹦跳跳地进入摄影室,他们开始架起灯具。过了不到两分钟,他们就收拾停当,请她进去就坐。也许她说过自己更喜欢站着,这可能多少有点儿出乎史泰钦的意料,他沉思了一下,便答应了:好的,这个主意似乎不错。马克随即改变了一下灯具的照射角度。凯瑟抱着胳膊站在那儿,等着拍照。史泰钦看着她的脸庞和身体所呈现的线条轮廓,感到与众不同。于是,就按照这个角度给维拉拍了照。在史泰钦给凯瑟所拍摄的众多照片中,这次所拍的这些照片最是广为人知。这些照片中的她,看起来比在其他任何一次所拍的照片中都显得快乐一些:她那让人感到温暖的善意,她的权威,她精准而又果断的判断,以及她的绝对自信……这一切,都呈现在她的脸上。

1952 年,维拉·凯瑟去世 5 年后,凯瑟琳·安娜·波特(Katherine Anne Porter)在桌子上摆放了几本凯瑟写的书,还有史泰钦为凯瑟所拍的一张照片。此外,波特还写了一篇纪念凯瑟的文章,虽说文章内容与事实出入很大,但是文章本身却是文采斐然。在所有现代作家中,波特最钦佩的是詹姆斯·乔伊丝,并认为自己是一名热忱的先锋作家。但实际上,波特的短篇小说意识在很大程度上是直接从凯瑟那里继承下来的,而短篇小说是波特最成功的创作形式。谈到凯瑟的短篇小说,她措辞得体地说道:"在我的记忆中,它们一如早晨的空气那般清新、鲜活,感情清澈、温暖,才思敏捷,对事物有着丰富多样的认识。总之,让人感觉那些都是一个艺术家的作品,而且,人们可以完全信赖这样的艺术家。"不过,波特大部分时候是写她和凯瑟的成长历程,以及她们的写作兴趣又是如何的不同,好像凯瑟是她的一个亲戚,也许是姨妈,她时不时地前去拜访她。

波特描绘了凯瑟的童年生活:由于凯瑟的父母与祖父母都曾受过教育,富有文化,举止有礼,所以,这个家庭"理所当然地认为,学习文化是他们与生俱来的权利"。另外,波特也写道,凯瑟与镇上的那位商店店主一起学习。在描绘凯瑟的童年时,波特还写道:

> 我的心满怀慈爱,来到这个正孤单地缓步行走着的女孩身边,她与老店主一起阅读了拉丁语和希腊文的读物,现在正往家走,到家后她立即帮着做了点家务活,然后坐在壁炉边,试图说服那一群固执的兄弟姐妹,在他们身上练习着她的说话艺术,不愿迷失在他们中间——这个拥有长长翅膀的女孩,最终将会自由飞翔。

事实上,凯瑟既不孤独,也非脚步缓慢之人。波特说凯瑟"不愿意迷失在他们中间",这倒是与波特对自己的描述极为接近。

波特出生在德克萨斯州一个穷人家庭,并不具备上流社会的背景;只接受过一年的正规学校教育,家里没有一本书,只有一个无能的父亲。但是,对于自己的出身,波特从来没有承认过哪怕一星半点,反而为自己和自己笔下的人物编造了南方没落贵族的童年生活,这不仅让世界上大部分读者信以为真,就连她的许多密友都深信不疑。她希望拥有维拉·凯瑟度过的那种童年,所以,在她写到凯瑟时,便完全沉溺于谎言中了:"在成长过程中,我也读了大量的书,从而顺利地长大成人。"凯瑟琳·安娜·波特认为,无论如何都必须把自己的真实出身隐藏在编造的故事后面。在她刚满 29 岁时,住在丹佛,在一出戏剧中出演了一个角色。第二天,她就在当地报纸上发表文章,把自己大肆赞扬了一番。

维拉·凯瑟,爱德华·史泰钦摄于 1927 年

波特描述了两位年轻女性轻松步入大都市的情形,尽管两个人的审美观点并不相同。波特说,凯瑟喜欢听理查德·瓦格纳

(Richard Wagner)的音乐,而自己则喜好贝拉·巴托克(Bela Bartok)和伊戈尔·斯特拉文斯基(Igor Stravinsky)的作品。波特专心于研读乔伊斯,但是凯瑟则钟情于品读福楼拜。波特既没有提到凯瑟对普鲁斯特作品的明显喜爱,也没有言及凯瑟与很多迥然相异之人那种发自内心的友谊,比如说凯瑟与大卫·赫尔伯特·劳伦斯(D. H. Lawrence)的友情,与罗伯特·弗洛斯特(Robert Frost)的交往。"裸体女人,"波特以一种深情但又高高在上的语气写道,"已经迈着震撼时代的步伐走下了楼梯,而凯瑟却仍然虔诚地信仰皮维·德·夏凡纳(Puvis de Chavannes)"。[1]波特注意到,夏凡纳把人物放在风光里的创作方式某种程度上"在写作形式和语调方面给《死神来迎接大主教》带来了灵感"。但是她却没有注意到这位法国画家的作品也对毕加索助益颇大。不过,并非只有波特把凯瑟描绘成一个有那么点儿不合时宜的人,凯瑟本人也说过自己过时了。凯瑟在其1936年出版的散文集《年过四十》(Not Under Forty)里对此说得再清楚不过了。凯瑟如此命名她的书,因为她觉得出生在20世纪的人没有谁会愿意读它。凯瑟在前言中写道:"世界在1922年或这年的前后分裂成了两个部分。"她没有对自己如此分界给出任何解释,但是,在这一年之前的几年里发生了很多事情。安妮·亚当斯·菲尔兹1915年去世,亨利·詹姆斯死于1916年,第一次世界大战1918年结束,欧洲血腥争夺非洲,威廉·迪恩·豪威尔斯1920年去世,凯瑟因战争小说《我们中的一个》获得1922年普利策小说奖。在那一年之后,"在这些文学作品中被忆起的各色人等以及种种成见,都滑入过去七千年那漫长的岁月之河中"。

凯瑟尽管住在纽约,但是她却具有波士顿文学圈和法国文学界的那种文学眼光,就如此前的安妮·亚当斯·菲尔兹、威廉·迪恩·豪威尔斯、莎拉·奥恩·朱厄特和亨利·詹姆斯所表现的那样。《年

〔1〕　皮维·德·夏凡纳(1824—1898),他的艺术活动主要是给许多公共建筑作装饰壁画,因此他的油画也具有湿壁画的特点。他创造了一种淡色平涂、简练单纯、气氛恬静、节奏分明的装饰风格,描绘寓意性的情节和源自古代的题材,表现出学院派的特点。——译者注

过四十》一书中有一篇优美的散文《偶遇》(*A Chance Meeting*)，凯瑟在文中描写了自己在法国普罗旺斯(Provence)一家酒店与福楼拜侄女不期而遇的情景。在她认出这位女士是谁之后，凯瑟写道："我握住她一只可爱的手，献上一吻，以此对一个伟大的文学时期表示敬意。"也许，凯瑟琳·安娜·波特对凯瑟与这个早期世界建立联系的勇敢之举颇具妒意。凯瑟总是能以某种确切的方式与过去时光取得联系，而这却是波特所匮乏的。在波特阅读《年过四十》时，她应该有 46 岁了。她有可能在页边的空白处草草写下几条发泄牢骚的批注，一方面为自己自欺欺人地认为认识那些被凯瑟称为"落伍者"的人感到恼火，另一方面凯瑟却似乎又在说，太老了，不适合做先锋派了。

波特在一篇回忆文章中带着一点令人吃惊的得意之情写道，她自己没有看过凯瑟的大量中后期作品。她阅读过《啊，开拓者！》(*O Pioneers!*)、《云雀之歌》、《我的安东尼亚》、《死神来迎接大主教》、《青春和聪明的梅杜莎》(*Youth and the Bright Medusa*)以及《模糊的命运》(*Obscure Destinies*)中的短篇小说。"只有这些，"她说，好像这只是偶然发生的，"没有其他的了，我也不知道为什么。"很奇怪，波特居然没有看过《快乐的露西》、《我的死敌》，或者《岩石上的阴影》。更奇怪的是，她从未读过《教授的住房》(*The Professor's House*)。在这部作品中，凯瑟用了三部分结构，这与波特在《灰白马，灰白骑手》(*Pale Horse, Pale Rider*)这篇作品中采用的结构并非毫不相像。许多人都说，这是波特最优秀的作品，新颖得令人吃惊。在《灰白马，灰白骑手》中，波特汇集了三个篇幅较长的故事，都是以其自己的成长经历为基础。这是她在自己的作品中最后一次涉及自己真实的身世。1922 年，世界分裂为两个部分，1927 年，凯瑟完成了《死神来迎接大主教》，在爱德华·史泰钦的摄影室拍了照片。似乎就是在此期间的不知什么时候，波特开始不再阅读凯瑟的作品。

凯瑟琳·安娜·波特说史泰钦为凯瑟拍摄的照片是自己唯一一见

过的凯瑟的照片,她在自己的文章中对这张照片做了相当详尽的描述。"没有天才,"她写道,"会比这张照片中的这一位看起来更不像天才……除非是她的偶像,福楼拜。"波特继续写道:"凯瑟小姐看起来挺糟糕,就像什么人的大姐,或者是未婚姨妈。凯瑟就是这样两种人。"按照波特的看法,这张照片中的凯瑟是这个样子:"一位微笑着的夫人,相貌平平,胳膊随意地交叉相抱着,遮挡着上身所穿的女童子军式样的白衬衫,头发有些凌乱。她似乎是属于法国人所说的那种'坐着不动'的人,看起来不怎么喜欢与人交往。即使是那双诚挚友好的双眼,虽模样精致,但左边的一只还无力地歪斜着,而且显得有些诡秘,神采不足。"这个观点与伊迪丝·刘易斯的看法相左。就在同一年,即 1952 年,伊迪丝·刘易斯写了一篇名叫《维拉·凯瑟的人生》的回忆文章。伊迪丝在文中说,在最初认识凯瑟的那一瞬间,她就立即感觉到凯瑟那双深蓝色的眼睛可以"让人直接与她进行精神交流"。她接着写道:"我不知道用什么方式描绘它们,除了说它们是天才拥有的双眼。"

忽视另一位女性眼中的天才人物,这种做法对波特来说,应该算是天性使然。她自视貌美,虚荣自负,很喜欢与其他女人竞争,以更多地吸引男人的注意力。她还曾花费数日时间仔细检查肖像摄影师乔治·普莱特·莱尼斯(George Platt Lynes)为其拍摄的照片,那些照片将用于图书宣传。

波特常常觉得,如果自己不能成为大家注意的中心,那么,就说明自己被忽略了。因此,刚开始时,她很难融入文学界。对于乔伊斯,波特只能说,自己在房间的另一头远远地见过他一次,那时他正从那间房子走过去。至于与 T. S. 艾略特(T. S. Eliot)的相遇,则是在一次她认为并非合适的晚会上。后来,在给一个朋友的信中,在谈及这个晚会时,波特几乎没有提到艾略特,而且也压根儿没有提及曾与其他任何人有过交谈。波特说,自己太含羞了,没有走到玛丽安娜·穆尔面前主动寒暄,能偷偷地听着穆尔用她那副"美好的、天鹅绒般柔滑的嗓音"说出来的话,已经感到心满意足。穆尔"握着盛有果汁的杯子"站了起来,对喝醉酒的同伴显得颇为不满。"那个男人,"穆尔说,"浑身弄得斑斑点点的,就像一条鳟鱼,举止很不得体,"这些话就是一种声明,让波特感到更加羞怯。

凯瑟琳·安娜·波特,摄于 1932 年

后来,波特成为她曾一心向往的文学界的中心人物,与玛丽安娜·穆尔变得相当熟悉,给予了尤多拉·韦尔蒂(Eudora Welty)和弗兰纳里·奥康纳(Flannery O'Connor)很重要的支持,也经常出入白宫。有一天晚上,在白宫,詹姆斯·鲍德温(James Baldwin)喝醉了,一阵激情勃发,忍不住跟波特说,自己爱她。正是出于这一切带来的优越感,波特才可以自信地写道凯瑟是如何在她波特的传奇里逐渐淡去,并说这样是如何的恰如其分,还举例说她是如何能理解凯瑟以其独特的方式进行创作所取得的成就。但是,在这种表面的虚张声势背后,波特应该有着一种被排斥的感觉。在波特坐下来写关于凯瑟的这篇文章时,看到桌上那一堆纸张中史泰钦为凯瑟所拍的照片,她也许觉得维拉·凯瑟从她面前转过了脸,她应该感觉受到了一点伤害。

波特最真切的强烈感情体现在文章开篇处她所写的那些语句中。尽管这样做是一种痛苦,但是在这些字里行间,她还是试图承认自己犯下了一个错误。她和维拉·凯瑟两人之间的联系已经断开,而这种联系本来是不应该断开的。

> 我从来不认识她,也不认识任何真正认识她的人,直至今日。在我还是纽约一个年轻作家的时候,我就知道她也在那里,也曾希望能在机缘巧合的时候与她偶遇。但是,我从来没有遇到过她,我也没有去寻找她……有三四个伟人现在已经去世,我不应该错过与他们的相识,但是这种想法来得太迟了。维拉·凯瑟就是这些伟人之一。

波特觉得没有任何东西可以替代自己亲自与那些伟人相见的感受,她坦率地写道:"如果能见到他们,记得他们的样子,那该多好。"

在1922年春天,正如她说的,当她还是"在纽约的一名年轻作家",在她们应该见面时,波特没有见到凯瑟。波特那时并不是纽约很年轻的作家,也并没有在纽约待很长时间;她只是零零星星地进出那座城市,直到她年近四十,压根没有住在纽约后才经常写小说。

1922年,波特已有32岁。她结过两次婚,首次结婚时年仅16岁。她是从家里逃出来结婚的。她就像她的小说《灰白马,灰白骑手》中的人物,差点儿死于战后那场流感大爆发。在那次流感爆发期间,美国死去的人比在一战战场上死去的还要多。她曾住在纽约,总是对跳舞抱有浓厚的兴趣,曾为安娜·帕夫洛娃(Anna Pavlova)写过一个芭蕾舞故事,获得好评。她也曾待在墨西哥,写关于压迫、革命以及奥夫雷贡总统新政府的新闻报道。在所有这些时期,她都一直在阅读维拉·凯瑟的作品,并努力尝试写短篇小说。后来她又回到纽约,住在华盛顿广场边上格林威治村的一个小房间里,从那儿往北大约六个街区,在银行大街5号,就住着凯瑟和伊迪丝·刘易斯。

波特记得,在1922春天,曾经一共有17天,她早上只喝咖啡,吃一个面包卷,然后尽可能拖得很晚,才出去吃一个汉堡包和一根香蕉,以此充当午餐,然后便极度紧张地专心写作。最后,她完成了自己第一篇真正的短篇小说《玛丽亚·孔塞普西翁》(*María Concepción*)。在这篇作品中,波特主要是对墨西哥当地人民处于从属地位的情况表达抗议,并塑造了一个女主人公。这是一个年轻的已婚妇女,杀死了丈夫的情妇。这篇小说发表在《世纪》杂志上,这或多或少让她成为一名小说作家。然后,波特用一种她以后还会重复的方式(玛丽安娜·穆尔就发现波特在文学道路上一次又一次的拖沓行为令人震惊),高兴地投身于政治和性方面去了,而不是继续过在孤独中写作这种她憎恨的生活。她几乎转眼之间就回到了墨西哥,写各种报道,并有了情人,不过这种关系并不是像她向往的那样炽烈。

　　也许波特想知道,如果她在纽约只是稍微再多待那么一点儿时间,将会发生什么呢? 如果,一个雨天,她正走在银行大街上,费力地撑着雨伞,这时,看见两个女性从出租车里出来,其中一个欢快地对司机说"再见",在她们准备冲向家门时,她却正好打那儿经过,那么,情况会怎样呢? 如果她鼓足勇气说"你好,凯瑟小姐",那么,这位保守、大方而又坚毅的女性会不会停下来,不顾雨水正打在她们两人的身上,直视着她的眼睛,抱着胳膊站着那对她说话呢? 波特并不是想要一份友谊,但是,如果能见到她,记得她的样子,那该多好。

第十八章

阿尔弗雷德·斯蒂格利茨
与哈特·克莱恩

　　画廊里有 116 张照片,大部分是肖像照,还有一些拍的是乔治湖附近的云朵、树木和谷仓。在 4 月的那一天,最让两位拜访者激动的是云景照片。斯蒂格利茨站在后面的房间里,正在用手翻动《摄影作品》上凹版印刷的照片,他能听见其中一个男人在高声说话,充满热情地侃侃而谈,说得还头头是道。斯蒂格利茨尽心尽力为他人展出作品已达 10 年之久,而这次只是他第二次将自己的摄影作品挂起来进行展出,他很想知道别人对自己的作品会作何评价。他听着那个年轻人又说了一会儿,这才走出后面的房间,来到前面的展览室。说着话的两人中,有一个是他认识的,那是评论家兼编辑戈汉姆·芒森(Gorham Munson);而他带来的那个人——哈特·克莱恩,斯蒂格利茨并不认识。克莱恩是位诗人,刚才就是他一直在说话。

　　1923 年 4 月,哈特·克莱恩年方 23 岁,刚回到以前曾经住过一次的纽约不久。此前那几年,他一直在俄亥俄州为父亲克拉伦斯·克莱恩(Clarence Crane)工作,但是过得挺沮丧。他的父亲很富裕,既拥有巧克力生产厂,又拥有其他糖果生产厂,产品销路很广,他还负责给马歇尔·费尔德(Marshall Field)的百货公司和北太平洋铁路公司的餐车供货。克莱恩的父亲还开发了救生圈牌(Life Savers)糖果。克拉伦斯·克莱恩觉得儿子应该从底层开始学习这项业务,于是,让哈特·克莱恩在杂货店柜台边和工厂仓库里待了很久。哈特·克莱恩最后去找了一份写广告的工作,正是依靠这份工作,他有了一点微薄的积蓄,才得以回到纽约,如今住在格林威治村格洛夫(Grove)街4号芒森的公寓套房中。他来到纽约已经三周时间,尽管经济拮据,但是不失乐观。乔治亚·欧姬芙见过克莱恩后,给一个朋友写信说,他的脸庞"年轻、明朗、清爽而洋溢着活力,看起来好像总是匆匆忙忙的"。

在与戈汉姆·芒森一起去斯蒂格利茨画廊的两天之前,克莱恩曾给芒森夫妇和其他一些文学人士朗读了自己的长诗《浮士德和海伦的联姻》(*For the Marriage of Faustus and Helen*)。这首诗是他四年苦读以及3个月辛苦耕耘的成果。在那3个月中,他每天晚上回到家后,都坐在他的胜利牌留声机旁边,一边听歌喝酒一边写作。就这样,克莱恩有了这首诗。这是克莱恩首次在纽约公开朗读自己的作品。尽管克莱恩知道在场的人大多对他的新作不是很感兴趣,但是,在看到只有芒森以及他的新朋友——作家沃尔多·弗兰克(Waldo Frank)表现出有点激动的样子时,克莱恩还是颇感失望。今天,克莱恩和芒森在安德森画廊里斯蒂格利茨做展览的房间里随便走走时,克莱恩看见了那幅云景照片,它似乎是精确地表达了他自己的艺术作品的精髓……噢!正如弗兰克后来说的,那情形"就像火柴点着了鞭炮"。

克莱恩和斯蒂格利茨就墙上挂着的这些照片愉快地谈了一个小时左右。其中许多照片都是艺术家们的肖像照,包括乔治亚·欧姬芙的照片,有一些还是裸照,但不是最大胆的那种;有一张是画家约翰·马林的肖像照;还有马塞尔·杜尚的一张照片,那时,他刚回到纽约一年。在所有的展品中,克莱恩最喜欢的是云景,还有那张叫《苹果与三角墙》(*Apples and Gable*)的照片。斯蒂格利茨给苹果拍了很多照片。他把艺术家看做是苹果树,所以,他常说:"从大地吸收活力,然后结出苹果。"他认为,苹果树是最能反映美国特征的。有可能是曾考虑到这种水果在《圣经》里的含义,斯蒂格利茨为乔治亚·欧姬芙拍了许多以苹果为背景的照片。还是当初住在俄亥俄州的克利夫兰时,克莱恩曾为那里的一个艺术家朋友威廉·索默(William Sommer)写过一首诗作:《星期天早晨的苹果》(*Sunday Morning Apples*)。此时看着这张名为《苹果与三角墙》的照片,也许克莱恩想起了自己写给索默的诗行:"我看见过那儿的苹果都摇晃着你的秘密。"克莱恩以前实际上也曾致信斯蒂格利茨,提议在斯蒂格利茨的画廊为索默举办一次作品展览,不过,他的建议毫无回应。

1923年,斯蒂格利茨已经59岁。此时的他,头发花白,胡子几乎全成银色。这位摄影师有时会把自己比做一个从美国独立战争的战场上凯旋的将军,他从孩提时代就迷上了这个将军。纳萨尼尔·格林(Nathanael Greene)将军屡败屡退,但是不知为何,他反而愈挫愈勇。斯蒂格利茨觉得,自己就是现代艺术领域的格林将军。在这个名为安德森画廊的地方,他即将开办密友画廊,届时,密友画廊将会从早上10点开门,一直到下午6点才送客。此时此刻,站在安德森画廊提供给自己的房间里,斯蒂格利茨的脑海中涌现出一系列最钟爱的主题:美国工商主义及其如何招致艺术家们反对,抽象艺术和线条艺术,还有性。有这么一个故事,他的朋友们喜欢讲给别人听,哈特·克莱恩应该也喜欢这个故事。故事说,一天,一位女子走进斯蒂格利茨的画廊,在离开时,她伤心地说道:"马林的这些作品怎么就不能激起我内心的情感呢?"斯蒂格利茨的回答是:"女士,你怎么就不能让我勃起呢?"

乔治亚·欧姬芙说,置身于密友画廊,宛如卷入一场疯狂的恋爱事件。斯蒂格利茨为欧姬芙所拍的那些照片,为密友画廊以及后来的美国地点画廊选取的名字,都能让人们感觉到,斯蒂格利茨部分继承了沃尔特·惠特曼的风格。哈特·克莱恩应该知道精力旺盛的摄影师定吉·哈特曼,此人现在是斯蒂格利茨圈子中的一员,他在诗人惠特曼生命晚期认识了惠特曼。在克莱恩眼中,惠特曼和艾米莉·狄金森(Emily Dickinson)都是美国诗歌的奠基人。斯蒂格利茨其他观点也是克莱恩认可的,比如,美国艺术反对美国商业的斗争(美国商业就像克莱恩的父亲所经营的产业和他从事的写广告的工作,这些都是克莱恩所憎恨的)。还有抽象艺术与线条艺术,就像在克莱恩的诗作《星期天早晨的苹果》中,他写道:"化作你线条中丰富而忠实的力量"。

在1923年遇到斯蒂格利茨的时候,克莱恩已经开始创作诗歌《桥》(The Bridge)。这将是一首美国风格的抒情诗,继承了惠特曼的精神,认识到了美国的美丽,也认识到了它那血腥的暴力行动。这首诗将从克里斯托弗·哥伦布(Christopher Columbus)开始,穿插进波卡洪塔斯(Pocahontas),还写到了惠特曼。克莱恩向惠特曼倾诉道:"你,不是最伟大的,/不是第一个,也不是最后一个,/但却是亲近的。"诗里还写了美国女舞蹈家伊莎多拉·邓肯(Isadora Duncan),写了女诗人艾米莉·狄金森,写了旅行销售员,写了地铁、广告工作流浪汉、发明飞机的怀特兄弟(the Wright brothers)、随随便便的性行为和严肃认真的性活动,写了贩卖私酒、路匪帮,也写到了阿波马托克斯(Appomattox)和索姆(Somme)。此外,诗中还写到20世纪20年代那些悠闲商人的样貌,这些人穿着格子呢布料的灯笼裤,外出打高尔夫球消遣。这首诗是克莱恩最伟大的诗歌作品,尽管诗人本人曾经为诗歌中的某些内容感到担心,并在写给芒森的一封信中戏谑地说,它可能"差劲得无以复加、不可原谅、别具一格",但是,诗中许多近似于写实的部分写得如此之好,竟然能让那些率真的读者饮泣失声。

克莱恩与斯蒂格利茨常常通过谈话发现一些想法。在他们去世之后,朋友们在回忆录中试图努力再现这两位艺术家谈话的实际情形——克莱恩谈锋甚健,话题多变,不失顽皮,胡搅蛮缠,但是有时也会表情严肃,被动应对;而斯蒂格利茨虽措辞随心所欲,但是其连珠炮似的密集质问却也气势逼人,雄辩有力,令人信服。人们愿意前往斯蒂格利茨的画廊,花上10分钟看看照片,再花上一个小时听他讲话。欧姬芙说,斯蒂格利茨在谈话时会思考头脑里的想法,有时候,他是在结束了与自己一天的争论回到家的,这时他已转变立场,站到自己的对立面,反对自己早晨出门时所宣称的那个观点。

斯蒂格利茨非常健谈,有时候谈话能持续整整八个小时,但是,他也能倾听别人说话。对他而言,开画廊就像做一项大型实验。据估计,仅仅是在画廊开办后的头七年,他已经倾听160 000人对现代艺术发表意见,做出评论。斯蒂格利茨的朋友、艺术批评家保罗·罗森费尔德(Paul Rosenfeld)写道:在291画廊,"针对一个个色彩方块和铜块堆垒,人们反应非常热烈,各抒己见,争论不休,从而充分表达了自己的意见"。291画廊就是这样的一个地方,在这里,"原本悄然无声,并不引人注目的人,也会突然用极具个性色彩的语言,就各种画作和绘画技巧发表真知灼见"。

哈特·克莱恩,沃克·埃文斯摄于1929—1930年之间

　　一天之内,可能会有十几个斯蒂格利茨的朋友和追随者来到291画廊。马斯登·哈特利,或者约翰·马林、博福德·德莱尼(Beauford Delaney)、马克斯·韦伯、沃尔多·弗兰克、保罗·罗森费尔德,或是定吉·哈特曼,这些人都可能会来。斯蒂格利茨殷勤好

客,频繁邀请访客们留下来吃午饭。有时候,这是那些经济拮据的艺术家一周里能吃上的最好的饭菜,他们会边吃边争论。斯蒂格利茨会说上几句话,每个人都会说上几句话,然后,斯蒂格利茨会继续说下去。斯蒂格利茨总是敞着画廊的门,方便大家观看作品。有一些人,他们会特意选在午餐时间到画廊来,然后询问电梯操作员霍奇·基尔农(Hodge Kirnon),确信斯蒂格利茨不在画廊,这样他们就能静静地观看那些展品。

玛丽安娜·穆尔曾在一封信中谈到自己首次去斯蒂格利茨画廊参观之事,她写道,自己对斯蒂格利茨入了迷,立刻全神贯注地一边与他说话一边看画。她说,那次参观时,斯蒂格利茨送给她一本最新的《摄影作品》,其中登载了许多人对"291是什么?"这个问题的回答。人们一致认为,霍奇·基尔农给出的答复是最好的。他是这样作答的——

> 我在"291"发现了一种精神,它促进自由,不给任何方法下定义,绝不会不懂装懂,也从来不谴责什么,但总是鼓励那些真正大胆的人变得无所畏惧,鼓励那些憎恶各种因循守旧思想和标准的人。"291"对我意味着什么?它让我知道,我们的作品之所以有价值,正是因为它真实地表达了我们自己。

哈特·克莱恩第一次参观密友画廊后的次日给斯蒂格利茨写了一封信,开头是这样的:"亲爱的伟大的好人,阿尔弗雷德·斯蒂格利茨。"斯蒂格利茨有点儿像哈特·克莱恩心目中理想的父亲形象。在他们首次相遇9个月后,克莱恩给自己父亲写了一封信,试图证明自己选择以文学为生是正当的,而且,在这封信中,克莱恩把阿尔弗雷德·斯蒂格利茨的大名列入那串可能给父亲留下深刻印象的熟人名单里。事实上,这封信的确给克拉伦斯·克莱恩留下了深刻印象,因此,他给儿子哈特·克莱恩回了一封信,还寄过来一张支票。

他们首次见面后的第二天,克莱恩给斯蒂格利茨修书一封,询问斯蒂格利茨,如果自己想写一篇有关他那些照片的文章,这是否合适。斯蒂格利茨欣然同意。关于哈特·克莱恩的某些东西也让斯蒂格利茨感到非常兴奋。那个夏天,当愉快地回想起克莱恩前几个月对云景的赞赏,斯蒂格利茨心情急迫地告诉这位诗人,自己又拍了几幅新的云景照片,拍得非常好,并以其独有的谦虚语气继续写道:"有几个人觉得,我是给上帝拍了照。也许吧。"

不过,关于斯蒂格利茨克莱恩最后仅写了几段话,其中包括这行内容:"照相机快门按下时的速度快得惊人,这足以使相机比人眼更全面地记住对象。"他想把这篇文章的标题确定为《雅典卫城的电报》(The Wires of the Acropolis)。但是,到了8月份,克莱恩给斯蒂格利茨写信,向其道歉说,文章没能写成。他说,广告工作太忙了,整个人都陷在上面;还忙于创作《桥》,也是不得不做的事情。尽管他没有向斯蒂格利茨说起,但事实上,他也在忙于设法置身事外,避免参与那些涉及他和斯蒂格利茨共同朋友们的大量争执。

1923年和1924年,艺术界纷争不断,艺术家彼此伤害。戈汉姆·芒森写了一本有关沃尔多·弗兰克的书,保罗·罗森费尔德就此书写了一篇评论文章,严厉批评了沃尔多·弗兰克。总是喜欢争斗的斯蒂格利茨这次站在了罗森费尔德一边。克莱恩虽然与芒森和弗兰克二人都是亲密朋友,但是,他并不想得罪强势的罗森费尔德。简·图默(Jean Toomer)那时正要写完自己最伟大的作品《甘蔗》(Cane),他在克莱恩离开后,住进了芒森夫妇家中,并开始与弗兰克的妻子关系暧昧。尽管克莱恩设法与图默和弗兰克都保持朋友关系,但是,图默的做法却破坏了又一组牢固的情谊。就在同一时间,芒森和马修·约瑟夫森(Matthew Josephson)也在争吵,后者不久后成了凯瑟琳·安娜·波特的情人。克莱恩后来既与图默分道扬镳,也和芒森形同陌路。他觉得,不能再跟着这两个人接受亚美尼亚裔的领袖或者说是江湖骗子G. I.古尔捷耶夫(G. I. Gurdjieff)[1]给

〔1〕　G. I.古尔捷耶夫(1877—1949),是一位希腊-亚美尼亚裔的精神导师,他自始至终都是谜一样的人物,并对当代的新兴宗教与心理学的发展,持续产生着日益加深的影响。——译者注

予的精神束缚了。至于古尔捷耶夫的确切身份究竟是领袖还是骗子,这完全取决于一个人希望他是什么样的人。克莱恩很高兴搬回到自己在布鲁克林的公寓,并避开了这场引起文艺界广泛兴趣并要求各人表明立场的论战。克莱恩自童年起就非常熟悉此类争斗的情形,曾一度活得非常痛苦。"自7岁开始,我便暗自饮泣。多少年来,痛苦如雪崩一般压下来,我被这种痛苦完全吞没了。"他总是喜爱个性鲜明之人,从来不阻止争吵,也从来不拒绝友情。克莱恩的一生都处于这种心烦意乱的情绪中,使他的写作变得越发艰难了。

直到1929年,克莱恩才终于完成了《桥》这首诗。此前,他先是前往位于纽约北郊的帕特森(Patterson),然后又在皮内斯岛(the Isle of Pines)上自己家的旧房子里写下了这首诗中的几个重要部分,这处住所位于古巴西南60英里。他参观了哈瓦那,在那里,他爱上了一名水手,并坐上小船去了大开曼岛(Grand Cayman)。整个旅程中,他都带着梅尔维尔、惠特曼和狄金森的作品。返回纽约后,克莱恩又去了帕特森。后来他还去了好莱坞,是富有的赫伯特·怀斯(Herbert Wise)出钱,邀请他做一个柏拉图式的陪伴。此后,他又坐火车经由新奥尔良,回到了布鲁克林。在布鲁克林,他和邻居、年轻的摄影师沃克·埃文斯(Walker Evans)成为朋友,并竭力扩充了诗作《桥》的篇幅。此后,他又乘船去了英国,还去了巴黎。在巴黎,他遇见了一对夫妇,年轻貌美、富有放荡的哈里·克罗斯比(Harry Crosby)和克瑞丝·克罗斯比(Caresse Crosby)。夫妇二人拥有一家出版社,出版过埃兹拉·庞德(Ezra Pound)、詹姆斯·乔伊斯、大卫·赫尔伯特·劳伦斯和马塞尔·普鲁斯特的作品。他们主动提出,在克莱恩写完《桥》之后,为其出版这部作品。之后,克莱恩坐火车到了马赛(Marseille)。他和水手们睡在一起。回到巴黎以后,他喝得酩酊大醉,同围住自己的10个警察扭打在一起,后来,在监狱里待了6天,多亏安德烈·纪德(Andre Gide)、让·科克托(Jean Cocteau)以及其他一些人的帮忙,才获释出狱。然后,克莱恩乘船赶回纽约,并努力完成《桥》的写作。后来,哈里·克罗斯比和克瑞丝·克罗斯比到了美国。过了一段时间,就在他们似乎准备好了要回欧洲时,哈里·克罗斯比却与自己的情妇约瑟芬·毕格罗(Josephine Bigelow)双双自杀了。历经以上这重重波折,克莱恩终于完成了《桥》的写作。

这本诗集出版了,卷首插图是一张布鲁克林大桥的照片,由沃克·埃文斯拍摄。埃文斯还给克莱恩拍过一些非常有名的优美的照片。如果哈特·克莱恩觉得对什么人特别亲近,他便会送给他们一张由埃文斯拍摄的照片,并签上:"发自内心。"

埃文斯是发现斯蒂格利茨的专制做法令人难以忍受的人之一。埃文斯为乞丐和小佃农拍了一些照片,照片所显示的一系列美国特征是克莱恩从未真正接触过的。埃文斯的拍摄主题继承了安妮·亚当斯·菲尔兹的思想,他看待普通人的方式就像马修·布雷迪看待著名人物:面对面。克莱恩和斯蒂格利茨都对别人身上的美感和神秘色彩很敏感,而且,尽管斯蒂格利茨拍摄了一些精妙的肖像照片,他们却都算不上肖像艺术家。他们的才能既不是为了让人们自我表现,也不是为了记录社会真实细节,而是为了当火车呼啸而过时释放街道、身体和山上那些树木的能量。

斯蒂格利茨和克莱恩是那种在人群中生活的人。对于他们来说,切断自己与任何朋友的友谊都比较困难,所以,他们总是频频出现在每位朋友的面前。如此频密地抛头露面,有某种可能让他们变得出众。在诗作《桥》的最后一部分,克莱恩写到了"拧在一起的电缆线"能升到的高度。

在哈特·克莱恩参观斯蒂格利茨的画廊 2 年后,作为在保罗·罗森费尔德家里举办的一次晚会的部分内容,克莱恩被邀请做了在纽约的第二次公开朗诵。他致信母亲说:"当罗森费尔德举办这类晚会,无论你对它会有什么感觉,你至少知道,届时,现代美国的绘画、文学和艺术界的每个人(拼写"每个人"的首字母时,用了大写)都会出现在那里。"在公开朗读的那个周末,克莱恩遭遇了一次可怕的食物中毒。后来,他把此事绘声绘色地告诉了母亲:"不得不说,上吐下泻啊!"不顾发热与体虚,克莱恩依然踉踉跄跄地去了格拉梅西公园酒店(Gramercy Park)罗森费尔德的房间。斯蒂格利茨和欧姬芙都在那里,另外还有范怀克·布鲁克斯(Van Wyck Brooks)、保罗·斯特兰德和贝克·斯特朗德夫妇、简·图默以及埃德蒙·威尔森(Edmund Wilson)等。阿伦·科普兰(Aaron Copland)也在场,屋里正演奏着他的几支乐曲。玛丽安娜·穆尔朗诵了几首新诗。

克莱恩朗诵了《卓别林》(*Chaplinesque*)、《星期天早晨的苹果》和《阐释》(*Paraphrase*)。听众们反应热烈,他感到很高兴,于是,又朗读了整首《浮士德和海伦的联姻》。这是应简·图默的意思而朗读的,甚至连范怀克·布鲁克斯都鼓起掌来。很久以后,玛丽安娜·穆尔对伊丽莎白·毕晓普(Elizabeth Bishop)说:"噢,我真喜欢哈特!我一直都很喜欢他,他是如此博学。"那时,穆尔在自己当编辑的《小评论》(*The Little Review*)上发表了许多克莱恩的诗歌,不过有人质疑她把克莱恩那首《醉酒》(*The Wine Menagerie*)的标题改成没有情感色彩的《又一次》(*Again*)的做法是否明智。克莱恩在其余下的短暂的生命历程中,说了穆尔很多难听的话,但是,在那个初次见面之夜,受到所有人称赞的克莱恩感到非常心满意足。

那天晚上的朗诵结束之后,也许斯蒂格利茨和欧姬芙是步行回家的。斯蒂格利茨像往常那样对欧姬芙说:就哈特来说,你知道我的意思,他是个人物,这是不能否认的。斯蒂格利茨也许最喜欢克莱恩朗诵的最后一首诗,写浮士德和海伦的那一首,结尾是——

> 高声歌颂消逝的时光
> 流血的双手高高举起,不断指向天堂;
> 让想像张开双翅,飞越绝望
> 跨过争吵,不再喧嚣,把心愿献上。

第十九章

哈特·克莱恩与查理·卓别林

　　时针即将指向凌晨两点,这时,哈特·克莱恩决定上床睡觉。他脱下衣服,整齐地搭在椅子靠背上,换上睡衣睡裤。他没有穿拖鞋,尽管才 10 月,双脚踏在地板上却已经感觉很凉。克莱恩合上笔记本,放在桌子上,把钢笔工整地放在本子面上,拿起一本伊丽莎白一世时代(Elizabethan)诗人的诗集,准备上床。就在这时,克莱恩听见有人敲门。他看看钟,不由得皱了皱眉,似乎是心有不满。但是,想到当晚注定会发生一件出乎意料的事情,他依然挺高兴。克莱恩打开门,他的好朋友沃尔多·弗兰克走进房间。在其身后,跟着进来一个人。"一个小个子男人,头戴一顶圆顶窄边礼帽,面相极为和善,双目熠熠闪光。"哈特在第二天给母亲格蕾丝·克莱恩(Grace Crane)的信中这样写道。这个人就是查理·卓别林。

　　"对着这副我一直渴望看到的最英俊的面孔,我不住地微笑着。"克莱恩继续给母亲写道。他欣然接受两位来客的劝说,很快穿好衣服,与他们一起出了门。那时,弗兰克表情有点儿痛苦,因为他正在等着离婚手续全部结束。弗兰克说,克莱恩和卓别林彼此都被对方强烈地吸引,"有点儿像两个动物,几乎互相舔对方的脖子。"克莱恩那时还没有搬到布鲁克林,而是住在格洛夫街上一间狭小的屋子里,距离芒森一家较近。他们觉得应该去弗兰克那里,他住在保罗·罗森费尔德家宽敞的公寓套房里。卓别林那天晚上已经给司机放了假,因此,三个人步行去了欧文广场(Irving Place)77号。克莱恩说,一路上都有认出卓别林的"热情的年轻人"跟随在身后。

　　查理·卓别林到纽约来,是因为他的电影《巴黎妇人》(A Woman of Paris)在纽约首次公映。这是他担任导演却没有在其中出演角色的第一部电影,电影讲的是一位乡村女性的故事:她有一个意志薄弱的追求者,此女也爱他,但是那个男子并不积极争取和她结婚。后来,此女搬到了巴黎,被一个有钱人包养起来,最后却又遭到那个有钱人的抛弃。卓别林曾接受纽约一位记者采访,他告诉这位采访者说,据自己观察,世间男女在他们生活中最具激情的时刻,常常会试图"隐藏他们的感情",因此,他在拍摄电影时对场景处理得比较克制,保持其本来的样子。在那个时候,这根本就不符合好莱坞的表演思想。卓别林会对同一个场景拍上数百次,以取得他所追求的效果,这种做法也是非同寻常的,因为20世纪20年代的导演们经常满足于一个场景仅拍摄一两次。因此,这部精妙的电影最终给数十位年轻导演带来了灵感。但是,在纽约的那个星期,卓别林一直非常担心,不知道观众会在多大程度上接受这部电影。这部电影全然不同于他的那些喜剧电影,在那些电影里,他本人出演流浪汉的角色,并总是影片的中心人物。他最新出演的流浪汉电影名叫《寻子遇仙记》(The Kid),这是哈特·克莱恩特别喜爱的一部电影,影片讲的是一个弃儿被流浪汉拯救的故事。不过,在这部影片中,卓别林引入了某种忧郁氛围。影片放映结果表明,观众们对于非婚生婴儿和卓别林喜剧电影里的感伤都表现出了很大的耐心,这是那些电影制片人最早没有想到的。

　　克莱恩写信给朋友戈汉姆·芒森说,我知道,卓别林的作品有些感伤,但是影响力却极强,以至于"感伤已经发展得超越自身,成为一种新型悲剧:怪异,舒心,而且光彩夺目"。看了《寻子遇仙记》之后,克莱恩写了诗歌《卓别林》,开始便塑造了一个流浪汉的形象,这是一个令人爱怜而又脆弱的小人物,几乎就是1923年时这位贫困的诗人自己的形象。诗中写道:

我们温顺地作出让步，

对这种随意的安慰感到满足

就像沙沙的风儿

被宽敞而又晃动的口袋束缚。

但是，这世上仍有鼓舞人心的地方。

……

我们仍然能热爱这个世界，它发现

台阶上一只饥饿的小猫，知道

为它提供场所遮风避雨，

或是伸出温暖的胳膊。

　　克莱恩在一封给芒森的信中说，其诗作中的小猫意味的是"艾略特诗歌中的'无限温柔又无限痛苦的东西'"。显然，这首诗参考了艾略特的诗句"人迹稀少的街道"。就像亨利·詹姆斯一样，远在欧洲的艾略特也是一个影响力极其巨大的存在，身处英国但影响力却远胜其美国同侪。"我一直都在面对他"，1922 年，克莱恩写到艾略特，"长达 4 年之久"，经过奋斗，他觉得自己正在寻找"一条切线"，能使自己"离开他，迈向不同的目标"。

　　尽管《寻子遇仙记》是在洛杉矶拍摄的，但是，那些人迹稀少的街道的确是卓别林童年时候见过的。他的童年生活过得很艰难，母亲有精神病倾向，有几个时期，整个家庭非常贫穷。卓别林的母亲曾经是伦敦音乐厅的演员，跟不同的男人生了三个儿子。她结过一次婚，是与老查理·卓别林（Charles Chaplin Sr.）。她的第三个儿子突然被其父亲带走了，这对她打击不小。西德尼（Sydney Chaplin）和查理尽管只是同母异父的兄弟，但是相处得非常亲近，查理很尊敬这个哥哥。后来，他们兄弟二人被分开了，放在不同的孤儿院和贫民院抚养长大。对于在家里与母亲的共同生活，兄弟俩记得最清楚的一幕是：在他们位于伦敦的那套略显逼仄的公寓里，她是怎样经常站在窗户边俯视下面街道上来来往往的行人的。从那些行人肩膀的动作和他们鞋子的光亮度，她能猜测他们在生活中正经历着什么事情，有时她还会惟妙惟肖地模仿他们的姿势。于是,小查理·卓别林就琢磨她是如何模仿的,就像那个在《寻子遇仙记》中扮演小孩的孩子后来模仿他那样。

　　卓别林对自己面部表情和身体姿势的完美控制是他成为英国音乐厅明星的部分原因。这使他继英国许多演员之后,在洛杉矶新的无声电影业得到一份合同。模仿一直居于卓别林艺术的中心位置,同时,这也是他导演影片的方式。一个和卓别林工作过的演员说,卓别林给每个人示范角色,"成了伊斯兰教苦修教士那样的人"。后来,他甚至"不大情愿把我们准备出演的角色还给我们去表演,我觉得他很乐意一个人把所有的角色都扮演了"。在卓别林表演欲望最强烈的时候,在他眼里,其他人只是作为他吸收学习的各种姿态动作而存在。但是,有时候他又是一个肖像艺术家,其作品都记录在电影中。他对摄影一直不在行,这导致电影摄影师总是很痛苦地抱怨说,卓别林在取景与摄影方面缺乏想像力。不过,在卓别林于1923年遇见哈特·克莱恩时,人们基本上已不再抱怨他的工作。他忙着拍摄其流浪汉系列电影,这些电影是其事业生涯中最好的作品,包括《寻子遇仙记》,接下来是《淘金记》(The Gold Rush),然后是《马戏团》(The Circus)以及《摩登时代》(Modern Times)。

　　由于本身的特殊经历,哈特·克莱恩能体会到《寻子遇仙记》所蕴含的感情真相。克莱恩自己的童年生活虽然在物质上并不贫穷,但在有些方面和卓别林的颇有几分相似。克莱恩也有这样一位母亲,虽然比较吸引人,但并不可靠。在克莱恩成长过程中,母亲格蕾丝始终不断对他提出各种要求。格蕾丝无休无止地将克莱恩卷近自己和丈夫的斗争中,从不放手,还把他带出学校去环游欧洲和美国。因此,克莱恩的中学教育时断时续,总是不能完整接受课堂正规教育。但是,在这断断续续的中学教育期间,年仅十几岁的克莱恩曾写过非常好的诗歌。他第一首正式发表的抒情诗的内容是关于奥斯卡·王尔德。克莱恩对与诗歌有关的所有事情均感兴趣。出于对诗歌的挚爱,他甚至设法去拜见过来访的印度作家拉宾德拉纳斯·泰戈尔(Rabindranath Tagore)。此前不久,泰戈尔获得了1913年的诺

查理·卓别林,爱德华·史泰钦摄于 1925 年

贝尔文学奖,获奖之后路过俄亥俄的克利夫兰,克莱恩到那里去拜见了他。克莱恩的父母为儿子感到骄傲,但是并不大方,父亲还拒绝为他支付大学学费,而他的母亲,尽管对他的诗人天赋印象深刻,却总是嫉妒任何将她排除在中心位置的安排,在自己实践基督教科学派的教义时,她希望把儿子也绑在身边。她是玛丽·贝克·埃迪的忠实信徒,觉得基督教科学派教义可以帮助自己与自杀的冲动搏斗。在哈特·克莱恩搬到纽约后,其母亲格蕾丝·克莱恩清楚明白地说过,她觉得被儿子抛弃了。《寻子遇仙记》结尾,那个热情又可靠的母亲形象应该会让哈特·克莱恩受到感染。

克莱恩鼓起勇气,给卓别林寄去了自己的诗歌《卓别林》。卓别林大吃一惊,就此给他写了一封精彩的回信。卓别林对每周所收到的成千上万影迷来信,通常的反应是把它们扔掉,所以,克莱恩感到极为满足。在他们见面的那晚，卓别林想起了两人之间的书信往来和克莱恩所作的那首诗。卓别林记得，尽管自己与作家在一起时经常不够自信，但是，那天晚上，他却想说点儿有关诗歌的东西。他在自传中写道：在他对克莱恩说诗歌是"给世界的情书"时，克莱恩回答说："一个非常小的世界。"

卓别林喜欢把自己看成是洛杉矶的一个孤独的知识分子。尽管后来他认识了许多经过南加利福尼亚的德国和奥地利流亡者，包括阿尔伯特·爱因斯坦（Albert Einstein）、托马斯·曼（Thomas Mann）以及作曲家阿诺德·勋伯格（Arnold Schoenberg），但是他们让他胆怯。卓别林在洛杉矶感到寂寞。哈特·克莱恩写信给母亲说，卓别林曾告诉他们："在好莱坞，他喜欢与之说话的或是能理解他的作品的人总共不到 12 个。"卓别林对纽约的这家公司更为满意，他在纽约认真举办电影首映活动。他常常不在洛杉矶进行首映仪式。

在纽约，卓别林与一个又一个女性一起外出。女演员路易斯·布鲁克斯（Louise Brooks）记得，有一次，卓别林曾经和她一起躲进一家名叫村庄（Village）的餐厅，以逃避他的一群崇拜者，并在那家餐厅里花了四个小时琢磨一个在那里演奏的匈牙利小提琴手的动作。后来，那次学来的动作都出现在《舞台生涯》里。还有一次她去探望卓别林时，卓别林去让史泰钦给他拍照（史泰钦给卓别林拍过一张优美的双影照片，前面是经常出没于娱乐社交场所的人，其投影掩住了后面的流浪汉），然后就与史泰钦一直交谈到凌晨四点。

但是，即使在纽约，卓别林也因其名望而备感孤独。在见过哈特·克莱恩的第二天，卓别林去纽约市政厅听英国前首相戴维·劳埃德·乔治（David Lloyd George）发表演讲。但是，由于人们竞相围聚在他们最喜欢的这位演员身边，却不听劳合·乔治演讲，这让卓别林处于相当尴尬的境地。还是那次纽约之行期间，又有一天，他入住的丽兹·卡尔顿（the Ritz-Carlton）酒店刚刚发生一起珠宝抢劫案件。卓别林一走进大厅，正在那里开展的调查就中断了。到了第二天，报纸上的新闻标题并不是关于抢劫，而是关于卓别林。有时，卓别林感觉自己似乎只能在午夜才能真正地与人交谈。在一艘远洋客轮上，卓别林遇见了让·科克托，和他彻夜长谈，直到天边破晓。卓别林说，在那次畅谈之后，两个人在余下的旅行中都尽量互相回避。卓别林几乎能极其迅速地与另一个人建立深入的关系，但是，他似乎觉得这会损伤自己，因此他会像迅速投入那样快速撤退。

在拍摄电影《巴黎妇人》期间，卓别林最亲密的朋友可能是道格拉斯·费尔班克斯（Douglas Fairbanks）和玛丽·璧克馥（Mary Pickford），他与他们共同创立了联美公司（United Artists）。他们都想按照自己的兴趣拍摄电影，并且保留更多的利润。《巴黎妇人》是卓别林为联美公司拍摄的第一部电影，所以，这也是他忧虑其能否成功的另一个原因。这个计划的第四位合作者是戴卫·沃克·格里菲思（D. W. Griffith），此人拍过一部种族主义电影《一个国家的诞生》（*The Birth of a Nation*），电影里把黑人都塑造得愚昧无知，而恶名昭彰的三K党变成了一个为了保卫家园、保卫白种女人尊严的骑士组织。这部电影于1915年首发时，全国有色人种促进会组织了全国范围声势浩大的抗议行动，抗议这部电影发行，这是该协会早期组织的最成功的行动之一。1923年，《一个国家的诞生》再度上映，这次上映是由联美公司组织，W. E. B. 杜·波依斯就此为《危机》杂志撰写了一篇社论，对这部电影提出尖锐的批评意见。尽管卓别林本人是个左派，但是他似乎非常喜欢格里菲思，并没有对这部电影提出批评。

沃尔多·弗兰克在自己的作品《我们的美国》（*Our America*）一书中赞扬了卓别林，这之后卓别林开始知道沃尔多·弗兰克这个人。卓别林后来说，他特别喜欢弗兰克有关马克·吐温的文章。通过弗兰克及其周围的人的介绍，卓别林得以认识许多重要的优秀左翼知识分子，他们对社会主义和共产主义的学说和背景都有兴趣。1923年，俄国革命仅过去6年，似乎仍然有可能让工人们感到振奋。1916年，卓别林与缪区尔电影公司（the Mutual Film Corporation）签下合同后，成为美国新闻界听说过的薪水最高的人。不过，卓别林孩提时代在伦敦度过，既在济贫院吃过粮，也在孤儿院度过日。这种痛苦的记忆，以及对于财富稍纵即逝的认识，加之也可能对自己取得的巨大成功感到愧疚,似乎是出于这般错综复杂的原因,卓别林在政治上也是劳工运动的支持者。

哈特·克莱恩在继续独自与贫穷做着斗争。他的房间很冷,在J.沃尔特·汤姆逊(J. Walter Thompson)广告社的工作也不稳定。然而,他从来没有对政治表现出特别的兴趣,虽然俄国革命改变了他的世界,但这种改变也是微不足道的。即使那晚他和卓别林、弗兰克一起讨论了政治,他也并没有向母亲提起这些。对于克莱恩来说,认识了卓别林并非认识了又一位左翼知识分子,而是认识了一个富有魅力的电影明星。克莱恩带着知情者拥有的那种满足感致信母亲:"卓别林跟我们讲了与波拉·尼格丽(Pola Negri)的所有故事。"卓别林那时正与这位伟大的波兰电影明星纠缠不清,新闻媒体连续报道他们约会和分手的情况。卓别林有一连串不成功的婚姻和情事,对象通常是十六七岁的年轻女性,他与她们总是难以长久相伴。最后,直到54岁时娶了剧作家尤金·奥尼尔(Eugene O'Neill)18岁的女儿乌娜·奥尼尔(Oona O'Neill),卓别林才拥有稳定的相对幸福的婚姻关系。如果克莱恩能活着在报纸上读到这条消息,那么,卓别林的这次婚姻会让他感到挺有趣,因为克莱恩与新娘的父亲非常熟悉。

那天夜里,他们一直谈到早上5点。三个晚上之前,《巴黎妇人》已经在纽约首次公映。由于新闻界的帮助,首映取得极大成功,卓别林因而既欣慰又激动,连续许多天都处于近乎疯狂的状态。他正在为下一部电影做准备,这部电影就是后来的《淘金记》。卓别林对于能找来听众帮助自己润色脚本总是很高兴。

哈特·克莱恩能敏锐地感觉到他人的热情,所以,他毫不介意成为一名听众。"故事(他知道非常精彩的故事)讲得惟妙惟肖,让人笑翻在地。"他"容光焕发,身体健康,积极进取,神情愉悦,青春依旧。他才35岁,但是一半的头发已经花白"。人们常常被卓别林的清秀打动,而哈特·克莱恩则为之深深陶醉。他用精心设计但看似随意的笔触向母亲提到,"我们(只有卓别林与我)将在下周的某个晚上共进晚餐。"对他来说,这次见面预约使这一周变得不同寻常,使他再次觉得自己是在正确的地方,奇妙的事情将会发生,他能动笔写作了。克莱恩努力想向母亲透露一点儿自己的感受,是由于自己的经历,卓别林选中了他,将与他共进晚餐。她仍然在几乎每封信里催促他感受精神的力量[1],考虑回家。克莱恩在母亲的房子里总是感到窒息,却又担心母子分开会使她加速死亡。不过,即将结束这封信时,他冒险给自己留下一小块独立的空间:"感受到像卓别林那样的人给予的极为清澈、明净的精神,我非常快乐……我有那种精神上的真诚。格蕾丝,这种真诚,使我喜欢的那些优秀的人对我亲近。"

在为卓别林写的诗中,克莱恩曾说:那些观看过卓别林表演的人,之所以喜爱流浪汉这个角色,是由于这个角色与自己产生了心灵共鸣——"流浪汉之心",而"不是某根竹杖在灵活地摇来摆去"。克莱恩用这么一句诗行既作出声明,又向母亲致歉:"只要心脏依然跳动,让所有责难见鬼去吧!"

克莱恩与卓别林并未共进晚餐,而且,两个人再也没有见面。卓别林躲避着克莱恩,或者至少可以说是没有作出回应,即使几年以后克莱恩在加利福尼亚时曾想去见他。克莱恩把他的第一本诗集《白色的楼房》(*White Buildings*)送给卓别林,其中包括《卓别林》。在克莱恩死去30年后,卓别林写回忆录时提到此事,说自己收到这本书时很高兴。卓别林对死者总是彬彬有礼。

但是那天,在卓别林和克莱恩于早晨5点一道辞别弗兰克,然后坐进出租车驶往克莱恩的住处时,也许卓别林觉得,能再次看见这个眼神迷离、面容端正并洋溢着热情的年轻诗人,会是一件不错的事情。他们热情地握手,克莱恩听见卓别林说:"真是太好了。"然后,克莱恩下车走到自己的门边,把钥匙插进锁孔中时,卓别林在身后的出租车里琢磨着克莱恩的动作。实际上,从开始看见克莱恩到离开

---

〔1〕　基督教科学派认为,上帝是无限的神圣原则,是思想、灵魂、精神、生命、力量、真理和爱。作为凡人的基督不是神,作为精神原则的基督才是神。"真正的人"反映上帝的本质,是精神性的。除了精神,一切都是不真实的。——译者注

弗兰克住处,卓别林整个晚上都在观察这个年轻诗人的姿势:克莱恩走路有点儿摇晃,他把胳膊挥来挥去,仰头大笑,但是他的身体充满力量,只是这种力量很少能派得上用场。克莱恩开了门,转过身来对着卓别林挥了挥手。作为道别礼,也许卓别林抬了抬帽子。克莱恩进了屋,关上门。出租车司机认出了卓别林,眼中带着激动的光芒。卓别林身体前倾,告诉司机,自己想赶回丽兹酒店,于是,出租车加速转过街角。卓别林坐正身子,望向窗外夜色正浓的城市,想到正在设计的电影脚本,不由得再次微笑起来,然后轻叹了一下。

第二十章

兰斯顿·休斯与佐拉·尼尔·赫斯顿

兰斯顿·休斯总是说,在自己所认识的那些人中,唯有佐拉·尼尔·赫斯顿能够站在第135大街与雷诺克斯(Lenox)大道的交汇处,手上拿着一把宽大的卡钳,劝过路的陌生人停下来,以便她能测量他们的头部。她那时在哥伦比亚大学学习,师从人类学家费朗兹·博瓦斯(Franz Boas)和梅尔维尔·赫斯科维茨(Melville Herskovits)。导师们一直在搜集证据以证明他们的主张,即人们脑袋的形状及其种族特点与脑袋主人的智力毫不相干。不过,这种主张与当时流行的人类学信念恰好相反。那是1926年,社会上发生了许多事情。尽管第135大街上有些行人说他们太忙,无法参加这项实验,但是,佐拉·尼尔·赫斯顿有一种力量,她总有办法使你立刻笑起来,她请求的方式有独特之处。

休斯与赫斯顿在1925年初识,当时他们都参加了为哈莱姆最新的文学杂志《机遇》(*Opportunity*)举行的宴会。两人都曾有多份作品获过奖。其中休斯的诗歌《萎靡的布鲁斯》(*The Weary Blues*)获得了一等奖,赫斯顿的短篇小说《勇气》(*Spunk*)获得了二等奖。休斯刚从欧洲回来,还在计划着去华盛顿找一份工作呢,却惊讶地发现自己已经成了一位著名作家。能在《机遇》杂志举办的新一轮大奖赛中获奖,休斯与赫斯顿都感到挺高兴。这份杂志由查尔斯·约翰逊(Charles Johnson)及其亲密顾问艾兰·洛克(Alain Locke)共同编辑,是已经获得专业人士认可的一本艺术杂志,在这一点上,它与 W. E. B. 杜·波依斯负责的《危机》截然不同。

　　《危机》杂志的文学栏目由杰茜·福塞特(Jessie Fauset)负责精心打理。她是杜·波依斯的副手,同时也是一位小说家,对新作品有敏锐的鉴赏眼光。兰斯顿·休斯一直对杰茜·福塞特心存感激,因为她出版了休斯的第一批诗作。杜·波依斯与福塞特都坚信,艺术是社会进步的工具。1925 年,赫斯顿加入了杜·波依斯的克里格瓦演员剧团(Krigwa Players)。1926 年,这个团体发展成为杜·波依斯的黑人小剧院(Little Negro Theater)。杜·波依斯仍然重视艺术接触现实问题,他说,这个剧院的宗旨应该是:为了我们,依靠我们,表现我们,贴近我们。"设在黑人社区里,靠近普通黑人大众。"赫斯顿认为这是个好主意,但是她可能对这个要称之为"杜·波依斯博士"的人心中有点不悦,觉得这样称呼显得好笑。休斯与赫斯顿一致认为,《危机》不是一份艺术杂志,而是一个政治论坛。哈莱姆文艺复兴的艺术精神围绕着《机遇》在增强,而且《机遇》杂志社清楚地知道如何举行聚会。

　　在颁奖典礼后的晚宴上,休斯立刻被赫斯顿迷住了。她讲了从家乡采集的种种故事。她的家乡在佛罗里达州的伊顿维尔(Eatonville),那是美国第一个全是黑人的小镇,也是第一个由黑人担任镇长的小镇。佐拉·尼尔·赫斯顿过去常常逗留在乔·克拉克(Joe Clarke)商店的前门边上,听男人们(也有一些女人,但大部分都是男人)讲述不同种族的肤色是如何形成的,或蜗牛姐姐(Sis Snail)为什么抛弃老公的故事。赫斯顿的父亲在南佛罗里达浸礼会协会(South Florida Baptist Association)担任长老会教会法庭的主席,他讲述的是牧师和教徒做出不道德之举的故事。在赫斯顿搬到哈莱姆以后,她给休斯讲了许多有关自己的事情:跟着一个名叫吉尔伯特(Gilbert)和沙利文(Sullivan)轻歌剧公司(light-opera company)的团队遍游南方,在华盛顿第一次遇见艾兰·洛克,在霍华德大学的优秀学生奖学金以及在学校体会到的不平等,她准备就读的纽约巴纳德学院(Barnard)那些女性,以及她的新朋友、著名小说家芬妮·赫斯特(Fannie Hurst)。赫斯顿说得滔滔不绝。在自传《大海》(*The Big Sea*)中,休斯这样写赫斯顿:"只是为了影响更广泛的读者,她才需要写书,因为她自身就是一本引人入胜的完美之作。"在他们这个被赫斯顿命名为"黑人帮"的文学圈里,最受欢迎的就是佐拉·尼尔·赫斯顿的短篇小说。

休斯从华盛顿搬到纽约后,立即就经常与赫斯顿现身于同一场聚会上。他们会去 136 大街的阿蕾莉雅·沃克家(A'Lelia Walker's),那里的聚会总是人头攒动,休斯记得就像"高峰时段的纽约地铁",所以,如果去得稍晚,就根本不可能进得去门。阿蕾莉雅是哈莱姆最让人喜爱的女主人,她经常从母亲那里拿钱举办聚会。她母亲的企业生产拉直头发的产品,赚了大钱。后来,赫斯顿还尝试着围绕这位女主人写了一部小说。有时候,休斯与赫斯顿会放弃 136 大街的聚会,转而去参加由杰茜·福塞特举办的社交晚会。福塞特所举办的那些社交晚会一本正经,少有乐趣。她积极支持培养哈莱姆文艺复兴运动中的人才,在自己的家里举办活动,鼓励人们背诵他们的诗作并说法语,除此以外,酒水一向不多。休斯与赫斯顿更多时候是在卡尔·范维克顿家碰见彼此。范维克顿的寓所在西 55 街,知情者有时会戏称这里为"全国有色人种促进会市中心区分部"。范维克顿也出席了《机遇》杂志于 1925 年举办的那场晚宴,并被再次介绍给休斯。其实,两人曾在海皮·罗恩夜总会(Happy Rhone's nightclub)的舞池中央见过一面,但是,范维克顿误以为自己见过的是一个叫"金斯顿(Kingston)"的人。在参加了《机遇》杂志举办的那场晚宴之后,他们一起去过各种各样的哈莱姆夜总会,范维克顿对黑人文化更为入迷,积极地投入到哈莱姆文艺复兴运动中去。不到 6 个月,他就安排自己的出版商阿尔弗雷德·诺普夫及布兰琪·诺普夫夫妇在他们的出版社(Alfred and Blanche Knopf)承接出版休斯的第一本诗集《萎靡的布鲁斯》,另外他也开始为《名利场》写评论文章,点评布鲁斯音乐的歌手,还举办聚会,招待他的新朋友。

对于范维克顿举办的聚会,哈莱姆的《州际闲话》(*Inter-State*

Tattler)随笔专栏会有定期报道。对哈莱姆以外的聚会,该刊仅报道范维克顿所举办的。休斯后来绘声绘色地说,这些聚会是一种混合聚会,真真正正的混合,半数黑人,半数白人,大家互相交谈,还可以开怀畅饮。有一次,著名歌剧演唱家玛格丽特·德阿尔瓦雷斯(Marguerite D'Alvarez)在聚会时唱了一首咏叹调。当时,比茜·史密斯(Bessie Smith)也在现场,尽管她不知道德阿尔瓦雷斯是谁,但是喜欢听对方唱歌,便走到德阿尔瓦雷斯面前,鼓励她今后继续唱下去。休斯特别喜欢这个故事,想在自传中准确描述此事,便给范维克顿写信,向他了解准确细节。范维克顿欣然回复道:

> 在德阿尔瓦雷斯唱完以后,比茜·史密斯看似恶毒地说:"如有无名之辈说你不会唱歌,别理睬他!"
>
> 比茜已经喝了**整整**一品脱纯杜松子酒,所以,到达聚会现场时已经烂醉。她不顾醉态,还唱了歌。唱歌的时候,嘴角叼着一枝香烟,也没有用手指夹着,而香烟也没有掉下来。她外形优美,唱起布鲁斯音乐,宛如黑天使下凡。我**真是好爱**比茜。

很快,兰斯顿·休斯就适应了这些聚会。不过,他在1925年第一次来纽约时,才23岁,还在华盛顿一家饭店做小工。那时,休斯发现,突然之间见到阿尔弗雷德·诺普夫和诺拉·霍尔特(Nora Holt)、西奥多·德莱塞、H. L. 门肯(H. L. Mencken)以及詹姆斯·韦尔登·约翰逊(James Weldon Johnson)这些赫赫有名的人物,还真是有点儿不知所措。佐拉·尼尔·赫斯顿则很自若地走向范维克顿的客厅,立刻认出它与乔·克拉克商店的前门入口处是一样的。

1926年,很多事情都在发生着变化。春天,休斯的《萎靡的布鲁斯》出版,他的短文《黑人艺术家与种族大山》(*The Negro Artist and the Racial Mountain*)也发表了。在这篇文章中,他大声呐喊道:"让黑人爵士乐队奏出的响亮音乐,还有比茜·史密斯演唱布鲁斯的怒吼声,穿透有色人种读书人堵着的耳朵吧,直到他们能够听见,或者理解。"休斯从事诗歌创作时,一直坚持不轻视任何歌曲的诗歌传统,不管这些歌曲在起源上是多么土里土气。休斯的这个诗歌创作主张，与他心目中的英雄之一——沃尔特·惠特曼的观念是一脉相承。休斯还含蓄地批评了其朋友康提·卡伦（Countee Cullen）的诗歌。卡伦的诗歌韵律优美，受到杜·波依斯和洛克的赞扬。《萎靡的布鲁斯》与《黑人艺术家与种族大山》，在以休斯与赫斯顿为中心的圈子里，给大家留下了极为深刻的印象。

　　休斯与赫斯顿对杜·波依斯那种维多利亚式的美学观以及在种族问题上的中产阶级抱负[1]不以为然，同时他们也不赞同艾兰·洛克那种不切实际的艺术至上主义思想。由于这些原因，也由于他们对卡尔·范维克顿的小说《黑鬼天堂》受到不公正对待感到愤怒，于是，两人与包括布鲁斯·纽金特（Bruce Nugent）、华莱士·瑟曼（Wallace Thurman）以及阿隆·道格拉斯（Aaron Douglas）在内的几个朋友共同决定，创办一份名为《火!!》（Fire!!）的杂志。范维克顿是休斯与赫斯顿共同的朋友。

　　尽管出于对朋友的忠诚，休斯与赫斯顿没有公开说什么，但实际上他们都认为范维克顿的小说取《黑鬼天堂》这么一个名字是个错误。许多人都坚决反对这个书名，包括范维克顿的父亲在内，但是，范维克顿固执己见，一意坚持。范维克顿喜欢做惊人之举，不过，他也担心人们对"黑鬼天堂"这个比喻有误解，因为"黑鬼天堂"这个词是哈莱姆人用来指剧院里隔离出来允许黑人就座的楼座。休斯觉得有责任在自传里进行解释。休斯写道："对于范维克顿先生来说，哈莱姆就像剧院里隔离出来的顶层楼座，那些楼座是黑人们能够观看或上演自己节目的唯一一场所，并不是一个让人很满意的地方。他取这个书名，是因为在他的小说中，他揭示的是哈莱姆黑人存在的许多问题。"范维克顿在小说中对待有争议的问题是很小心谨慎的，尤其是对于浅肤色男女面临的是否应该被看作白人这个问题特别小心，

[1] 杜·波依斯认为必须使黑人种族中有才能的十分之一接受大学教育，成为本民族的思想领袖及文化传教士。没有其他人能胜任这项工作，因此黑人大学必须为之培养人才。黑人种族，跟其他任何民族一样，将由本民族的非凡人才来拯救。——译者注

但是,这种小心谨慎却由于《黑鬼天堂》这个有煽动性的书名,被大多数人忽略了。休斯给艾兰·洛克写信说,就书的内容来说,他认为这本书极像是"全国有色人种促进会的官员或是杰茜·福塞特"所写,"但是,它的确是一本好书"。W. E. B. 杜·波依斯一开始就是全国有色人种促进会的官员,但他对此书的看法却正好相反。杜·波依斯在《危机》上撰文说,这本书"公开侮辱了黑人的殷勤好客和白人的聪明才智"。随后,他又以一种通情达理的语气说:"不过,书名只是书名,要对一本书做出最后判断,必须根据它对事实的忠实程度以及艺术价值。我发现,这本书既无真实感也无艺术性。"另一方面,在读过《黑鬼天堂》后,格特鲁德·斯泰因写信给范维克顿说:"第一次聚会……是你举办过的最好的聚会之一,你知道我对这些聚会怎么看。"

休斯与赫斯顿一致支持范维克顿。范维克顿在《黑鬼天堂》里

兰斯顿·休斯,
卡尔·范维克顿摄于 1936 年

引用了一些歌词,但他忽略了为其取得授权,而版权问题又迫在眉睫,于是,休斯从林肯大学坐火车赶过来,一夜之间写出了新的布鲁斯歌词,供以后再印这本书时使用。人们对范维克顿的这本书做出了各种评价,但是,对他来说,最令人痛苦的是一种传言,说他在小天堂(Small's Paradise)夜总会不再受到欢迎。赫斯顿是谁也不可能拒绝的人,她与范维克顿一起出现在小天堂夜总会,软化了该夜总会老板的立场。

有许多表演者是赫斯顿和范维克顿都喜爱的。范维克顿曾经为赫斯顿举办过一场晚宴,帮助她与心中的英雄埃塞尔·沃特斯见面。后者非常喜欢赫斯顿,在相见的当晚就为她演唱了《暴风雨天气》(*Stormy Weather*),从此,她们成了对彼此都很重要的朋友。赫斯顿有时会把她新结识的表演者们介绍到范维克顿的公寓。她曾给范维克顿写信提到某一组表演者:"请听他们唱一唱,即使只唱一首……你也会听出来,他们把黑人圣歌唱得超凡脱俗。"

赫斯顿和休斯慢慢意识到,他们在哈莱姆真正有了地位和影响,就连卡尔·范维克顿也需要他们。杜·波依斯带着某种痛苦和骄傲承认道,面对正在冉冉上升的下一代作家,自己现在是前辈了。休斯是读着杜·波依斯的劝诫文章长大的,他在堪萨斯州劳伦斯市与外祖母一起度过了自己的童年。休斯的外祖母像那个年纪所有受过教育的黑人一样,订阅了《危机》杂志,那上面有杜·波依斯的大量文章。休斯的家族反对贵族阶级,休斯的祖辈曾与约翰·布朗(John Brown)在哈普斯渡口镇(Harpers Ferry)并肩战斗过。还在 12 岁时,当一个身为种族主义分子的老师想把黑人单独安排一排座位时,休斯就发起了一次反对种族隔离行为的抗议。他在每一位黑人孩子的课桌上都放上一个自己做的"黑鬼专座"牌子,此外,他还向家长们发出抗议呼吁,这样终于迫使那位教师改正了错误。休斯出版第一本书时,他欣然接受了杰茜·福塞特的建议,把诗歌《黑人谈河流》(*The Negro Speaks of Rivers*)献给 W. E. B. 杜·波依斯。诗中写道——

　　我了解河流,

我了解河流和世界一样古老,比人类血管中的血流还
要古老。
我的灵魂像河流一样深沉。

这个友好之举打动了杜·波依斯。

1926 年,甚至是在黑人小剧院处于兴盛时期,杜·波依斯即已明白,自己的艺术影响时期已经到了尾声。《黑鬼天堂》在 8 月出版,《火!!》在 11 月发行。休斯与赫斯顿决定,《火!!》接受任何有震撼价值的东西,它刊登了布鲁斯·纽金特那篇反映哈莱姆同性恋生活的短篇小说《香烟、百合与翡翠》(*Smoke, Lilies and Jade*),还有华莱士·瑟曼描写一名准妓女的短篇小说《荡妇考狄利娅》(*Cordelia the Crude*)。《火!!》把杜·波依斯作为攻击目标的意图极为明显,所以,休斯与赫斯顿都记得,杜·波依斯曾在《危机》上"烤"(严厉指责)《火!!》。尽管杜·波依斯在私底下可能会气得浑身颤抖,但是,在公众场合,他没有做任何指责,仅限于蜻蜓点水似地提到这本杂志。杜·波依斯不承认自己在这场战斗中针对的是卡尔·范维克顿那种自由价值观,他只是不赞同赫斯顿和休斯,似乎也把矛头对准了他们。

不过事实上,赫斯顿和休斯是杜·波依斯由衷认可的为黑人种族取得尊严和艺术成就的下一代艺术家。尽管杜·波依斯一直希望的是培养一支由知书达理而且世事练达的黑人艺术家、教师及其他专业人士组成的队伍,他称之为"杰出的十分之一黑人",但是,他是首批要求为民间艺术,特别是布鲁斯音乐,在美国艺术形式中争取恰当地位的人员之一。杜·波依斯曾经在《黑人的灵魂》(*The Souls of Black Folk*)中广泛引用黑人圣歌的内容,而且,在他本人的政治及经济观念变得左倾之时,他对民俗材料的支持也更为坚决。在 20 世纪 30 年代,赫斯顿、休斯及杜·波依斯都认为黑色人种的艺术不能仅来自黑人中产阶级。杜·波依斯喜欢独立的女性,尊敬佐拉·尼尔·赫斯顿,认为她的一些作品"形式优美"。而对兰斯顿·休斯,杜·波依斯更是有一种特殊感情。1899 年的一个午夜,在亚特兰

大,如果能找到一位白人医生愿意为杜·波依斯的儿子实施治疗,那么他的儿子现在应该还活着,休斯的年龄正好比杜·波依斯这个儿子大五岁。尽管杜·波依斯对《黑鬼天堂》一书感到愤怒,尽管《火!!》对杜·波依斯多有冒犯,让他极为愤怒,但是,杜·波依斯从未与赫斯顿和休斯断绝往来。

时间又过去一年,到了 1927 年。这一年,兰斯顿·休斯来到阿拉巴马州墨比尔(Mobile)。"一下火车我就碰到了佐拉·赫斯顿,她正沿着主干道专心地走着,看起来俨然是为了一篇人类学论文设法去丈量某个人的头部。"那一年,密西西比河发生大洪水,成千上万逃难的黑人农民被集中安置在志愿劳动营,由于食物供应极度短缺,许多人挨饿致死。休斯已于 1926 年注册成为林肯大学的学生,并从那儿出发去菲斯克大学举办两场朗诵会。但是,那个夏天,休斯更感兴趣的是去难民营,因为在那里他既做能观察又能记笔记。赫斯顿有辆名叫美丽苏西(Sassy Susie)的小车。他们二人在墨比尔相遇后,赫斯顿和休斯决定一起开车经由偏僻的道路去纽约。"我知道,与她一起旅行会让人开心,"休斯写道,"事实的确如此。"

赫斯顿一直在沿着条条偏僻道路去寻找民间传说,但是那时她还没有动手收集,正如她自己有时候说的那样:"像个新雇员。"赫斯顿发现,那些"毛孔里都在往外渗的拥有无数民俗材料宝藏的人",对她这个最近成为巴纳德学院学生的人不予理睬。她的下一趟南方之行会好得多。那时,她将赤身裸体在一间黑屋子里躺 72 小时,"我的肚脐挨着响尾蛇的皮肤",在伏都教著名巫医的指导下,经历了新奥尔良(New Orleans)伏都教的入会仪式。随后,她将去波尔克县(Polk County)的一个采木区。在那里,她对伐木工人解释说,自己是一名在逃走私贩,所以拥有一辆小车,从而消除了伐木工人的怀疑。而后,她的收集活动进展顺利,收获良多。在第二次南下之旅中,赫斯顿收集到几篇故事,包括《为啥黑人姐妹最辛劳》(Why the Sister in Black Works Hardest)、《黑人如何获自由》(How the Negroes Got Their Freedom)、《为啥仿声鸟总在周五离去》(Why the Mocking Bird Is

Away on Friday)以及几首悲伤的歌谣,这些歌谣让赫斯顿与休斯感同身受:

> 搭上火车却身无分文
> 但我依旧行一程
> 实实在在行一程
> 搭上火车却身无分文
> 列车员问我在做甚
> 但我依旧行一程
> 实实在在行一程

　　踏上去纽约的路途后,赫斯顿与休斯在乔治亚州梅肯市(Macon)短暂停留了一下,去听比茜·史密斯唱歌。碰巧,史密斯入住之地就是他俩选择的宾馆,而且每天都练唱,因此,两人大饱耳福。她告诉他俩:"白人演唱布鲁斯歌曲,很难把低音唱到位。"两位年轻作家都为认识史密斯感到由衷高兴,都觉得与音乐家很亲近,他们自己也在根据从布鲁斯音乐中所学到的东西创作作品。

　　再后来,在乔治亚州的萨凡纳(Savannah),他们试图碰一碰运气,从一群码头装卸工人那里发现新的民歌,结果却一无所获。休斯记得,赫斯顿曾解释说,要想得到新素材,"通常,必须与大家长期共同生活,然后,也许碰巧某一天会听见他们唱出某一首你从未听过的歌,而这首歌可能是他们在偏僻的林区学到的,或者是孩提时代就会唱的,又或者是当时当地他们自己的即兴创作。"他们曾赶往乔治亚州的偏僻森林,拜访了一位魔法师,但对其没有留下什么深刻印象。按照赫斯顿的说法,只是"烧硫磺石"的低级伎俩而已。

　　在这次旅行中,赫斯顿与休斯彼此拉近了距离。但是,休斯以其虚无缥缈的浪漫著称,可能他对男人比对女人更感兴趣,尽管他没有这样说。他们之间没有产生男女之情,但是,他们开始讨论起了合作事宜。赫斯顿在第二年回到伊顿维尔镇时,心中已经有了好几项与休斯合作的计划:"兰斯顿,兰斯顿,这件事将会有着重要的意义……请记住,我已不同于往日,我们需要像天才那样迸发出全部热情去做这件惊人的事情。我需要你帮助。"休斯这个人,能让人轻易爱上他,让人无法想像不爱他。玛丽安娜·穆尔曾写信给他:"天下无双、魅力难挡的兰斯顿,真不知你为什么没有被那些与生俱来的爱意和呵护宠坏,你这孩子毫无傲气!"不过,佐拉·尼尔·赫斯顿也可能对他说过这样的话。

　　1929 年秋天,赫斯顿与休斯开始拥有同一个赞助人——富有而古怪的夏洛特·奥斯古德·梅森(Charlotte Osgood Mason)。她希望这两个受赞助的人都住在纽约城外不远的新泽西州韦斯特菲尔德镇(Westfield),且二人应该住得相距不远。当时,赫斯顿在整理收集来的一摞摞民俗材料,这些材料最后将成为作品《骡子与人》(Mules and Men)。应梅森的坚决要求,休斯正试图写完小说《并非没有笑声》(Not Without Laughter),他对这部小说一向不大满意。
　　休斯感觉不到目标。部分原因是他没有出现在自己视其为同类的那些人附近。那些人都睡在大街上,而整个一生都在与贫穷抗争的休斯与赫斯顿,此时却过着比以前任何时候都舒适的生活,这种生活,他们将来也不会再有。穿着制服的司机开车接送他们,有人会把系着白色带子的漂亮纸张送到他们的住所,曾是汉普敦学院(Hampton Institute)教师的路易斯·汤普森(Louise Thompson)为他们提供打字服务,她从这份工作中也能得到丰厚的报酬。汉普敦大学保守的种族管理制度令人吃惊,学生们组织了一次抗议活动,路易斯·汤普森予以支持,结果便遭到该校解雇。如今,能在大萧条时期得到这份工作,她很高兴。梅森要求休斯和赫斯顿称呼自己为"教母"。她坚信,黑人艺术是那时最需要支持的最重要的东西,尤其是因为它与"远古"有一定联系。她每月给休斯、赫斯顿、艾兰·洛克以及其他一些人提供丰厚的资金支持,只要求他们进行创作。休斯和赫斯顿都非常崇拜她,这也似乎是她期待的态度。不过,作为两个当时最具独立精神的美国艺术家,他们做出的这种姿态让认识他们的人都感到焦虑。
　　对于赫斯顿和休斯来说,梅森就像一位母亲。他们都在早年失去了母亲,休斯的母亲丢下儿子改门另嫁,赫斯顿的母亲则在赫斯顿年仅 13 岁时就撒手人寰。两位作家都真诚爱戴梅森。不过,或多或少是因为他们没有完全按照梅森所制订的计划从事创作,梅森最后与他们断绝了关系,两人顿时不知所措。休斯患上扁桃腺炎,还有牙齿毛病,加上反胃,导致卧床不起。最终,赫斯顿受到的影响更深,因为她与梅森曾签订协议,根据那些条款,她收集来的许多民间传说实际上属于她的这位赞助人。这种处境让赫斯顿作品的出版变得复杂,因此耽误了出版,损害了她的文学事业。

在关系断裂之前,1930 年的春天,休斯、赫斯顿和路易斯·汤普森曾聚集在一起讲故事。大家充分发挥想像,尽力讲得丰富完整,希望能够写成一部剧本,并让汤普森将其打印出来。大家边讲边笑,常常是笑得上气不接下气。对于最后成型的剧本,赫斯顿的贡献是提供了故事情节和一点儿有趣的对话,提出剧本名称《骡骨》(Mule Bone),还设想出背景,非常接近伊顿维尔镇乔·克拉克商店那儿的场景;休斯的工作则是组织叙述文字,补充内容,并润色整个剧本文字。后来,发生了一件事。对于这件事,休斯总是反应平静但又遮遮掩掩,而赫斯顿则是反应强烈但也遮遮掩掩。休斯说,赫斯顿只是决定要离开,自己对此事并未多想。赫斯顿则说休斯粗鲁无礼,对汤普森过分信任,还暗示休斯与汤普森有暧昧关系。休斯说,自己不得不放弃教母的赞助,因为他得按照自己的意愿去写作,而不是根据别人的安排来笔耕,对此他深表歉意。赫斯顿则努力拉开距离,确保梅森继续赞助自己。她给教母写信说:"兰斯顿意志薄弱。"她带走了这个剧本,并将其寄给了卡尔·范维克顿,解释说自己改写过了,整个剧本都是她写的,与别人无关。范维克顿并不了解整件事情的来龙去脉,于是将剧本转给一个经纪人,而这位经纪人又将其寄给了克利夫兰的一个地方剧团。可是,该剧团的导演是休斯的一位老朋友。很快便有律师参与进来了。律师信来自阿瑟·斯平加恩(Arthur Spingarn)。阿瑟·斯平加恩与乔尔·埃利亚·斯平加恩(Joel Elias Spingarn)是一对犹太兄弟,两人都在全国有色人种促进会董事会担任过 20 多年的主席,阿瑟·斯平加恩负责哈莱姆文艺复兴运动所有重要人物的全部法律事务。这两位犹太兄弟及乔尔的妻子艾米·斯平加恩(Amy Spingarn)，一同设立了斯平加恩奖章(Spingarn Medal)，奖励一生致力于民权运动并取得突出成就者。乔尔·埃利亚和艾米·斯平加恩还曾为兰斯顿·休斯支付了上大学的费用。有了范维克顿与阿瑟·斯平加恩的关注，赫斯顿似乎不得不让步了。然而，随后她发现汤普森与休斯同时出现在克利夫兰，于是再次大发雷霆，让自己显得像是在为爱情吃醋。有一次，休斯为此感到非常难受，便写信给范维克顿——

> 她制造的这种场景你根本难以想像。她把帽子向后掀掉，瞪起双眼，咬牙切齿，在我面前挥舞着手稿，尤其是第三幕，因为她声称这一幕是她独自一个人写的，而那时，汤普森小姐和我离开了，一起去读西班牙语去了。(她说"西班牙语"这个词的时候是另有所指。)

兰斯顿·休斯有个习惯，在成为某个人不可缺少的人之后，如果这个人需索无度，他便会离开。而赫斯顿就有需索无度的习惯。他们是同一个赞助人有才华的教子教女，都对布鲁斯音乐有深刻了解。可能他们自己都很难说得清：究竟这一方是从哪里开始设计剧本内容，另一方又在何处结束文字叙述。

范维克顿告诉休斯，赫斯顿已经跟自己讲过这次争吵的经过，并且"没完没了地哭"。八年后，赫斯顿告诉作家阿纳·邦坦姆普斯(Arna Bontemps)，说自己仍然会在深夜哭着醒来。邦坦姆普斯向休斯转述了赫斯顿说过的话："她一生痛苦的根源在于，你和她之间存在一条鸿沟。"此后的岁月里，赫斯顿仅提到过休斯一次，那是在其自传《道路上的尘迹》(*Dust Tracks on the Road*)中顺便提及的；休斯则在其自传《大海》中简要叙述了自己和赫斯顿的友谊以及决裂过程。而后，尽管赫斯顿的形象在休斯的小说中曾经出现过，但是，休斯却再也没在出版的作品中提及赫斯顿的名字。

休斯在1934年出版了一本短篇小说集《白人的行径》(*The Ways*

of White Folks），这个题目参照了杜·波依斯的一篇文章。书中有一篇小说叫《我在弹奏布鲁斯》（The Blues I'm playing），写到了赫斯顿。也许，赫斯顿在这篇小说中看见自己时，会感到很震惊。小说写的是一位白人赞助人与黑人女钢琴家的故事。休斯笔下的钢琴家奥西奥拉（Oceola）正在为她的赞助人弹奏拉威尔（Ravel）的曲子，却在中途停下，转而弹起布鲁斯音乐来。赞助人愤怒地质问奥西奥拉，自己花费成千上万的美元训练她，难道就是为了听这种东西？"不，"奥西奥拉简单回答道，"这是我的音乐……听！……这音乐是多么悲伤，又是多么快乐。忧伤与欢乐——欢笑与哭泣……多么的白，就如同你；又多么的黑，正宛如我……多么有阳刚之气……又多么有柔弱之美……温暖如皮特（Pete）的双唇……这就是布鲁斯……我正在弹的布鲁斯。"

　　小说渗透着作者对一切的亲切感——对艺术家，对处于操控地位的赞助人，对赫斯顿，对年轻的作家自己，对他们可能在梅森赞助下完成的工作，以及如果他们仍然是朋友的话有可能合作的艺术作品。在休斯的小说中，奥西奥拉的布鲁斯音乐非常重要，重要到控制了他自己和赫斯顿，并将他们对彼此关系的前景有时抱有希望有时又带有恐惧的心情融合在了一起。也许，在赫斯顿看见兰斯顿·休斯曾经多么重视她时，忍不住哭了一场。在小说结尾，休斯安排奥西奥拉又弹奏了一首歌。歌词是这样的：

　　　　噢，如果我能大声叫喊
　　　　像伐木工人在山巅，
　　　　我会爬上山顶处
　　　　叫俺孩子把家还。

第二十一章

博福德·德莱尼与 W. E. B. 杜·波依斯

现在是晚上 7 点,博福德·德莱尼正匆忙地从自己位于西 8 街的惠特尼美术陈列馆(the Whitney Studio Galleries) 地下室的房间走出来。他希望能在 W. C. 汉迪(W. C. Handy)和拉克·西奥多·厄普舒尔(Luck Theodore Upshure)这两人出门之前见到汉迪,那时,汉迪正在厄普舒尔看守的房子里。厄普舒尔是位作曲家,当时在做看门人,常常到惠特尼美术陈列馆来。最近德莱尼的作品也在这里展出,他本人也住在这里,并干着看门的活计。前一天,厄普舒尔提到汉迪在城里,并说德莱尼应该前去拜望。此刻博福德·德莱尼步履匆匆,但外人看来还不显太狼狈。他在第 8 大街和第 5 大道交汇处的商店外面停顿了一下,欣赏了一下商店玻璃橱窗上面映出的各种景象,发现厚厚的玻璃板把待卖的水果和消防龙头映成了重影。然后,德莱尼继续前行。这是 1931 年的年初,汉迪一直在城外做一些吹喇叭之类的短期表演,并为 5 年前出版的《布鲁斯选集》(*Blues Anthology*)收集一些新素材,以便再版时加进去。德莱尼一直盼着见到他。

正是汉迪建议德莱尼应该尝试着去画爵士乐音乐家以及哈莱姆文艺复兴的重要人物,而且正是通过与汉迪和厄普舒尔结伴去爵士乐俱乐部,德莱尼才得以见到埃塞尔·沃特斯、路易斯·阿姆斯特朗(Louis Armstrong)以及艾灵顿公爵(Duke Ellington),

并为他们画了像。到目前为止,德莱尼已经获得很多次给名人绘画的机会,而且积存下来许多画像,他感到很满意。他喜欢肖像,还在波士顿的几所艺术学校听课时,就已开始进行肖像速写及用油画手法创作肖像。在波士顿街上漫步,让他对面孔增加了新的认识。德莱尼以前常常去看圣-高登斯为纪念罗伯特·古德·肖团长及其第 54 黑人步兵团而制作的雕像,当年威廉·詹姆斯曾在波士顿公园(the Boston Common)为该雕像举行的揭幕仪式上发表过深情的演讲。附近的公共花园是德莱尼第一次和一个男人发生亲密接触的地方,在公园的天鹅船中。德莱尼有时会去伊沙贝拉·斯图亚特·加德纳博物馆(the Isabella Stewart Gardner collection)描摹那里收藏的肖像画,这个博物馆是他"在波士顿最喜欢的地方",而且,在那里,他还欣喜地遇到了伊沙贝拉·斯图亚特·加德纳本人。有时,德莱尼会引用加德纳做她想做的事情时所使用的那个理由。当人们问德莱尼为什么一有钱就花掉,或者,问他后期为什么几乎全用黄色绘画,他总会回答说:"我乐意。"

穿过华盛顿广场时,德莱尼默默地自言自语,有时他甚至能听见自己头脑里的声音。与亨利·詹姆斯当年住在附近的那些日子相比,这个广场如今已经发生了许多变化,后来这里的场景作为背景还曾出现在德莱尼最著名的一幅画作上——《公园垃圾桶的火焰》(Can Fire in the Park),画作表现的是四个男人在围着一个燃烧着的垃圾桶暖手。1931 年那时,许多人都在广场上睡觉。德莱尼自己在抵达纽约的当晚,就在从这儿往北相隔几个街区的联合广场上睡过觉,而且鞋子还被人偷走了。

一路上,德莱尼应该一直在脑海中给汉迪描述他刚做完的这件事:他想方设法说服了全国有色人种促进会的工作人员,同意让他进入位于第 5 大道 70 号的杜·波依斯办公室。杜·波依斯的秘书最先曾说,绝无可能让他进去给《危机》杂志的编辑杜·波依斯画速写,杜·波依斯正忙着在为全国巡回讲演做准备,还要写六封信,处理国际重要事务,设法阻止美国共产党全权为斯科茨伯勒

男孩一案[1]实施辩护,此外,还要动笔写一部小说。德莱尼既温和
又羞怯,使人们觉得自己不由自主地想帮助他。正如后来德莱尼记
得的,秘书动了恻隐之心,进去与杜·波依斯协商了一下,回来告诉
德莱尼,说允许他进入办公室,但他不能跟杜·波依斯说话,哪怕是
一个字。德莱尼盛情感谢了秘书,推开了杜·波依斯办公室的门。

办公室不大,里面的书籍堆积如山,遮住了墙上每一寸地方,几
乎所有东西上面都是一堆又一堆的文件。杜·波依斯的帽子挂在门
边的一个吊钩上,手杖靠在门框边上。他们握了一下手,然后,可能
杜·波依斯示意德莱尼,让他坐在桌子对面的扶手椅子上。杜·波
依斯拿起笔继续写着,而德莱尼则拿出了速写纸和铅笔。杜·波依
斯应该是继续写了一会儿,但是后来他幽默地承认自己是在摆造型,
虽然眼睛望着纸面,似乎是在思考怎样把劳工运动与民权运动结合
起来,实际上却是在揣摩,自己的肩膀是不是耸得太高,以及眼镜有
没有滑下鼻梁。

德莱尼环顾了一下办公室,也许记起了杜·波依斯的自传体散
文集《黑水》(Darkwater),这本书德莱尼曾读过不止一次。在书中,
杜·波依斯认为自己有理由说:"我对自己脱帽致意。"在这本书中,
杜·波依斯宣布,在一次伤心的经历之后,他就再也没对南方白人妇
女脱帽致意。那次,他礼貌地对一位白人女性脱帽致敬,但她却希望
他让开道站到街边去,以便她能过去。杜·波依斯把世界上的人分
为两类:一类是值得自己脱帽致意的,另一类则不配。

杜·波依斯通常总能迅速慧眼识英才。他可能已经听说过德莱
尼的画作在惠特尼美术陈列馆画展中获奖之事,或者也听说过《机
遇》杂志随后载文介绍过德莱尼,但是两个人彼此之间并不认识。
杜·波依斯应该问了德莱尼他家乡是哪里,而德莱尼回答说在诺克
斯维尔(Knoxville),这也许让杜·波依斯想起在菲斯克大学授课以

---

〔1〕　"斯科茨伯勒男孩诉亚拉巴马州"(Scottsboro Boys v. the state of
Alabama)是轰动美国全国的案件,也是美国民权运动的一大先导,并导致美国最高
法院两个里程碑式的裁决,从而加强了所有美国人的基本权利。——译者注

及在田纳西州乡间教书的情形。然后,谈话可能转向了波士顿以及两人共同的熟人。

德莱尼也许问到了杜·波依斯女儿的情况。3 年前,杜·波依斯女儿的婚礼引发了空前泛滥的流言蜚语。因为各种各样的原因,德莱尼一直密切关注着这件事。杜·波依斯曾谨慎地推测康提·卡伦会是下一代诗人领袖,并给卡伦和自己的女儿约兰德·杜·波依斯(Yolande Du Bois)安排了一个场面浩大的婚礼。1928 年的这场婚礼,用专栏作家们的话来说,是哈莱姆文艺复兴运动兴盛时期的社会大事,婚礼有 16 位女傧相,将近 1 500 名宾客。兰斯顿·休斯也是男傧相之一。休斯后来写道,"这只是因为我是诗人",他不想让康提·卡伦与自己的生活发生任何关系。

德莱尼与卡伦关系很密切,对于卡伦及其同性恋人艾伦·洛克千方百计试图勾引漂亮男子兰斯顿·休斯之事了如指掌。休斯喜欢将自己的性事对大部分朋友保密。卡尔·范维克顿说自己仅遇见过两个"生命中没有性生活,却似乎仍然生龙活虎的"男人,其中之一就是兰斯顿·休斯。不过,后来有人说,休斯生活中的性伙伴是范维克顿从来没有见过的男人。卡伦对性取向不像休斯那样保密:他让新娘约兰德独自一人去欧洲度本属于他们两人的蜜月,但他本人后来则与伴郎哈罗德·杰克曼(Harold Jackman)一道出发。此事在哈莱姆的一些专栏文章中曾被提及,作者那猥亵的快意溢于言表。杜·波依斯应该根本没有去考虑度蜜月的女儿,拿定主意完全忽视卡伦的性取向。不过,在这场维持不到一年的婚姻破裂时,他觉得可以理解。

德莱尼还知道,杜·波依斯在《危机》杂志的得力助手、才华横溢的作家奥古斯都·格兰维尔·迪尔(Augustus Granville Dill)因与一个男人在公共厕所进行性活动被捕后,杜·波依斯随后便不假思索地将其解雇了。多年以后,在自传中,杜·波依斯用其阐述人权观点的特有能力对此表达了歉意。他写道,直到那件事情发生时,他都"还从来没有能理解奥斯卡·王尔德的悲剧人生",他后来"日复一日沉浸在对自己过去做法的悔意中"。

　　杜·波依斯这迟来的同情部分起因于他自己同一种文化抗争的经历。这种文化既否认他的成年男人身份,又期待他的男子气概,他自己并不是很幸福的解决方式是不停地传出风流韵事。德莱尼应该听到过人们议论杜·波依斯的不忠,以及对谁会成为第二任杜·波依斯夫人的猜测,其实杜·波依斯的第一位夫人还活得好好的,只不过她对杜·波依斯几乎已毫无吸引力。不管那些传言怎么说,杜·波依斯在公众场合仍维护着自己的婚姻,没有考虑离婚。离婚应该是可以接受的,因为哈莱姆允许其重要人物有某种行动自由。但是,德莱尼也一定意识到了,在 1931 年的哈莱姆,黑色人种的榜样不是同性恋者;另外,也不是他们这种抽象画家。

　　杜·波依斯对缺乏明确政治信息的艺术向来意兴阑珊,可能也没在德莱尼那些线条并不规则的风景画中发现多少美感。作为画家,德莱尼受到塞尚以及斯蒂格利茨有关光线使用理论的强烈影响。关于该怎么看待德莱尼和他的作品,即使是哈莱姆文艺复兴运动中绝大多数的先锋派成员也不大肯定。德莱尼的写生簿中有给阿尔弗雷德·斯蒂格利茨画的素描,他称其为《永远的灵魂》(*Eternal Spirit*);他还给乔治亚·欧姬芙画过速写。欧姬芙也曾怀着极大的敬意给德莱尼画过肖像,而且后来还把那幅肖像在现代艺术博物馆展示了一阵子。斯蒂格利茨仅为德莱尼提供了有限的机会,鼓励他到他的摄影室学习和参观,但是,在他们认识的那么多年中,他从未给德莱尼提供展览画作的机会。

　　德莱尼经常遇到这样一些人,他们认为黑人画家应该在哈莱姆工作,并给住在那里的人们绘制肖像。尽管德莱尼是带着仁慈之心去观察城市生活并作画,但他的艺术作品并未天然地体现出政治性。旅途中,他常常拿出小纸条写上几句话,提醒自己不要在工作时忘记了社会内容。随着精神状态下滑,加之患有疾病,他变得注意力分散,记忆力下降。为了精力集中,为了防止遗忘,他经常给遇到的人画肖像。

　　1931 年那时候,在《危机》杂志社的人是很难不谈论政治的。由于美国法律存在非常拙劣的不合理规定,八名斯科茨伯勒男孩被判

处死刑,第九个因为年仅 13 岁,幸免于死刑判决。这九名年龄在
13—21 岁的黑人与一些白人在一节火车车厢里发生斗殴,事后,有
两名白人女性指控说,遭到这几个孩子强奸。

全国有色人种促进会对这宗案件在处理上存在很大失误,美国
共产党则采取法律手段深入追究该案。因为阿尔·史密斯(Al
Smith)与赫尔伯特·克拉克·胡佛(Herbert Clark Hoover)在前一次
选举中卑劣地出卖了黑人,所以美国黑人现在正纷纷投靠共产党。
兰斯顿·休斯没有在《危机》而是在《新大众》(The New Masses)杂志
上发表了诗作《斯科茨伯勒》(Scottsboro),"谁来伸张正义?"他在诗
中提出这个问题,自己又做了回答:"耶稣啊,/ 你在孤军奋战。"诗中
还写到了约翰·布朗、圣女贞德,以及"列宁挥舞着鲜红的旗帜"。
杜·波依斯很生气,因为全国有色人种促进会坐失一次取得公众支
持的良机。另外,他也不大信任各种"共产主义"组织,担心这些组
织是为了各自的目的在利用黑人劳动者。由于共产党在乡村公开组
织活动,已经导致阿拉巴马州四个黑人佃农丧命。另一方面,主要政
治党派以及劳工联合会坚决反对接受黑人成员,更不用说倾听他们
的忧虑。在对如此现象深感失望之下,杜·波依斯对马克思主义进
行了仔细的研究,主张种族的解放与工人阶级的解放可以一起完成。
不久,他就开始说,完全可以想像得到,美国黑人在美国永远不会被
接受,如果有可能,努力去创建一个独立的、自给自足的经济体系,也
许会更好一些。杜·波依斯已认识到存在这么一个问题,并将其称
为"对有色人种的歧视问题"。他认为,这个问题即使不是 20 世纪最
重要的问题,也是 20 世纪的主要问题之一,而且是所有国家共有的
问题。他有一个观点,即一些因社会等级或是肤色处于劣势的群体,
可以组成经济合作组织,集体消除贫困。半个世纪以后,这个观点会
在第三世界国家盛行起来。

杜·波依斯瞥了一下桌子,德莱尼意识到秘书的指令,描绘得更
快了。他已经大致画好了脸,现在开始更详尽地描绘眼睛、山羊胡
子、小得出奇的耳朵、鼻子的细致线条以及胡髭周围脸颊的曲线。

杜·波依斯发现,自己喜欢和德莱尼相处,因为他声音温和,姿势写意,笑容灿烂。在德莱尼面前,杜·波依斯觉得自己强大而安全,这种效果在德莱尼与白人打交道时颇为有用,对杜·波依斯这位《危机》的编辑也有着抚慰作用。

德莱尼完成了素描。杜·波依斯既欣赏其娴熟的技能,也认可他给自己画的素描,因此,杜·波依斯感到很满意。看素描时,他还挺直了肩膀。德莱尼不知道这幅画是不是缺少一种均匀感,自己的其他作品都具有那种均匀感。他怀念用木炭作画所能达到的深度,可以让人物形象一点点地丰满起来。尽管如此,他还是很高兴,毕竟杜·波依斯感到满意,他极为敬重杜·波依斯。德莱尼鼓起勇气赞扬了一下《黑水》,而杜·波依斯一个书架的边上正好放着一本。杜·波依斯对此感到有点儿惊讶,因为他听见人们谈论得更多的是《黑人的灵魂》(*The Souls of Black Folk*)。杜·波依斯站起身来,领着德莱尼出门,然后,两个人在门口热情地握手告别。杜·波依斯回到桌边,感到舒心又满意。德莱尼对秘书点了点头,她微笑着目送德莱尼离开。

在德莱尼那天晚上向厄普舒尔看守的房子走去时,头脑里满是上面这些场景。尽管下面这件事完全有可能发生,但是对他而言,似乎还是觉得不可思议。在他穿过华盛顿广场公园的时候,看见了杜·波依斯的身影!杜·波依斯身穿黑色西服,头戴圆顶硬礼帽,挂着手杖,正走向第 5 大道。杜·波依斯是在夜色中赶回全国有色人种促进会的办公室,他经常是这样。也许他刚才在外面开了一场会,或是参加了一次聚会。德莱尼继续穿过公园,仍然慢慢地往前走,以便不引起杜·波依斯注意。在他们走近彼此时,杜·波依斯抬头看了一下,脸上露出专注的神情,随后,他认出了面前的这个人。于是,杜·波依斯抬了抬帽子,声音低沉,招呼道:"晚上好,德莱尼。"然后,继续往前走去。

第二十二章

哈特·克莱恩与凯瑟琳·安娜·波特

　　哈特·克莱恩第七次醉醺醺地出现在凯瑟琳·安娜·波特在墨西哥租住的房子里,不仅放浪形骸,而且酩酊大醉,这让凯瑟琳·安娜·波特失去了耐心。她本来就不是一个很有耐心的人。她在一封给朋友的信中写道,克莱恩因为收到文学批评家马尔科姆·考利(Malcolm Cowley)的信,便来到墨西哥。她恨得口不择言:"所有印第安人都是公开的同性恋,而且伦常错乱,他们的社会就是以此为基础的,克莱恩在这里不会遇到任何障碍。"克莱恩说,他想写一部史诗,也可能是一部戏剧,反映美洲人及其灵魂深处的本土精神,作品会涉及赫曼·科尔特斯(Hernan Cortes)、[1]墨西哥阿兹特克人帝国(the Aztec Empire)以及他们的第九代皇帝蒙特苏马二世(Montezuma Ⅱ),他准备在墨西哥进一步收集这些方面的资料。

　　1931年,墨西哥城繁荣兴旺,墨西哥和美国的艺术家们常在墨西哥城和纽约之间穿梭往返。现代艺术博物馆在为墨西哥画家迭戈·里维拉(Diego Rivera)举办一场作品回顾展,墨西哥画家米盖尔·寇瓦鲁毕亚斯(Miguel Covarrubias)一直在为兰斯顿·休斯和卡尔·范维

----

〔1〕 赫曼·科尔特斯是西班牙征服时期的著名人物,贵族出身,1504年前往西印度群岛,在殖民机构中供职。1519年率军入侵墨西哥,用武力和欺骗手段,并借用印第安人的力量,至1521年征服阿兹特克帝国,后任新西班牙总督。——译者注

克顿的图书配画插图,马斯登·哈特利在绘画墨西哥风光。有些美国作家认为,从墨西哥的文化和景致中所看到的一种带有象征意义的荒凉感,对自己的创作很有裨益,波特和克莱恩也这样认为。他们两个不是最早有这种看法的人,但是,在探索这条路径的美国作家中,他们却是最热衷于此的两位。两人的生活都过得不安静,也都不研究当地习俗,而且西班牙语也都说得不够流畅。但是,波特的确写过不少关于墨西哥艺术和政治的精美文章,她的许多优秀短篇小说也都以墨西哥为背景。不过,克莱恩几乎压根儿就没写出有关墨西哥的作品。

波特和克莱恩都在 1931 年获得了古根海姆研究基金(Guggenheim fellowships)。〔2〕克莱恩用这笔钱去墨西哥旅行,在那儿,他遇到了已在该地的波特,波特正准备用这笔钱去欧洲。克莱恩来之前就让波特知晓了自己要来的事情。到了墨西哥后,克莱恩因为无处可待,而且不知怎么一点钱也没有了,所以,在到达墨西哥仅几天之后他就找到波特家来了。他们有一些共同的朋友,其中包括艾伦·泰特(Allen Tate)。泰特是南方作家和诗人,在诗歌创作方面一直有点儿像是他们两人共同的导师。但是,这种普普通通的相识关系并不能让波特忍受克莱恩在墨西哥的醉酒作乐行为。那时,认识克莱恩的人把他描绘成"一把上了膛的枪"。

在克莱恩来到墨西哥时,波特正和她的情人尤金·普雷斯利(Eugene Pressly)生活在一起,住在墨西哥城外的一栋房子里。克莱恩醉醺醺地出现了,蹦蹦跳跳地跑进院子,一副兴高采烈的样子,开始狂热地赞美那些鲜花,在楼梯上跑上跑下,又冲到波特和普雷斯利常常上去坐着的房顶上,在那儿东奔西跑,后来索性不请自来地想要与他们住在一起。波特后来声称,当时自己以为他喝醉了,是在与自己开玩笑,便随意地回答说:为什么不可以呢?结果,第二天,他带

〔2〕 古根海姆,美国一工业家及慈善家家族,包括梅尔(1828—1905),他在古巴血腥经营铜业,大大增加了家族财富。其子 丹尼尔(1856—1930)和 西蒙(1867—1941),以及西蒙的孙女,被称为"佩吉"的玛格丽特(1898—1979),都是艺术事业的赞助者。该家族在纽约捐助建立了古根海姆现代艺术博物馆(1959)。——译者注

着自己的行李神志清醒地来了,走进前屋后,便打开带来的胜利牌留声机,以后数周里,还一直将声音开到最大。在那些涉及他的书信中,充满了波特带着怨恨的八卦语言,不过,她并没有捏造细节,所描绘的那些事情和别人看到的一致。波特说,克莱恩一天能喝8公升啤酒;他有时会绕着房子跑,并且"挥着拳头,又哭又喊:'我是波德莱尔(Baudelaire),我是惠特曼,我是马洛(Christopher Marlowe),我是耶稣。'但是从来没有听见他说自己是哈特·克莱恩,一次也没有。"晚饭时,克莱恩会开怀畅饮,直到大醉,而且醉得令人发笑。但是,随后他会变得狂怒,教训波特,指责她对墨西哥的错误态度。接下来,他会喝得更醉,变得更富于攻击性,最后气冲冲地离开房子,冲进夜色中去。他去酒吧鬼混,有时随便勾搭男人,到头来被频繁地关进监狱,普雷斯利也被频繁地叫去保释他。克莱恩的这些做法,让憎恶同性恋的普雷斯利没办法喜欢他。至于克莱恩,他说普雷斯利让他想起基督教青年会(YMCA)的一个秘书。

在墨西哥期间,克莱恩因一系列的违法行为进过监狱:醉醺醺地向男人求欢并参与打架(打架时,他被剃须刀割过,还受过其他一些伤害);拒绝支付应给的出租车费;在一条偏僻的小巷中爱抚一个十几岁的少年;在大街上尖叫……有件事特别激怒了波特:克莱恩试图把一个14岁的墨西哥男孩带到她的房子来。她很理智地告诉他,自己不会允许他在自己的房子里诱惑一个14岁的女孩,也不可能因为被引诱方是男孩就改变这个原则。克莱恩喜欢她,给她写了几封道歉信,开头都是"亲爱的凯瑟琳·安娜"。但是他也给朋友们写信说,自己渐渐厌倦某种"典型南方型女性的虚荣"。

在他们比较平静的时候,有一次,他们早上一起坐在屋顶,克莱恩告诉波特,他知道自己正在自我毁灭,毁掉作为诗人的自己。他很难感觉到任何东西,几乎无可救药,似乎只能体验到那些冷漠、毫无人性的感受。也许克莱恩心甘情愿地自我毁灭,所以精心挑选那些对自己的毁灭做法无能为力的人。波特在一封给克莱恩的信中极为愤怒地说道:"从性情上来说,我不属于受害者,对于你缺乏想像力地挑选我作为你这种表现的观众的做法,我难以理解。"但是,她被选中了,因为她正好有一种错误的忍耐力,这种忍耐力正好能让克莱恩继续那种生活,但是又不能约束和阻止他。

　　让克莱恩住在自己家里,有点儿像让波特自己最可怕的噩梦盘桓楼下,他还常常打开电唱机以最高音量播放。波特像克莱恩一样,几乎处于同样的艺术窘境。她到墨西哥已一年了,按说应该已完成自己的长篇小说,但是,就像克莱恩刻薄话语所说:一段都没有写出来。于是,波特学着酗酒;与一个比自己小 13 岁的男人亲密交往,而她的朋友们大都认为,这个人唯一突出的地方只是对她忠心而已;到处乱发脾气;逐渐毁灭自己的天分;追逐性和激情,却从来没有感到很满足。尽管她还没有走得像克莱恩那么远,但这却也是一条相似的自我毁灭之路。

　　克莱恩明智地搬了出去,搬进靠角落的一栋房子。不过,他仍然无醉不归,还从自己住处的房顶爬到波特的房顶上去,然后滑落到她房子的外面,高兴地号叫。波特对此惊恐不已,把自己反锁在浴室中。过后不久,有一天,克莱恩在早上到波特家里来,头脑清醒,还邀请波特和普雷斯利一起吃晚饭。克莱恩事后声称,那天他花了一下午仔细准备,由于他们没去,自己受到了伤害。他喝了一瓶龙舌兰酒,流连于当地的各家酒吧,然后坐着出租车(拒绝支付出租车费)找到波特的房子,开始诅咒她和这个世界。后来波特说,克莱恩喝醉后,嗓音“震耳欲聋,令人毛骨悚然、心脏收缩”。正是在这次事情过后,波特给克莱恩写了一封信,最后决裂的时候来到了——

　　　　你必须要么学会像一个负责的成年人,靠自己的双脚
　　站立,要么等着被人当傻瓜对待。你情感上的歇斯底里并
　　不感人,只可能给文学界那些小人留下印象,他们会觉得你
　　的坏脾气是天才的标志。在我看来,它们丝毫不能给你的
　　诗歌增添价值。我再也不想看到你……离我远点。这件让
　　人恶心的事情已经做得太过分。

　　　　　　　　　　　　　　　　　　凯瑟琳·安娜

收到此信的 14 天以后,克莱恩收到父亲去世的电报,不得不突然离

开墨西哥。他离开了几个月,处理每一笔遗产。克莱恩的脑海中一直都有父母的声音,从来没有停止过,他一直都在与这些声音抗争。父亲去世,只让情况变得更糟,现在甚至无法与父亲本人抗争。克莱恩总希望能靠遗产为生,但是,事到临头,由于经济大萧条,加上父亲在生意上的一些错误决策,最终遗产所剩无几。在克莱恩回到墨西哥时,他的状况变得更为糟糕。

这时已是 9 月份,佩吉·考利(Peggy Cowley)已在墨西哥与马尔科姆·考利(Malcolm Cowley)离了婚。在克莱恩离开后,佩吉一直与波特生活在一起。回到墨西哥后,克莱恩与佩吉·考利相处融洽,密不可分。后来,佩吉搬出去住在远处的乡村,这让克莱恩极为思念她。于是,圣诞节时,克莱恩专程离家前去拜访她,两人开始关系亲密。克莱恩想让这种关系成为自己的救命稻草,事实上,受此影响,他还努力写了最后一首好诗:《破碎的塔》(*The Broken Tower*)。这个标题可能是对他们之间一些事情的一种表达,尽管有些可以作证的东西消失了。在克莱恩死后,其母亲格蕾丝在仔细检查儿子的通信时,对儿子进行了最后一次严格控制,坚决地烧掉了佩吉·考利的所有信件。

与佩吉在墨西哥一起生活的那几个月,与以前同波特在一起的几个月颇为相似,克莱恩大部分时候都在喝酒,有龙舌兰酒,有朗姆酒,也喝啤酒。有时,他会像那些墨西哥本地人一样披着长披肩四处游荡,似乎不懂这也许是失礼之举。他希望《破碎的塔》能让人们从某种程度上重新认可他并给他带来一点儿收入,但是,他把诗稿寄出去后,编辑们却没给他回音。克莱恩与佩吉一道去普埃布拉州(Puebla)的城镇旅行了一趟,参观了那里 365 座教堂中的 2 座;在墨西哥城的一个贫民窟,他们看了一部查理·卓别林的电影;还有人给克莱恩照了一张像,他躺在一张轻便折叠躺椅上,怀中抱着一只小猫。克莱恩写信给一个朋友说,他非常喜欢小说家约翰·多斯·帕索斯(John Dos Passos)写的作品《1919》(*1919*)。这是他读的最后一本书。

他开始尝试自杀。有一次,情形非常可怕,他把珍藏的一幅自己的肖像画拿到厨房的案板上，用父亲的剃须刀，从肖像的眼睛开始，将其一片一片地切开。这幅画是他的一个朋友、墨西哥艺术家戴维·斯奎罗斯（David Siqueiros）给他画的。佩吉·考利说，在毁掉那幅画以后，克莱恩喝了一瓶药水，随后，在后半夜，佩吉找来的一名医生从克莱恩的口中探听到，那是一种红药水。在墨西哥，企图自杀是一项严重罪行，所以，对佩吉和克莱恩来说，他们显然应该考虑离开那里了。

　　克莱恩的钱已花光，与古根海姆之间的合作也已结束，周围的世界垮塌了。于是，他和佩吉决定回纽约。马斯登·哈特利那时已经开始在墨西哥研究古根海姆基金对自己的资助项目。他记得，自己曾设法劝说克莱恩坐火车回去，因为不知何故，他总感觉克莱恩乘火车会更有可能活着到家。但是，克莱恩和佩吉预定了海轮，准备乘坐奥里萨巴号（Orizaba）轮船回去。他们差点儿错过了赶往轮船码头的火车，但是最终还是按时上了船。途中，轮船停靠在哈瓦那，他们还曾上岸逗留。克莱恩和佩吉应该商量过在一家餐厅见面吃午饭，但是不知何故彼此却错过了。二人后来见面后心急火燎地互相指责。回到船上，佩吉想点燃一根火柴，却把一束火柴点燃了，还烧伤了手。克莱恩在医生办公室找到她，大吵不休，医生最后把他轰了出去。但是，到了晚上，克莱恩又在她的舱室门外连续不停地大喊大叫，言辞粗鲁。后来，船上的一些高级船员把他带回其舱室，还从外面把门关上并钉住。

　　那天凌晨一点左右，克莱恩闯出他的舱室，来回转悠。后来，可能在甲板下的船舱内想与一个水手调情，招来一顿痛打，还因此遭抢。他想往船外跳，但是被一个服务员摔倒在舱中的地板上。随后被锁在自己的船舱直到天亮。克莱恩和佩吉在他的船舱里进了早餐，那时，他开始喝起酒来。过了几个小时，克莱恩来到佩吉的舱中，睡衣裤外穿着大衣。他对佩吉说："亲爱的，我准备放弃了，我已颜面尽失。"佩吉劝他穿戴整齐，说那样会让他自己感觉好一些。克莱恩答应道："好的，亲爱的。"随之和她吻别，出门时顺手关上了舱门。然后，克莱恩走上甲板，走向栏杆，脱下大衣，将其整理好之后挂在栏杆上,犹豫了一下,又踮起脚尖试了一下,随后双手撑着栏杆跳向船外。

乘客们呼救起来,人们把救生工具扔下去,将救生艇放下去,有些人认为自己看见水里有一只手或是一只胳膊。但是,几小时以后,船长放弃了搜索,奥里萨巴号继续驶向纽约。

凯瑟琳·安娜·波特已经离开了德国。在德国,她常与像纳粹德国空军元帅赫尔曼·戈林(Hermann Goering)那样的人一起去参加晚宴,这是一种被她后来称为收集信息的社交生活。她去了瑞士。在听到克莱恩的死讯后,就他的死对自己产生的影响写了一封带有侮辱性质的长信。她总结道,可能克莱恩的死恰到好处,因为现在人们又能注意到他的作品。"那具行尸走肉,写诗时几乎都是随手涂鸦,而且,如果他还活在世上,会有更惨的下场。"波特从来就不厚道,但是她可能恰当地表达了那种可能性,即在到达墨西哥时,克莱恩的心就已经死去了。

凯瑟琳·安娜·波特则在继续努力奋斗。1939年,她出版了《灰白马,灰白骑手》;在整个第二次世界大战期间,她都在继续工作;写了30年小说,短篇小说集还获得普利策小说奖;最后活到90岁。在她漫长的一生中,一次也没有说过"亲爱的,我准备放弃了,我已颜面尽失"。

如果克莱恩回到了纽约,有时彷徨,有时清醒,写出一本较差的书,然后又出版两本真正伟大的作品,那么,波特对他的看法应该会有所不同。玛丽安娜·穆尔应该也会原谅他的不得体言行。在波特努力寻求穆尔的关注时,波特应该会随意地提起克莱恩的名字,仿如提起她的老相识。克莱恩应该会与斯蒂格利茨在乔治湖度过几个晚上,观看黄昏的云彩;他也应该会有机会观看查理·卓别林执导的《摩登时代》和《大独裁者》(The Great Dictator)这两部影片。他会经历第二次世界大战。他可能对自己政治友人反对众议院非美活动调查委员会(the House Un-American Activities Committee)的行动予以辩护,或者,他也有可能变得强烈反共,那么他与波特之间应该有可能建立起新的友情,或也有可能相互攻击。克莱恩的生命应该会在各个不同的点上与波特的相交,但是他自杀了,这种行为对波特来说是不可接受的,那是一种自我的丧失,而波特终其一生都在坚强地面对自我。

墨西哥是一把弹弓,把他们两人都弹射了出去。波特是一个给人留下深刻印象的作家,而克莱恩则是一个受挫的天才;他们都有一种神奇的天赋,他们的天赋在墨西哥接受了考验。克莱恩退却了,永远地退却了,退入了他的传奇和死亡。波特则成了著名的南方女性,她拒绝回首往昔。也许,克莱恩很蔑视波特的选择,一如波特对克莱恩选择的鄙视。

第二十三章

伊丽莎白·毕晓普与玛丽安娜·穆尔

　　伊丽莎白·毕晓普确信自己会迟到。从瓦萨(Vassar)开出的火车要进站了,她在车厢里烦躁不安,便从手提包里拿出一本书,花了几分钟想要读进去,但一个字也没有进入大脑,不得不又放回原处。她掏出一个笔记本,上面写着她想出来的各种问题,这个笔记本她保留了终身。毕晓普在这个本子上已经写出的问题清单中又加入一条她可能提及的问题:关于文身的书,然后,又在霍普金斯(Hopkins)的名字下划了线,霍普金斯是毕晓普最喜欢的诗人之一。最后,她停下来,凝视着窗外。外面的风景似乎有点儿模糊不清,那些树是给人希望还是使人畏缩,也让人理不清楚。列车靠站了,她用手指梳理了一下自己浓密的头发(最近,有一个朋友描述她的头发看起来"像是用来包瓷器的"),然后把帽子向下往头发上拉了拉。她拿起手套和袋子,走出车厢,到了纽约中央车站(Grand Central Terminal)。从车站到纽约公共图书馆有三个街区的距离。当她走过一个街角的香烟店,看了一眼那里的钟,不由得感到很欣慰,她这个平时总是迟到的人今天居然很准时,真是不可思议。到了图书馆,她走了一段台阶,从两尊很大的大理石狮子雕像中间穿过,然后继续上台阶,然后穿过大门,沿着宽敞的楼梯上行,最后到达主阅览室外面门右边的长椅前。椅子上坐着一个人,上身穿着白色衬衫,戴着一条领带,毕晓普记得,领带上面"模模糊糊有'布尔茅尔（Bryn Mawr）1909'几个字"，[1]那就是玛丽安娜·穆尔。

　　这次会面是由范妮·波顿（Fannie Borden）安排的，范妮是臭名昭著的莉兹·波顿（Lizzie Borden）[2]的侄女。范妮·波顿（Fannie Borden）是瓦萨女子学院的图书管理员，已认识整个穆尔家族很久了。伊丽莎白·毕晓普读完了能够搜罗到的所有玛丽安娜·穆尔的诗歌，然后，她在学院图书馆向图书管理员打听，怎么才能找到一本穆尔的书《观察》（Observations）。范妮·波顿这位图书管理员让毕晓普感到惊奇，因为她不仅有那样一本书，还认识穆尔，而且主动提出给她与穆尔安排一次会面。毕晓普很高兴，因为她那时还不知道波顿已经给穆尔介绍过许多年轻女性，不过，穆尔明显不喜欢她们。但是，穆尔一定感觉到毕晓普与那些人不同，否则，穆尔应该会建议在纽约中央车站的问讯亭见面，那是另一个她喜欢的见面地点，因为，在那儿几乎不可能交谈，而且还总是可以很方便地迅速离开。

　　玛丽安娜·穆尔打破了沉默，开始跟毕晓普说话。毕晓普在有关穆尔的一篇随笔《挚爱真情》（Efforts of Affection）中写道："对我来说，在接下来的 35 年里，玛丽安娜似乎一直在与我交谈，但那当然是无稽之谈。那些年里，很多时候我住在远离纽约的地方，要相隔很长时间才能见她一次。她一定属于世界上口才最好的人之列，她的谈话妙趣横生、发人深省、引人入胜，让人难以忘怀。她的谈话，如同她的诗歌，都与世界上任何其他人的迥然不同。"毕晓普被穆尔的谈话深深迷住了，以至于当她后来写这第一次会面的情况时，她都记不起来自己是否告诉过穆尔，两周前自己刚看了格特鲁德·斯泰因的《三幕剧中四圣人》，以及自己是如何谈论霍普金斯的，还有那时或后来自己有没有提到文身。她真后悔自己没记日记。

―――――――――

　　[1]　玛丽安娜·穆尔 1909 年毕业于美国布尔茅尔学院，获文学学士学位。——译者注
　　[2]　1892 年美国马萨诸塞州发生一宗十分著名的杀人悬案，富有的英籍商人安德鲁·波顿和他第二任太太在寓所内被人用斧头击毙。案件中波顿先生的女儿莉兹·波顿最为可疑。她被起诉多项谋杀罪，但最终被判无罪释放。

这年是 1934 年。就是这一年的春天，玛丽安娜·穆尔写了一篇随笔：《作为典型美国人的亨利·詹姆斯》。穆尔也许告诉过毕晓普，自己极为喜欢詹姆斯回忆录中的一个故事，并在自己的文章中复述了这个有关萨克雷和幼年亨利·詹姆斯的故事，写到了那件有着太多扣子的外套，以及他那"莫名其妙的"感觉，即一种外来人的感觉。这种感觉，穆尔似乎也有。她的亲密朋友托马斯·斯特恩斯·艾略特（Thomas Stearns Eliot）、埃兹拉·庞德、威廉·卡洛斯·威廉姆斯（William Carlos Williams）、华莱士·史蒂文斯（Wallace Stevens）以及与她通信达几十年的那些人，都在挖掘他们自己身上各种各样的美国传统。穆尔并不认可威廉·詹姆斯"实例胜过描述"的观点，她喜欢把亨利·詹姆斯作为美国文化课题进行研究。伊丽莎白·毕晓普幼年是在加拿大度过的，又总是远离美国，较少用心考虑自己是不是美国人这类问题。毕晓普对自己称为"诗歌心理"的东西感兴趣，尤其是霍普金斯的创新。她觉得，霍普金斯成功地在诗歌中做到了由学者 M. W. 克罗尔（M. W. Croll）总结的观点，即诗歌中要捕捉的"不是既存的思想，而是头脑的思考"。在阐述这个问题的那篇文章的结尾，毕晓普也声称亨利·詹姆斯对自己有影响。那天，在公共图书馆的长椅上，毕晓普谈到了一点儿自己的情况。会面接近尾声时，一个念头突然闪过，她问穆尔是否想去看马戏，却不知道玛丽安娜·穆尔是个从不错过马戏表演的人。

毕晓普的朋友们都认为，她对于与穆尔第二次会面的叙述极为有趣。穆尔到达会面地点的时候，毕晓普发现她带着两个大纸袋子，里面装着准备喂大象的黑面包。"大象喜欢黑面包。"穆尔解释说。（毕晓普后来挺怀疑，是大象真的更喜欢黑面包而不是白面包，还是"玛丽安娜一直在为它们的健康着想"。）穆尔有一只很珍爱的手镯，是用大象毛做的，那是她哥哥送给她的，但是，上面有一根毛掉了。她计划由毕晓普去给那些成年大象喂一些面包，转移它们的注意力，而其本人则去喂那些小象，并吸引它们俯下身来，这样，她就能从它们的头上剪下一些毛发。毕晓普给那些成年大象喂食，也吸引了担任警戒任务的那些大象的注意力，它们果然非常喜欢吃黑面包。在那些大象全都发着吼声、晃动着鼻子互相争抢、彼此驱赶对方时，穆尔已麻利地在小象们的头上剪下毛发并凯旋。她手中的毛发够用了，可以好好地修补自己的手镯了。

这件事过去不久，毕晓普给一个朋友写信描绘穆尔小姐。（她们在彼此认识后的头两年里一直分别称呼对方"穆尔小姐"或"毕晓普小姐"）"我只见过她两次，可我觉得已经有了足够回味几年的趣闻轶事。"从初次接触开始，诗歌就是她们两人关系中的核心内容。毕晓普后来写到自己早期对穆尔作品的新发现时说："为什么以前没有任何人用这种清楚而又光彩夺目的方式写作呢？"至于穆尔，她在给哥哥约翰·华纳·穆尔（John Warner Moore）写信时说，她自己和母亲都喜欢"毕晓普小姐，胜过喜欢我们任何其他朋友，其他那些被我们接受了并保持交往的朋友。但她老是迟到，这让我的热情多少有些降温。"玛丽安娜·穆尔从来不迟到，她总是戴两块表以确保准时。

穆尔与母亲住在一起，穆尔夫人令人敬畏而又待人热诚，她们住在布鲁克林卡门伯兰大街（Cumberland Street）260号。毕晓普很快就开始坐地铁过去拜访她们母女俩。毕晓普常常是自己交往的女性和她们母亲的共同朋友。她是在没有母亲的环境中长大的，在她年仅五岁时，母亲就被送到了精神病院，母女二人以后再也没有相见。毕晓普夫人死于1934年5月，即毕晓普小姐与穆尔小姐见面的两个月后。那时，毕晓普年方23岁。

在中学和瓦萨大学里，毕晓普的朋友们皆以她的姓氏"毕晓普"称呼她，在玛丽安娜·穆尔提议她们彼此称呼对方的名字时，毕晓普感到甚是欣慰——终于有人叫她伊丽莎白了。她也很满意于穆尔说伊丽莎白的方式："她对第二个字发音很重，伊丽莎白。我喜欢听她这样说，尤其是在她假装被我说的什么东西吓了一跳而把它作为感叹词使用时。"毕晓普说，"有人说穆尔与她母亲'古板'，但是，说她们'过分讲究'更为妥当。"毕晓普有自己的隐私意识，在她有生之年没有出版她为女性写的一些爱情诗歌，但是，她的诗歌是带有一种比较浓烈的情欲感。

玛丽安娜·穆尔是毕晓普最早的拥护者,也属于最坚决的拥护者之列,在杂志上安排出版了毕晓普几乎所有的早期诗歌,为其作品写了一篇甚有见地的序言,这篇序言与毕晓普的几首诗歌一起出现在一本青年诗人作品集中。在这篇序言中,穆尔赞扬毕晓普的诗作"手法讲究,意境朦胧,突出重点",然后阐述了自己在毕晓普的诗歌里能感觉到的创作原则:尽管绝大多数读者还看不出来这些原则,"她的作品宁愿掩藏深情也不会故作矫情,宁愿将美好的东西免费赠出也不会销售牟利,宁可拆解一件富于美学意义的建筑,也不肯将其贬低为掩埋尸骨的实用主义墓地。人们可以留意到毕晓普作品中蕴含着的谦虚与警觉,以及对诗人约翰·邓恩和杰拉德·霍普金斯的感激之情"。

伊丽莎白·毕晓普有着莎拉·奥恩·朱厄特所说的"对世界的开阔眼界"。在写诗歌方面,她与朋友们很不一样,她的诗歌创作在内容上注重表现自然风光、动物和旅行。另外,她的诗歌既接受了英国诗人和博物学家的影响,也生动地体现了法国超现实主义的精髓,她对写拉丁美洲的兴趣也日益增长。首次搬到纽约的那几年,毕晓普常常每天都到公共图书馆去,从那两头石狮子中间穿过,经过初次见到玛丽安娜·穆尔时的那条长椅,进入阅览室。在那里,她会坐上很久,一个又一个小时就这样不知不觉地过去了。对于伊丽莎白·毕晓普来说,阅读产生力量,予人慰藉。她知道,自己阅读时就是在工作。她有时候会与朋友们一起去听音乐会,还于不经意间认识了爵士乐歌手比莉·哈乐黛(Billie Holiday)。有一天,她还去听了格特鲁德·斯泰因所做的题目为《我的文字速写以及对重复现象是否存在的思考》(Portraits I have Written and What I think of Repetition, Whether it Exists or No.)的讲演,但大部分时间里,她都在读书。坐在图书馆里,毕晓普读完了亨利·詹姆斯所有新出版的小说,她还阅读了查尔斯·达尔文(Charles Darwin)、乔治·赫尔伯特(George Herbert)、约翰·邓恩和西格蒙德·弗洛伊德(Sigmund Freud)的作品。阅读让她受益匪浅,在这一点上,玛丽安娜·穆尔也是她的榜样。

她们成为朋友已有6年,有一天,毕晓普给穆尔寄来一首新的诗歌——《公鸡》。诗中写道:"凌晨四点钟/暗夜正去,天近黎明/早起的雄鸡唱响嘹亮的鸣声。"毕晓普在这首诗中还有不少粗俗直白的用词。玛丽安娜・穆尔和她的母亲都对《公鸡》感到极不舒服,于是,母女二人熬夜到凌晨三点进行改写,把带有粗俗意思的所有字句去掉,尤其是其中最令人不快的如"厕所"之类的字样。毕晓普并没有接受她们的辛苦工作,让这首诗歌原封没动,不过,她和穆尔仍然是亲密的朋友。这也证明,她们俩对彼此是多么忠贞和信任。她们都有一种与品位或是学识有所不同的特质,即都不大顽强,稍欠自信。尽管毕晓普有不少灰心沮丧的时刻、担惊受怕的焦虑以及久治不愈的疾病,而且她还有酗酒的毛病,但二人各自都明白自己追寻的是什么。

毕晓普和穆尔都从来不与人一刀两断,二人都积极经营友谊。在她们一生中,每天都会写几封信,给近在眼前的朋友,给远在天边的同好。她们一直留意各种各样的、她们的朋友有可能感兴趣的事物,如图书、文章、电影、艺术展、贝壳、自然风光的细节等等。毕晓普与穆尔对彼此的兴趣更是尤为关注。

她俩之间的通信差不多有好几百封,她们努力在每一封信中都写进一些特别的东西:"亲爱的毕晓普小姐……你所说的布列塔尼半岛(Brittany)、蓝色的织网还有马戏表演,似乎像是纯洁的童话。"毕晓普总是邀请穆尔出行,因为邀请是她联络友谊的表示:"我想知道你是否会在本周的哪个下午与我一起"去看"马丁・约翰逊(Martin Johnson)的精彩电影《狒狒》(Baboons)?"她俩也谈论书籍。毕晓普从佛罗里达写信过来说:"受炎热天气的影响,整个一周我们都没有外出,一直在读亨利・詹姆斯的《书信集》(Letters)(那些自传体书信)。我尤其对那些战争时期的信件印象深刻。你还记得他什么时候患过带状疱疹的吗?"她们欣赏彼此的语言。"'好得不能再好,'真是说得太妙了。你太精确了,伊丽莎白,这正是我曾有过的感觉。""亲爱的玛丽安娜,在对华莱士·史蒂文斯诗歌所写的评论中,你的用词让我几乎是欢呼雀跃。"她们经常借用彼此的话语,有时是有意识的,有时是无意识的。毕晓普在一篇写穆尔的随笔中写道:"也许我们都是鹦鹉。"她俩之间的通信属于彼此最珍爱的财富之一。穆尔曾经给她们两人共同的朋友路易丝·克莱恩(Louise Crane)写信说:"我一两天前收到伊丽莎白的一封来信,我觉得它就是我身上的文身。"

她们对异地远方有着共同的兴趣,只不过毕晓普的方式是身临其境,住在附近几年慢慢去了解,而穆尔则喜欢待在家里,通过接收各种各样与之通信的人(这些人有的还健在,有的已去世)寄来的文字素材,做很系统的研究审查,这有点儿像是凭直觉去了解一个地方。毕晓普1936年动身去了佛罗里达州的基韦斯特岛(Key West),在随后的15年里,她到那里度过了许多个冬季。在穆尔的想像中,基韦斯特像"一种用蔬菜染料彩印的'十戒'"。毕晓普从佛罗里达回信说,真不公平,穆尔坐在布鲁克林却能"正好一头撞上基韦斯特的灯塔"。除了讲述新鲜事,毕晓普还给她寄观察报告以及自己的诗歌作品:《北方和南方》(*North & South*)、《一个寒冷的春天》(*A Cold Spring*)以及《旅行问题》(*Questions of Travel*)。她在诗歌中记录自然风光和人物的方式,与莎拉·奥恩·朱厄特那些写缅因州的短篇小说颇有一些共同之处。有那么一段时间,毕晓普曾考虑过新编一套朱厄特作品选集,因为她一直都热爱《针枞之乡》,但是最后她认定自己不可能比维拉·凯瑟做得更好,遂作罢。

在毕晓普与穆尔二人整个通信期间,没有出现过回复不及时或者不回信的情况,仅有的一次例外,也在后来的信件中有所记录。那是在玛丽安娜·穆尔的母亲去世后,穆尔非常悲痛,于是,毕晓普向自己的这位朋友发出了最富深情的邀请。她在诗歌形式邀请信的第一行写道:"《给玛丽安娜·穆尔小姐的邀请》(*Invitation to Miss Marianne Moore*),"随后,以类似于克莱恩、惠特曼和智利诗人帕布罗·聂鲁达(Pablo Neruda)的诗风,写道:"从布鲁克林出发,跨过布鲁克林大桥,在这个美好的早晨,请来一起飞吧。"毕晓普邀请穆尔去公共图书馆,带有敬意地写道:"那两尊可爱的大理石狮子伏在公共图书馆的台阶上等候着你。"在收到这首诗后,穆尔回信的首句是:"思绪万千,难以言表,伊丽莎白。"

　　伊丽莎白·毕晓普在巴西住了14年,那些年是她一生中最快乐的时光,也是其创作高峰时期。那些年里,她的情人是洛塔·德·马塞多·索莱斯(Lota de Macedo Soares)。洛塔是一名建筑师,巴西望族后代,最后患上了一系列与神经衰弱相关的疾病。但是,在患病以前,她一直都在为里约热内卢建房子或是公园。她像毕晓普一样,在旅行中走到生命的尽头。两位女性生活在城外一座小山上的一栋漂亮房子里,朵朵白云有时就在几扇窗户那儿飘来飘去。在佛罗里达、巴西、欧洲和拉丁美洲的旅行中,毕晓普给穆尔寄了一个纸制鹦鹉螺(也是她一首诗歌的主题)、葡萄柚、鳄鱼牙齿、墨西哥拖鞋以及她自己译的一本书。那本书在巴西广受欢迎,是一个名叫海伦娜·莫莉(Helena Morley)的巴西女孩所写的日记。这本书让穆尔着迷,因为它有毕晓普的才智和气息。毕晓普还给她寄过阿根廷明信片、有关巨嘴鸟的绘图以及罕见的羽毛。这类物品和图片,有一些后来分别出现在毕晓普的绘画和拼贴画中,保存在类似约瑟夫·科尼尔(Joseph Cornell)作品的几个组合在一起的盒子里。后来,因为需要与马塞多·索莱斯保持点儿距离,毕晓普设法在巴西古镇欧鲁·普雷图(Ouro Preto)拥有了自己的房子。这栋房子也许是毕晓普最喜欢的房子,所以,她以老朋友的名字给这处房子命名,叫做凯瑟·玛丽安娜(the Casa Mariana)。毕晓普还在房子里挂了四张玛丽安娜·穆尔的照片。毕晓普经常邀请穆尔去游览巴西,但是穆尔很多年内都不愿意离开自己的母亲,而在母亲去世后,她自己又上了年纪,最终没有成行。

　　伊丽莎白·毕晓普和洛塔·德·马塞多·索莱斯有时早上起床后,做好毕晓普所说的"几加仑的咖啡"。猫咪们在房间里慢悠悠地溜来转去,巨嘴鸟汤姆叔叔在房间地面上跳跃,而两位女性则静下心来读书。她们阅读弗兰纳里·奥康纳的作品,兰德尔·贾雷尔(Randall Jarrell)的小说《大学图画》(*Pictures from an Institution*),约翰·邓恩还有约翰·济慈(John Keats)的诗歌。她们也读塞缪尔·泰勒·柯勒律治(Samuel Taylor Coleridge)的书信,墨西哥诗人奥克塔维奥·帕斯(Octavio Paz)、巴西诗人兼小说家马查多·德·阿西斯(Machado de Assis)、亨利·詹姆斯以及法国寓言诗人让·拉·封丹(Jean de La Fontaine)的作品。毕晓普写信给一位朋友说,有时她们两人会从早上8点一直读到深夜1点才去睡觉。

有时,在阅读的时候,毕晓普会想,我得把这个告诉玛丽安娜,于是,毕晓普就会做一点笔记,然后开始写信。三周后,在布鲁克林,在玛丽安娜·穆尔的家中,信箱里就能发现毕晓普的信以及巴西或是19世纪时的英格兰的某样东西。这时,穆尔会默默地称赞伊丽莎白的细心,并迫不及待地把信打开。

第二十四章

佐拉·尼尔·赫斯顿与卡尔·范维克顿

佐拉·尼尔·赫斯顿很高兴接到卡尔·范维克顿的邀请,与他共进早餐。她频频听他说起,早餐是一天中最具有私人性质的一顿饭。她穿过酒店大厅,一边等候电梯一边在大脑中预演当天的日程安排,并揣测范维克顿他们能否修补好她从佛罗里达过来时在路上损坏的鼓。这真是一件令人开心的巧事,她和范维克顿都在芝加哥。范维克顿是与格特鲁德·斯泰因以及艾丽斯·B. 托克拉斯一起过来旅行,而赫斯顿则是从佛罗里达开着自己的小车来表演《世界末日》(*Singing Steel*)节目,这是芝加哥人从来没有听过的轻歌舞剧,由巴哈马群岛(Bahamanian)及南方的民歌共同组成。昨晚她熬夜到很晚,一直在温习演出内容。在她按门铃的时候,发现自己已是饥肠辘辘。

范维克顿打开房门,高兴得大声叫喊,他可从来不是内向之人。赫斯顿此前差点儿都要记不起他那淘气的脸庞、突出的龅牙以及颤颤巍巍的高大身躯了,这时一见,她显得无比高兴。她曾经写信给一个朋友说:"如果卡尔是一种人而不是一个人,那么我可以说这些人都是我的同类人。"范维克顿不是那种喜欢被有色人种朋友称为"先生"的白种人。"卡罗!"她叫道。

他们两人始终保持着通信联系。范维克顿对赫斯顿的第一部长篇小说《乔纳的葫芦藤》(*Jonah's Gourd Vine*)评价甚高,这部小说写的是佛罗里达州一个黑人牧师的经历,几个月前即 1934 年 5 月出版。范维克顿就这部小说给兰斯顿·休斯写信说:"你的朋友佐拉刚写了一本非常棒的小说⋯⋯这真是太好了,我认为你和佐拉最好一吻泯恩仇。"对于范维克顿来说,他任何朋友的一本新品佳作都会让其感到自豪,他认为那是最令人满意的成就。但是,对于自己,尽管他的一些朋友认为他还能写出比《聚会》(Parties)更好的小说,他却把热情越来越多地转向了摄影。这次芝加哥之行,范维克顿也带着相机,他盼望能给赫斯顿拍些照片。

　　赫斯顿认为范维克顿不写作是挺令人惋惜的事情,也许她想过,不知道是不是《黑鬼天堂》引起的轩然大波让他感受到太大的压力所致。赫斯顿曾给他写过几封信,建议了几个好题材,但是,即使这样,赫斯顿也未能劝服他继续写小说。1931 年,艺术家和插图画家米盖尔·寇瓦鲁毕亚斯带着一台莱卡牌照相机(Leica)从欧洲回来,时隔不久,范维克顿也给自己买了一台,从此专注于摄影,再也不考虑写作。他洗照片时总是漫不经心,因为他从来都对化学反应部分感到兴趣索然。对他来说,摄影只是一种社交约会。他给休斯拍了许多照片,还给保罗·罗宾逊、詹姆斯·韦尔登·约翰逊、沃尔特·怀特(Walter White)、埃塞尔·沃特斯、阿纳·邦坦姆普斯、博福德·德莱尼、W. E. B. 杜·波依斯以及比茜·史密斯都拍过照片。1936年,范维克顿还给维拉·凯瑟拍过照片,她穿着毛皮外套,戴着精致的帽子,上面饰着羽毛。然而,凯瑟极其不喜欢这些照片,所以,她请自己与范维克顿共同的出版商阿尔弗雷德·诺普夫出面,告诉范维克顿烧掉它们。佐拉·尼尔·赫斯顿应该听说过这个故事,因为她一直关注着维拉·凯瑟。1934 年,一位评论家对赫斯顿的《乔纳的葫芦藤》给予了好评,于是,她给那位评论家写了一封信。赫斯顿在信中说,对自己影响最大的有六本书,其中一本就是凯瑟的长篇小说《我的安东尼亚》。

　　范维克顿还成功地找到下面这些人,给他们一一拍了照片:玛丽安娜·穆尔、艾萨·凯特(Eartha Kitt)、詹姆斯·厄尔·琼斯(James Earl Jones)、乔·路易斯(Joe Louis)、埃拉·菲茨杰拉德(Ella

Fitzgerald)、玛莉安·安德森(Marian Anderson)、哈里·贝拉方特
(Harry Belafonte)、勒罗伊·琼斯(LeRoi Jones)、马龙·白兰度
(Marlon Brando)、杜鲁门·卡波特(Truman Capote)、詹姆斯·鲍德
温以及诺曼·梅勒。在比莉·哈乐黛坐下来让他拍照时,他遇上麻
烦了:比莉不能真正平心静气地面对镜头。范维克顿给她看了以前
拍的比茜·史密斯的照片,"黛女士"被深深打动了,于是,在镜头前
摆出各种姿势供他拍照,一直忙到深夜,然后又给范维克顿讲述自己
的生活经历,一直讲到清晨5点。"我还没缓过劲来,"为此,范维克
顿带着那么点儿恐惧的心情给休斯写信说,她"在这里待了好几个
星期。"范维克顿善于倾听他人诉苦,因为看见他认识的人遭受痛苦,
这会使他很难受,但是他并不佯称生活没有令人悲伤的一面。他后
来再也没有见过哈乐黛,但他常说,给她拍照是自己生活中一个重大
事件。毫无疑问,他身上一直有种东西,驱使他成为一名肖像摄
影家。

　　赫斯顿迈过房门进入范维克顿入住的酒店房间时,范维克顿赞
许地点点头。她穿着毛领大衣,戴着软帽,软帽上有一根长长的羽
毛,羽毛弯过来,压在帽子正面。她总是穿得很漂亮,最喜欢红、白二
色。等赫斯顿取下帽子,脱掉外套,他们按铃叫了早餐。在等待早餐
的间隙,范维克顿给她讲了斯泰因最新讲演的一些事情。侍者端来
了鸡蛋和咸肉,吃早饭的时候,也许赫斯顿跟范维克顿说,菲斯克大
学的戏剧系正在考虑给她设立一个特别的职位,而且,她那时正待在
基督教女青年会(YWCA,Young Women's Christian Association),在一
名打字员的帮助下,正不停地给相关人士写信。赫斯顿不喜欢打字,
只要有可能,就用打字员打字。赫斯顿并不怯于寻求帮助,在度过最
近几年以写作为生的日子后,她在尽力把握这次机会。
　　在他们交谈时,范维克顿一直在考虑给赫斯顿找个什么好背景
拍照。他通常采用有图案的织物做背景幕布,但是那天她看起来神
采奕奕,容光焕发,不宜采用寻常的背景。所以,他觉得可以试一下
用素色的墙面做背景。早饭结束,范维克顿拿起她的外套和帽子,两

人一起走出酒店。后来,他们找到一个地方,光线从略微比赫斯顿高一点儿的地方照过来,投在她的身上,这样一来,人们就能在照片上看见她的颊骨以及颊骨下的阴影。确定拍摄角度之后,他们开始准备。

佐拉·尼尔·赫斯顿,卡尔·范维克顿摄于 1934 年

范维克顿丝毫不考虑在自己拍摄的照片里照出一种"自然的"特质,他喜欢的是照片上有戏剧效果,这同时也是赫斯顿最喜欢的特点之一。他拍摄的对象常常似乎是在舞台上或演员休息室里,他们穿着戏装,看起来好像刚排练完,或是在去晚宴的路上顺便停下来。在他的摄像作品中,能明显看出生命留下的轨迹。

在追求自己事业的过程中,赫斯顿逐渐形成一个观点:戏剧意识是黑人艺术和生活的重要特征之一。她说,除此之外,还有一些别的特征,包括棱角、非对称性、独创性,以及她所谓的"装饰的愿望"。

卡尔·范维克顿住处和他拍的那些照片里都是堆得满满的装饰品，如小摆饰、毡毯、花瓶、印尼鬼怪木偶、印第安纳瓦霍小地毯以及墨西哥祈祷艺术品等，从这点来看，"装饰的愿望"这个最后的特征，也是范维克顿的艺术与生活中共有的特征。

在芝加哥的那几周里，范维克顿还让赫斯顿扮成另外一种身份，为她拍了一张照片。在那张照片里，她装扮得像一位人类学者，正准备去野外，穿着朴素的套装，帽子拉得很低。范维克顿在她身后安排了一些条纹状的材料，她定定地望着照相机镜头，周围没有任何多余的装饰品。

范维克顿总是想了解赫斯顿在收集方面的全部最新成就。在芝加哥，她满脑子都是"谎言"、吹牛的大话、伏都教习俗和捉迷藏游戏民谣。出版过《乔纳的葫芦藤》的利平科特出版社（Lippincott Publishing Company）已经接受了她的民间传说作品集《骡子与人》，这本书中的材料是她花了将近 7 年时间收集的。次年，她和年轻的音乐学者阿伦·罗马克斯（Alan Lomax）一起去收集资料，罗马克斯后来创立了一家重要的美国民间音乐档案馆。赫斯顿帮助罗马克斯录制了劳动歌曲和哀歌。罗马克斯说，与佐拉·赫斯顿一起收集资料的经历是独特的，前所未有，她是"当今在西部黑人民间传说方面最见多识广的人"。他说，人们愿意告诉她任何东西，那些人陆续带着更多的歌曲前来敲门，彻夜不断。

《世界末日》获得巨大成功，罗森沃尔德基金会（the Rosenwald Foundation）授予她一份奖学金（Rosenwald Fellowship），供其攻读哥伦比亚大学人类学博士学位，该基金会是由希尔斯（Sears）、罗布克（Roebuck）以及公司总裁朱利叶斯·罗森沃尔德（Julius Rosenwald）共同创立的。这时，赫斯顿决定放弃菲斯克大学那份戏剧方面的工作。对于赫斯顿来说，戏剧与人类学之间的关系是显而易见的，她有时说，在举行宗教仪式时，它们往往合二为一。赫斯顿的很多小说与宗教有关，就在去世之前，她正在写的那部暂时命名为《希律王》（Herod the Great）的小说，其主题脱胎于威廉·詹姆斯的作品，目的恰恰在于刻画希律王以及描写世界多种宗教的历史。她的计划规模宏大,使其难以驾驭。她几乎从来就没有实现自己雄心壮志的财力。

有时,她还会自毁前程。就在她即将完成一本书或是一份素材的收集工作时,她常常抵挡不住强烈的愿望,比如会在佛罗里达买地建立一个黑人艺术家的聚居地,或者去洪都拉斯,在帕亚岛(Paya)印第安人中做研究。罗森沃尔德基金会负责她奖学金的职员艾德文·伊姆布里(Edwin Embree)不喜欢她去做这些与学业无关的项目,于是,中途改变了奖学金资助条件,仅过了7个月就取消了基金会对赫斯顿的支持。从此,赫斯顿再也没能完成博士学业,没能获得博士学位。

她离开哥伦比亚大学,参与了三幕社会剧《与孩子们同行!》(*Walk Together Chillun!*)的工作。工作促进组织(Works Progress Administration)是一个黑人团体,其在联邦戏剧项目(Federal Theatre Project)中组织的第一项作品就是该剧。这个黑人组织由约翰·豪斯曼(John Houseman)负责管理。1936年,在它成立一年后,奥森·韦尔斯(Orson Welles)在那里上演了著名的《麦克白》(*Macbeth*),全剧角色无一例外都是由黑人出演。卡尔·范维克顿给韦尔斯拍了照,并看了五遍《麦克白》。在看过第三遍后,他写信给兰斯顿·休斯说:"还是爆满,还是欢呼,还是全场沸腾,精彩纷呈!我终于发现真的哈莱姆像什么样子了。连续五周,在拉斐特(the Lafayette),每一场演出都是爆满,你曾听说过任何其他剧作家的作品能取得这样的效果吗?"此前一年,休斯曾写信给范维克顿,约他去墨西哥,与"迭戈·里维拉和他的所有妻子们"一起参加聚会,并去看望休斯的新室友——年轻的摄影师亨利·卡蒂埃·布列松(Henri Cartier-Bresson)。范维克顿曾称赞过里维拉在洛克菲勒中心(Rockefeller Center)的壁画,那些壁画1934年因包含政治内容被销毁了。不过,纽约日新月异,他不可能去墨西哥。

在《麦克白》上演之前一年,赫斯顿为哈莱姆黑人组织(Harlem Negro Unit)写了一部全黑人剧作《吕西斯忒拉忒》(*Lysistrata*),约翰·豪斯曼说它"下流得让左派和右派都反感"。这部剧作从来未能上演。赫斯顿不害怕性,她有自己的方法去处理人们对黑人妇女的种种设想,也有办法与某些男人打交道,尽管那些男人似乎认为她看起来"就是一张床",她自己也会这样说。她不大考虑其他人的评价。大部分女人还不敢在街上抽烟时,她就这样做了;她的邻居说,她和不同的男人交朋友;她通常认为自己的三任丈夫和其他情人都不如工作重要,所以换男伴比换工作要频繁得多。

但是,这种特立独行使得她的生活更为艰难。不过,范维克顿喜爱这位朋友的这些独特做法。罗森沃尔德基金会的资助撤消后,范维克顿向古根海姆基金会(Guggenheim Foundation)推荐了她。他写道:"佐拉·赫斯顿是年轻黑人作家中最重要的人物之一,甚至有人认为她是最重要的。在收集、选择和创造性地运用民俗材料方面,她的才能令人惊奇,也许甚至可以说是有天赋。"范维克顿和赫斯顿都关注保存经验,也都担心他们共同热爱的栩栩如生的艺术会发生不测。她给这种专注下了一个最好的定义:"研究,是一种形式化了的好奇心。"

佐拉·尼尔·赫斯顿的好奇心并不总是很严谨,同时代的学者们对此应该不大喜欢。她按照自己的意图安排材料,而且至少有一次抄袭其他学者作品的经历。人们很快就以这个例子为理由,拒绝接受她所有的智力成果。她还有其他不如意的事情。有时,她会拒绝把自己收集的故事改编得文雅一些,这让她的黑人同事感到很愤怒。她觉得没有什么正当理由强行改变民间文化,以迎合某位学者的正统观念。

赫斯顿身上有某种东西,即使不会正好引起攻击,至少不能保护她免于遭受攻击。若干年以后,她经历了一生中最痛苦的事件之一:她被误控虐待儿童,屈辱地花了数月时间在法庭上为自己进行无罪辩护。范维克顿陪她一起去法庭,他的真诚让她终生难忘。

有时,赫斯顿会担忧范维克顿的创作问题,因为他似乎把所有的朋友都看得比自己的写作更重要,故此在写作方面投入不够。范维克顿搜集的是人,方式一如赫斯顿收集民间传说,他义无反顾地冲进每个"收集"对象的事业中,为其成功欢呼。赫斯顿和范维克顿都认为,对收集成果不时予以润色是挺好的,但是,永远不要在收集过程中批评"收集"的人和故事。摄影师范维克顿从人类学者赫斯顿那里学到了要做到这一点所需的勇气和诚实。

在他们二人建立友谊之初,范维克顿一定就知道赫斯顿难以长寿。他没有拯救她,但是也没有责备她放任自流。赫斯顿在其一生中,很多时候都是美国这个国家唯一靠写作谋生的黑人女性,而且饱受攻击。在生命晚期,她一文不名,她写道:"伤感,如同火炉烟囱的内壁。"她非常自尊,拒绝依靠朋友,有时甚至去当房屋清洁工养活自己。佛罗里达的一份地方报纸登载了一篇有关她的报道,人们看到了,全国都传开了,她的朋友们终于知道了她生活艰难。范维克顿和妻子法尼娅·玛里诺夫立即行动,是最早寄钱资助她的朋友之一。

1936 年,在范维克顿为赫斯顿拍照两年后,赫斯顿得到古根海姆基金的资助,乘船去了海地,在那里做了一些对她来说最重要的工作。在海地,她用 7 周时间写出了自己最杰出的作品《他们眼望上苍》(*Their Eyes Were Watching God*)。这本小说的女主人公珍妮·克劳福德(Janie Crawford)脱胎于凯瑟的安东尼亚,可能也有一点儿哈克贝里·芬的影子,但主要是赫斯顿自己的创作。卡尔·范维克顿看完《他们眼望上苍》后,也许他觉得自己体验了一种罕见的经历:在一开始看到这部小说时就知道自己读的是一本伟大的小说。范维克顿觉得很难过,因为赫斯顿永远也不能像维拉·凯瑟那样有稳定的收入,从而确保生活无忧。他可能还猜测到,赫斯顿将再也写不出这么好的小说。

赫斯顿在海地忙忙碌碌,她也在为一本游记《海地和牙买加的伏都教及生活习俗》(*Tell My Horse: Voodoo and Life in Haiti and Jamaica*)收集素材。范维克顿是愿意伴随赫斯顿去追寻她所有目标的人,赫斯顿在整理材料撰写《海地和牙买加的伏都教及生活习俗》的那一年,头脑里常常浮现范维克顿的形象,心里总是回想着他的这种心愿。范维克顿极为满意这本书的献词:"献给卡尔·范维克顿:上帝化身般的朋友。"

芝加哥之行并没有持续很长时间。《世界末日》的表演完美地谢幕了,格特鲁德·斯泰因和爱丽丝·B.托克拉斯也不再害怕自己乘飞机,她们继续飞往各地做巡回讲演,赫斯顿回到佛罗里达,范维克顿则返回了纽约。

　　回到家有几天了。这天早晨,喝完第二杯咖啡后,卡尔·范维克顿坐在桌边,手里拿着裁纸刀,困倦地浏览一大堆信件。当他看见赫斯顿的短信,询问他能否把照片寄给她,范维克顿咧开嘴笑起来。当天下午,他走进暗房,照片很快洗印好并寄了出去。赫斯顿在邮件里收到这些照片,又给范维克顿写了回信。她说,她很喜欢那些照片。在照片中,有时她面带笑容,有时她看起来"普普通通,却能给人留下深刻印象"。

第二十五章

约瑟夫·科尼尔与马塞尔·杜尚

如果你是约瑟夫·科尼尔,决定给佩吉·古根海姆·厄恩斯特(Peggy Guggenheim Ernst)打电话,准备把她买的几个盒子送去,那么,在实际打电话之前,你可能要等待几周时间,因为你需要合适的心情。如果你觉得无名地焦躁不安,一下午要么从杂志上剪切赫迪·拉马德(Hedy Lamarrde)的图片,要么打盹,那么,在这样的日子打电话显然是不行的。你身上穿着朴素的灰套服,上面织着褐色图案,整天都在那些布满灰尘的小店里出出进进,收集来许多纸质的宝贝,把套服口袋胀得满满的,那么,这样的日子也不行。如果是那样的一天,你带着纯净无邪的喜悦,从高架铁路列车的窗户望出去,看见的所有地方都闪烁着一种特别的光辉,那么,在这样的日子里,你不会为世俗和琐碎的事情烦心,也不行。因此,要打这个电话,就需要另外一种日子,在那种日子里你才会给佩吉·古根海姆·厄恩斯特[因为那时她嫁给了马克斯·厄恩斯特(Max Ernst)]打电话,因为这是一种更现实的日子。

雨天终于来临,你真的开始打电话了,而且,很显然,这就是合适的日子。你会认为,不需要再多考虑什么,也不必觉得有什么不妥或是内疚,就只是漫不经心地想着:"嗯,今天可以给佩吉·古根海姆·厄恩斯特打个电话。"然后你就拿起话筒,随手拨了过去。但是,她本人没有接电话,接电话的是个男人,但并不是马克斯·厄恩斯特。对此,你甚至也不怎么吃惊,只是对着话筒说:"我是约瑟夫·科尼尔。"那个男人的声音立刻变得温和,说:"噢,我是马塞尔·杜尚。"哎呀,然后你会因这件意想不到的事情高兴得飘飘然。

后来,你想描述这件事情时,会在笔记本上写下这些字眼儿——

1942 年 3 月 26 日(星期二)

我一直记得那天,待在地下室里,天上正在下着雨,空气极为潮湿。我一直在工作,比如把一些东西弄整齐等。外面正下着大暴雨时,马塞尔·杜尚在佩吉·古根海姆·厄恩斯特家接听了我的电话,这立刻成为我生活中最令人欣喜和最不可思议的体验之一。他星期五要来,这可能会引发我迫切需要的灵感,以便完成一些作品。很温暖的一天,那种飘飘然的幸福感觉是平时所没有的。

约瑟夫·科尼尔热爱超现实主义,他产生这种感情时,大多数美国人还没有听说过何谓超现实主义。1942 年,让科尼尔极为欣喜的是,许多超现实主义艺术家以及他们的那位朋友、不参与任何社会运动的马塞尔·杜尚,离开了危险的巴黎,抵达了纽约。安德烈·布勒东(Andre Breton)住在西 11 街,坚决不说英语,尽管他很高兴观看用科尼尔带过去的放映机放映的电影;罗伯特·马塔(Robert Matta)住在市区;科尼尔曾见过伊夫·唐吉(Yves Tanguy)坐在麦迪逊大道(the Madison Avenue)的公交车上;马克斯·厄恩斯特和马塞尔·杜尚都住在佩吉·古根海姆家。古根海姆那个月初向科尼尔订购的三个盒子,便是常常给古根海姆提建议的杜尚叫她买的。

科尼尔与杜尚第一次见面是在 9 年前的 1933 年,在一次布朗库西的作品展上,这次展览是通过杜尚的帮助,在布鲁默画廊(the Brummer Gallery)举行的。那时,人们仍然在谈论上一次(1926)布朗库西作品展的一件轶闻。当时,在展览即将开始以前,一个海关职员打开箱子,难以置信地看着那些雕塑品,然后把布朗库西的雕刻作品《空中飞鸟》(Bird in Space)归类为"厨房用品"。这位海关职员说,你别想告诉我,说那是一只鸟,并以此为由,想降低高额的进口税。布朗库西在朋友爱德华·史泰钦的帮助下,向美国政府提出诉讼并赢了官司,这次事件促进了欧洲艺术的输入,但同时也是给了先锋艺术狠狠一击。各家报纸都饶有兴趣地关注这件案子的整个过程,《纽约镜报》(the New York Mirror)的标题是《如果那是一只鸟,开枪》(If It's a Bird, Shoot It)。此外,由于对1933年第二次布朗库西作品展做了大量的宣传,许多人都等着看展览开幕。科尼尔长久以来就一直倾慕杜尚的作品和艺术观念,所以,他打通所有人际关系,想见到杜尚。当最终见到杜尚,科尼尔激动得难以自制。一个朋友说:"他冲进洗手间,在里面待了一个小时,才平静下来。"

对于科尼尔来说,在佩吉·古根海姆的住所碰见杜尚真是幸运,这样便容易与他交谈了。科尼尔打电话的那个星期,古根海姆家像平常一样,热闹非凡。不过,和古根海姆待在一起的人得同时习惯于她的暴烈脾气和出众的慷慨之举。古根海姆近乎贪婪地从欧洲人手上收集了大量优秀作品,随着德国人在欧洲战场上节节推进,那些人疯狂地卖出自己的收藏品。她拥有了满屋子的艺术品,既有厄恩斯特一家(Ernsts)与卡得一家(Calders)的作品,也有唐吉和杜尚的作品。她正准备自己开办画廊,取名为"本世纪艺术"(the Art of This Century)。那年秋天,她将在里面并排展出杜尚和科尼尔的作品。稍晚,她还将着手展出杰克森·波洛克(Jackson Pollock)的作品,最终她如愿举办了这场使波洛克奠定事业基础的展览。在1942年春天,29岁的约翰·凯奇(John Cage)与当时的妻子、艺术家西尼雅·凯奇(Xenia Cage)也住在古根海姆的房子里。维吉尔·汤姆森与罗伯特·马塞维尔(Robert Motherwell)也来了这里。在约翰·凯奇的印象里,似乎"每两分钟就有一个名人进屋来"。

佩吉·古根海姆想让凯奇在本世纪艺术画廊开张时举行一场音乐会,并准备出资把他的那些乐器从芝加哥运过来,凯奇夫妇此前一直住在芝加哥。但是,当她后来发现凯奇也已同意在现代艺术博物馆举行一场音乐会,而且安排在为她的画廊演出之前,佩吉勃然大怒,把凯奇夫妇赶出了房间。凯奇泪流满面,哭着走进另一间屋子,马塞尔·杜尚就在里面。凯奇没有记住杜尚所说的那些原话,大意好像是不要过分依赖佩吉·古根海姆家族这样的人,但是这些话的确帮助了凯奇。杜尚努力杜绝与佩吉·古根海姆发生争吵,他能轻松化解所有矛盾,即使受到干扰,生活也像独居似的平静。

约瑟夫·科尼尔却很容易为日常社交感到心烦意乱。有时他邀请人们到他的房子里来,随后却拒绝把自己的作品展示给他们。杜尚那优雅的处事风范和天生的完美举止,对于科尼尔一定是一种巨大的安慰。而杜尚的自信,他那种做工作的轻松自在……都鼓舞了科尼尔。

约瑟夫·科尼尔是一个档案管理员般的幻想家。他的工作就是收集纸片和软木塞、鹦鹉剪纸、天文地图、玻璃瓶子和指南针等,并把它们并列放置起来。他与母亲和弟弟罗伯特一起住在纽约皇后区(Queens)的法拉盛(Flushing),罗伯特患有脑瘫,需要照料。两兄弟关系非常亲密。在他们狭小住房的地下室里,约瑟夫·科尼尔有一个作坊,他在里面装配盒子,其创作情形就像墨西哥诗人奥克塔维奥·帕斯为科尼尔写下的一首诗中的一句话:"东西匆匆远离自身的名字。"伊丽莎白·毕晓普将这首诗翻译成了英语。

在为包括劳伦·巴考尔(Lauren Bacall)在内的许多人以及植物园项目进行创作时,科尼尔积累下了一份《杜尚作品档案》(*Duchamp Dossier*),其中有数千份笔记、画廊展出主题和照片等,相当于一种不系统的传记。《杜尚作品档案》本身就成为一部艺术作品,其中也包括对另一件相似作品所做的说明。该作品是杜尚的发明,有多个名字,如《手提箱》(*Boîte*)、《马塞尔·杜尚或罗丝·瑟拉薇的作品》(*by or of Marcel Duchamp or Rrose Selavy*),其豪华版称为《手提箱中的盒子》(*Box-in-a-valise*)。《杜尚作品档案》这件作品是对杜尚所有最著名作品的立体阐释。杜尚创作《手提箱中的盒子》的念头可能部分来自看了科尼尔的作品时产生的想法。杜尚有个计划,要在数年时间里,由其不同的朋友创作出总共300个盒子。不过,这个计划从未真正实现。约瑟夫·科尼尔做了一些,西尼雅·凯奇做得最多。

约瑟夫·科尼尔,摄于约 1939—1940 年之间

　　科尼尔源源不断地收集各种材料;杜尚也收集,收集得极少,但是却令人称奇。杜尚的许多主要作品,诸如《大玻璃》、《绿盒子》以及《手提箱中的盒子》,尤其是他没有告诉任何人、秘密创作数年、去世后才公之于世的作品《给予》(*Etant donnes*,或称为 *Given*),都是不同种类的装配艺术品。《给予》表现的是真人大小的裸体处于荆棘丛中,与科尼尔那些表现冬日树林和婴儿布偶的盒子有些类似,都让人略感不安。科尼尔与杜尚使用玻璃的方式让观看者产生一种感觉,即可以从门和窗户向室内望去,却又不能完全看见屋里的一切。科尼尔的许多盒子都取名叫"酒店"。1969 年,《给予》在费城(Philadelphia)展出时,约瑟夫·科尼尔考虑过要去参观。他应该完

全陶醉于它的木门、圆圆的窥视孔以及作品给人带来的那样一种感觉——选择了这些物品的人刚刚离开这个房间。

杜尚手上拥有科尼尔的几个盒子，而且非常喜爱它们。在科尼尔去世后，帕萨迪纳艺术博物馆(the Pasadena Art Museum)的馆长华特·霍普斯(Walter Hopps)在科尼尔的地下室作坊中发现了所有的作品档案。霍普斯1961年去杜尚的住处拜访时，看见过科尼尔的一些盒子。霍普斯在杜尚那儿的时候，杜尚正在接受一名年轻记者的采访。这名记者想与杜尚交谈，因为杜尚"如此出格"。杜尚从嘴边拿开香烟，把这个说法反复念叨了好几遍。那位记者只好笨嘴拙舌地解释道："不，不，不是这个意思。"杜尚应道："我明白。"他停顿了大约分把钟的时间，然后说道："我想给你看点儿真正出位的东西。华特，请你去卧室里取一件科尼尔的作品，给这位年轻人看看。"

这位年轻的记者看着这个名为《药房》(Pharmacy)的盒子，发现它是一个装着一些小玻璃瓶的架子，那些小玻璃瓶里又装满了彩色的物质，于是，很想做点儿笔记。杜尚说："看着它，看它多奇妙。明白吗？他用实物进行创作。"

马塞尔·杜尚在那个周末如约去科尼尔的作坊时，他坐在高架铁路列车上，带着惯常的淡定表情望着窗外。到了科尼尔的家，杜尚的态度亲切而迷人。在被介绍给科尼尔的母亲时，他倾下身体去握住她的手；在与科尼尔的弟弟罗伯特·科尼尔说话时，毫无屈尊之感。约瑟夫·科尼尔激动不已，已没有平时那么痛苦。他端出柠檬馅的油炸圈饼请杜尚吃，这是科尼尔在餐桌上常吃也最喜欢吃的食物之一。杜尚吃了一块，觉得好吃极了，可能是喜欢它那种与古根海姆家迥然不同的味道。后来，科尼尔建议他们去地下室的作坊看看。杜尚跟着科尼尔走下颤颤悠悠的木头楼梯，科尼尔走在前面，语带双关地说，"正在下楼。"[1]科尼尔在打开地下室的灯时，应该突然变得很自豪。他把那些盒子放在工作台的边上，两个人一起看着它们。

---

[1]　杜尚有幅引起轰动的著名画作《下楼的裸女》。——译者注

杜尚弯下腰,往盒子里面看去,却没有触摸盒子。他点着头,说:"是的,是的,这些真是很奇妙,是的,我明白。"他们站着交谈了好一会儿,各自都把一只手放在一个"酒店"盒子旁,盒子上有一只蓝色大冠鹦鹉和一个软木球。时间差不多了,杜尚点点头,说他得回去了。于是,科尼尔把盒子放回了原处。

　　9个月后,即1942年12月,珍珠港事件爆发一年后,美国那时已全面进入二战,科尼尔回到了自己的工作间。他一直在继续补充《杜尚作品档案》的材料。他在档案中新添了一件珍爱之物,那是马塞尔·杜尚上周给他的,科尼尔终于实现了与杜尚互相走动的心愿。这是一件现成品,"当场做的"。科尼尔几乎欣喜若狂,因为杜尚做礼物时手法极为干净利落。杜尚选择了一个胶水粘起的红黄相间的纸箱,有一侧写着"力量",他很喜欢这个词,在它上面写下"给我"两个字,然后题上全名"马塞尔·杜尚"和时间:1942年圣诞节。

第二十六章

博福德·德莱尼与詹姆斯·鲍德温

博福德·德莱尼正在格林街(Greene Street)自己的画室里,坐在那台老旧的留声机旁边,听着比茜·史密斯的歌。他在等一个中学生的来访。听见有人敲门,德莱尼把留声机的唱针移开,站起来,穿过四壁洁白、地面裸露的画室去开门。门外站着一个年轻人,看到德莱尼,他稍稍动了一下,脸上涌起迫切的笑容,笑容还未来得及完全展开。德莱尼觉得对他挺满意,脸盘清秀,反应敏捷,富有进取心,渴望得到关爱。博福德·德莱尼严厉地看了他好一会儿,然后才让他进了屋。詹姆斯·鲍德温后来写道,当时感觉浑身上下好像被 X 光照了个透。

1940 年,鲍德温正在纽约布朗克斯区德威特·克林顿(De Witt Clinton)中学就读,是一名高中生。在这次前来拜见德莱尼之前,大概一年左右,他一直是教堂里的奇才。他一心想胜过自己的父亲,一个外行牧师,同时又机敏地选择了给不同的教堂会众布道,这可能是老鲍德温能忍受儿子取得成功的唯一理由。

布道也一直曾是鲍德温摆脱哈莱姆街上那些男男女女的方式,那些人总是大声问他:"吉米·鲍德温,你是谁家的孩子?""吉米"是詹姆斯的昵称。除了布道很认真,鲍德温上学也很专心。鲍德温 11 岁时,一个小学老师曾带他去观看了奥森·韦尔斯的戏剧《麦克白》,该剧全部由黑人出演。这让他对戏剧产生了一种激情,其强烈程度堪与亨利·詹姆斯对戏剧的热情相提并论。鲍德温的初中法语老师是康提·卡伦,他看出这位学生的才能,对他的写作给予了极大的关注,并让鲍德温意识到自己能成为一名作家。在德威特·克林顿中学,鲍德温和另一名学生一起担任校内文学杂志《喜鹊》(*The Magpie*)的编辑,那名学生理查德·阿维顿后来成了摄影家。鲍德温是德威特·克林顿中学为数不多的黑人学生之一,从哈莱姆过来就读的。该校办学思想开明,基本上没有种族界限,收的学生大部分是犹太人。在以《喜鹊》杂志为中心的一个男生团体里面,鲍德温是一位核心人物。他常常模仿自己布道的教堂里那些教徒的行为举止,逗得这些男生开怀大笑。在他做出种种模仿出的姿态时,朋友们都有点儿怀疑他去教堂的目的,他们觉得,对鲍德温来说,教堂更多的是个避难之所而不是接受启示之地。鲍德温最后布道的那个礼拜天,他的朋友埃米尔·坎布亚(Emil Capouya)领他去看了一场电影。坎布亚后来也成了作家,当时正是坎布亚为鲍德温安排了与德莱尼的见面。在这次前去格林街之前,鲍德温一直在想办法从父亲那专横的阴影下慢慢摆脱出来,为此,他一直在写作。

博福德·德莱尼的房间曾接待过许多前来参观的人,阿尔弗雷德·斯蒂格利茨来过,乔治亚·欧姬芙来过,还有亨利·米勒(Henry Miller)也来过,他是德莱尼最亲密的朋友之一。埃塞尔·沃特斯曾顺路拜访过这里,其他来访的人还有演员加拿大·李(Canada Lee),以及水手、军人和画廊所有者。德莱尼通常用白布盖住自己的画作。他喜欢斯蒂格利茨的美国地点画廊的视觉效果,洁白的墙壁,本真的地面,于是,仿照斯蒂格利茨的风格,德莱尼把自己的画廊也这样布置起来。尽管不是每次都乐意,但是,他还是常常能够接受劝说,把蒙在画作上的那些白布揭开,展示自己的作品。这样做时,他应该是心甘情愿的。人们都说,德莱尼在格林街时期的那些画作,诸如建筑物和消防龙头的混杂组合体、倾斜的街道、持续变化的红色、绿色和始终如一的黄色等,在白色的画廊里都能产生一种令人振奋的惊奇效果。

博福德·德莱尼，
卡尔·范维克顿摄于 1953 年

在鲍德温的记忆中，德莱尼是他所见过的黑人中最早没有住在哈莱姆的人之一，德莱尼也是第一个不将创作范围局限于"黑人生活"方面的艺术家。鲍德温总是把这第一次会面与一首老歌联系起来：《上帝，打开不寻常的门》（*Lord*, *Open the Unusual Door*）。"至于德莱尼，则一直在观察鲍德温表情丰富的脸庞对每个细节作出的反应，并在自己头脑中给他画像。鲍德温后来坐着让德莱尼画了半打以上的像，其中包括一张名为《窃喜》（*Dark Rapture*）的裸体画。这是德莱尼画的极少几张裸体画之一，这张画促进了他向抽象艺术方向改变。他们两个不是情人关系，但是，有些时候德莱尼的确爱着鲍德温。

在走进博福德·德莱尼的画廊之际，詹姆斯·鲍德温迫切需要情人之爱，就像需要父亲之爱一样。就在这次拜访之前，鲍德温把高中的一个白人朋友带回了家。这个朋友离开之后，鲍德温的父亲戴维·鲍德温（David Baldwin）问他，那个白人是不是被"拯救了"。鲍德温极力抑制着心中的愤怒，冷冷地说："没有，他是犹太人。"父亲闻言，把鲍德温打得摔出老远。当时，儿子"感觉到一种深植心底的无情决心，要杀死我的父亲而不是让我的父亲杀死我"。尽管詹姆斯·鲍德温应该理解父亲有多么焦虑，毕竟他的儿子已经大胆地进入了一个异乎寻常的领域，而且，这个年轻人也知道，父亲那样做其实也是对自己的一种保护，但是父子两人的关系已经生变，变得越来越紧张。戴维·鲍德温事实上并非这位未来作家的生父，而是其继父。因此，詹姆斯·鲍德温觉得这本身就是一种距离，而继父日益增强的偏执举动只会拉大父子之间的情感距离。

大约在鲍德温与德莱尼首次见面三年后，鲍德温的继父被送进了精神病院，没过多久，便于1943年7月去世了。巧合的是，鲍德温最小的妹妹宝拉·鲍德温（Paula Baldwin）在父亲去世之日出生。鲍德温曾想得到父亲的爱，这种心愿的强烈程度不亚于当初想杀死父亲时所下的决心，所以，他花了很长时间才从痛苦、内疚和悲伤中恢复过来。为继父举行葬礼的那天，正好是鲍德温的19岁生日，那天晚上发生了哈莱姆历史上最严重的骚乱之一，街道两边的店面毁坏严重。第二天，鲍德温的家人穿过街道，把老人的遗体用车送到了墓地。鲍德温则喝醉了。

博福德·德莱尼帮助鲍德温设法凑齐了葬礼所需费用。在某种程度上，这件事让德莱尼在鲍德温的生命中占有了重要地位，鲍德温经常称德莱尼为"我的精神之父"。在接下来的五年里，鲍德温与德莱尼不断见面。后来，鲍德温搬进了纽约格林威治村，两个人在华道夫咖啡馆（the Waldorf Cafe）或是康尼加力普索咖啡馆（Connie's Calypso）都能碰到面。有时候，他们通宵坐在德莱尼的留声机旁（德莱尼在留声机的盖子上面涂上了自己喜欢的三原色），跟着留声机里比茜·史密斯的歌声一起歌唱。后来，鲍德温在瑞士期间，史密斯的歌声还曾拯救了他。他常常说，在阿尔卑斯山脉里，在瑞士的那个小村庄中，史密斯的唱片让他找回了自己的声音，最后让他完成了自己的第一部小说《向苍天呼吁》(*Go Tell it on the Mountain*)。在格林威治村,鲍德温与德莱尼一起参加化装晚会,鲍德温有时还穿上自己的牧师长袍。德莱尼的父亲也是一名牧师,所以,德莱尼了解神职,也知道不担当神职意味着什么。

德莱尼有些神秘之处。朋友们把他看得有些神乎其神,他的故事和观察结论常常带着寓言的性质。鲍德温不厌其烦地无数次讲过这么一件事:有一次,他站在百老汇大街上,德莱尼让他向下看,然后问他看见了什么。鲍德温说,是一个污水坑。德莱尼说:"再看。"这次,鲍德温看见了建筑物的倒影,在污水坑里斑斑驳驳的油面上扭曲发光。鲍德温说,他教会我观察,让我懂得"一个人不能看见或不愿看见的东西,其实都反映了自己身上的某种东西。"

几年之后,詹姆斯·鲍德温意识到,如果他继续待在纽约,他也许不能"在种族问题引发的狂怒中幸存下来",于是,他想方设法要去巴黎。经由德莱尼推荐,他得到一份罗森沃尔德奖学金,终于如愿以偿。罗森沃尔德基金会拥有德莱尼的许多作品,这给了德莱尼希望,以为自己也有可能得到一份定期生活津贴。但是,德莱尼的申请遭到否决,鲍德温只得独自去了巴黎。

旅居巴黎时,鲍德温终于出版了《向苍天呼吁》,书的护封上还有玛丽安娜·穆尔所写的赞语。这本书大获成功。不过,兰斯顿·休斯却写信给该书的出版人阿纳·邦坦姆普斯,说此书是"将一个毫无价值的故事装在了天鹅绒袋子里"。休斯认为,如果是赫斯顿写这本书,"它可能会是相当精彩"。虽然休斯和鲍德温的确彼此尊重,但是,数年之后,鲍德温就休斯的诗歌选集写了一篇讽刺性的评论,难免触及了休斯的痛处。也是在巴黎生活期间,鲍德温出版了自己的第一本非小说作品集《土生子的札记》(*Notes of a Native Son*),从而让其声名鹊起,引人关注。理查德·赖特15年前曾出版过《土生子》(*Native Son*)一书,受其启发,鲍德温为自己的这本书取了这个名字。赖特也在巴黎,他倡导美国黑人把美国当作是已失去的目标放弃掉,在欧洲生活,最后到非洲生活。在《土生子的札记》一书中,有篇文章叫《每个人的抗议小说》(Everybody's Protest Novel)。鲍德温在这篇文章中谈到赖特，他写道，赖特笔下的人物别格·托马斯 (Bigger Thomas)是"汤姆叔叔的后代"，小说失败的原因是它"拒绝生活"。尽管他们从来没有断绝来往，但是，鲍德温在图尔农咖啡馆 (the Cafe de Tournon)碰上赖特及其圈子里的那些人时，现场气氛还是有点儿冷淡。那些仰慕休斯和赖特的人都把鲍德温的做法理解为一种敌意，并进一步解释为是鲍德温想要毁灭自己几位黑人前辈的冲动。然而，这种冲动在鲍德温和德莱尼的关系中却从来没有表现出来，鲍德温坚持不懈地给德莱尼写信。

《土生子的札记》的另一半名字来自亨利·詹姆斯的《儿子与兄弟的札记》一书。鲍德温在巴黎第一次读到亨利·詹姆斯的作品，沉浸于反映美国人在国外寻求出路的小说中，尤其是《美国人》和《专使》。詹姆斯句子停顿的方式以及句式的回转对鲍德温有巨大的影响，他的头脑中始终萦绕着兰伯特·斯特莱塞的话，这句话是亨利·詹姆斯从豪威尔斯那儿转借过来的："尽你最大的努力，好好生活。"1969 年，鲍德温在他的散文《一个发现：做一个美国人意味着什么》(The Discovery of What It Means to Be an American)的篇首这样提及詹姆斯——

> 亨利·詹姆斯曾经说过："身为一个美国人，意味着一种复杂玄妙的命运。"而一位美国作家在欧洲作出的最重大的发现就是：这种命运究竟复杂到何种程度。美国的历史，其远大志向，其不同凡响的辉煌成就，以及不论是过去还是现在，它在世界上拥有的愈发独特的地位，都是那么深刻、久远而又独一无二，以至于"美国"这个词至今仍是一个崭新、几乎根本没有明确定义且具有极大争议性的专有名词。

在去世之前大约一年左右，鲍德温在一次接受采访时，说到自己写的一篇论《专使》的散文。这篇文章篇幅很长，但最终没能写完。鲍德温说，亨利·詹姆斯身上最吸引自己的，是这位早期作家看待"美国人看不透别人的现实"这一问题的方式。也许，鲍德温在那样说的时候，正在想着那样一些人，比如亨利·詹姆斯，他们教他如何看待自己终究是父亲的儿子这种问题。

　　博福德·德莱尼的画廊冷得像冰窖,他从自己的艺术创作中几乎分文未得。他找了点儿教书的事情来做,也做各种各样的零工。就算他什么时候卖掉一幅画或是得到一小笔补助金,也会在几天之内就把所有的钱送给那些似乎比他还饥饿的人。他的精神分裂症越来越严重,所以,在鲍德温离开纽约后,德莱尼喝酒喝得越来越多,希望以此摆脱大脑中出现的各种幻听。1953 年,一位有钱的朋友主动帮助他,给他买了一张去巴黎的船票。此次跨大西洋的旅行,是德莱尼记忆中一生少有的好时光,他终于每天都能吃上三顿饭。

　　德莱尼在巴黎的圣拉扎尔火车站(the Gare Saint-Lazare)下了车,却迷失了方向。旅行和搬迁令他苦恼,独自一人身处异地他乡时,他会出现某些最糟糕的状况,比如神经崩溃。德莱尼忘了给鲍德温发电报,没能把自己抵达的日期告诉他。幸运的是,他在轮船上认识的一些人把他带到了一家酒店。第二天,鲍德温从百花咖啡馆(Cafe Flore)旁边走过时正好看见了德莱尼,然后就大呼小叫地跑过街道,扑到德莱尼的怀里。

　　巴黎解放了身为艺术家的德莱尼,这里也因此成为他定居的城市。他只在 1969 年圣诞节时回过一次美国,去看望家人。在巴黎,他去了博物馆,见到了毕加索。格特鲁德·斯泰因已经去世,但是他去拜访了艾丽斯·B. 托克拉斯。在交谈中他发现,自己与托克拉斯有个共同的观点,即如果你把一个小故事讲得非常好,并且是经常讲得非常好,它就会成为一个大道理。

　　像 20 世纪 50 年代许多美国画家一样,德莱尼完全转向了抽象艺术。他与黄色几乎有着一种宗教一般的关系。鲍德温在德莱尼的一幅画前写道:"我们站在黄色的光里……既深情又无情的黄色之光。"鲍德温和德莱尼两人都是爱的忠实信徒。德莱尼在日记里写道:"只要真爱降临,奇迹就会发生。"两人都坚信那种有爱就有奇迹的可能性,并努力在他们的艺术中实现它。不过,他们二人在爱方面都不幸运,要么是他们爱的人不爱他们,要么是不能投入地爱他们,抑或是不能和他们待在一起。

最初，鲍德温发现，在法国，自己被看作是美国作家而不是一个黑人，这让他感觉很愉快。但是后来，鲍德温注意到法国人在巴黎是如何对待阿尔及利亚人，加之美国的民权斗争日益激烈，他意识到："在这个动荡不安的世界上，根本就没有平静的国家。"他从朋友马龙·白兰度处借了钱，回了美国。不过，待了一段时间后，他又来到欧洲，为了他所谓的"生计"，也为了看望德莱尼。

德莱尼为鲍德温感到非常骄傲。有时，在觉得愁闷时，德莱尼会想到，至少自己帮助鲍德温成功地做到了自己不能做成的事情，于是，不禁感到释然。德莱尼对自己的性取向难以感到轻松，他喜爱鲍德温的小说《乔瓦尼的房间》(Giovanni's Room)，作品中公开写了两个男人的同性之恋。德莱尼努力想找到一种方式，充分利用那些充满内省精神的作品所体现出来的美，让其为哈莱姆的政治需要服务。他觉得，鲍德温的作品《土生子的札记》、《下一次将是烈火》(The Fire Next Time)以及《他的名字，在街上也不存留》(No Name in the Street)就做到了这一点。这些作品的献词中都写着：谨以此作献给德莱尼。对此，德莱尼非常感动。

随着鲍德温的事业越来越成功，他把德莱尼带到法国南部，还带到伊斯坦布尔。德莱尼的精神状态越来越不稳定，他的偏执症状发作得越来越频繁。鲍德温试着尽量少让德莱尼一个人待着，他们一起住在巴黎城外克拉玛(Clamart)的一栋小房子里，度过了二人最开心的一个夏季。在那儿，他们一起工作，彼此交谈；晚上，一起坐在一扇大窗户前，面朝后花园，观看深蓝色的天空逐渐暗去。

德莱尼非常温和，即使是在出现最糟糕的情况时，他也仅仅是自残而不伤人，所以，大部分时间里，他的身上都散发出一种安静而又仁慈的光辉。朋友们一次又一次地照看他，不厌其烦，心甘情愿。德莱尼写便条提醒自己：找人把裤子缝补好，来一次亲密接触，"记得色彩配制和搭配"。如同德莱尼非常倾慕的画家文森特·梵·高(Vincent Van Gogh)那样，到最后德莱尼能否动笔作画，完全取决于他精神状态的好坏,两者密不可分。朋友们给德莱尼找来一位医术精湛的医生,那个医生曾给安托南·阿尔托(Antonin Artaud)看过病,还写过一本书批评自己的同行对梵·高的忧郁症处理不当。德莱尼只有极少几次表达过对贫困的感受,其中有一次他说,要是早点儿有足够的钱去看精神病医生,那该多好啊。可惜,那时已经有点儿晚了。

在詹姆斯·鲍德温的生活中,令其痛苦而又颇具讽刺意味的是,他的两个父亲都因精神错乱而死。他不愿意称其为巧合,而是有自己的看法。他认为,美国黑人容易患精神病的原因是显而易见的,即人们饱尝饥饿和绝望之苦,深受冬天和警察带来的恐惧所折磨。鲍德温最后几次去医院看望德莱尼的时候,心中很不平静,总是不由自主地回忆起父亲的死亡。有人给德莱尼和鲍德温拍了一张合影,看来令人心碎。照片中,两人一起站在精神病院的草坪上,德莱尼身体虚弱,精神孤独,眼神有点儿狂野,一头白发,满脸银须,在鲍德温身旁显得很弱小,而鲍德温则握着德莱尼的手,但是没怎么看着他,好像于心不忍。德莱尼去世后葬在巴黎。那时,鲍德温就在法国,但是他没有去参加葬礼。鲍德温后来说,那段时间是自己心情最糟的时刻,他爆怒得似一个被父亲丢弃的孩子,非常生气。

在最后那些岁月里,博福德·德莱尼在巴黎艰难度日,在他喝着酒,想念着朋友们,听着幻声,难以绘画时,他告诉人们,他想到了一个故事,那个故事是他有一次去拜访艾丽斯·B.托克拉斯时,托克拉斯讲的。他的朋友们有时也会用这个故事提醒他,因为这个故事似乎对他挺有帮助。但是看见德莱尼脸上流露的希望时,他们也许会觉得自己内心有点儿痛苦。托克拉斯的故事是这样的:有一天,她一个人正坐在花园街那套房子的后花园里时,一个盗贼厚颜无耻地翻墙爬进来。于是,她站起来,身体挺得直直的,给盗贼说,她将到房子里去一会儿,她希望自己从房子里面出来时,他已经离开。最后,等托克拉斯再次来到院子里时,盗贼确已无影无踪。

第二十七章

约瑟夫·科尼尔与玛丽安娜·穆尔

有一次,在某年的 4 月份,约瑟夫·科尼尔曾经给玛丽安娜·穆尔寄过一张情人卡。穆尔喜欢被人追求,所以,她对此并不介意。在此之前,他们 1943 年就开始通信了。她第一次看见科尼尔的作品,是在艺术杂志《视野》(View)的《美国万象》(Americana Fantastica)那一期上。他的抽象拼贴画常常在这份杂志上作为插图使用。在穆尔看到的这一期杂志上,科尼尔的插图使用在一个故事里面,故事中有一个小女孩,名叫贝瑞妮丝(Berenice)。小女孩的父母从国外给女儿买回来一座宝塔,安放在后院里。穆尔给编辑写信说,自己特别喜欢贝瑞妮丝的宝塔。科尼尔得到消息之后,给穆尔写了一封非常奇妙的感谢信。信纸上有一只犰狳图案,这是她最喜欢的许多鳞甲动物之一,而且,犰狳正好托着信头的称谓:"亲爱的穆尔小姐"。科尼尔在信里说,穆尔关于宝塔的评价是"迄今为止我唯一得到的具体回应,这些话让我极为满足,对我将会有深远影响"。科尼尔欣赏穆尔的作品,对她在《特写》(Close-up)杂志上发表的一篇评价纪录片的文章评价尤其高,登载了穆尔那篇文章的那本杂志是他在一家旧书店发现的。其中包括几处手写的订正内容,"拼写准确,字迹娟秀",所以,科尼尔猜想那应该是穆尔亲笔所为。这个猜想在大脑中盘桓长达九年之久,直到见到她写给《美国万象》专刊编辑的信中出现一处手写的"对一个措词的订正",这一猜想才终于得到证实。他从自己的藏书中找出几本书一起寄给穆尔,落款写道:"你至真至诚的,约瑟夫·科尼尔。"

　　此事过后不久,科尼尔邀请穆尔到自己位于皇后区乌托邦公园路(Utopia Parkway)的房子来做客,看看自己家里人,包括母亲以及弟弟罗伯特。穆尔应邀而至,还参观了他的地下室作坊,那里有许多装满宝物的文件夹以及一些尚未完工的盒子,也许还包括那年晚些时候完成的那个盒子《射击场的栖息者》(Habitat Group for a Shooting Gallery)。在这个盒子作品里,有破碎的玻璃,碎玻璃后面还有四只鹦鹉,它们身上以及周围有着红色的漆斑。对于穆尔和科尼尔来说,在描画各种动物时,总能看到自画像的痕迹。他们两个都受不了第二次世界大战带来的流血牺牲,并为此感到忧心忡忡。在这次拜访之后,科尼尔再给穆尔写信时,母亲有时会叫科尼尔代转她对穆尔的问候。穆尔告诉朋友们,说科尼尔彬彬有礼,举止优雅。科尼尔也去布鲁克林拜访了穆尔及其母亲同住的家,并观赏了穆尔的宝藏,那些都是她的朋友们在各种旅行中陆续邮寄过来的,包括各种千奇百怪的东西。穆尔的哥哥名叫约翰·华纳·穆尔,原是一名随军教士,后来成为海军上校,他给穆尔寄来了表面布满棘刺的海胆;再比如伊丽莎白·毕晓普,她寄来的是保存在坛子里的珊瑚眼镜蛇(不过,毕晓普也了解,穆尔母女仅仅是出于社交人情才保留这份礼物的);还有的朋友寄来了金制和瓷制的圣诞天使,各种中文字帖,以及一个小乌木海马。

　　现在的玛丽安娜·穆尔已经50多岁了,而约瑟夫·科尼尔则刚满40岁。穆尔浪漫史的黄金时期是在布林茅尔学院读书那会儿,当时,年轻的穆尔使得一颗又一颗炽热的心因她"破碎",还有一些人为她争风吃醋,大打出手。那些追求者送来一束束鲜花,每朵花都是经过仔细查书核对确定了寓意后才送来的。穆尔1966年写那首名叫《圣瓦伦丁节》(Saint Valentine)的诗歌时,对于人们赋予那些花朵的意义及其定义仍然记忆犹新:"或者献上一枝花朵,深情蕴含/爱之真谛,抑或真诚/之爱。万语千言,尽在这枝紫罗兰。"穆尔在布林茅尔学院非常受欢迎,她收到过许许多多的花束。现在她虽然已成长为一名风格严谨、鹤立鸡群的诗人，但是，某种意义上来说，她依然是一名青春少女，所以，她总是把头发扎成辫子盘在头上，如同读大学时那样。约瑟夫·科尼尔应该会喜欢布林茅尔学院，也会喜欢那里对年轻女性表示好感的雅致氛围，因为那与科尼尔自己恋爱生活的实质相当接近。他曾经因为一次误会遭到警察逮捕。那一次，他站在一家电影院的街对面，目不转睛地盯着对面电影院前一个年轻女性在明亮的亭子里售票，长达好几个小时，直看得那个女孩心生焦虑，并最终叫来了警察。

　　穆尔与科尼尔都是独身。穆尔觉得没有必要结婚，认为婚姻制度使她困惑，尤其是它强调"不允许一个人中途变卦"，并要求"一个人/作出公开承诺/才能履行私人的义务"。但是，恋爱与婚姻则很不相同，所以，在《逻辑与"魔力长笛"》（*Logic and the "Magic Flute"*）一诗中，穆尔引用了霍雷肖·柯罗尼（Horatio Colony）诗作《爱情魔鬼》（*Demon in Love*）中的一行："什么是爱情/我能否一夕拥有？"科尼尔在即将过世前不久，曾在电话里对自己的妹妹说："知道吗？我在想，要是以前不那么压抑自己就好了。"穆尔与科尼尔之间的通信非常罗曼蒂克，行文的方式正好适合他们两人，字里行间遍布非常明显的暗示措辞。但是，也许两人都陶醉于这种方式，一点儿都没有想过要再往前发展。

　　情人节时，科尼尔寄给穆尔的实际上是一个包裹，里面有几张他找到的"蚯蚓趋光实验记录纸"，非常罕见。他觉得，穆尔也许会喜欢。包裹里还有两本旧书，其中一本是有关稀有动物的，似乎正合穆尔心意，正对她的胃口。这些书"会让任何情人节礼物显得相形见绌"，她热情地回信道："这些巨蛇、寄居蟹以及打哈欠的海豚的颜色真是太漂亮了！"她继续写道："不过，确切地说，我应该只是这些书的保管人而不是所有者。"笔锋一转，穆尔罕见地提到自己母亲疾病给自己的压力："身负种种责任之际，它们是多好的慰藉啊。真的是太好了。"她对收到科尼尔邮寄的这些珍宝真是不胜感激："它们激起了各种潜在的浪漫感觉。"不过，她还是希望科尼尔能够同意把这些书放回到本来属于它们的地方。她说："回到收藏家的宝塔中去吧，不要让我成为一个罪人。"

科尼尔很难得地及时回了信，对他来说，这是非常迅速的。他说，有一阵子自己一直想给她写信，把一些想法告诉她，但是，"这些想法像一种无穷无尽的交叉索引那般零碎，千头万绪，让人头痛，"他觉得挺难说得清楚，所以搁下了。他这会儿正在做一个后来被称为《塔格里欧妮的珠宝盒》(*Taglioni's Jewel Casket*)的盒子，使用了蓝色的天鹅绒、清澈的塑料立方体以及一条莱茵水晶石项链，把它们组合在一起，以纪念 19 世纪伟大的芭蕾舞演员玛丽娅·塔格里欧妮(Maria Taglioni)度过的惊魂一夜。那晚，俄国一个劫匪把她拖出马车，强迫她在雪地中一张豹皮上裸身起舞。这次经历吓得她几乎魂不附体，以至于有传言称，自此以后，她便在自己的珠宝盒中始终保留着一块钻石来铭记这件事。科尼尔给穆尔写信说，他希望这整件艺术品会散发出一种马塞尔·杜尚所说的"浪漫气息"，马塞尔·杜尚对这件作品"无意中作出了贡献"。他又写道，每次当我读到类似于你写的、与芭蕾舞演员帕弗洛娃有关的文字，"我就会感到内心一阵炽热，急切地想将这小小的花束扎在一起"。

科尼尔曾经在一家军工厂工作过，为战争出力。后来，他发现那个地方令人神经极为紧张。不过，坐着高架列车前去该厂的路上，他会经过一个小型的私人动物园，这个动物园让他感觉到"一种深入心底的安慰"。以后，每当经过这个地方，他常常会想到："穆尔小姐是这个世界上除我之外唯一一个能如此投入地欣赏动物园里这些飞禽走兽之人"。在回信的末尾，科尼尔说，请保留那些书，因为他"觉得已经从你表示认可的诗意话语中得到回报了"。人们经常寄东西给玛丽安娜·穆尔，希望从她那里得到对这些东西的看法，几乎就像是在给一位动物学专家寄去标本，为的是查明该动物的种类及拉丁名字。科尼尔继续写道："特别是来信中说到'它们激起了潜在的浪漫感觉'，这句话一语中的，如此有力，如此清晰，如此有益，说中了我正在摸索和探求的某些问题。"

科尼尔是在 1944 年 4 月寄的情人节礼物。在第二次世界大战期间,玛丽安娜·穆尔在写每一首诗歌的时候都会想到那场战争。《瑞典马车》(*A Carriage from Sweden*)在写到沉思松针之处,突然笔锋一转,插入一句"丹麦庇护了犹太人"。在《美德的丧失》(*In Distrust of Merits*)结尾处,穆尔写道——

> 战斗吧,直到我已在内心消除
> 引发战争的原因,但是我却不愿相信它。

《美德的丧失》收入了穆尔的作品集《然而》(*Nevertheless*)。该书于 1944 年秋天出版后,穆尔送了一本给科尼尔,后者把它装在衣服口袋里,以便在公交车上也能阅读。科尼尔给她写了一封长信,说他极为喜欢这些诗歌,尤其是那首《大象》(*Elephants*),让人回想起"霍迪尼(Houdini)以前在马戏表演舞台上让一头大象消失的栩栩如生的珍贵记忆"。对于取为书名的《然而》这首诗,他评论说:"伴随着今天正在发生的事情,能够在美好的时光里随心所欲地开怀畅饮,这种特权似乎更显珍贵。"关于《美德的丧失》,他简洁地说:"我尽最大努力去做到。"

1945 年 5 月 30 日,欧洲战场上的二战结束三周之后,科尼尔给穆尔写了一封信,表达他听说穆尔及其母亲身体都欠佳的慰问,文字周围环绕着一些跳鼠和长颈鹿的迷人图片。那年,广岛原子弹爆炸 11 天后,科尼尔又给她写过信,询问她是否愿意推荐他获得古根海姆研究基金的资助。尽管穆尔觉得他的申请在表达上还有所欠缺,但还是推荐了他,基金委员会也接受了。到了 1946 年,本来已经很少通信的他们,联系得就更少了。不过,科尼尔的文件中保留下来了那年 11 月的通信片段。他从巴尔扎克作品中摘引了一些内容转寄给穆尔,这些内容提到几把椅子。它们已经陈旧褪色,椅背用印着拉·封丹的若干故事的挂毯保护起来,而穆尔那时恰好正在翻译拉·封丹的动物寓言故事。科尼尔经常阅读法国经典,他的敏锐记忆力既得益于普鲁斯特,也得益于超现实主义者。与那些信件片段保存在一起的是一则日志条目:

卡洛塔·格里丝（Carlotta Grisi）

体验，在科尼岛（Coney Island）

拜访过穆尔小姐与

她母亲之后

卡洛塔·格里丝是第一个跳芭蕾舞《吉赛尔》（Giselle）中吉赛尔这个角色的舞蹈演员，是 19 世纪 40 年代另一个著名的芭蕾舞女演员，有段时间与塔格里欧妮一起参加舞蹈演出。科尼尔私人的符号语言在涉及安排摆放对象时，结构上异常密集，他似乎只是为了记录下对这种经历的记忆，而不是为了记录实际经历本身。也许，日志写的是，在拜访过穆尔之后，科尼尔脑海里想着历史上的一些绝色佳人，沿着科尼岛的木板路往前走，这时，在海滩上看见一名年轻的女性，或是一个纸玩偶，又抑或是一个贝壳，让他回想起与卡洛塔·格里丝有关的一些体验。

1947 年，穆尔的母亲在辗转病榻将近 10 年后去世了。即使在几年后，科尼尔仍然对给穆尔添麻烦感到踌躇不定。他写信给她，说自己曾经有很强烈的愿望，非常想请她写一篇文章，与他那些装鸟的"鸟舍"盒子一起展出，但是一想到她已有很多负担，便不想再给她添麻烦。穆尔最先很难从丧母之痛中恢复过来，但她最终选择了果断地继续前行。母亲过世后，她又活了 25 年，并成为美国最有名的诗人之一。她开讲座，在公众场合抛头露面，最后离开布鲁克林前往曼哈顿。她与科尼尔不再互相通信，但是在她动笔写作《为 2 月 14 日而作》（For February 14th）这首诗的时候，她可能想到了科尼尔。这首诗的开头是："圣洁的圣瓦伦丁节/虽然迟了。"这首诗发表于 1959 年。

约瑟夫·科尼尔曾多次堕入情网，他的每一次恋爱所持续的时间都很短暂。20 世纪 60 年代，有一阵子他爱上了一个叫苏珊·桑塔格（Susan Sontag）的年轻女性，他把自己最心爱的几个盒子送给了她。后来，爱情消失了，他又派了一个人过去，把那些盒子收了回来。

他的朋友罗伯特·劳森伯格(Robert Rauschenberg)(其装配作品深受科尼尔作品的影响)听说此事后,哈哈大笑着说:"科尼尔的心无数次地破碎过,又无数次地修补过,他应该已经习惯了。"科尼尔的母亲不太喜欢苏珊·桑塔格,也不喜欢其他任何来乌托邦公园路看她儿子的妩媚女性。直到科尼尔的母亲去世后,他才与人有了一次有记录可查的身体的亲密接触,那次,他与一名女性一起洗了个澡,如此而已。

1969年,玛丽安娜·穆尔患了中风,尽管那以后她还活了3年,但她再也没有写诗。科尼尔与穆尔都于1972年去世。穆尔中风后那年,8月的一天,凌晨两点,科尼尔在自己宽大的活页笔记本上写下记录,说自己梦见了她:"梦见玛丽安娜·穆尔和科尼岛,心旷神怡,站在水岸相接处,海水上涨。"

第二十八章

詹姆斯·鲍德温与诺曼·梅勒

　　詹姆斯·鲍德温拿不定主意是否去参加这次聚会。让·马拉克（Jean Malaquais）总是很殷勤好客，不过，鲍德温没有那份心情去听他又一次就存在主义发表讲演，只想到常去的那家酒吧里喝酒。但是，巴黎所有的美国人都会出现在马拉克家里，所以，鲍德温最后决定还是去参加聚会。

　　那天晚上，他走进马拉克的公寓房间，向主人打过招呼，随后接过一杯酒。在客厅里，鲍德温手上端着酒，扫视了一下人群，看见一个非常有吸引力的人在作冗长的发言。看上去这个人有可能在东拉西扯，但是却显得迷人、有魅力，整个身心都沉浸在演说中。鲍德温慢慢地走到人群边上，看见一位黑发妇女正站在那人身后。鲍德温认出了她，那是在格林威治村聚会时常常遇到的阿黛尔·莫拉莱斯（Adele Morales）。他曾听说她已婚，此时，鲍德温意识到其丈夫就是这个正在讲话之人——诺曼·梅勒。鲍德温走到人群中时，梅勒看了他一下，虽然没有直接打招呼，由于注意到鲍德温在场，梅勒的声音提高了一些，也更有力了。这是梅勒在成为谈话的中心人物时常常采用的诀窍，鲍德温后来写道，自己发现他这样做显得"惹人喜爱"，又是"如此真诚"。

　　最后，在他们被介绍认识之后，两人互相赞扬了对方的作品。梅勒熟悉鲍德温的《土生子的札记》和《向苍天呼吁》，而鲍德温也读过让梅勒一举成名的二战小说《裸者与死者》(*The Naked and the Dead*)。现在他们已喝了三杯酒了,话题围绕着对方进行得小心翼翼。鲍德温不想被人了解,更不指望被一个傲气的美国白人青年理解,所以,他并不积极:"我或者犹豫不决,或者缄口不语,有时言辞闪烁,有时甚至信口开河。"但是,"在所有的大喊大叫、装腔作势和互相吹捧之下,发生了非常美妙的事。我意识到自己的生活中出现了一种令人感到温暖的新东西,因为我遇见了自己想要认识的人,而且,这个人也想认识我"。阿黛尔·梅勒(娘家姓莫拉莱斯)(Adele Mailer, née Morales)发现梅勒对鲍德温产生了吸引力;而对于梅勒来说,即使他感觉到鲍德温对自己也产生了吸引力,他对这种感觉也是有些排斥的。

他们开始经常见面,三个人一道在塞纳河畔漫步,然后会在晚上前往爵士乐俱乐部,一直待到很晚。在凌晨那几个小时,鲍德温会带着自己成了多余者的疼痛感觉做一些大胆出格的事情,和他遇到的男人喝酒睡觉。他写道:"真是个奇迹,我居然还活着。"此后又过了很久,梅勒在一次采访中说,在那些年里,"我认为在文学圈里没有谁会比吉米更招人喜爱……他的情绪状态非常特别:在他不高兴的时候,会带着'深深的忧郁四处走动;在他被什么事情逗乐时,看他大笑是件美妙的事情,因为那是他摆脱了忧郁悲伤之后的欢笑'。"梅勒留意到,只有聪明的人才能看出,鲍德温的诙谐并非他的全部,而鲍德温也很高兴这一点为他所见。他写道:"我那时候的记忆主要都是关于梅勒,他自信、自负、充满活力而又可爱,就像角斗士大步走在软弱的巴黎夜空下。"

后来,梅勒回了美国,而鲍德温则继续待在巴黎。鲍德温曾告诉梅勒,他忧虑自己的小说新作《乔瓦尼的房间》是否受欢迎,因为这部小说写的是关于两个白人男子之间的爱情。结果,没有人抱怨一个黑人作家描写白人形象,而且梅勒还在公开场合对这部作品表示了善意的理解。鲍德温还阅读了梅勒的其他作品,认为《巴巴拉海滨》(*Barbary Shore*)和《鹿苑》(*The Deer Park*)写得并不完美,但是他很欣赏梅勒作品反映出来的客观态度。这种写作特色总能吸引鲍德温,也是他欣赏演员工作室(the Actors Studio)的朋友伊莱亚·凯赞(Elia Kazan)及马龙·白兰度塑造的角色的原因,鲍德温在演员工作室写了许多剧。鲍德温发现,"垮掉的一代"(the Beats)的作品充满唯我论,而梅勒的则与之相反。梅勒笔下的人物不会"在旅途中度过他们的人生。他们真正地彼此缠绕,也与生活纠缠在一起。他们遭受真正的磨难,他们溅出真正的鲜血,他们失去的,也是真正的生命。这绝不是微不足道的成就,事实上,这是绝对罕见的成就"。

梅勒的信心则有些动摇。由于《鹿苑》得到的评论令其灰心,下一部小说的出版又遇到障碍,他甚至开始怀疑《裸者与死者》这部小说是否真的取得了成功。这部小说是他参加过第二次世界大战之后写的,包含他本人在菲律宾战场上的经历,因此他确信"伟大的战争小说可能产生于欧洲之外的地方"。后来,梅勒又谦虚地声称,这本书之所以获得成功,得益于他在写作这部作品的时候一直在阅读托尔斯泰的著作,这种阅读是早期那一代美国现实主义作家都在做的事情。

梅勒怎么也没想到,自己在25岁时就因为小说创作而永远地成为一位公众人物。差不多就在刚认识詹姆斯·鲍德温那会儿,梅勒常常因自己是个名人觉得饱受束缚,而且无论遇到谁,对方都知道他是谁。他凭直觉认为,这个问题在非小说领域应该不存在,于是,他写了《白种黑人》(The White Negro),并尝试将存在主义、马拉克的马克思主义思想、反叛观念以及作者本人对性的认识结合在一起,统统纳入一种嬉皮士的人生观中。詹姆斯·鲍德温在把这篇文章看了几遍后说,他发现它"简直让人看不懂"。

有两个人对诺曼·梅勒有着巨大影响,一个是欧内斯特·海明威(Ernest Hemingway),另一个是卡修斯·克莱(Cassius Clay,即拳王穆罕默德·阿里)。梅勒说:"我从卡修斯·克莱身上学到的是,一个拳击手可以成为一名天才:他破坏每一项既有的规则,并把这些规则转化成自己的优势。"所以,梅勒也吸收了克莱的风格,赞成他的观点:你是自己最好的鼓励者,可以通过语言把对手击败,即在拳击比赛前聪明地羞辱对手,这样,在比赛时,对手便会变得怒不可遏,失去理智。1959 年,诺曼·梅勒出版了《自我推销的广告》

（*Advertisements for Myself*），这是一本收录了散文及自传体思考文章的杂集，包括《白种黑人》，也包括散文《评估——对室内人才快速而高价的评论》（*Evaluations: Quick and Expensive Comments on the Talent in the Room*）。由于期望引起一场严酷的战斗帮助自己成为美国重量级作家，针对任何可能反对这个题目的人，梅勒在书中发表了一系列的侮辱言论。他指名道姓写出自己的"竞争对手"：詹姆斯·琼斯（James Jones）、威廉·斯泰伦（William Styron）、杜鲁门·卡波特、保罗·鲍尔斯（Paul Bowles）、戈尔·维达尔（Gore Vidal）、詹姆斯·鲍德温以及其他许多人。尽管有些评论写得不是很友善，但是，它们与威廉·迪恩·豪威尔斯的评论一样富有洞察力。虽然有些评论只是泛泛而论，但也都击中要害，足以把他在文学圈里的几份友谊击得粉碎。

梅勒写道，鲍德温的作品"散发着香味"，但是，鲍德温"没有能力对读者说粗俗话"。（梅勒很骄傲自己有能力这样做，他对此感到很自豪。事实上，他成功地在《裸者与死者》中数千次写出了"操"这种粗话，而没有特意用别的委婉语来代替。）这还不算，攻击性最强劲的说法是，梅勒认为，自己对鲍德温有这样一种感觉："有时候渴望对他的这种超凡脱俗之态抡起铁锤，将他那散发着香味的穹盖砸碎，务必让他变成我们这个时代最痛苦也最不可思议的神经病。"

鲍德温对此感到非常恼火。在一篇名为《黑人看白人》（*The Black Boy Looks at the White Boy*）的散文中，鲍德温写了自己与梅勒的关系。他说，在《快速而高价的评论》中读到有关自己"没有能力说粗俗话"的句子时，他差点儿给梅勒发去一封辱骂电报，"纠正他的那个观念，至少作为一名被波及的读者。"不过，最终他没有那样做，而是回避了梅勒一段时间。最后，鲍德温回到美国后，他做好了准备，在一个聚会上截住梅勒，说："我们两个得谈点儿事情。"梅勒微笑着说："我早就料到了。"随后，他们去了一家酒吧，喝了一顿酒，于是，鲍德温不再计较，原谅了他。

此后不久，1960 年，梅勒宣布准备竞选纽约市长。等到 1969 年，他会再次参加竞选，到那时，报纸专栏作家吉米·布雷斯林（Jimmy Breslin）则是他的竞选伙伴。1960 年的竞选活动颇具新意，也堪称疯狂。鲍德温第一次听说这件事时，还以为这是一个玩笑。梅勒为竞选提出的一些观点使人直觉上认为还不错，也颇能引起积极的反应，然而，他甚至不知道如何落实这些观点，对于落实措施所抱的想法也是不切实际的。但是，当鲍德温意识到梅勒是在认真对待竞选，他不禁愤怒了。在一篇谈论梅勒的散文中，鲍德温写出了自己的想法："你个婊子养的，你在临阵退缩。"他接着写道，你是极少几个作家之一，可以帮助"挖掘这个国家被埋葬掉的良知，可你却想去当卑鄙下流的纽约市长。那不是你的本分！"后来，在一次竞选聚会上，梅勒狂饮、吃药之后，头脑中充斥着暴力和妄想自大狂的意识，不可遏止，遂拿起一把小刀，在妻子阿黛尔·莫拉莱斯的背上和心脏附近连捅三刀。发生这种事情，更加清楚地显示出梅勒已经失去理智。莫拉莱斯被送到医院做了紧急抢救手术，然后接着住院治疗一个月，梅勒则去了内布拉斯加州贝尔维尤（Bellevue）。

对于梅勒这种几乎不可原谅的事情，鲍德温只是宽厚地说道："那只是一场令人恐怖、使人困惑、引人注意的晚会罢了。"鲍德温写道，自己认为，那天晚上世界在梅勒的头顶陷落了，他努力抗争，想拯救自己。他还希望梅勒能拯救他自己，因为梅勒有能力看见人类关系的复杂性、必然性以及重要性。"具有真正的洞察力，能看清我们的本来面貌"。最后，鲍德温总结道："现在，在美国这个国家，有一点是再怎么强调都不过分的，即一旦这个国家失去洞察力，人民就会遭到灭顶之灾。"詹姆斯·鲍德温认为，"自知之明"是一种具有政治价值的意识，因此，他对杜·波依斯心存感激。但是，在向读者阐述自己对心路历程的关注以及审视自己情感生活的能力时，詹姆斯·鲍德温则是亨利·詹姆斯的传人。

梅勒并没有接受鲍德温的建议。在题名为《黑人看白人》的文章中，鲍德温引用了弗洛伊德·帕特森与英戈玛·约翰逊（the Floyd Patterson-Ingemar Johansson）的拳击比赛。这是刚刚发生不久的事情，在这次比赛中，一个黑人拳击手击败了一个白人拳击手。鲍德温在文章一开篇时就说自己的文章是一封"情书"，还说"诺曼是我很好的朋

友,但是我可能对他一无所知"。文章发表在《君子》(*Esquire*)杂志上,
这是鲍德温和梅勒双方的读者都追捧的一份杂志。然而,这篇文章让
梅勒颇为恼火,他在一次采访中说:"他让我在弱处变强,在强处变
弱。"这句话也许意味着,梅勒应该是宁愿别人赞扬自己粗暴也不想他
人称颂自己温和;这句话或许也表明,在想到鲍德温有点儿爱自己,或
想到文章在暗示自己有点儿爱鲍德温的时候,梅勒觉得颇不自在。

诺曼·梅勒,卡尔·范维克顿摄于 1948 年

数年以前,在 20 世纪 50 年代早期,同性恋杂志《壹》(*One*)曾向
梅勒约稿,梅勒有原则地接受了这个请求。在那篇应约而作的文章
中,他带着点儿自我保护的姿态说,有些后悔把《裸者与死者》中的
同性恋者康明斯将军(General Cummings)以及《巴巴拉海滨》中的同
性恋莱罗伊·赫林斯沃斯(Leroy Hollingsworth)塑造成了反面角色。
梅勒说,自己仅是到了现在才意识到,这种特别的偏见使自己未能

"理解生活中很大一部分内容","如果需要,作家可以成为一个大恶棍,但是他对生活的敏感、好奇以及做出的反应绝不可以减少。"1963年,在一篇名叫《瞬时万言》(*Ten Thousand Words a Minute*) 的长文中,梅勒写了弗洛伊德·帕特森(Floyd Patterson)与索尼·利斯顿(Sonny Liston) 之间一次著名的拳击比赛,而且在文中讨论了拳击家埃米尔·格里菲斯(Emile Griffith)。格里菲斯的对手拜尼·帕莱特(Benny Paret)曾暗示说格里菲斯是一名同性恋:"有一种男人,一生中的每个夜晚都在酒吧买醉,他说粗话、爱吵架,最后在街上因群殴而死。女人们说:'天哪,他是个同性恋。为什么他不索性去找个同性恋? 免得自己痛苦。'但是,男人们保护他。"梅勒似乎希望这样的男人可以下定决心"不成为同性恋"。不过,他肯定能看得出,如果这类男人的性取向被弄成公众关注的话题,他们可能会变得过度敏感并充满暴力。对于梅勒来说,格里菲斯在拳击台上连续用 18 记右手拳打死帕莱特,这几乎就是文章的寓意。梅勒说,帕莱特的死改变了作者本人和所有人对拳击运动的看法,但是,拳击运动永远不会被禁止,除非"权利机构"能找到一种方式,可以更好地消除年轻男子的暴力思想,否则,禁止拳击运动的话,社会会变得非常危险。为什么我们也需要"赛车比赛、战争,或是 6 盎司拳击手套"? 梅勒的这篇文章与鲍德温为男人杂志《金块》(*Nugget*) 写的文章内容有一点儿不同,鲍德温也写到了利斯顿与帕特森之间的这场拳击比赛。他在文章里说,他在利斯顿身上看到了一个男人"对尊严和责任的渴望";他还说:"有时我们负起了自己的责任,当然,有时我们也未能承担起责任。"梅勒不怎么认同格里菲斯,不是因为后者对同性恋感到恐惧,毕竟梅勒自己也对同性恋心有恐惧,只是没有那样严重罢了,而是因为不认可格里菲斯的做法。梅勒认为,格里菲斯宁肯杀死别人却不愿承认事实。

尽管梅勒为名声所累,但身为这么多年的公众人物,也给他带来罕见的自信,即这有利于增加自己的阅历与体验。从 20 世纪 50 年代后期开始,在他的非小说创作中,他已能不同寻常地展示自己的内心生活。梅勒的作品中存在对种族问题的某些观点,尤其是在那篇有关拳击运动的散文中,通过描写那个强大的黑人男子,比较清楚地反映了某种感觉。但是,梅勒意识到,自己在种族问题上的总体观点与自己笔下流露出来的有所不同,与那篇描写拳击的散文中反映出来的东西更是相去甚远。在文章《超人逛超市》(*Superman Comes to the Supermarket*)中,梅勒认为他那种能让读者走出传统大厅,和肯尼迪一起走进小屋的能力帮助了肯尼迪,使其获得了选举胜利。梅勒在 1968 年写《迈阿密及包围芝加哥》(*Miami and the Siege of Chicago*)的时候,他清醒地意识到,自己对存在主义的理解,并比不上自己对人类灵魂的剖析那般深刻,这导致他投票支持理查德·米尔豪斯·尼克松(Richard Milhous Nixon)。梅勒在作品中谨慎地表达了自己的善意、怀疑、抱负以及不安全感,这是他对后辈作家所做的重要贡献之一。

1962 年,在芝加哥,因观看利斯顿与帕特森两人的拳击比赛,梅勒和鲍德温自《黑人看白人》一文发表之后第一次见到彼此。梅勒在给《君子》杂志写的相关报道中解释说,在鲍德温和他之间有“一股寒意”,他们坐着看拳击赛时,“仿佛有块百磅寒冰放在我俩之间的空位子上”。梅勒交代了自己与鲍德温交往的大部分细节,但是没有提及自己正与威廉·斯泰伦(William Styron)有隙,以及自己认为鲍德温站在斯泰伦那边。而且,梅勒也没有承认他们两人之间寒意逼人的沉默之所以存在,部分原因在于两天前的一次聚会上梅勒所说的一些话,那些没有记录下来的话使得鲍德温泪流满面。表面上两人到芝加哥是为了看帕特森赢得比赛,但是在彼此对这次观看拳击比赛的印象中,更多的还是关于两人的友谊,而不是关于任何其他事情。

利斯顿仅用 2 分 6 秒就击败了帕特森。当帕特森躺在拳击台上,詹姆斯·鲍德温听见有人说:“发生什么事了?”梅勒认为,出现这种结果,部分是自己的错,因为自己坐在那里“为失去一份友谊而陷入沉思,后悔自己的狠心和愚蠢让友谊离开了自己”。由此,他向比赛场内发出了可怕的精神能量。鲍德温后来则写道,自己是充满了"一种怪诞而又强烈的失望情绪",他把这一点归因于自己"与一个我曾希望与之成为朋友的人发生了一场真正的战斗"。帕特森被对方击倒后,人们知道鲍德温输掉750美元,而梅勒仅输了28美元。比赛结束,两人尽量各自控制着自己的思绪与强烈的沮丧情绪,强颜欢笑,而且,就像彼此相爱过的人那样,几个小时后似乎就已经和好如初。

梅勒又出了洋相。他通宵喝酒,早上出现在利斯顿获胜新闻发布会上,宣布自己是利斯顿与帕特森下一次拳击比赛的新闻发布官。于是,他被人架在椅子上抬出了发布新闻的房间。好在梅勒还是找到路,回到了那时的入住之所——休·海夫纳(Hugh Hefner)的花花公子大厦(Playboy Mansion)。

鲍德温在离开这个城市之前顺便去拜访了梅勒,他们一起闲谈,尽管一起观看了利斯顿与帕特森的比赛,两个人的关系有所回暖,但是依然有些不咸不淡。鲍德温顺便问候关心了一下梅勒的妹妹,梅勒说她身体健康,漂亮依旧,但是,"为什么鲍德温不考虑娶她?"仍然是在给《君子》杂志撰写的那篇报道中,梅勒还写道:"我比吉米略胜一筹。"梅勒觉得自己那样写是很友好的,甚至是很进步的。鲍德温的确常常这样说:种族问题进步的真正考验不是取消对黑人的种族歧视,或是结束学校里的种族隔离做法,而在于白种美国人事实上是否愿意让黑种美国人娶他们的女儿或是姐妹。但是,鲍德温在这篇文章中应该还是读到了言外之意。他仿佛听到梅勒说:"吉米,把情书写给她,不要写给我。"

他们小聚的酒吧在休·海夫纳大厦里面,位于巨大的游泳池附近,现在,周围已经很安静了。鲍德温站起身来说自己准备走了。此时梅勒已经不眠不休地饮了36个小时的酒,他不是很确定自己是否已经使二人的关系有了一种他又想又怕的转变。梅勒说话时已经口齿不清,不过,在说"再见"时,他努力地显得头脑似乎是清醒的。

第二十九章

罗伯特·洛厄尔与伊丽莎白·毕晓普

在一年之初的一二月份,白天依然非常短暂,缅因州或是波士顿还是特别凄冷,破旧的老房子吱嘎作响,街道上泥泞不堪,人迹稀少,冬日的离去还得很久以后。这时候,罗伯特·洛厄尔(Robert Lowell)便会开始神志失常,走向崩溃。他会成为一个越发引人注意、始终才华横溢的演讲者,新朋友们也许没有意识到这是他的癫狂状态。他接连数小时谈论希特勒(Hitler)、亚历山大(Alexander)和卡里古拉(Caligula)。[1] 有一次,在阿根廷旅行时,洛厄尔坚持要在布宜诺斯艾利斯每一个马的雕像上坐一下。他也开始越发沉溺于饮酒,日甚一日。有一个同伴还记得,他甚至在午餐前就已喝掉六大杯伏特加酒,每杯都是正常量的两倍。如此一来,即使是新朋友也都开始为他担心起来,而老朋友则会自然而然地开始给医生打电话。罗伯特·洛厄尔会爱上一个年轻女性,他确信自己打算与她厮守终身,离开了她自己就活不下去。所以,洛厄尔想方设法让她相信自己,相信这份爱情。他也有可能发生一段"插曲",甚至有时候还会引得警察出面干涉。他有时会被送进麦克林(McLean's)疗养院,或

---

〔1〕 原名盖乌斯(Gaivs),罗马帝国第三位皇帝,卡里古拉为绰号,意为"小靴子"。历史上有名的暴政者,开创罗马皇帝自封为神的先河,后遭刺杀。洛厄尔中学时的昵称卡尔(Cal)便由此而来。——译者注

波士顿精神病院,或哥伦比亚长老会医学中心。在慕尼黑时,洛厄尔曾经被偷偷送进一家军医院,院长发现洛厄尔曾是一个拒绝服兵役的人,于是咆哮道:"把那个狗娘养的东西从这儿轰出去。"在医院里,他被安置在一个软壁小室里,接受盐酸氯丙嗪注射治疗或是电击治疗。继续康复一两个月之后,他便出院了,但是,病根未除,局促不安,神情疲惫。如同他曾经给伊丽莎白·毕晓普写信说过的,他咽下的是"由黯淡、自责等组成的苦涩的咖啡渣"。随着夏天来临,他开始了诗歌创作。

1947 年,伊丽莎白·毕晓普与罗伯特·洛厄尔在兰德尔·贾雷尔家初次相见,那时,洛厄尔刚刚出版诗集《威利爵爷的城堡》(*Lord Weary's Castle*)。这本诗集中收入的作品,在风格上比他后来采用的风格要精致一些,而且措词造句也比较注意书面化。他即将成为国会图书馆的诗歌顾问,这是一种后来被称为"桂冠诗人"的头衔。在遇见贾雷尔和洛厄尔之前,毕晓普一直有点儿敬畏他们,并服膺他们在诗歌方面的权威,这种权威地位使他们享誉诗坛。毕晓普感到很惊讶,自己与洛厄尔竟然一见如故,立刻感到浑身轻松。毕晓普在一篇去世时仍未完成的写洛厄尔的文章中写道:那天晚上,"洛厄尔来了,我对他一见钟情"。

洛厄尔非常英俊,而且力气很大,认识他的人常常把他形容成一头熊。洛厄尔本人有时候却不知道自己的力量有多大,曾经两次使第一任妻子琼·斯塔福德(Jean Stafford)鼻梁骨折。毕晓普似乎能理解洛厄尔的心灵世界。多年后她还记得,当时坐在出租车里回家,她在路上的时候想着:"这是我第一次真正与别人谈论如何写诗,并觉得这种交谈……特别轻松,'就像交流做蛋糕的配方',真是奇怪。"

二人结识后不久,洛厄尔为毕晓普的第一本诗集《北方和南方》写了一篇匠心独运而又充满赞誉之辞的评论文章。这本诗集里面收有《公鸡》一诗,而诗集的开篇之作则是《地图》(*The Map*),诗中写道:"地图绘制者的着色比历史学家更为精细。"洛厄尔与贾雷尔都是富有洞察力的评论家,一眼就看出毕晓普特别的写作手法,而且非常欣赏。洛厄尔写道,"表面上看,她的诗歌是肤浅的观察资料",但是在作品深处,总是"有什么东西在运转,虽疲惫不堪,却又持之以恒",而诗中也存在"一种终点:静止、睡眠、完成或是死亡"。这是一种能使洛厄尔从中学到大量新东西的诗歌,尽管毕晓普常常担心自己只是在进行一些描述,而不是真正在写诗。那年稍晚些时候,《威利爵爷的城堡》胜过《北方和南方》,获得普利策诗歌奖。获奖之后,洛厄尔想:是不是《北方和南方》更该获得这个奖?

转眼到了第二年。1948 年夏天,毕晓普正待在缅因州斯通宁顿镇(Stonington)的房子里。她喜欢缅因,在这里与在加拿大的新斯科舍省(Nova Scotia)的感觉很接近。五岁之前,她基本上都是与外祖父母在一起,生活在新斯科舍省的一个小村庄里。在那段时期,她既享受到了童年那无忧无虑而又单纯的快乐,也有着母亲罹患精神疾病以及最终被送往精神病院的伤心记忆。那个夏天,洛厄尔和他当时的情人卡莉·道森(Carley Dawson)前来拜访毕晓普。这是个有点儿喧闹的周末,洛厄尔与卡莉·道森大部分时间都在打架,导致后者提前一天离开这里。卡莉·道森离开后,洛厄尔与毕晓普一起度过了剩下的这一天。从这里出发去海边比较方便,所以他们出发去游泳。缅因的水仍很寒冷,两人大部分时间只是坐在靠近水边的岩石上。洛厄尔开心地又是欢笑又是玩水,还讲了很多极为出人意料、非常惊险的故事,逗得毕晓普开怀大笑。毕晓普则既稳重又活泼,给他讲了玛丽安娜·穆尔在动物园给小象剪毛的故事。从小到大,毕晓普经常游泳、划船和捕鱼,所以,在水边总是感到轻松自在。

接下来的几周里,罗伯特·洛厄尔开始告诉人们,自己准备与伊丽莎白·毕晓普结婚。他似乎觉得,自己已经求了婚了或是把这个意图表达得很清楚了。也许毕晓普已经知道自己与男人生活在一起不会幸福,所以,她似乎曾经想过不要发生这样的事。仅有一次,在与一个密友的交谈中,毕晓普不无痛苦地暗示说,的确有可能与洛厄尔结婚。

后来,毕晓普给洛厄尔写信并回忆那一天的情景时,她提到了游泳,还说洛厄尔有一阵子在一株树的前面做出各种姿势,一时让她想起了天主教的圣塞巴斯蒂安(Saint Sebastian)。在 1960 年至 1962 年这段时间内,洛厄尔曾就那天的事情写过一首诗——《水》(*Water*)。在这首诗中,他几乎是把毕晓普当做情人称呼:"记得吗?我们曾坐在一块巨大的岩石上。"然后是——

> 我们希望我们两个的灵魂
> 能返回岩石,犹如
> 海鸥。然而,
> 水对我们来说过于寒冷。

在诗里,洛厄尔还回忆道——

> 几十幢寒冷的
> 白框架的房子黏在
> 一座岩山上
> 犹如一群牡蛎壳。

洛厄尔把诗歌附在一封信中寄给了她。毕晓普回信说,自己非常喜欢《水》,"尽管那些房子给我的印象有所不同,它们看起来像蛤蚌壳。"

也许因为她总是在外周游,或者可能是因为他们都强烈感觉书信也是文学,所以,洛厄尔写给毕晓普的诗歌也常常具有书信的特点,书信与诗歌近乎一样——

> 你是否仍将词句挂在空中
> 十年也没完成?
> 把它们粘在告示牌上
> 留出空间,
> 填充精妙的词句——
> 精确的缪斯女神
> 要完成不经意的完美?

尽管洛厄尔揶揄毕晓普字斟句酌的做法,但是,他对毕晓普的用

罗伯特·洛厄尔，理查德·阿维顿摄于 1962 年

词精确不仅心存敬意，甚至还混合着近乎嫉妒之感。还是在这首诗中，洛厄尔的初稿里写毕晓普是"局促不安的缪斯女神"，但是在定稿中成了"精确的缪斯女神"。毕晓普几十年都在努力创作有个性的诗歌，但是却常用洛厄尔做例子责备自己懒惰。她常常写信给其他朋友，说洛厄尔成年累月地在修订他自己的诗歌，她钦佩他不断质疑自己的做事方式。

1942 年，洛厄尔自愿去参军，却遭到拒绝。1943 年接到征兵卡时，他觉得那时的战争是在追求把德国与日本彻底毁灭，尤其是对民用目标进行轰炸，这种做法与公平善意的政府原则是背道而驰，所以拒绝服役。他在一封致总统的公开信中用独特的方式阐明了自己对民主的观点，无愧于波士顿洛厄尔家族中所有著名的先辈。公开信发表后,他被捕入狱。他的先辈中有许多人都是戎马一生,包括他既热爱又觉得深受其威严控制的父亲老罗伯特·洛厄尔(Robert Lowell Sr.),因此,他这种做法也是一种更直接的反抗。周围的人都很钦佩他的举动,但也认为这样做的动机有点儿令人不解。因考虑良心问题而拒绝在第二次世界大战期间服兵役的人,尽管不是没有听说过,但是毕竟很罕见。因此,1948年夏天,在战争的记忆仍然历历在目之际,毕晓普心里可能想到过洛厄尔的举动。

在1948年,不管是洛厄尔,还是毕晓普,已经明显感觉到,美国最近百来年的种种军事行动,无论是夺走土著居民的土地、对墨西哥发动的战争还是占领菲律宾群岛、古巴、波多黎各,抑或是二战中作出的一些决定,都在让这个国家向着帝国主义方向发展。毕晓普和洛厄尔决非共产主义者,但是他们周围正在发展的冷战却没有减轻他们内心的不安。毕晓普沉浸于地理中,既读地理书籍,也到处旅游。几年之内,她就会离开美国到巴西,在那里度过整个麦卡锡(Joseph McCarthy)主义时期,尽管这样做也有部分原因是她与一位巴西贵族在一起生活得相当舒适。至于洛厄尔,出生在一个家世悠久的家族里,所以,对他来说,也许对历史感兴趣是很自然的事情。毕晓普读英国诗人的作品,而洛厄尔看罗马诗人的著作。

洛厄尔完全不相信任何政府,他等待着有朝一日原子弹可能把他心爱的东西彻底毁灭。然而,有时他的政治直觉与他的狂躁症会混杂起来,就如在那痛苦的发病时期,有一次他曾领头对伊丽莎白·艾姆斯(Elizabeth Ames)发起政治迫害。这位女性那时是艺术家栖身之所雅多(Yaddo)艺术村的负责人,洛厄尔当时就住在这里,他指控艾姆斯“窝藏一个共产主义分子”。在雅多生活过的其他人遵照兰斯顿·休斯拟订的策略,聚集在艾姆斯周围支持她。

孤寂也会导致毕晓普情绪不稳,有一次,她心情极为糟糕,精神几近崩溃,也曾在雅多待过一阵子。她住在那里,试图写诗,但写不下去,整天酗酒,情况非常可怕。那时,对她最好的安慰是隔壁邻居博福德·德莱尼的出现。傍晚时分,他们常常把各自的摇椅放在两人房屋之间的空地上,坐在上面喝着鸡尾酒打发时间。那时,德莱尼也没在工作状态。毕晓普喜欢德莱尼的绘画,她自己就是个业余的油画家和水彩画家,画的作品很漂亮,采用的是她极为敬重的传统画法,其他人称其为"原始风格"。

德莱尼有时会在集体晚餐后唱黑人圣歌,毕晓普发现他的精神渐趋稳定。德莱尼离开后,凯瑟琳·安娜·波特出现了。晚餐桌上,她以自己的美貌和健谈让每个人都感受到一种压力,毕晓普的状态变得更为糟糕了。在从雅多写给一个朋友的信中,毕晓普写道:"恐怕我真的正在崩溃,就像哈特·克莱恩一样,只是还缺乏他那样的天赋,看似天衣无缝地了却自己。"

罗伯特·洛厄尔很欣赏克莱恩,他以诗人的口吻写了《献给哈特·克莱恩》(*Words for Hart Crane*)一诗,视克莱恩为自己这个时代的雪莱。从惠特曼到克莱恩一脉相承的传统对伊丽莎白·毕晓普来说不是太重要。在被问及谁是北美最伟大的诗人时,毕晓普模仿安德烈·纪德关于维克多·雨果(Victor Hugo)的评论,干巴巴地回答道:"惠特曼,唉!"比起毕晓普,洛厄尔对惠特曼作品的包罗万象以及克莱恩诗句的力量感受更深,他希望自己的作品也像这两位诗人的那样,显示出力量来。但是,由于他对自己周期性表现出来的力量心存顾虑,所以,并没有在自己的作品中执著地体现这种力量。洛厄尔是克莱恩的继承者之一,但他也受到其他诗人诗作的影响,如艾伦·金斯堡(Allen Ginsberg)、弗兰克·奥哈拉(Frank O'Hara)以及约翰·贝里曼(John Berryman)。在 20 世纪 50 年代,一股强大的力量驱动着洛厄尔去撰写自传,使他写出了具有自我拷问性质的新型诗作,还有内容涉及童年生活的散文《里维尔街 91 号》(*91 Revere Street*)。这些东西共同构成了他那部具有突破性的作品《生活研究》(*Life Studies*),并推动他写出了《献给联邦死难者》(*For the Union Dead*)。《献给联邦死难者》这本诗集的风格后来对洛厄尔的两位学生帮助极大,她们是安妮·塞克斯顿(Anne Sexton)和西尔维亚·普拉斯(Sylvia Plath)。

1957 年夏季,毕晓普去拜访洛厄尔,还是在缅因州。那段时期,他们各自与其他人的关系都处于一生中最稳定的时候。洛厄尔与当时的妻子、作家兼编辑伊丽莎白·哈德维克（Elizabeth Hardwick）在缅因避暑,同时也正在深入研究父母以及新英格兰教育对自己的种种影响。毕晓普与洛塔·德·马塞多·索莱斯在一起,住在巴西,感受到了自童年时代以来最多的家庭温暖。生活在巴西这个地方,感受着索莱斯给予的爱,在这种由美景与爱人共同营造的氛围中,毕晓普不由得心里回想起在加拿大度过的那些时光。在她的记忆中,那段岁月是最安全的,但也最可怕。那时,她与外祖父外祖母一起住在新斯科舍,常常到田野里去放牛,或是观看铁匠钉马掌。这种场景有时会被她母亲的尖叫声破坏,这种叫声意味着母亲必须得去精神病院了。这些事情成为短篇小说《乡村岁月》(In the Village)的基本素材。这篇作品发表于1953年,从一个孩子的视角观察一个人陷入精神崩溃的种种情形。罗伯特·洛厄尔认为,这篇小说写得特别动人。

　　那年夏天,毕晓普与索莱斯一起到了缅因。最初,这是一次气氛非常友好的访问,但是后来,由于洛厄尔流露出狂躁症的迹象,也许还因为他对毕晓普还有一种不合时宜的吸引力,导致索莱斯和毕晓普提早离开了。后来,洛厄尔给毕晓普写了一封信,信中说自己非常快乐,而且对毕晓普过得非常快乐感到非常快乐,因为他们两个现在都安定下来了;似乎也有可能告诉她说,请求她嫁给自己是自己生命中"应该可能发生之事"。毕晓普从未直接回复那封信,但是在随后的多封书信中,她流露出的谨慎、感激及友好的口吻,都共同表明那封信的确存在。在某种程度上,他想拥有她,类似于他想保留自己发现的许多美好精致的物品、人以及诗歌。也许最初,她也曾想过与洛厄尔保持稳定的伴侣关系,为了爱情或是为了性,但是现在,她最想与他保持的是文学上的朋友关系。她希望靠近他的生命活力,但不是进入他的生活,因而她退缩了。

　　1957年以后,洛厄尔与毕晓普经历了一系列的剽窃与责难、逃离与追逐之事。1961年,洛厄尔把自己的新书《模仿》(Imitations)献给毕晓普,书中收入的都是译作,原作者分别是萨福(Sappho)、维庸(Villon)、海涅(Heine)、鲍里斯·列昂尼多维奇·巴斯特纳克(Boris Leonido-vich Pasternak)以及其他一些人。该书出版以前,她就试图

伊丽莎白·毕晓普,摄于 1954 年

提醒他,说洛厄尔是在戏弄原作,这近乎犯罪。洛厄尔在 1953 年就已读过《乡村岁月》,到了 1962 年,他把这篇小说改编成诗的形式寄给了毕晓普。这首取名为《尖叫》(*The Scream*)的诗,几乎每一行都能在小说原文中找到出处。如"尖叫,回荡着的尖叫","马蹄轻快地穿过黑夜/就像小小的血红月亮",以及"母亲的衣服是黑色/或者白色,或者黑白两色"。在一封给洛厄尔的信中,毕晓普语带讥讽地说,自己不应该费事去创作,直接把收集的各种素材呀资料呀什么的寄给他就行了。1964 年出版诗集《献给联邦死难者》时,洛厄尔把《尖叫》放了进去,并附上对毕晓普原作的谢辞。毕晓普 1965 年出版诗集《旅行问题》(*Questions of Travel*)时,书中收入了自己的短篇小说《乡村岁月》。罗伯特·洛厄尔认为,《旅行问题》实现了毕晓普预定的目标,即不是传达既存的思想,而是传达头脑的思考。"此处,或者是彼处……不。"在《旅行问题》这篇与诗集名字相同的诗歌中,毕晓普显得犹豫不决:"我们是不是本应安心在家,/无论身处海角还是天涯?"

1967 年,毕晓普与索莱斯到了纽约。这次美国之行她们本来准备逗留几个月,但是,近几年精神状态每况愈下的索莱斯却自杀了。毕晓普一直没能从这次打击中完全恢复过来。尽管后来她写了一生中最优秀的几首诗篇,但她对巴西的感觉,对巴西带给她的那种如同回到童年的感觉,都被彻底摧毁了。1970 年,毕晓普想把自己在巴西的住所"凯瑟·玛丽安娜"卖掉,这时,她从巴西给洛厄尔写了一封读来令人心碎的信。洛厄尔把她的信几乎一字不差地变成了一首诗。不过,毕晓普再次原谅了他。

大约还是这段时间,洛厄尔还有一次剽窃行为,让毕晓普觉得很难再次原谅他。当时,洛厄尔已与哈德维克分居,并在创作长诗《海豚》(*The Dolphin*)。哈德维克多年来始终支持他,使他精神稳定,还帮助编辑他的诗作。此外,还得同时做她自己的工作,尽职尽责地养育他们的女儿。但洛厄尔把哈德维克的多封书信融进了这首长诗里,并对这些信做了改动,却没有说明改动了什么内容。针对这件事,毕晓普给洛厄尔写了一封语气极为严厉的批评信。至于写信的原因,可能是毕晓普对他多年来大量盗用自己的作品一直很生气,另外也可能是被洛厄尔对哈德维克所作出的不讲道义之举激怒了。但是,她在信中声称,她主要是忧虑他竟然采用这种方式写作。她写道:"对于别人,例如梅勒,我不谴责他去写他的妻子和婚姻……但是我的确谴责你所写的。"

她从来没有真地考虑过与洛厄尔断绝往来,毕竟,洛厄尔写的那些信对她而言是必不可少的,她也多次这样说过。洛厄尔的这些来信让她觉得自己是文学界的一部分,它们一直陪伴在自己左右。"请永远不要停止给我写信,它们总是好几天都让我有'飘飘欲仙'的感觉(我一直在重读爱默生)"。不过它们可能也会让她有摇摇欲坠的感觉,那时,她看到自己的孤独、强烈的性欲、恐惧、愤怒以及对酒精的需求,而所有这些,都是洛厄尔亲身经历过并强烈表现出来过的,这使得其他人也有可能承认这些感觉。无论毕晓普多么紧密地融入巴西，多么深刻地了解自己的内心，洛厄尔仍会伴随着他，本能地与她分享着与诗歌有关的种种之事，这对毕晓普意义重大。

在洛厄尔创作《海豚》这首长诗时，正与已是他第三任妻子的卡罗琳·布莱克伍德（Caroline Blackwood）在英国生活，还不时地在格灵威（Greenways）精神病医院出出进进。在此期间，洛厄尔产生了一个想法，要把自己的许多新旧诗歌以所涉及历史事件的发生顺序排列，从创世纪开始，然后是希腊人、罗马人、中世纪、文艺复兴、古老的新英格兰家族，一直到他为哈特·克莱恩写的诗歌，还有关于抗议美越战争的诗歌，接下来是他为伊丽莎白·毕晓普写的四首诗。他按照这种方式把诗汇集起来，1973 年出版了诗集《历史》（History）。毕晓普能够理解，通过重写历史，洛厄尔可以继续忍受生活。不过，她仍然喜欢自己那些制图者的色彩，而不是他那些历史学家。

洛厄尔属于那种做事没有选择也没有界限的人。毕晓普则不同于他，她会有所选择，做事干净利索，从不拖泥带水。作为一个适合做地理学者的人，她有着清晰的边界意识。洛厄尔认为包罗万象是首选的，毕晓普则主张正确无误是最佳的。在洛厄尔出版《历史》的同一年，毕晓普终于完成了那篇关于缅因的诗歌《驼鹿》（The Moose），这首诗她一直写了 25 年。玛丽安娜·穆尔应该会认定这是一首精确的诗，诗中没有任何一处可以改动，标点符号都不能去掉。罗伯特·洛厄尔曾描述他们在缅因的那天，他写道，一座座房子黏在一座岩山上犹如一群牡蛎壳，而且他们的灵魂返回了那里。而毕晓普在《驼鹿》中则根本没有提到那天，也没有提及她与洛厄尔长期交往中的任何事情。但是在诗中，毕晓普的确描述到缅因的教堂，"如同蛤蚌外壳，灰白多皱。"

在 8 月那个美好的日子，当时杜鲁门还是美国总统，《北方和南方》刚出版，他们起了床，吃了早餐，决定去游泳。下午，在太阳正当顶、海水最温暖的时候，他们下了海。又是一个夏天，他们站在齐大腿深的冰冷的海水中，脚趾都麻木了，但他们仍在交谈着。

第三十章

约翰·凯奇与理查德·阿维顿

他们来自不同的地方。约翰·凯奇一直在新学院大学(the New School)讲授实验音乐,默斯·康宁汉(Merce Cunningham)从排练场过来,而罗伯特·劳森伯格则一直在他的工作室想办法用一块石灰石解决一个问题,后来才赶过来。理查德·阿维顿(Richard Avedon)一直在拍一场时装秀,却最先到了自己的摄影室那里,正和助手一起在布置场景。凯奇和康宁汉几乎是同时到达的,他们三个随意交谈了一下,一起等着劳森伯格。劳森伯格到了,他把头贴在门上说:抱歉,那块石头烂成了两半,完全分开了。然后他爽朗地大笑起来,大家也都跟着笑了。随后,他们开始为拍照做准备。

理查德·阿维顿拍摄肖像照片已经20年了。他的摄影作品在风格上与布雷迪和史泰钦一脉相承,只是对史泰钦的摄影风格做了些调整。与史泰钦那"到处都是背景光"的风格相比,这位年轻摄影家的审美情趣显得朴实无华。阿维顿善于识别布雷迪所称的"杰出事物"。查理·卓别林和玛丽安娜·穆尔坐下来让他拍过照,就如同他们曾坐下来让史泰钦拍照一样;马塞尔·杜尚也这样在凯奇面前坐过。尽管阿维顿不像沃尔特·惠特曼那样去相信摄影的客观性,但是,阿维顿还是对照相机能记录下来的各种各样的人物特性颇感兴趣。也许惠特曼应该喜欢阿维顿给艾伦·金斯堡和彼得·奥洛夫斯基(Peter Orlovsky)拍的照片,照片中,两人上身赤裸,胡须飘飘,舌头都清晰可见。

　　阿维顿的许多照片里都带着戏剧成分,他有时觉得自己就是一名导演,指挥人们出演自己。1960 年,他对于与默斯·康宁汉、罗伯特·劳森伯格以及约翰·凯奇合作颇有兴趣。阿维顿在不久以前看过一场康宁汉的演出,舞蹈演员们在表演时尽其所能地各自独立,脱离凯奇的音乐节拍并无视劳森伯格提供的场景,这给阿维顿留下了深刻印象。一切都是独自进行,没有真正相交,舞蹈演员既不随着音乐跳,也不逆着音乐跳,当然,也没有彼此配合。

　　阿维顿应该观察了一番在摄影室走来走去的三位客人,还努力设想了一下如何对他们做出恰当的安排。可能他最初假定康宁汉会是三人中的核心人物,但事实证明这种假设完全错误,显然,屋里最有活力的中心人物是凯奇。

　　一年前的 1959 年,约翰·凯奇与朋友、钢琴家大卫·图德(David Tudor)合作,录下了 90 段时间长度均为 1 分钟的录音,都是凯奇的生活故事,共同组成了作品《不确定性》(Indeterminacy)。凯奇的声音嘹亮悦耳,吐字发音非常准确。每当提到图德,凯奇总是语音清晰地说图德是一位“钢琴家”。凯奇音乐的风格具有轶事特征,这是因为部分地受到格特鲁德·斯泰因的影响,凯奇在最初的音乐创作中,曾把斯泰因书中的一些原文编成歌曲;也部分地受到马克·吐温的影响。默斯·康宁汉认为,约翰·凯奇是有史以来最风趣的人之一。

　　凯奇身上的有些故事来自他在南加利福尼亚的童年生活。他发现,自己天生就有进取心,所以,他走进各种地方,收集各种故事。就这样,他在 12 岁的时候就曾自己开办广播节目,并播放过自己表演的内容。凯奇后来还有一个与收音机有关的趣事,他写了一首曲子,用 12 台收音机演奏,从而使这首曲子成为他最有名的作品之一。19 岁时,凯奇在圣塔摩尼卡(Santa Monica)挨门挨户地游说人们去听他发表演讲,讲的是现代艺术和音乐。10 场讲演仅收费 2.5 美元。这是他第一次闯入阐释领域,对艺术进行阐释。经过几个月讲演,他逐

约翰·凯奇,默斯·康宁汉与罗伯特·劳森伯格,
理查德·阿维顿摄于 1960 年

渐倾心于阿诺德·勋伯格（Arnold Schoenberg）[1]的作品。两年后,凯奇成了这位用十二音体系进行创作的作曲家的学生,那时,勋伯格刚从维也纳搬到洛杉矶来。凯奇一直喜欢勋伯格后期音乐的特性。有人问过勋伯格:美国有没有作曲家?他回答说"没有",然后又纠正道:凯奇是,不过,"他根本不是一个作曲家,却是个天才的发明家。"

　　为了录制《不确定性》这部作品,凯奇在朗读故事时,有时比较慢,有时又非常快,以保证每一段的时长都是一分钟。此外,还同时

──────────

　　[1]　阿诺德·勋伯格(1874—1951),是著名美籍奥地利作曲家、音乐教育家和音乐理论家,新维也纳学派的领袖,序列主义音乐理论的创立者,20 世纪的音乐巨人之一。——译者注

播放磁带录好的各种声音,让图德以此为背景弹奏钢琴。凯奇喜欢
与画家和作曲家有关的各种故事,部分原因在于,故事中讲到的内容
恰到好处,既让人们感觉熟悉,又不暴露那些画家和作曲家应有的神
秘感。有些故事是禅宗大师和罗摩克里希纳(Sri Ramakrishna)福音
书中讲到的,因为凯奇对宗教感兴趣,所以知晓这些。对于那些认识
凯奇的人来说,他有点儿像个印度教派领袖。

　　凯奇喜欢把人召集在一起,就像他乐于"收集"声音一样。到理
查德·阿维顿给他们拍照时,凯奇和康宁汉已经合作将近 15 年,劳
森伯格认识他们也 9 年了。劳森伯格是在 1951 年夏天见到凯奇的,第
二年夏天,他们便都聚集在黑山学院(Black Mountain College):〔2〕
凯奇和康宁汉在那里教书,而劳森伯格则从海军退役后在那里求学,
并且已就读一段时间了。劳森伯格曾在重要军事区潘德顿营区
(Camp Pendleton)的一家精神病院工作,那里距离圣地亚哥不远。
在黑山学院当学生时,他曾拍过很多照片,还设想了一个计划,要把
美国的每一寸土地都拍下来。他在自己的出版物和拼贴画中都用上
了照片。所以,1952 年现代艺术博物馆第一次购买他的作品,买的
就是一张照片,是由摄影部主任爱德华·史泰钦购入的。

　　仍然是这一年,他们都还在黑山学院,决定在自助餐厅举行一次
后来被称为"事件"("The Event")的演出。凯奇站在一架梯子上发
表讲演;康宁汉跳舞,后面有一阵还跟着一条好奇的狗;大卫·图德
在钢琴上弹奏一首由凯奇创作的曲子;查尔斯·奥尔森(Charles
Olson)和玛丽·卡罗琳·理查兹(Mary Caroline Richards)朗读诗歌;
劳森伯格则把照片从椽子上斜着吊下来,落在角落里自己的纯白色
画作上,此外,他还在一台手摇留声机上播放着老唱片。最后,有人
出来给观众斟上咖啡,每人面前一杯。这些观众早在演出开始以前
就坐在那儿了,座无虚席。

　　劳森伯格 1952 年秋天已经与艺术家苏珊·威尔(Susan Weil)非

────────────

　　〔2〕 黑山学院原是北卡罗来纳州的一所文学艺术学院,成立于 1933 年,1956
年停办。——译者注

常平静地离了婚。1953年,他与画家塞·托姆布雷(Cy Twombly)一道从欧洲和北非旅行回来,和凯奇一起进行了一次创作。劳森伯格先把几大张纸铺在人行道上,然后在周围未被覆盖的混凝土上倒上颜料。接下来,凯奇驾驶着自己的福特牌A型小车(Model A Ford)在颜料和所有纸张上面开过去。对这件事情,他们后来至少非常确信是凯奇开的车,却没能清楚地记得整件事是否属于劳森伯格所为。那年秋天,劳森伯格与乔斯普·约翰斯(Jasper Johns)相遇并交往密切,后者已经认识凯奇。后来,凯奇、康宁汉、约翰斯和劳森伯格四个人就常常结伴一起出去。在20世纪50年代后期,约翰斯和劳森伯格一直都在为康宁汉的各种表演做舞台道具和服装,凯奇则是音乐指挥,他们都一致认为,康宁汉是最激动人心的舞王。他们喜爱这样的感觉,即事情既相互依存又各自独立。凯奇常说:"生活或艺术中没有什么东西需要结伴存在。"

　　劳森伯格与乔斯普·约翰斯都非常欣赏康宁汉的创造才能和训练有素。劳森伯格一直企求达到训练有素的程度,部分原因是他想让自己的作品看似凌乱却又有序聚集。凯奇和康宁汉身上都具备一种严谨的风格,而这正是劳森伯格所追求的。约翰斯是个天生不大容易受外界影响、拥有自我克制能力的人,他喜欢其他三个人热情洋溢的样子,但是自己却非常不喜欢抛头露面,拒绝成为各种事件中的一员。因此,他正准备从与康宁汉的合作中抽身而退。不过,他与劳森伯格的直到1962年才最后决裂。但是,他没有出现在这次阿维顿的拍摄现场已经算不上是令人惊奇的事情了。另一方面,劳森伯格近来已经开始考虑怎么为康宁汉的舞蹈团做灯光,他想让投射在舞台布景和服装上的灯光恰如其分,因为他已经和舞蹈团一起巡演了很多场,他喜欢这样。不过,他有时也会感到恼怒,觉得自己所做的舞蹈团管理工作并非属于本职工作。这些巡演的成本都很低,大部分是在美国境内进行,而且他们总是开着凯奇的大众牌巴士车。这辆车是专门为巡回演出购买的,用的是凯奇在意大利某电视台一档问答节目中回答有关蘑菇问题赚到的钱。凯奇在意大利已经由此成为名人,连续五周出现在这档节目中,回答真菌学领域越来越具体的问题。在自己的书中,凯奇讲到了自己在罗马的街道上被孩子们认出来是"蘑菇人"的故事。

在那些巡演的日子里,他们愿意离开纽约,也都喜欢回到纽约。凯奇说,对于纽约的事情,一个人首先应该注意到的是,这里有多得难以置信的事情在发生着。他们都喜欢这样做:先让许多事情运转起来,然后观察随着时间推移可以发生什么情况。

理查德·阿维顿收集的是表情而不是故事,但是,他也像凯奇一样,对于从许多短小片段中衍生出长篇故事抱有兴趣;他还像凯奇一样,小小年纪就已具备进取心。他的妹妹露易丝·阿维顿(Louise Avedon)是他的第一个肖像照主角。还是个小学生时,阿维顿就意识到可以用自己的皮肤作为一种胶片。他把露易丝的底片黏贴在自己肩上,在太阳下晒了两三天,然后把肩膀上太阳晒出来的形象给自己的家人看。在 12 岁时,他就在收集各种各样的东西了。他有一本收集了很多人亲笔签名的本子,自己将其命名为"伟大的犹太人和法官(Great Jews and Judges)"。他对南北战争的历史极其入迷,于是请求父亲允许他独自一人前去华盛顿参观各处纪念碑和史密森尼学会(the Smithsonian Institution)。他父亲开玩笑说,如果他能得到菲奥雷洛·亨利·拉·瓜迪亚(Fiorello Henry La Guardia)市长的一封信,就可以获得允许。理查德·阿维顿当真很快就寄了一封信出去。当市长果真回信过来,告诉阿维顿怎么联系他的参议员以及如何在基督教青年会投宿,阿维顿的父亲兑现承诺,同意了。于是,阿维顿去了华盛顿,也去了史密森尼学会,站在了马修·布雷迪所拍摄的南北战争照片前面。阿维顿后来说:"我觉得布雷迪是第一个活生生的摄影家。银版照相曾是一种机械的技术过程,是布雷迪和纳达尔(Nadar)最先把肖像摄影变成了艺术形式。"

露易丝·阿维顿的精神出现了问题,她越来越难以控制自己的意识。在数年后的一次采访中,理查德·阿维顿解释道:"露易丝的美貌是我们全家关注的大事,也是毁灭她生活的根源。"他认为,露易丝后来患上精神病,这与家庭氛围使她太自恋于自己的完美肌肤以及修长的脖子有关系。他记得母亲说过："拥有那样的肌肤,就能心想事成。"

阿维顿19岁那年入伍进了海军,开始给人拍肖像照片。那会儿,他在羊头湾(Sheepshead Bay)拍证件照片:"在我拍了大概10万张困惑的脸之后,我意识到自己已经成了一名摄影家。"有一次,阿维顿和一个学古典文学的朋友经过一个庭院,院子里满是古罗马皇帝的半身雕像。于是,他叫同学覆盖住那些雕像的名字,他自己则通过雕像面部来猜测人物名字。提比略(Tiberius):"一个居家男人,家门不幸,内心深处隐藏着痛苦的肉欲。"奥古斯都(Augustus):"有着所有权势彪炳的男人都具有的忧郁。"克劳迪(Claudius):"一张缺少智慧的学者面孔。"揭开名字上覆盖的东西之后,两人发现阿维顿讲的内容与罗马历史学家们叙述的差不多。

凯奇的面部表情对阿维顿产生了压力。阿维顿发现,他的脸上同时表现出坦诚和内敛这两种表情,让人有点儿难以分辨,但却是一种接近权威的表情,可以轻而易举地将他身边的人均匀地分成两组。也许阿维顿告诉凯奇向旁边再让开一点儿。凯奇、康宁汉和劳森伯格都很钦佩阿维顿反应敏捷,精力充沛,也敬服他的做事方式:在他们三人待在摄影室里的这段时间,阿维顿自始至终都没有停下来过。

三个人的困意加重了,见此情景,阿维顿给默斯·康宁汉建议道,也许他可以做点儿准备动作。康宁汉弯下腰来,用左手抬起右脚,然后站定了。很明显,如果需要,他能保持那种姿势一个小时而不倒,但是,看起来他的身体是自然地失去了平衡的状态。凯奇取出一支香烟,准备点上,而劳森伯格则把两只手都插进口袋。尽管劳森伯格似乎仍有点儿紧张,但现在他们基本上已准备好,可以拍合影了。

在约翰·凯奇认识的艺术家们近乎疯狂地尝试各种新鲜艺术时,凯奇总是能把相关事情讲得头头是道,妙趣横生,所以,他的那些听众,一般也是艺术家、舞蹈家、画家和音乐家,可以对事情的来龙去脉知道得一清二楚。1959年,凯奇录制了90分钟的自传;1961年,凯奇出版了自己第一本有影响力的作品——《静音》(Silence)。而就在这两年之间的 1960 年,凯奇发现整个艺术世界都在关注自己的观念。在《静音》中,凯奇主张放弃艺术控制,允许偶然思想占支配地位,鼓励艺术表现过程中出现中断,从而把环境引入作品、引入音乐,主张专注于正常声音、噪音和静音。他认为,当代美国音乐不应该试图太欧洲化。

第二年,《静音》出版时,献词是"致有关人士"。纽约的很多先锋派人士读了这本书,它改变了一代作曲家的生活。有人说这本书标志着禅宗进入了美国音乐,有人说是印度哲学和宗教进入美国音乐的象征。有些人从中看到凯奇身上初步显示出的与一位作家相似的东西,这位作家便是亨利·大卫·梭罗,他后来对凯奇产生过极大的影响。也有人说凯奇的书是一个游戏,还有人说它是一项发明,另外则有人认为,这是对 1960 年之际凯奇身边种种景象所做的记录。对所有人来说,它似乎都具有美国特点。凯奇在《静音》中写道:"美国的气氛适合进行各种激进实验。正如格特鲁德·斯泰因所说,我们是 20 世纪最守旧的国家。"〔3〕

凯奇现在站在阿维顿的左边,面朝房间对面,没看身边的人。阿维顿可能认为这个位置比较合适,他准备动手拍摄。此时,一个摄影助手走进来问他一个问题,阿维顿转过身去作答。凯奇看了一下阿维顿,微微一笑,随后又看向别处。康宁汉把肩膀放低,往身体里缩了一点儿,劳森伯格则已经停止回想那块已经破裂的石头,面部表情也轻松起来。阿维顿发现,如果自己把劳森伯格的身体留在镜头外面一部分,看上去就会像曾经出现的那一幕,好像劳森伯格刚进门时的那个样子。阿维顿感到一阵欣喜,因为找到了最佳拍照状态,于是,他按下快门。

---

〔3〕 此话出自斯泰因 1928 年对一个问题调查的回答。该问题是:"为什么我不在美国生活?"——译者注

第三十一章

W. E. B. 杜·波依斯与查理·卓别林

W. E. B. 杜·波依斯与第二任妻子雪莉·格雷厄姆·杜·波依斯（Shirley Graham Du Bois）正等着电影院里的灯光熄灭。杜·波依斯非常喜欢看电影，听着放映机呼呼运转，心里久违的那种心满意足之感顿时涌起，历久弥新。他现在 89 岁了，听觉已不大灵敏，但他还是能听明白卓别林的新电影的台词。查理·卓别林在这部《一个国王在纽约》（*A King in New York*）中扮演的是欧洲一个小国家的国王，遭到了废黜。他逃到纽约，但是立即陷入美国政府给他制造的麻烦之中，被强迫面对一个类似于众议院非美活动调查委员会的机构，证明自己的清白。美国司法部曾编造罪名，指控杜·波依斯负责的和平信息中心（the Peace Information Center），经过多方努力，以及兰斯顿·休斯为他写了一份长篇辩护词，杜·波依斯才幸免于牢狱之灾。因此，有过相似经历的杜·波依斯应该很欣赏这部电影。

卓别林长篇大论的政治语言让这部电影的观赏性稍显逊色，但是，杜·波依斯是卓别林的老影迷，颇具耐心。也许杜·波依斯喜欢电影里那个年轻男孩，男孩就美国司法部非法扣留其公民护照的野蛮做法发表了慷慨激昂的演说。杜·波依斯夫妇曾因没有护照而整整 8 年不能离开美国。除了其他事，杜·波依斯还因此错过了 1956 年召开的黑非洲作家艺术家巴黎会议（the Paris Conference of Negro-

African Writers and Artists)。詹姆斯·鲍德温参加了这次大会并发现,杜·波依斯的缺席引起了"极人的轰动"。杜·波依斯一直生活在一种国际团体之中,他结识的朋友来自许多国家,如德国和法国、海地和日本、印度以及很快将获得独立的肯尼亚。那天坐在电影院里,也许杜·波依斯嫉妒那个国王有能力登上飞机离境。

W. E. B. 杜·波依斯,
卡尔·范维克顿摄于 1946 年

　　第二年,1958 年,杜·波依斯庆祝了自己的 90 岁生日。海伦·凯勒给他写来一封信,表达了最温馨的生日祝福,她一直清晰地记得 65 年前杜·波依斯和威廉·詹姆斯去波金斯盲人学校看望她的情形。在 2 月份,也就是杜·波依斯生日所在的那个月,杜·波依斯在《国民卫报》(*National Guardian*)发表了文章《追忆多姿多彩的九十年》(*A Vista of Ninety Fruitful Years*)。在文章开头,他睿智地写道:"如果我在 50 岁时死去,会得到大家赞同,并赢得一片欢呼;75 岁时,几乎就有人向我提出要求,让我不要活了。"接下来,杜·波依斯笔锋一转,谈起一个严肃的话题。他说,美国"害怕真理,害怕和平"。他又说,美国曾经"仅为它认为是正义的事情而欣然开战,其他事情似乎都不可能让其置身战场"。"但是,如今我们却在撒谎,在偷窃,在杀戮! 对这一切,我们都取了更加动听的名字: 广告,自由企业,国防。但是,名称最终欺骗不了任何人!"他继续说:"我们一败涂地,因为我们没有教会孩子们阅读、写作或是有人性。"杜·波依斯是个能认清形势的人,也是一个能适应这个日新月异的世界所有新情况的人,他在这篇作于高龄时的回忆文章中虽然没有说这些,但是他很确定,美国已经再也没有他的容身之所了。

　　生日之后,在3月份,最高法院终于宣布扣留杜·波依斯夫妇护照的做法违宪,随后夫妇二人离开美国去了英国。在那里,他们与保罗·布斯迪尔·罗宾逊及埃茜·罗宾逊(Essie Robeson)夫妇二人暂住一起,这两夫妻也是在过去8年里因为没有护照而身陷美国。罗宾逊夫妇与卓别林夫妇、杜·波依斯夫妇都是多年旧识。还有一些人也是卓别林伉俪以及杜·波依斯都认识的,如赫伯特·乔治·威尔斯、阿尔伯特·爱因斯坦(Albert Einstein)教授及夫人,哈利·布里基斯(Harry Bridges)以及马科斯·伊斯特曼(Max Eastman)。从罗宾逊夫妇家里出发,再经由大半个欧洲,杜·波依斯夫妇在1959年到了莫斯科,在那里,夫妻两人与苏联部长会议主席尼基塔·谢尔盖耶维奇·赫鲁晓夫(Nikita Sergeyevich Khrushchev)有过一次很长时间的会面。然后,夫妻俩到了北京,毛泽东热情接见了他们。他们最后在加纳定居,但仍继续旅行。1962年,在瑞士,杜·波依斯见到了查理·卓别林。

　　卓别林始终没有加入美国籍。到此次与杜·波依斯见面,他至少已经离开美国10年,而且离开的原因很复杂。美国政府至少在1942年就已经开始给他建立秘密档案,那时,其反对纳粹的电影《大独裁者》上映已两年,他发表了几场演说,不仅称赞苏联人在第二次世界大战中与纳粹作战所表现出来的勇气,还赞扬共产主义国家的肃反行动。当时,美国政府还没有找到足够的政治证据用于限制他

查理·卓别林,理查德·阿维顿摄于 1953 年

自由出入美国。不过,卓别林常常与十六七岁的少女纠缠不清,还频繁地安排她们做堕胎手术,这终于使美国政府找到理由指控他道德败坏。这是可以被美国驱逐出境的又一个理由。然而,如果卓别林没有公开对社会主义运动表示同情,很难说这种风流做法会受到调查。

　　卓别林离开美国时,他的电影《凡尔杜先生》(*Monsieur Verdoux*)正饱受攻击,观众觉得这部电影的确索然无味。已经不在人世的哈特·克莱恩如果天上有知,得悉在这部电影中,出现了他为卓别林设想出来的流浪猫,富有同情心的女主角还喂养了它,应该会非常高兴。实际上,多年来,卓别林心里一直记着克莱恩写给他的那首诗。不过,如果诗人克莱恩得知《凡尔杜先生》中另一只猫的悲惨命运,他可能会有另一种感受。在排练那部电影中的一个场景时,那只猫抓伤了卓别林,结果惨遭不幸。几天之后,其他演职人员再次到那个现场拍摄这场戏时,惊恐地发现那只猫已经成为一个道具:卓别林命人将其杀死并剥了皮,皮里填满了不知什么东西,已经制成标本。在卓别林导演的最后一部电影中,马龙·白兰度是出演该片的两位明星之一,他在谈到卓别林时说:"他可能是电影界有史以来最伟大的天才……他使其他所有人看起来都成了侏儒。"随后他又追加了几句,说卓别林"冷酷得令人恐惧",也许是"我见过的最冷酷成性之人"。

在离开美国之前的那一周,卓别林去了纽约,坐在理查德·阿维顿的面前,让其为自己拍照。其中一张照片中,卓别林把两手的食指分别放在脑袋两边,表示魔鬼的两只角,嘴巴咧得很大,露出全部牙齿,嘿嘿地笑着。他的脸上带着一些喜悦之情,又显出一点儿残酷的样子,不过,想要确定其中哪一种感情更为强烈的话,还是有些难度。扮演电影中的流浪汉角色时,他的面部表情似乎总是惟妙惟肖,透明得让人难以置信,但是,在生活中以及照片里,他看起来却小心谨慎。

1957年的那一天,在离开电影院时,杜·波依斯也许对妻子说过自己想念卓别林以前拍的那些无声电影。卓别林喜欢这样说以前的无声电影:"最美是无声。"在所有其他制片厂都已转向有声电影时,卓别林依然在1930年拍摄了无声电影《城市之光》(*City Lights*)。在《大独裁者》中,在主人公发表荒谬的演说时,卓别林安排使用声音的方式让这部电影在很大程度上成了一部哑剧。卓别林最大的天赋是,即使没有与某人交谈,也能表达出从这个人脸上看出来的东西。随着年龄增长,卓别林也变得更加冷酷,他的脸可能已经不再是当年克莱恩能够一眼看到心底的那张脸了。也许,卓别林已经再也不可能塑造出那种流浪汉形象。

卓别林不善交谈,交谈让他觉得没有安全感。回到欧洲见到那些著名的知识分子时,这种恐惧感达到顶峰。在自传中,卓别林写了在乔治·萧伯纳(George Bernard Shaw)家进晚餐期间发生的一件事。萧伯纳把他带到图书室,卓别林注意到满书架放着的都是萧伯纳的著作。他说:"噢,全是你的书!"但是他没有读过那些书,想不出来接下来该说什么。所以,他很遗憾失去了与萧伯纳进一步交谈的机会。他们随后回到餐厅,与众人待在一起。卓别林曾经遇见过印度领导人莫罕达斯·卡拉姆昌德·甘地(Mohandas Karamchand Gandhi),当时也发生了类似的一幕。后来他写道,他听说过甘地为"印度之自由"(The Freedom of India)而写的作品,他很支持甘地的观点,而且,他还知道甘地是反对机械化的。在伦敦东印度码头路

(East India Dock Road)的一间脏屋子里,卓别林坐在一张沙发上,想把对甘地的这两点认知转变成一个显示才智、表示敬意的问题,却未能做到。

谈话时遮遮掩掩,这是导致卓别林后期电影表现不佳的部分原因,也是影响他撰写自传的部分原因,他的自传是在电影《一个国王在纽约》惨淡收场之后开始动笔的。卓别林在瑞士的邻居杜鲁门·卡波特看过他的自传手稿后非常失望,说:"我开始读这部自传,但是作品让我伤心。我希望卓别林能写出一部伟大的自传。"然而,"这本书所写的却是一个贫寒的英国少年,一个永远也无法成为王室成员的英国少年。因此,我用铅笔对其做了修改。改后,我把手稿还给他。"他们开始讨论这部稿子,而"卓别林把我轰了出来,他怒气冲冲地向我吼道:'你他妈的从这儿滚出去!'"所以,杜·波依斯不是唯一想念那个沉默自信的流浪汉之人。

1962年,杜·波依斯在瑞士见到卓别林时,情形也许是这样的:查理·卓别林一觉醒来,感觉身上有汗,心烦意乱,努力想要记起当天他必须去做哪些事情。其实,没有什么很复杂的事情,早上,夫人乌娜·奥尼尔·卓别林(Oona O'Neill Chaplin)会带上孩子们出去,可能是去购物;下午,杜·波依斯夫妇会过来拜访,杜·波依斯昨天在电话里谈起此事时显得心情很愉快。当然,他们来做客是理所应当的,而且,保罗·罗宾逊也来信说过他们会过来拜访,但是,卓别林觉得自己不大愿意接待访客,因为,他不喜欢与人谈论美国和他们被迫离开美国这类事情。卓别林起了床,仔细地漱洗一遍,小心地穿好衣服,用了早餐。接近中午时,乌娜带着孩子们回来了。全家人一起吃了午餐,然后,卓别林跟着乌娜进了屋,看她换装。他觉得,瑞士的环境有益于她的肌肤。卓别林一边沉思,一边不由地摸了摸自己的脸。他们已经结婚19年了,现在丈夫73岁,妻子37岁,这一年,乌娜生下了他们的第8个也是最后一个孩子。她父亲尤金·奥尼尔(Eugene O'Neill)比卓别林大一岁,9年前已去世。卓别林夫妇二人极少谈及奥尼尔,尽管那天换装时,她也许一直想着保罗·罗宾逊的名字与自己父亲在作品《上帝的儿女都有翅膀》(*All God's Chillun Got Wings*)中塑造的人物同名。卓别林站在乌娜身后,吻了一下她的后颈,把手伸进她的宽松长袍里抚弄了一下她的乳房,然后从那个房间里走了出来。

杜·波依斯与妻子雪莉如约在下午三点整到达。卓别林想,对于一个92岁的人来说,杜·波依斯的样子看起来相当不错。1962年,杜·波依斯与第二任妻子雪莉结婚已有11年,雪莉当时66岁。她是历史学博士,口才极好,还为保罗·罗宾逊和弗雷德里克·道格拉斯等人写过传记。自他们离开美国来到欧洲,雪莉经常受邀代表杜·波依斯去旅行和发表演讲,或者参加杜·波依斯不能参加的一些会议。杜·波依斯一直喜欢有才气的女性。他的首任妻子妮娜·杜·波依斯丝毫不具备演讲才能,这是他一生的憾事之一,对于这种失望,他也从不刻意掩饰。

在那个美丽的秋日,在沃韦(Vevey),他们刚开始时坐在宽阔的房间里交谈,那儿有12位仆人提供服务。后来,大家离开房间来到花园中。在此过程中,他们应该不会谈论上面那些事情。杜·波依斯记忆力惊人,也许记得亨利·詹姆斯的小说《黛丝·米勒》就是以沃韦为背景的。这些年里,杜·波依斯经常回想起詹姆斯兄弟二人。他们在花园里缓缓走动着,像两位流亡的国王,杜·波依斯觉得很惬意,他用手杖偶尔指着一朵花或是一株树,问询它们的名字。杜·波依斯的听觉有所下降,卓别林需要稍微说得大点儿声才能让他听到,这挺刺激卓别林的神经,不过,他发现自己很钦佩杜·波依斯。

他们回到屋子里喝茶,这会儿,不出卓别林所料,话题转向了政治。美国政治舞台上最近发生的一些变化在一定程度上鼓舞了两人,他们保持谨慎的乐观态度。尽管杜·波依斯说过,自己从来不曾期望在有生之年看见一个富于战斗性的浸信会传教士,但是,他还是对小马丁·路德·金的出现抱有兴趣。杜·波依斯曾写过一篇文章,分析金的人生观与甘地取得的成就之间的关系,发表在印度期刊《甘地园地》(*Gandhi Marg*)上。金还颇为欣喜地收到过杜·波依斯写给他的一封信,表示支持蒙哥马利黑人抵制公共汽车公司运动。

杜·波依斯也对肯尼迪的施政措施,以及他所领导的政府改变了德怀特·D.艾森豪威尔(Dwight David Eisenhower)时期的政策抱有兴趣。至于卓别林,则发现自己在美国重新受到欢迎:十年来一直都对自己持尖刻批评立场的新闻界,终于转变态度,认为他们非常喜欢《凡尔杜先生》。尽管卓别林并不觉得自己的作品特别属于任何国家,但是,其流浪汉系列电影得到承认,被认为是美国艺术的辉煌成就之一,这还是让他感到很高兴。

　　女仆进来给他们一一斟茶。卓别林渐渐变得有点儿不耐烦,杜·波依斯也感到今天已经谈得很尽兴了。乌娜·奥尼尔·卓别林和雪莉·格雷厄姆·杜·波依斯谈论了瑞士、旅行以及罗宾逊夫妇。就像有时会发生的情形一样,卓别林突然又变得温和起来,他有时就是这样。他站起来滑稽地模仿埃茜走路的姿势,逗得大家忍不住大笑起来。卓别林受到了鼓励,肩膀缩进去,头摆动着,眨眼之间,杜·波依斯又看到了那个流浪汉的形象。然后卓别林站在那儿,双肩向后收紧,神态高贵,小心地摆弄着一根并不存在的手杖。杜·波依斯哈哈大笑起来,认出来卓别林模仿的正是自己。

第三十二章

兰斯顿·休斯、卡尔·范维克顿与理查德·阿维顿

　　兰斯顿·休斯离开医生的办公室。他对接待员点点头,耸耸肩穿上大衣,走出门来到第 137 大街上。室外,天空清亮,空气寒冷。他漫步经过这座都市中自己最喜欢的一些房子,向第 127 街走去。现在是 1963 年 2 月,他已回来 15 年了,而且很高兴仍然住在哈莱姆。他曾在许多地方生过病。在墨西哥时,他正对父亲大为光火,却患上一种莫名其妙的疾病,那次发病与病情都类似于此前与赞助人决裂后的身体崩溃;在北加利福尼亚,还曾患上淋病。由于难以启齿,他对不同的朋友说起那次生病时,只说是"坐骨神经痛"或"关节炎"。现在,回到了哈莱姆,感觉真好,这里的医生不会觉得触摸黑色皮肤是件让人心生恐怖的事情,也不会让他从另一扇门进去,以避免白人病人担心他的血会混到他们的血液里。这里的医生只是说:"你感觉如何,休斯先生?"并且表示很高兴看见他。

　　休斯应该是对医生说过,这些年自己长胖了一些。休斯个子不高,一直比较瘦弱,但是现在已经有 180 磅。也许他还对医生说过,自己的背部有时会隐隐作痛。在终于有了经济能力之后,休斯与埃墨生·哈珀(Emerson Harper)和托伊·哈珀(Toy Harper)一起在哈莱姆买了一栋房子,外观呈赤褐色,三楼的两个房间属于休斯,房间里的床垫有点儿薄。他们已经在那里住了 15 年。埃墨生先生是个

音乐家,妻子托伊是位裁缝,夫妻两人把其他多余房间租了出去。休斯称呼埃墨生的妻子为"托伊阿姨",她在照顾休斯的生活起居。有时,特别是下午两三点钟,休斯睡觉刚醒来时就会觉得肩膀有些疼。他抽烟后会咳嗽,所以,他需要一些东西对付这种咳嗽。还有,这些日子以来,他越来越觉得自己有点儿变老了。不过,基本上他还是能告诉医生,说自己感觉还可以。

兰斯顿·休斯与卡尔·范维克顿,理查德·阿维顿摄于 1963 年

　　站在大街上,休斯想,自己可以在回家的路上给托伊阿姨买几枝鲜花,但随后又想到,就连给打字员付酬都要等领到出版商的下一张支票才行,于是只好放弃了买花的念头。他开始觉得有点冷了,于是决定回家,到负二层地下室去整理一些文件,卡罗(Carlo,卡尔·范维克顿的昵称)一直在催促他尽快整理。他希望装着杜·波依斯、康提·卡伦和阿纳·邦坦姆普斯来信的那些盒子都还在墙边放着,他

很肯定以前是放在那里的。回到三楼的寓所之后,他发现那天收到40封来信。他回复了其中的三封,其余的都留在了桌子上,与他已经编辑处理好的校样放在一起,校样内容是非洲作家短篇小说集。他会在晚上集中处理这些东西。第二天,他和卡尔要一起去理查德·阿维顿的摄影室照相,他知道卡尔会问起那些信。

休斯并不总是喜欢去浏览过去的信件,毕竟他既不是一个怀旧者,也不是一个历史学家,但是他把这件事看作是给卡尔·范维克顿帮忙。在范维克顿开始把自己的收藏品整理出来给耶鲁大学、菲斯克大学和纽约公众图书馆时,休斯还住在蒙特里(Monterey)一间农舍式的小型别墅里,那是由艺术赞助人诺尔·沙利文(Noël Sullivan)为他建的。休斯总是能在别人的房子里呈现出更好的工作状态。范维克顿不停地给休斯写信,提醒他如何把所有的东西装箱、分类、签名、贴标签以及编目。有时,如果范维克顿没有及时收到回信,会变得有点儿焦躁。然而,在某种意义上来说,对于休斯以及其不时失踪的做法,范维克顿所表现出的耐心是最大的,无人可比。范维克顿常说,如果人们向我问起你在哪儿,我就会简单地告诉他们:你大概在中国。这个回答常常是够正确的了,休斯的信经常来自许多不同的地方:莫斯科和古巴,海地和瑞典,内战时期的西班牙,以及伦敦和巴黎。

大约在两周前,休斯年满61岁,他觉得自己开始理解范维克顿那不耐烦的责备了。也许,他拆开范维克顿1957年寄来的一封信时,放声大笑了起来。信结尾时的用词是——

> 致以最热烈的问候和最真挚的感情(拜托上帝,希望你在信末落款时不要再用"真诚地"。一个人能够在给屠夫写信的落款上说自己是真诚的,对自己的朋友自然是真诚的。世界上任何其他人给我来信时,都没有谁会用这样一个俗套的落款。)
>
> 卡罗

尽管两人都住在纽约,但是,他们仍然彼此通信。打电话有时候挺讨厌,电话打过去,对方常常是出门去了,或者正好在睡觉。休斯当即回了信,说可能是那三本"非常紧急但是早已超过最后交稿期限的图书"搅得自己词汇贫乏。那是6年以前,休斯记得自己那会儿总是感觉有点儿疲惫。他已经度过了几年的艰难时光。在1953年之际,他努力不去攻击共产主义,不被迫指名道姓提及任何人。但是,在面对约瑟夫·麦卡锡和罗伊·科恩(Roy Cohn)时,也没有做出强有力的抵抗。这让他精疲力竭,而且饱受批评,人们说他轻而易举就缴械屈服了。在休斯那次为杜·波依斯撰写辩护词作证一个月之后,杜·波依斯沉着地写道:"一些知识分子误入歧途,把大量的时间和精力投入到帮助白人政府剥夺美国黑人天赋的领导地位,或者是恐吓他们保持沉默。"那年,休斯在写《美国著名黑人录》(*Famous American Negroes*)这本儿童读物时,省去了杜·波依斯以及保罗·罗宾逊,他认为这两个人对于这个时代来说显得过于激进。常常不得不谨慎行事,这使休斯感到痛苦,所以,他感到不得不搬离哈莱姆;不能更有力地向白人政府表达抗议,这使他感到内疚,所以,他饱受折磨。所有这些,让休斯感到身心俱疲。因此,有时候,休斯会求助于沃尔特·惠特曼的作品,从中寻求抚慰和灵感。对于范维克顿的要求,休斯没有表示任何愤怒。为了老朋友,他振奋起精神。回信时,休斯揶揄道——

　　　从这里直到天涯,带着石榴树、古威尼斯金币的金粉尘
　　埃以及甜瓜籽向你致以敬礼的,
　　　兰斯顿
　　　另:我想,你知道诺普夫出版社准备出版我的《诗选》
　　(*Selected Poems*);我想,你知道我希望谁来写前言或是序
　　言——如能得偿我愿,那是我之荣幸。

范维克顿说这是自己的荣幸,休斯回信说自己希望能得偿所愿:"因为你为我的第一本诗集写过前言,而这本有可能是我的最后一本。因此,用具有诗意的话语来说,我们将一起达到一种圆满的境界!"最后,休斯的编辑建议不要这样做。在20世纪60年代早期,人们觉得

二三十年代的颓废令人厌倦，而范维克顿与那个时代又紧密相连，此外，《黑鬼天堂》带给人们的那种种族主义感觉还一直存在着，这一切，都导致范维克顿不可能有机会给休斯的作品写前言。休斯小心地注意不伤害朋友的感情，给范维克顿写信时巧妙地说，这本《诗选》出版时没有前言。范维克顿感到不无遗憾，但是他写信给休斯说，也许这样也无妨。范维克顿总是有许多规划，休斯挺吃惊于他一天里能做那么多事情。到了 1963 年，处置自己成千上万的信件、项目、录音材料以及照片，这些事情已经成了范维克顿的全职工作。他发现，自己除了是一名舞蹈评论家、音乐评论家、小说家以及摄影家，也已经成为了一名档案保管员，而且这还可能是他投入精力最多的工作。他已经收集了三代人的材料，并且在耶鲁大学创立了詹姆斯·韦尔登·约翰逊作品收藏馆（the James Weldon Johnson Collection），很满意这所大学拥有了佐拉·尼尔·赫斯顿那篇《他们眼望上苍》的原稿以及杜·波依斯的毕业论文，这篇论文上面有威廉·詹姆斯写的批注；在菲斯克大学，范维克顿建立了乔治·格什温音乐及音乐家纪念馆（the George Gershwin Memorial Collection of Music and Musicians），还成功劝说乔治亚·欧姬芙把其收藏的许多摄影作品捐给了菲斯克大学，那些都是斯蒂格利茨所拍摄的。

　　知道自己的信件很快就会被存档，休斯和范维克顿在通信中会就应不应该小心选择一些内容互相开玩笑。休斯从加利福尼亚来信说："我本打算告诉你的，前几天在蒙特里（Monterey）的多哥（Togo's）台球室发生过一次精彩的打斗……但是，你知道，如果他们知道我准备把这样一条消息经由耶鲁大学图书馆转告他们的后人，那么，我这里就会发生一场比赛，他们会竞相砍了我的。所以，现在我怎么能告诉你呢？"范维克顿有时会在接到休斯来信的第二天就把信件转到耶鲁大学去了。意识到自己的信件将来还有其他人阅读，这让他们的友谊有点儿变调，而且，他们在写信时也更为小心。不过，他们仍然很享受这份友谊。尽管休斯偶尔会对往来信件被他人收藏感到不满，但是，他毕竟也能认识到一份好的历史档案所具有的价值，因此，很高兴能满足卡尔的心愿。

1963 年 2 月 16 日,兰斯顿·休斯坐地铁从哈莱姆前往中心公园西路(Central Park West) 146 号去接卡尔·范维克顿。从范维克顿家里出来,休斯走了几步,回头对范维克顿的夫人法尼娅(Fania)说了句"再见"。每当休斯过生日,范维克顿夫妇都会带着香槟酒前去祝贺。自从上次他们带着酒去为休斯过生日后,休斯就再也没有见到他们。也许休斯跟他们讲过,生日那天的香槟酒有多么美妙。法尼娅与卡尔都很高兴,因为休斯还记得这些。然后休斯和范维克顿走到街上,上了出租车,穿过市区前往阿维顿的摄影工作室。

在出租车里,也许范维克顿对休斯提到,说自己看了一出戏,而且认为这出戏赫斯顿应该会非常喜爱。在写给休斯的一些信中,范维克顿时不时也会这样说起赫斯顿。在范维克顿的记忆中,赫斯顿的音容笑貌仍然栩栩如生。一想到她在佛罗里达孤单地死去,卡尔就觉得痛苦不堪。赫斯顿于 1960 年 1 月去世,范维克顿非常肯定,从其个人声誉来说,她死的不是时候,还没有来得及得到应有的评价。即使是现在,赫斯顿已经去世 3 年,一想到黑人作家,一考虑到种族关系再度成为美国全国性的话题,范维克顿仍然会感觉到一种久违的兴奋。尽管他可能也注意到了,此时人们关注更多的是男性,而不是女性。

1963 年,理查德·阿维顿 40 岁了。他后来说,这个年龄,他的生活已经全面铺开,当他老去,这个年龄的一切依然会留在记忆中。他开始邀请自己钦佩的人过来拍照留影。在他开始意识到每一个正直的公民都应该关注民权运动时,他特意邀请了兰斯顿·休斯。1963年的休斯,其个人声望已达顶峰。他的《诗选》出版后获得了社会各界广泛好评,只有詹姆斯·鲍德温在 1959 年所写的评论中对其颇有微词。1960 年,休斯获得了斯平加恩奖章。此时,他刚写完了全国有色人种促进会的发展历程,而且刚结束在乌干达和加纳的旅行。他数次受到肯尼迪的邀请去白宫;如果没有他的出席,玛丽安娜·穆尔的75 岁生日晚宴应该就不算完美。他与下一代作家和诗人的友谊,与格温朵琳·布鲁克斯(Gwendolyn Brooks)和渥雷·索因卡(Wole Soyinka)的友谊,都让他很开心。由于又拥有了勇敢的抗议精神,他感到精神焕发。1963 年夏天,他将发表诗作《慢点儿》(*Go slow*)。

> 慢点儿,他们轻轻地说——
> 而恶狗的撕扯
> 却快如闪电,狠似恶魔。
> 慢点儿,我清晰地听见——
> 而他们却恶狠狠地告诉我
> 捡起碗来,滚到一边儿!

阿维顿可能先只是向休斯发出了邀请,是休斯邀请的范维克顿。尽管阿维顿知道休斯与范维克顿的友谊,但是后者已没有以前那么有名了。也许是休斯意识到自己与范维克顿还没有专业摄影师拍摄的合影,而这年的年底范维克顿已将成为 83 岁的老人。而且,毋庸置疑的是,阿维顿是他那一代人中数得着的肖像摄影家。休斯和范维克顿对这类事情已经习以为常,即常常听到别人以一种特别的方式提及某男某女的名字,而自己所知道的,仅仅只是他或她从事的是何种职业。

阿维顿见到他们,感到很高兴。他帮两个人脱下外套,然后一起聊了一小会儿。在当时,虽然简朴已是占支配地位的美学标准,但是卡尔·范维克顿仍然非常注重装饰。不过,那天他却产生了一个顽皮的想法,穿着那件布料上满是三叶草图案的吊带裤。阿维顿可能想到,现在他们两人一起过来,这挺好的,尽管范维克顿正日渐衰老,但阿维顿对人的晚景一向着迷。他常常给自己的父亲雅各比·伊斯雷尔·阿维顿(Jacob Israel Avedon)拍照。多年后,他最著名的系列肖像照之一便是父亲晚年的那些照片。阿维顿对皱纹、肿胀的眼睛、双下巴的脸颊、又短又硬的头发以及衰老的皮肤都很感兴趣。

最近,阿维顿不再对塞缪尔·贝克特(Samuel Beckett)的《等待戈多》(*Waiting for Godot*)着迷,他迷上了马塞尔·普鲁斯特的《追忆似水流年》(*Remembrance of Things Past*)。以前,《等待戈多》在百老汇上演那阵子,阿维顿曾每天晚上都去观看,一场不落。20 年后,阿维顿还制作了一张有两个贝克特形象的照片,一张是他往上看,一张是他往下看,试图表现某种超越时空的特性。大约是在范维克顿和休斯到他摄影室来的那段时光,阿维顿开始与人谈论每年举行一次晚会,观察人们如何在晚会上安排自己。他认为,看到"某一年一个人站在莉莲·海尔曼(Lillian Hellman)旁边,下一年这个人又没站在那儿",这是有启迪作用的。他计划拍摄的这些聚会的照片,将会是对《追忆似水流年》一书结尾部分的晚会表达的敬意。兰斯顿·休斯与卡尔·范维克顿曾一起参加过太多的聚会,观察到太多的人一度辉煌又永久消失于大众视野之外。他们一起经历过各种各样的聚会,这些聚会应该几乎能反映出他们彼此友谊发展的完整历程。所以,他们应该理解阿维顿对于通过聚会了解他人的这种兴趣。

也许阿维顿提议,请范维克顿坐下,休斯站在身后靠近他。看到范维克顿脸上的茫然表情,阿维顿加大音量重复了一遍。范维克顿现在听力已不行了,去剧院看表演时只能坐在前排座位上。范维克顿苍白的脸成为照片的焦点,休斯斜依着他站定,看起来仍然精神抖擞,充满活力。随后,阿维顿觉得范维克顿与休斯不妨挨着坐在一张长凳上,于是,帮着范维克顿用右臂自然地搂着休斯的双肩。这只胳膊非常瘦弱,阿维顿都能摸到肉下的骨头。休斯坐得笔直,这样显得比较可靠。也许阿维顿被范维克顿拥着朋友的姿势打动了:一条胳膊搂着休斯的双肩,另一只苍老的手掌温柔地把着休斯的胳膊,这个姿势包含着骄傲、细心和依恋,以及少许不安。看起来,范维克顿有点儿过于依赖休斯。

阿维顿觉得,他们两人的面部表情还不是特别生动传神,范维克顿闭着嘴掩饰自己的龅牙,休斯的面部表情还是众所周知的那个样子,非常平静,很少变化。后来,阿维顿走回镜头那儿,撩开上面盖着的布帘,摁下快门,拍下了两个人一起坐着的样子;然后,阿维顿又拍下了几张照片,这次的情形是休斯依偎在范维克顿的一侧肩膀上。后来,他对一个看到这些照片的人说:"你看,同样的人,不同的两张照片,你能感觉到什么不同的东西吗?"

拍照结束后,阿维顿向两个人热情致谢,感谢他们二人到来,然后客气地送他们出门,来到街上。几个人在人行道上一起站了一会儿,没有人说出来,但是三人都心知肚明,因为他们中间有个黑人,所以出租车司机很少愿意停车载客。阿维顿站在公路上抬手叫车,终于有一辆出租车停了下来。阿维顿与休斯一起把范维克顿扶进车内,然后休斯也上了车。这时,阿维顿在车外礼貌地为他们关上车门。他站了一会儿,目送出租车逐渐远去,这才走回自己的摄影工作室。

几个月后,在范维克顿生日来临之际,兰斯顿·休斯发来一封电报:"永远难忘我们这么多年的幸福友谊……向您致以衷心的钦佩之意,送上我的深情厚谊,以及十二头会跳舞的河马。兰斯顿。"范维克顿第二天写信向休斯表示感谢,他写道,自己像个 16 岁的少年一样庆祝了生日,"生日庆祝晚会结束时,我已累得站立不稳,还是塔卢拉赫·班克海德(Tallulah Bankhead)和梅布尔·默塞尔(Mabel Mercer)搀扶着我的。"第二年年底,1964 年岁末,范维克顿在睡梦中离开了人世。

在忆起范维克顿时,休斯有时会走到地下室去。他按照范维克顿的要求,几乎已经整理完了所有的信件和照片。每次耶鲁大学的篷车来装运又一组箱子时,休斯都能感觉到死亡般的刺痛,不过,他还是让车子把它们装走了,因为那是范维克顿的心愿。有时,休斯在床上一直坐到深夜,亮着灯,看着自己留下来的几封信。其中,有几封是两人刚开始通信那会儿范维克顿写来的,还有一封后期来信。休斯感到它们仍然那么生气勃勃,那么真挚感人。于是,休斯把它们留给了自己,为的就是看看信尾那亲切的签名:"卡罗!"

第三十三章

理查德·阿维顿与詹姆斯·鲍德温

在波多黎各(Puerto Rico)首府圣胡安(San Juan)的停机坪上,理查德·阿维顿走下飞机舷梯,收好袋子,便前往詹姆斯·鲍德温所住的那家酒店。那是 1963 年 6 月,一直到那时,都挺难让鲍德温找到合适的时间去落实他们俩的合作项目——共同写一本书。那年 1 月出版的散文集《下一次将是烈火》(*The Fire Next Time*)成为畅销书,在书中,鲍德温描述了他在黑人教堂布道以及与黑人回教组织(the Nation of Islam)打交道的经历。当时美国的每一场脱口秀电视节目上都有鲍德温的身影。5 月,鲍德温又上了《时代》(*Time*)封面,对他的访谈文章紧接在一篇有关阿拉巴马州伯明翰市暴力事件的头条文章之后。5 月 24 日,他组织了一次黑人领导人的会议——洛林·汉斯贝瑞(Lorraine Hansberry)、莱娜·霍恩(Lena Horne)、哈瑞·贝拉方特(Harry Belafonte)、肯尼斯·克拉克(Kenneth Clark)、克莱伦斯·琼斯(Clarence Jones),以及鲍德温的弟弟戴维·鲍德温(David Baldwin)都参加了,与会的人中还有 25 岁的杰洛姆·史密斯(Jerome Smith),他在母亲节乘车自由行动中曾惨遭毒打。[1] 他们

---

〔1〕 1961 年 5 月 4 日七位黑人及六位白人示威者从华盛顿乘上灰狗长途车,目的地是密西西比首府杰克逊市,以此来打破汽车及候车室的种族隔离。汽车行进到亚拉巴马州伯明翰市、蒙哥马利市等地的时候,他们与当地白人发生冲突,不少示威者遭打受伤。但 4 个月后,州际汽车及候车室取消了种族隔离的做法。——译者注

随后去见了司法部长罗伯特·F. 肯尼迪(Robert F. Kennedy),建议肯尼迪政府应该站在合乎道德的立场,采取措施反对种族隔离。最后,约翰·F. 肯尼迪(John F. Kennedy)对此作出了反应,在6月11日发表了一次演说。第二天,在密西西比州,该州全国有色人种促进会的主要官员麦格·艾佛斯(Medgar Evers)被杀害,那时他正在调查一起有种族目的的谋杀案。在这种强烈的暴力氛围还没有出现,鲍德温也还没有成为名人之前,那时阿维顿就已经向鲍德温提出了合作的想法,鲍德温也表示有兴趣。但是,直到阿维顿说自己愿意到鲍德温准备度假的波多黎各来,鲍德温才终于开始关注双方合作的事情。

如果阿维顿是在傍晚到达鲍德温入住之所的,那么,他可能是在酒店吧台找到的鲍德温和他当时的情人吕西安·哈珀斯伯格(Lucien Happersberger)。哈珀斯伯格是瑞士人,在巴黎首次见到鲍德温。尽管此人结过三次婚,但几十年来一直与鲍德温保持着亲密关系。他们三人坐在酒吧,一边喝酒一边谈论南方正在发生的事情。艾佛斯遇害之事一直压在鲍德温的心头,他担心马丁·路德·金(Martin Luther King)的安全,也担心非暴力运动最后能否成功。整个1963年的冬天,金一直在伯明翰组织反对种族隔离的活动,同时,已有2 500名黑人被捕,其中包括许多孩子。那里十分之九的黑人家庭已经不再光顾白人开的商店。这是进步,但是这种进步带着不安和痛苦。他们三人中有人又要了一份酒。坐在波多黎各的酒吧里,端着酒杯,看着夕阳西下,让人感觉有点儿奇怪。

第二天上午临近中午时,他们开始积极为那部书忙碌起来。阿维顿一开始就想,他们应该从各自独立的角度着手写这部作品,让他感到很高兴的是,鲍德温对此予以赞同。他们决定,由鲍德温来写一篇散文,而阿维顿则出去拍一些新照片,然后他们再一起看看效果如何。这已经不是他们二人的首次合作,早在德威特·克林顿中学时,他们就合作编辑过校内文学杂志《喜鹊》。毕业之后,鲍德温提出建议,希望由两人合力创作一本书,把自己写的文章和阿维顿拍摄的照片放在一起,并打算给这本书起名为《通往哈莱姆》(*Harlem*

詹姆斯·鲍德温,理查德·阿维顿摄于 1945 年

Doorways)。大约就在那段时间,1945 年左右,阿维顿给鲍德温拍了很多照片,其中一张后来放进了他的摄影集《60 年代》(*The Sixties*)中。阿维顿喜欢强调说,早在鲍德温成为著名小说家和民权运动重要人物之前,自己就已是他的老相识。

在中学的时候,两人一直是关系密切的朋友。对阿维顿来说,鲍德温一直是一个象征。事实上,在鲍德温与许多白人朋友的关系中,他都处于这样的位置。有一次放学后,他们一起去东 85 大街阿维顿家所在的住宅公寓。但是,电梯管理员拒绝让鲍德温进入电梯,让这两个男孩走楼梯回家。后来讲这个故事的时候,阿维顿说道:"我觉得羞辱极了。我们从楼梯走上去,到家后,我给母亲讲了刚才所发生的事情。我母亲尽管身体纤弱,个头矮小,但是,她立即走出门,到了大厅,按下电梯开关。等电梯门刚一打开,她就上前猛地给了那家伙一拳。"他母亲告诉这个电梯管理员说,以后得让她儿子的所有朋友坐电梯上去。但是,自始至终,"鲍德温什么反应? 无动于衷。"

在鲍德温的心里,这件事情也许与另一件事正好形成鲜明对照。那次,他带了一个犹太朋友回哈莱姆的家,自己却遭到父亲一顿猛打。1946 年,在鲍德温父亲去世后,阿维顿也去过鲍德温的家。阿维顿让鲍德温兄妹二人去母亲房间里,坐在餐桌边,然后给他们拍摄了一组照片。阿维顿比较留意朋友们的姐妹。在拜访鲍德温家之时,阿维顿才刚刚开始涉足他后来以之成名的时装照片摄影,不过,他很快就意识到他总是选择深色皮肤的模特,她们"有着秀美的鼻子、修长的脖子、椭圆的脸蛋。都是我记忆中妹妹的样子。"

1963 年,阿维顿一直惦念着给鲍德温以及自己的妹妹拍摄照片之事。他妹妹的健康状况不稳定,而国家也正处于分裂中。他问鲍德温,他们能否合作出一本书。鲍德温说,阿维顿首先得去一家黑人酒吧,体会一下满屋子仅有他一个白人的感觉。据阿维顿后来回忆,大约就是在那段时间,英格丽·褒曼(Ingrid Bergman)在意大利被人拍下照片,那时,她穿着一件羊毛外套。阿维顿于是也去买了一件羊毛外套,穿着它出席了一个聚会,而"吉米居然也穿了一件羊毛外套"。聚会之后,两人都穿着崭新的羊毛外套,结伴去了哈莱姆的一家酒吧。这家酒吧"不是白人有时也会光顾的那种普通哈莱姆酒吧,而是一家档次极低的酒吧"。阿维顿当然是那儿唯一的白人,"那时,这种情形是意味着点儿什么的。"

在波多黎各,他们二人合作得轻松愉快。阿维顿后来说,就如同回到昔日一起办《喜鹊》杂志那时候,他们只是随便找个地方,就坐在一起交谈,鲍德温偶尔会做一些模仿教徒的动作。他们一起讨论那些"失望、欺骗等阻止人们不能彼此了解的东西"。有时,鲍德温会怒气冲冲的,他会突然变成自己所属种族的代言人,讲一些痛苦的往事,诸如"我种植了许多棉花……如果不是因为我,你们不可能有这个国家"。哈珀斯伯格不是美国白人,对鲍德温不存在内疚感,他很温柔,总能说服鲍德温。但是,遇到这种时候,他仍然要花点儿时间,才能让鲍德温恢复常态。坐在圣胡安的酒店里,经过讨论,阿维顿和鲍德温确定把要合作的书分为三部分:美国拒绝看到的、精神错乱以及救赎。阿维顿感到在当前的政治气氛下,救赎几乎不可能开展起来,但是,"吉米坚持。他说:'你必须在书中包括这部分'"。

阿维顿离开波多黎各之后,通过美国南方一个名叫玛格丽特·拉姆金(Marguerite Lamkin)的朋友安排,亲自去了南方,分别给乔治·华莱士(George Wallace)、利安德尔·佩雷兹(Leander Perez)以及美国革命女儿组织成员(the Daughters of the American Revolution)拍了照。一天深夜,阿维顿、拉姆金和一名助手住在路易斯安那州一家汽车旅馆里,这时,电话铃响了,电话那端的声音说道:"我们知道你们在哪,黑鬼情人,我们就来了。"后来,还是拉姆金出了个主意,他们转移地方,藏身在东路易斯安那州精神病院(the East Louisiana State Mental Hospital),这个地方正好也是他们准备拍照的场所。他们在那儿待了10天,这期间他们拍摄的照片与阿维顿的其他照片差异极大。这些照片中的人物都有背景陪衬,这与他通常采用的做法有所不同。有如此背景的照片似乎富于人情味,比阿维顿后来给汽油弹爆炸受害者,以及公路流浪者所拍的照片更纪实,后来他拍摄的那些照片纯粹是以当时的实际场景进行拍摄的。

与此同时,鲍德温却根本就没有动笔写,这让阿维顿变得气急败坏。他追着鲍德温到了芬兰,觉得自己就是在满世界追他。最后,在芬兰,鲍德温终于写出了文本。鲍德温动笔写作之前需要交谈和饮酒,他始终需要同伴。阿维顿一直在努力,坚持让鲍德温意识到阿维顿是他的老朋友,而鲍德温则似乎每天晚上都在与人争论这一点。鲍德温担心他所有的白人朋友中,没有一个是真正信得过的朋友。随着一个又一个民权运动领导人遭到暗杀,他越来越担心自己的生命安全。

1964年,阿维顿与鲍德温合作的《无关私人》(*Nothing Personal*)出版了,评论家们勃然大怒,各种评论尖酸刻薄。既有人抨击它太过自由,又有人抨击它过于保守,总之,被抨击得一无是处。随着时间

理查德·阿维顿，自摄于 1969 年

推移，人们不再像当初那样把它当做政治书籍来理解，而是把它看成是对人们脸部表情的研究，这是很私人化的东西，与它的标题正好相反。阿维顿拍摄了各种各样的人物：婚礼上的新婚夫妇、生下来就是奴隶的威廉·盖斯比（William Casby）、美国革命女儿组织成员、马丁·路德·金的小儿子、玛丽莲·梦露（Marilyn Monroe）、德怀特·D.艾森豪威尔、阿瑟·米勒（Arthur Miller）、马尔科姆·艾克斯（Malcolm X），以及精神病院的病人。鲍德温的文字也写了各种各样的内容。他写了自己和哈珀斯伯格在纽约遭受的耻辱，当时他们两人在人行道上一起走着，纽约警察没有任何明确理由就逮捕了他们；他写了肯尼迪之死；他间接地写了从来无人提及但大家都心知肚明的麦格·艾佛斯之死；他写了美国精神的匮乏，面对道德失败依然自鸣得意；他还写了对"人类生活比不动产更重要"时代的期待以及用爱来救赎的可能性。这本书是由阿维顿与鲍德温共同设计确定,以一幅照片结束全书。照片中,一位淡肤色妇女抱着一个黑人孩子一起站在海里。紧挨着照片的,是鲍德温写下的话———

> 世事无定,永远地,永远地,永远地,不会固定。地球恒转,光线常更。大海冲刷着岩石,永不止息。代代相传,永不止息,我们对这一代代人们都肩负着责任,因为,我们是他们存在的唯一见证。

海滩上站着一个男人,身上有一个小小孩童,那个孩子稳稳地单手倒立在男人的头顶。纤细的光线在他们的身后,展开,越来越远……

> 潮升光落,爱侣们偎依着彼此,孩子们依偎着我们。当我们彼此撒手,当我们互弃信任,大海将吞没我们,光线将隐去无踪。

最后,横跨两个页面的是一群男女和两个少年,其中有些是白人,但大部分是黑人。他们一起站着,身板笔直,满怀勇气地面对着镜头。仅有的照片文字说明是:“乔治亚州亚特兰大市学生非暴力运动协调委员会(Student Nonviolent Coordinating Committee)成员。”

在这本书出版时,鲍德温又像以前那样离开了,而把一些细节问题留给了弟弟大卫·鲍德温和其他一些人去处理。有人找阿维顿索要他和鲍德温的合影照片用于宣传,他们以前并无合影,如今鲍德温又不在,因此,1964年9月17日,阿维顿用自动摄影机拍了一张照片。他喜欢这种照片,所以,在他讲授摄影课时,总是先给学生们照一张这样的照片,然后告诉他们说,重要的是摄影师而不是照相机。他坐在摄影间里,用带去的詹姆斯·鲍德温的头部照片折出半张面部照片,又恰好覆盖住自己的左边半张脸,再用右手挡住“二人”合拢的前额,然后按下了相机的塑胶按钮。

在同时给自己和别人拍照时,阿维顿经常有所发现。他的白色背景风格是两次实验的结果,一次是给自己拍摄肖像,另一次是给作家瑞娜塔·阿德勒(Renata Adler)拍摄肖像。阿维顿在试验中发现,在淡色背景上拍摄一张黑色面孔,他能得到一种近乎神奇的独特效果。在其所有作品中,阿维顿努力追求对亲密感进行醒目的记录。但是与鲍德温的叠合照片无关亲密感,沿着阿维顿-鲍德温脸孔的断层线,存在着另一种张力。

詹姆斯·鲍德温和理查德·阿维顿,
理查德·阿维顿摄于 1964 年

　　鲍德温看到这张照片,也许能想到由 W. E. B. 杜·波依斯或是亨利·詹姆斯提出过的双重意识。不管阿维顿想从他的这半张黑人脸庞上得到什么,鲍德温可能都感觉有点儿不自在。阿维顿有着同样的担心。其实阿维顿也越来越怀疑一个黑人和一个白人的关系所能达到的亲密程度。

　　在后来的几年里,阿维顿经历了许多痛苦时刻,他有好几年彻底中断了摄影工作。1964 年 9 月,沃伦委员会(the Warren Commission)发布了肯尼迪遇刺调查报告。他的妹妹露易丝·阿维顿在 42 岁时死于一家精神病院。数十年以后,在一次接受采访时,阿维顿就此事说道:"露易丝的美貌、疾病与死亡,就如一片阴影,穿越她自身,投射在我的照片里。"然而,无论是家庭悲剧还是国家悲恸,都不足以解释他们两人看见彼此脸对脸的照片时产生的不快之感。也许,在他们看见那张照片时,真正让他们烦恼的是,作为朋友,不管有多么紧密地依靠彼此,也应是独立的;一方总会先离开人世,而另一方则会是他的讣告撰写人。

　　9 月份的那一天,阿维顿离开自动照相机往自己家的工作室走。他沿着楼梯跑上四楼,左手小心地握着因自己的快动作在跟着飘动的底片胶带。他从身上一把扯下外套,但从衣袖中抽出手臂时小心地护着胶带,随后匆匆奔向暗室去处理那些底片。后来,他站起身来,紧张地留意着盛有显影药水的浅盘,想像着流动的液体下面那张叠合的脸庞。它正模模糊糊地、渐渐显现在相纸上。

第三十四章

玛丽安娜·穆尔与诺曼·梅勒

那晚雪花飘飞,玛丽安娜·穆尔有点儿担心自己心爱的船形帽被弄湿变形。但是,年轻活泼的乔治·普林顿(George Plimpton)并不是每晚都会带人去看弗洛伊德·帕特森与乔治·库瓦洛(George Chuvalo)的拳击比赛,所以,尽管帽子有可能会受损,穆尔还是决定戴上它。她觉得一向喜欢对女人献殷勤的普林顿有可能是专门买的票,但他前来拜访时,只是说碰巧多了一张门票,问她有没有兴趣去看。当然,她欣然应允了。到了约定时刻,尽管门外大雪纷飞,77 岁的玛丽安娜·穆尔还是把帽子稳稳地戴在头上,身着披风和黑色裙子,穿上黑色皮鞋,胳膊上挽着手袋(因为总是有值得带出带入的东西),走出自己布鲁克林住所的门厅,登上一辆豪华轿车,迅速赶往咖啡屋(the Coffee House),开心地享用晚餐。这家咖啡屋不仅是饮食场所,同时也是文学俱乐部所在地。"汤非常好,我想来点燕麦粥,略浓点儿的……还有牛排、法国菜豆、法式带皮土豆沙拉,以及火焰雪山冰淇淋。"这顿晚餐让穆尔很满意。用餐后不久,她与普林顿在麦迪逊广场花园(Madison Square Garden)下了车。她第二天给哥哥写信说,当时,广场上许多人站在执勤的警察面前"挥舞着百元大钞,"大声叫喊着,"给你双份钱,给你双份钱。"这是历史上非夺冠比赛中收入最丰厚的一次拳击比赛。人群太拥挤了,身高仅 150 公分多一点儿的穆尔"不得不让普林顿用手牵着穿过密集的人群"。他们的

座位所在位置不错,尽管票价不是最昂贵的,但能看见场内的一切:
拳击场,两只红色的凳子,还有穆罕默德·阿里及其随行人员,他们
坐在帕特森所在的角落那边。所有人都已到场。穆尔注意到自己身
边坐着的那个妇女,"穿着非常薄的带花边的褐色羊毛长筒袜,她强
调说这样穿非常暖和。"

玛丽安娜·穆尔,理查德·阿维顿摄于 1958 年

　　普林顿后来写过两篇关于穆尔的文章。当时,他担心穆尔不喜
欢男人们用拳头互相痛击对方身体的景象;他也注意到,在穆尔后来
谈到这次拳击比赛时,她几乎绝口不提裁判。不过穆尔给哥哥的信
中说到了裁判"表现拙劣,在台上跳来跳去",到处都是他的身影。
她还写道,这场比赛是一场势均力敌的比赛,"没有人被击倒",只是
铃声总是"响得太快"。观看比赛时,穆尔发现自己激动得心跳加
速。由于没有人被击倒,最后根据得分判定帕特森赢得了比赛,穆尔

与周围的人讨论了一下帕特森到底赢了多少回合。看完比赛后，乔治·普林顿告诉穆尔，按惯例，这时应该去图茨·肖（Toots Shor's）俱乐部，但是，如果她觉得疲倦，自己当然能直接送她回布鲁克林。穆尔说："一点儿也不累。"这样，他们便一道去了图茨·肖俱乐部。穆尔喜欢这个俱乐部，透过雪茄烟雾，她认出了那些棒球运动员和拳击运动员。她对"点缀着黄色发光圆盘的低矮天花板"以及中心位置那著名的圆形吧台感到很满意。

普林顿告诉穆尔，诺曼·梅勒邀请他们二人去他的桌子边坐一会儿，然后他们两个再回到后面预定的桌子边去。就这样，玛丽安娜·穆尔认识了诺曼·梅勒，这个她"无限"喜欢的人。通常，穆尔都愿意把自己新近喜欢和厌恶的人与事写信告诉哥哥。她在给哥哥的信中简洁地表达了对梅勒的赞许，她说："乔治总是在我面前提到他，现在我终于明白原因了。"

那是1965年2月，梅勒坐在图茨·肖俱乐部里自己订下的桌子旁，度过了一个愉快的夜晚。他的小说《美国梦》（*An American Dream*）即将出版，去年在《君子》杂志上连载时还引起一场轰动，这是梅勒所喜欢的效果。产生这种喧哗，一部分原因是书中露骨地描写了性爱场面，还有部分原因是，书中男主角杀死妻子的方式明显脱胎于梅勒当年用水果刀捅伤其第二任妻子的事情。许多读者以及那时在高校里刚开始出现的女性主义学者都对这本书感到愤怒，他们愤怒的不仅是书中的性描写方式，也包括对谋杀方式的描写。在20世纪70年代时，梅勒将开始研究那些从女权主义角度对自己作品提出的批评，但是在1965年，他对《美国梦》很满意。利斯顿与帕特森的拳击比赛已经过去两年，自那以后，凡是帕特森在比赛中获胜，他都会觉得欣慰。那天晚上，在图茨·肖俱乐部，梅勒感觉相当惬意，一是因为好几杯酒已经下肚，二是因为帕特森又赢得了比赛。

乔治·普林顿与一位身着黑色披风的高龄女士一起走过来时，梅勒应该立即认出了她是谁，毕竟梅勒与普林顿一起报道体育运动

与政治新闻已有多年。1963 年,普林顿与罗伯特·洛厄尔还曾结伴
与穆尔一起去观看洛杉矶道奇队(the Los Angeles Dodgers)在世界棒
球联赛(the World Series)第二轮击败扬基队(the Yankees)的比赛。
从那以后,普林顿一直在谈起穆尔。所以,梅勒对她早有耳闻。洛厄
尔倾慕穆尔以及她的诗歌很久了,而穆尔则是一个狂热的棒球迷。
10 多年前,还在 1951 年时,穆尔出版了自己的《诗歌选集》,这本选
集日后获得了不少荣誉,就像兰德尔·贾雷尔所说的,赢得了诗坛的
"三顶桂冠":普利策文学奖、国家图书奖(the National Book Award)
以及博林根奖(the Bollingen Prize)。自那以后,她日益成为一个公
众人物,甚至在体育界也得到了认可。她为那时的布鲁克林道奇队
(the Brooklyn Dodgers)所写的诗歌成为该队的战斗口号。后来,在
1968 年赛季,穆尔还为扬基队的首场比赛开球,这使她声名远播。
普林顿出版过一本书,写的是美国职业棒球大联盟(the major-league
baseball)那些著名的运动员,名叫《来自我的棒球联盟》(out of My
League)。穆尔欣然为该书写过书评,语多赞许。对于普林顿的毅
力,她说:"查理·卓别林每次在确认遭到断然拒绝后,都会极度痛
苦,但是依然表示感谢,并面带笑容,普林顿就具有这样的特点。"也
许梅勒还曾就此取笑过普林顿。

　　玛丽安娜·穆尔喜欢美丽或是英俊的人,对自己的外貌也颇有
点自负。她所处那个年代的绝大部分知名肖像摄影家都给她拍过
照,她也关注别人的照片。她应该看过诺曼·梅勒那张具有强烈个
人魅力的照片,那是卡尔·范维克顿所拍,还在 1948 年时就随着梅
勒首度成名而广泛流传。有人猜测,她不大喜欢范维克顿在同年为
她所拍的那张照片。在照片里,她的脖子看起来偏细,上面的皮肤有
点儿松弛,她应该觉得照片里的自己如同幽灵似的,毫无吸引力。但
是她对后来阿维顿给她拍的那些照片十分满意。其中一张照片是这
样一幅景象:穆尔戴着自己那顶颇具标志性的帽子,双手搂着一捧
盛开着鲜花的榅桲树枝,身子微微前倾。她高兴地给阿维顿写信说:
"你真是技艺超群!"她可能没有意识到,自己接下来写的话中援引
了阿维顿在高中时期与鲍德温合办的那份文学杂志的名字,她把阿

维顿看成一只鸟:"我不需要告诉一只喜鹊,怎么去判断自己的蛋,但是我可以对自己的照片说点儿多余的话吗?"她补充说,她想"去掉眉毛上的小斑点,尤其是右边眉毛的下沿那儿"。在图茨·肖俱乐部,有人给穆尔画了一张大幅素描,然后把它呈给她。她在给哥哥的信中语气淡漠地评价说:"那张脸就像一只饥饿的羚羊的脸,不过那顶帽子倒是非常气派,颇为优雅。"

　　那天晚上,他们可能谈到了穆罕默德·阿里,当时的重量级拳击冠军。那晚的拳击比赛中,阿里在帕特森那边角落里一直非常活跃。帕特森在取胜之后曾大喊大叫着说,阿里在整个比赛过程中一直与他说话,"他说的我都照做了。"不久以后,普林顿还为穆尔安排了一次与拳击家阿里的午餐之约。进餐时,阿里与穆尔还一人一行地合作写了一首缩短了的十四行诗,是关于如何击败即将与阿里在拳击赛中相遇的对手厄尼·泰瑞尔(Ernie Terrell):"假如他批评我与穆尔小姐合写的这首诗/为了证明他不是冠军,她将会四招内将其制服。"午餐之后,阿里热心地向穆尔展示了他那著名的滑步技巧,就如穆尔所说:"他大张旗鼓地表演了一些迷人的滑步动作,正是人们希望看到的东西。"这次午餐让穆尔感到特别满足,因为她对阿里崇拜已久。1963年,那时穆罕默德·阿里用的还是其原名卡修斯·克莱(Cassius Clay),哥伦比亚唱片公司(Columbia Records album)为阿里出了一张唱片,名为《我是最伟大的!》(I Am the Greatest!),[1]唱片封套上的说明词就是穆尔所写。

　　穆尔以极大的热忱写就这些说明词,在文中她把克莱提升成一个文学人物。她发现克莱有很多东西令人赞赏:如他的有韵双行诗,他对诗歌头韵的运用,还有对偶的使用以及幽默感等。她引用了克莱的自我描述:"最为高雅又最为低俗,"并指出他精通简洁之道,"当有人问:'英国人称你为饶舌的卡修斯(Gaseous Cassius),对此你有何感想?'他的回答是文学中最巧妙的回答之一:'我对此不生

　　〔1〕　该唱片收录了阿里首次同拳王利斯顿比赛前发表的诗和进行的心理战妙语,其中还包括他改编的一首经典歌曲。——译者注

气。'"穆尔对引用有着无限的兴趣。她收集了大量的资料,使用起来也是得心应手。假如她自己的作品不是极为精练的话,她许多的散文与诗歌看起来应该就像是参考资料的大杂烩。兰德尔·贾雷尔有一篇名为《她的盾牌》(Her Shield)的散文,写得极为优美。文中说,穆尔的引用给她自己提供了一副保护自己的盔甲,就像她最喜欢的那些犰狳身上的盔甲一样,这些引用的确让她在这个世界上受到了别人知识成就的庇护,穆尔认为这是必要的谦逊,虽然她也知道克莱那种"自信"的重要意义。穆尔称呼克莱是"一个骑士,一个拳王,一个巧于模仿的人,一个讽刺家",结尾时用了两句自己写的焕发着才智的押韵诗:"难道我错过了什么吗? 他是面带微笑的拳击家。"

乔治·普林顿与诺曼·梅勒在观看拳击比赛时必定找到了一种兴奋刺激的感觉。梅勒一直觉得阿里对拳击有着最精确的理解,而且,他后来还写了一本书《阿里与福尔曼争冠战》(The Fight),写的是 1974 年阿里与乔治·福尔曼(George Foreman)在扎伊尔进行的拳击比赛。阿里曾因拒绝去越南战场服兵役而遭到禁赛,1970 年,禁赛 3 年半后的阿里回到了拳击场上。那时,梅勒颇为欣赏阿里就拒绝服役所做的直言不讳的解释:"没有任何越共的人叫过我黑鬼。"不过,在使用这类直言不讳的语言与穆尔交谈时,梅勒并不觉得自己有何轻松自在。梅勒发现,自己被穆尔弄得有点儿心理失衡。他后来说:"从来没有见过像她那样对此态度冷淡的人。"

1964 年冬天至 1965 年,梅勒的注意力日益转向越南问题。1964年秋天,他写了一篇富有洞察力的评论《红灯》(In the Red Light),评述共和党全国大会以及在西部崛起的美国共和党参议员贝利·高华德(Barry Goldwater)。这次大会使他相信,可怕的政治变化即将发生。梅勒一直在小心翼翼地关注着林顿·贝恩斯·约翰逊(Lyndon Baines Johnson)总统在越南战场大规模增兵的行动,他认为,在越南的战争是一种回避国内矛盾的方式,那时的美国,城市越来越贫穷,监狱也越来越拥挤。约翰逊自己也在为都市丛林担忧,还宣布说 50年内美国将成为一个拥有 4 亿城市居民的国家。当梅勒实在不能忍受关注政治,他便去设计一些将来的住宅大楼。梅勒的妹夫则按照梅勒的建筑计划,在梅勒位于布鲁克林的房子里忙碌,用乐高(Lego)拼装玩具建设一座城市。不过,梅勒还是明白,自己这样做只是在回避问题。在帕特森比赛获胜几个月后,也许是想到了詹姆斯·鲍德温给他讲的那个建议:"帮助发掘这个国家被埋葬掉的意识。"梅勒去伯克利(Berkeley)大学做了一场演讲。那是最早反对美国发动侵越战争(Vietnam War)〔2〕的演讲之一,赢得了 15 000 名学生的欢呼。

玛丽安娜·穆尔支持侵越战争,后来又支持尼克松总统。她居然能赞同 1960 年代这场战争,真是令人惊奇。穆尔以前没有读过任何梅勒的作品,但是看完拳击比赛回家后,她立即阅读了梅勒最近发表在《纽约时报》周末杂志(*The New York Times Magazine*)上的文章《比山高的城》(*Cities Higher Than Mountains*)。她告诉哥哥,说自己认为那篇文章写得"妙极了",并引用道:"人类一直在与众神交战,现在丛林正被监狱替代。"梅勒的散文与他的相貌有些相似之处,都具有那种活力与风险混存的风采,这些都深深地吸引了她。这也是她喜欢拳击的原因之一:能让暴力清楚明白地展现出来。

玛丽安娜·穆尔对诺曼·梅勒印象深刻。也许近来她已发现自己在回忆 40 年前的那些时光,当时她刚到纽约,去了斯蒂格利茨的画廊参观,也曾在保罗·罗森费尔德家阅读书籍。对于斯蒂格利茨

---

〔2〕　越南战争,1961—1975 年,在 14 年里,美军死亡 5.6 万人,受伤 30 万人,耗资 4 000 亿美元,美国在越南耗费了巨大人力物力却没有取得预想效果,遭致国内外一致反对,美国国内的反战运动一浪高过一浪。1969 年 1 月,尼克松迫于国内外的强大压力,找到总统国家安全事务助理基辛格,希望他能帮助美国走出越战泥潭。1973 年 1 月 27 日,美国经过长期谈判,与越南民主共和国在关于越南问题的《巴黎协定》上签字,宣告美国在越南军事行动的失败。美军撤出后,在南越留下了2 万多名军事顾问,并保留相当规模的海空部队,支援 110 万南越军队作战。1975 年 4 月 29 日至 4 月 30 日,美军组织了有史以来最大的直升机撤退行动,成了美国结束越战的标志。越战期间,美国向越南投下了 800 万吨炸药,远超过第二次世界大战各战场投弹量的总和,造成越南 160 多万人死亡和整个印度支那 1 000 多万难民流离失所;美国自己也损失惨重,是美国历史上最长的国外战争,造成了无法估量的心灵创伤。——译者注

那些人来说，每当有像她这样的年轻人出现，他们都感到甚为欣慰。现在她对他们心里的感觉多少了解了一点儿。诺曼·梅勒应该没有给人们留下文学卫道士的印象，但是穆尔认为梅勒对写作给予了很深的关注，远远超过他已经展现出来的那些方面。她非常高兴见到了他。也许那天晚上她是依依不舍地告辞的，在普林顿站起身示意离开时，她与梅勒握手的时间比正常社交礼仪所需长了至少一分钟。

第三十五章

约翰·凯奇与马塞尔·杜尚

约翰·凯奇为马塞尔·杜尚担忧。他们连续 4 个晚上都出现在同样的聚会中,他仔细地观察了杜尚,意识到杜尚老了。他想与杜尚多接触,不明白自己为什么不尝试一下,但是他有点儿害羞,也有点儿畏惧。他试图找出一个最好的途径来实现这个愿望,于是,他去问杜尚的妻子蒂尼·杜尚(Teeny Duchamp),想从她那里先了解一下杜尚是否愿意教自己下国际象棋。蒂尼后来回话说杜尚想知道凯奇是否知道基本的行棋知识,凯奇说自己知道。

自那以后,从 1965 年冬天至 1966 年,在几个月的时间里,约翰·凯奇每个星期都到杜尚位于西 10 街的家里去下国际象棋,一般是每周两次。有时候,马塞尔·杜尚抽着烟斗,泰然地坐在马克斯·厄恩斯特送给他们夫妻俩的一把巨大的黑色椅子上,约翰·凯奇则与蒂尼·杜尚对弈。杜尚会很有规律地间隔一段时间就站起来一下,走过去看看棋盘,对凯奇说:"你的棋下得真臭。"有时约翰·凯奇会带一些蘑菇过来,蒂尼·杜尚便下厨伺弄出来当晚餐。

20 多年前,约翰·凯奇曾到纽约去,并暂住在佩吉·古根海姆·厄恩斯特家里,后来又被扫地出门,并因此哭了一场,最后马塞尔·杜尚还安慰过她。凯奇是一个总在寻求简单概念〔1〕的人,所以,他把那个时刻看成是一个伟大的启示。在一篇有关罗伯特·劳森伯格的文章中,凯奇写到了此事:"有人哭泣时,我们可以得到一个最简单的概念。那年,杜尚坐在一把摇椅中,我在哭泣。数年后,在那座城里同样的地方,出于或多或少同样的原因,劳森伯格又在哭泣。"

两人在佩吉家见过第一次后,凯奇与杜尚时不时地会不期而遇:在许多社交场合中,在众多艺术画廊里。1947 年,凯奇为一部展示杜尚作品的短片写了一首曲子,名叫《为杜尚而作的音乐》(Music for Marcel Duchamp)。凯奇始终非常清醒地记得杜尚,记得自己的作曲风格是受到他的影响而发展起来的。凯奇开始用偶然概念进行音乐创作时,他发现自己从杜尚早期的一些实验中受益匪浅。其中有一项实验是,杜尚把几根一米长的玻璃丝自由落在一块玻璃上,在它们落下来之后,按照落下时所显示的样子黏合起来,创造出一种新的度量单位形象;另一项实验是,杜尚与妹妹们一起随意写出若干个音符,并用这些音符创作音乐作品。凯奇曾经在威尼斯碰到杜尚,他对杜尚说道:"杜尚,这难道不奇怪吗? 我出生的那年你就在用偶然概念进行创作。"杜尚不失幽默地回答:"我一定比我身处的时代超前了 50 年。"

凯奇认为偶然性不具个人色彩,但是杜尚认为偶然性不可避免地带有一种解释,他觉得这种解释表达的是个人的潜意识。杜尚有时对人说:"你的偶然与我的偶然是不一样的,对吧?"

---

〔1〕 凯奇认为:"音乐,我们能够用一个更有意味的概念来替代——声音的组织。"自然界和生活周围的任何声音,都可作为音乐组成材料。在凯奇的概念里并没有"噪音"的概念,"从来没有什么声音在我听起来是不愉快的"。他充满禅宗意味地追问:"哪一种声音更有音乐性,一辆卡车从工厂开过,或一辆卡车从音乐学院开过?"此意在鼓励人们"放耳听世界",即戴着一副音乐的耳朵去体会(感悟)身边的自然之音,任何声音都是音乐。凯奇把音源扩展到了无限,把人们的审美从音乐厅带回到了大自然,回归到生活。凯奇创作观念:艺术不应该从生活中分离出来,而应回归生活。可以说"生活就是音乐,音乐就是生活",到此,他对音乐的概念进行了一次彻底的"解构"。——译者注

凯奇听杜尚讲授国际象棋时,并不愿直接问杜尚任何问题,只要杜尚在场他就满足了。他们谈论彼此的熟人,或是蘑菇,甚或是美越战争。凯奇可能不大了解政治,但是他越来越关心政治。1967年,凯奇出版自己的书《星期一揭开的一年》(A Year from Monday)时,该书的献词是"谨将此书献给我们以及所有恨我们的人。美国可能仅仅是世界的一个部分罢了,不多,也不少。"也许他们讨论过国际象棋。马塞尔·杜尚国际象棋下得很好,他是通信国际象棋奥林匹克比赛冠军(the International Correspondence Chess Olympiad Champion),还设计了一种袖珍国际象棋,但是没能推向市场;他还与德国的国际象棋专家韦达理·豪伯斯达(Vitaly Halberstadt)合写了一本书,名叫《棋局解析》(Opposition and Sister Squares Are Reconciled),整本书全是有关国际象棋最后阶段一种罕见情形的。蒂尼·杜尚国际象棋也下得非常之好,完全有能力偶尔爆冷击败杜尚。

蒂尼·杜尚的第一任丈夫是亨利·马蒂斯之子皮埃尔·马蒂斯(Pierre Matisse),皮埃尔·马蒂斯在纽约非常成功地经营着一家画廊。从这方面来说,蒂尼·杜尚也对她的第二任丈夫有所帮助,因为杜尚维持生活的部分手段就是做艺术商人。凯奇在杜尚家看见的画作有马蒂斯的、胡安·米罗(Joan Miro)的、巴尔蒂斯(Balthus)的,以及杜尚在玻璃上绘制的一幅用于解释《大玻璃》的作品,叫做《九个男性模型》(9 Malic Molds)。凯奇与杜尚也许谈论过艺术品交易,也可能他们长时间什么话也没有谈。但是不管怎样,杜尚夫妇对凯奇的创作情况有了更多的了解,因为还不到一年,他们就提出要一份凯奇创作的音乐作品清单。

凯奇对各种各样声音的特征以及声音引起的共鸣都感兴趣,包括收音机播放出来的声音,打字的声音,人们一杯又一杯喝水的声音,以及他自己讲故事的声音。杜尚也关注声音。他早期创作的一件现成品作品《隐藏之音》(With Hidden Noise),其内部就有一个秘密的物体,当你举起这件作品,那个秘密物体就会发出咔嗒咔嗒声。1916年,人们看到这件作品时,都惊诧不已。将近50年以后,当杜尚拿起劳森伯格制作的一件装配艺术品,发现劳森伯格在那里面也放了一个隐藏的、发出咔嗒咔嗒声的物体,杜尚欣喜地微笑着说:"我想我熟悉那种音调。"

马塞尔·杜尚,理查德·阿维顿摄于 1958 年

凯奇一直觉得自己与杜尚有着非常类似的创作风格,但是,就如凯奇后来说的,杜尚"经常发表说话,反对从视觉角度看待艺术",而"我一直坚持认为声音具有可感知性,我们要去倾听",似乎两个人所站的立场截然相反,"然而我觉得自己与他做的一切事情都极为一致,以至于我获得了一种概念,对立既是音乐的本质,也是视觉艺术的实质"。凯奇还认为,他打破和谐传统的声音运用方式,与杜尚用实物作画的方式异曲同工,就如杜尚所说:"让别人不堪忍受。"

约翰·凯奇与马塞尔·杜尚都对长度计量感兴趣,他们特别喜欢了解问题"有多长?"的答案。杜尚的一个朋友曾这样说他:"他做得最好的事情就是驾驭时间。"杜尚热爱国际象棋,部分原因是他能在头脑里想像出竞赛中时间是如何流逝的。他说,国际象棋的四维性让它变成一种"视觉上可变的东西"。尽管凯奇可能并不认为自己的这个做法是从格兰特将军那儿继承过来的,但他的确经常明确规定,演出人员在演出开始之前必须把手表的时间调成一致。后来,凯奇创作了一首可能需要花费 600 年才能表演完毕的曲子,这首曲子最后是在德国的一家大教堂进行表演。为了创作《4 分 33 秒》这首最负盛名的曲子,凯奇采用偶然性以及中国古籍《易经》(*Book of Changes*)中的卦符来决定成千上万的时间小片段,然后他再组合成三个分别为 33 秒、1 分 20 秒和 2 分 40 秒的乐章,至少在出版的乐谱中是这样安排的。在 4 分 33 秒的时间里,钢琴家只是在演奏现场悄无声息地坐着。凯奇说,他创作这首曲子的部分灵感来自劳森伯格的白色画。[2]在这首曲子首演时,还引起一场骚动,因为人们无法说出这场演出到底是在做什么。在这点上这首曲子与杜尚发明的现成品作品的特征异曲同工,如《大玻璃》,又如《给予:1. 瀑布;2. 燃烧的气体》(法语名字为 Etant donnes:1. la chute d'eau;2. le gaz d'eclairage)。

　　杜尚去世以后,人们才发现他在生命的最后 20 年里一直在秘密创作《给予》。蒂尼·杜尚曾帮忙制作《给予》中通过木头门上的窥视孔才可以看见的裸体模型,因而得以知晓此事,没有任何其他人知道存在这样一件作品。杜尚以前常说,大部分作品在创作出来大约20 年或 30 年后就失去了他所说的"新鲜劲儿"。他说,例如他的作品《下楼的裸女》,现在就已经彻底死掉了。杜尚最后的作品《给予》

〔2〕 劳森伯格对大量不同的新奇的绘画技巧和材料作过探索,经历过"白色系列"和"黑色系列"。"白色系列"是用油漆刷和滚筒完成的,在那一系列全白的画上,根本没有任何形象,但真正的奥妙在于画的右侧墙上斜挂着一支特制的荧光管,灯光投射在白画上,在其上下和左侧投下了不同色泽的投影:上黄、下紫、左白,据说这样的画为凯奇带来创作灵感,创作出了著名的《4 分 33 秒》。"黑色系列"是将撕碎揉皱的废报纸贴在画布上涂上黑漆完成的。后来又进行"综合绘画"实验,他的目标是要活动于"艺术与生活之间"。他企图表达一种观点,即画家选取的日常生活用品,经过加工提炼,经过艺术家的眼和手,就可以成为艺术品。——译者注

技巧娴熟，出人意料，具有永恒的价值。对于那些热爱杜尚的作品和创作思想的人来说，这件作品尤其令人震惊，因为它展现的似乎恰恰就是杜尚所反对的视觉艺术。凯奇比大多数人更容易领会矛盾，对此，他简洁地说道："只有伟大的作品，才能包含这样一种极端的对立。"凯奇回想起下国际象棋时的那些谈话，他们很少谈起艺术，但在有关艺术的寥寥数语中，有一句话杜尚说过好几次："为什么艺术家不要求人们从规定的距离去看一幅绘画呢？"凯奇说："直到看见他最后那件作品，我才明白他说这话指的是什么。"

　　乔斯普·约翰斯、罗伯特·劳森伯格和默斯·康宁汉都是约翰·凯奇最亲近的朋友，他们也变得醉心于杜尚的作品。约翰斯和劳森伯格频繁地过来看杜尚的作品。他们两人还曾一起去费城艺术博物馆（Philadelphia Museum of Art）参观那里收藏的杜尚作品，这些作品都是沃特·爱伦斯伯格捐献的。约翰斯和劳森伯格热爱现成品艺术，被《大玻璃》征服了。于是，约翰斯产生了一个念头，想模仿《大玻璃》做一个布景，放置在康宁汉的舞蹈作品《绕着时间走》（*Walk around Time*）中。约翰斯后来说，在他提出这个建议时，杜尚"脸上带着一种惊恐的表情"，询问由谁来制作这道布景。听见约翰斯说自己亲自动手制作，杜尚才算松了一口气。尽管杜尚比较超然，但对于受到这种新颖的关注还是颇为高兴。他曾打赌说，未来的艺术家们会喜爱他的作品。因此，在接近暮年时，想到还有约翰斯·劳森伯格、康宁汉和凯奇喜欢自己的作品，杜尚不由得感到心满意足。为《绕着时间走》做的布景是用与《大玻璃》上那些物品类似的塑胶部件制作的，据看过的人说，这道布景漂亮非凡。康宁汉记得，在舞蹈表演结束后，尽管杜尚说自己有点儿紧张，但他还是昂首走上舞台，向观众鞠躬致谢。杜尚在一步步往台阶上走时，一次也没有低头看路。

　　杜尚就如何绕开绘画从事艺术创作进行了大量思考。那些现成品作品之所以成为他的作品，是因为他选择了它们，并将其恰好放在特定的位置上。他发现，在美国用这种方式创作要容易一些。他在跟一名美国人谈话时解释说，在英国，人们的行为举止就像莎士比亚的子孙一般中规中矩,"因此,在他们创作自己的某种东西时,始终遵循一种牢不可破的陈规旧习。在美国就不会这样,你压根儿不用考虑什么莎士比亚,对吧?你也压根儿不是他的子孙。因此,这里真是产生新生事物的完美地带。"

杜尚的声明中有些令人费解的地方,因为他也说过他的选择不是没有前因的。杜尚认为自己从格特鲁德·斯泰因身上学到很多东西,50年前在花园街斯泰因的住处,他极为迫切地与她讨论过第四维空间。在杜尚即将抵达生命尽头时,他罕见地接受了一次采访。在谈话中,他把自己比作斯泰因,然后开始解释他自己在美国传统上的渊源。但是,采访人这次犯了一个常见的错误,他认为由于每一个美国人都选择不同的影响源头,所以美国缺少传统,结果未能领会到杜尚那番话的意义,把话岔开了。

1968年,离杜尚去世不到一年的时候,凯奇与杜尚公开对弈,表演一个组合作品,凯奇称之为《聚会》(Reunion),凯奇对作品的名字颇为满意,因为这个词在法语里也是同样的意思。凯奇在自己的创作与杜尚的创作之间建立了一种更为牢固的联系,他说,这个部分是以《4分33秒》开始的静音作品的第三部分,"一场国际象棋比赛,或任何比赛,都能成为一种独特的音乐作品,这是另一种重要的静音作品。"他们两个坐在一张接了电线的棋盘前,这样,他们移动棋子的时候,观众就能听见凯奇、高登·穆马(Gordon Mumma)、大卫·图德、大卫·贝尔曼(David Behrman)随机选择的音乐片断。在他们思考如何移动棋子时,音乐厅内一片寂静。在凯奇与杜尚结束棋局之后,马塞尔·杜尚与蒂尼·杜尚继续下棋,直到观众席上只剩下凯奇一个人。于是,他们离开还未结束棋局的棋盘,回家休息。第二天上午,他们回来继续下完了那盘棋。蒂尼·杜尚赢了,这也许让凯奇觉得有点儿满意。凯奇头天晚上输了,尽管在棋局一开始时杜尚就让了他一枚棋子"马"。

第三十六章

诺曼·梅勒与罗伯特·洛厄尔

诺曼·梅勒的心情正处于微妙状态。他感觉有点儿情绪失控，但还不是太糟糕；他保持着信念，但对于自己承诺要做的所有事情又感觉有点儿紧张；他嫉妒别人取得成功，但仍能欣赏他们；他的暴怒正在不断积累，但是他没有加以克制。他也明白，在这些彼此矛盾的情形中自己的真正感受是什么。在这种情绪中，在心情漂浮不定的状态下，他被邀请去参加 1967 年 10 月 21 日向五角大楼游行示威的活动，抗议越南战争。尽管他的第一本能反应是不去，但还是答应了参加这个行动。游行前两天，他到了华盛顿，应邀参加了自由派大学教授举办的一场沉闷的鸡尾酒会。出席酒会的人中，除了梅勒自己，另外只有一个名人——当时美国最有名的诗人罗伯特·洛厄尔。

梅勒已有些醉意了。他和洛厄尔一起走到桌边坐下，就如梅勒后来所写，他们不时举起胳膊碰碰杯，并开始交谈起来，二人"没有理睬其余那些想碰杯交流的人。"洛厄尔对梅勒说："诺曼，你要知道，伊丽莎白[·哈德威克](Elizabeth [Hardwick])和我真的认为你是我们国家最优秀的新闻记者。"梅勒听到这种殷勤话，再想起洛厄尔以前从来没有在公众场合说过这种本来可以对自己有所帮助的话，不由得感到刚喝下去的波旁威士忌酒与愤懑都一起在心中膨胀，一直往上涌。于是，他忍不住说道："嗯，卡尔，"这是他第一次用洛厄尔的昵称，"有时我还把自己看成美国最好的作家呢。"一开始两人就话不投机。

　　手上仍然端着盛着波旁威士忌的酒杯，梅勒跟着参加宴会的人群去了大使剧院（Ambassador Theater）。在那里，由年轻抗议者组成的人群在等待一些公众人物讲话，这些人在犹豫了一下之后，还是同意了参加这次示威抗议。后来，梅勒在其《夜幕下的大军》（The Armies of the Night）一书中，对自己作为主持人在现场作出的那番醉醺醺的表演进行了精彩的描述。他站上台去，扯开嗓子对着听众吼着，听众中还包括他所在的南得克萨斯州的治安官及其爱尔兰保镖。梅勒讲得兴起，满口粗话，听众最后被惹得焦躁不安，非常反感。最后，洛厄尔懒洋洋地走上台来，一副高贵的清教徒的姿态，在大家充满敬意的氛围中，朗读了其诗集《献给联邦死难者》中的几首诗歌。梅勒写道："那种懒散倦怠中表现出来的高贵气质是几代人才能造就的。"

　　洛厄尔写的《献给联邦死难者》出版于 3 年前。洛厄尔认为，美国目前存在的许多错误路线，与自己的那些杰出先辈们在南北战争时期所面临的问题非常相像。与诗集同名的那首诗提到了肖上校（Colonel Shaw）纪念雕塑，肖上校在南北战争时期是马萨诸塞州第 54 黑人步兵团的首领。"在竖纪念碑的时候，"洛厄尔写道，"威廉·詹姆斯几乎可以听见黑人铜像在呼吸。"洛厄尔发现，自从波士顿的人们乐观地团结起来，开启了一个新时代后，这座雕塑就成为了一种令人痛苦的提醒物，提醒人们不要忘记过去。"他们的纪念碑像一根鱼刺高高竖起／在这座城市的咽喉中。"坐在剧院大厅里的人应该能听到洛厄尔的怒火在增加："这儿，上次战争可没留下什么雕像／在波亥尔斯顿大街上，一张广告照片／显示出广岛在沸腾。"聆听洛厄尔大声朗读的人们，对他有着与对威廉·詹姆斯一样的好评。在公众面前，洛厄尔具有一种能引起听众共鸣的罕见特质。

　　梅勒闷闷不乐地坐在后台，发现自己颇为嫉妒洛厄尔那贵族式的权威，也嫉妒他会受到一代又一代波士顿人的追捧。梅勒不知道，或者也许是不在意洛厄尔曾从哈佛大学退学，梅勒自己则是哈佛的毕业生。洛厄尔的家系是洛厄尔家族中较不出名的分支,洛厄尔与梅勒一样嗜酒,而且都严重偏爱方言口音,洛厄尔最喜欢的是做一个熊一般的人,而且满口不上档次的波士顿爱尔兰口音。但梅勒也不关注这些。梅勒在意的是其他事。例如,有一次,洛厄尔癫狂症突然发作,双手抓住诗人艾伦·泰特,将其吊在二楼的窗户外,然后自己大声背诵塔特的诗歌《联邦死难者颂》(*Ode to the Confederate Dead*)。梅勒觉得,每当自己有什么惊人之举,人们都把它看成是滑稽可笑的做法,而大家看待洛厄尔时,却认为那是一个伟大艺术家在承受着与疾病抗争的所有痛苦。梅勒曾经亲历战场,并以自己的经历为蓝本,写出了轰动一时的小说《裸者与死者》,而洛厄尔在梅勒眼中,只不过是一个因为良心而拒绝服兵役之人。但现在,梅勒看着观众们对洛厄尔的演讲做出积极响应,想到自己一直在争取观众,洛厄尔却毫不费力地把听众抢走了,想到自己曾经扮演的角色几乎就要被洛厄尔所取代,有那么一阵子,斜倚在后台墙上的梅勒,对自己失去了信心。

　　第二天早上,情况有所改善,梅勒与洛厄尔一起吃了一顿愉快的早餐。下午有一场集会,洛厄尔在集会上做了一场简短的演讲。他在演讲中说,有位记者问过他,如果他有一张征兵卡,是否会把它烧掉。其实,洛厄尔曾在二战时拒绝过服兵役,并因此被监禁4个月。不过这一点无论是对记者还是对听演讲的人他都没有说。他只是在演讲时简单地说道,他不喜欢这个记者含沙射影地口吻,记者实际上是暗讽集会中那些过了服兵役年龄的人没有充分意识到他们行为的后果。洛厄尔说在此集会的人"不像那些正在管理这个国家的当权者,我们不是在寻求阴谋诡计,我们只是在努力地进行严肃的自我反省。但愿新闻界能理解这份努力,我们将采取良心允许的一切方式抗议这场战争"。

　　梅勒认为,洛厄尔的演讲极为出色,所以,在记录它的时候,梅勒对其甚为褒奖。这些文字给洛厄尔的感觉正如他后来所说,在所有有关他的描述中,"梅勒所写属于最好的之列"。梅勒写道,洛厄尔演讲时"声音中带着一点不明显的口吃,给人留下这样的印象:生活就像直接冲向他的一系列跨栏,有些他成功地跨过去了,有些则没有"。虽然由于嫉妒,梅勒觉得多少有点儿心头不快,但他还是非常钦佩洛厄尔。借用亨利·亚当斯及格特鲁德·斯泰因惯用的第三人称手法,梅勒写道:"即使把洛厄尔所有的缺点都考虑进去,他仍然是一个杰出、仁慈而又可敬的男人,诺曼·梅勒很高兴因同一种事业与他联系在一起。"

听着洛厄尔的演讲,梅勒不安地感觉到自己变得谦虚起来,这位来自布鲁克林的出类拔萃的犹太人产生了谦虚的感觉。他对这种谦虚感心生恐惧,这是他曾费尽千辛万苦想要摆脱的东西。他"热爱自己多年来已获得的自豪、傲慢、自信以及自我中心",但洛厄尔让这种谦虚如"一股清风一般"回到梅勒的身上。怀揣着这种不愉快,在陌生的心理状态中,梅勒自己做了一场独具特色的演讲,既冷静又有力。洛厄尔非常喜欢梅勒的演讲,后来他又对梅勒说了好几次,说自己喜欢他的演讲。

刚一回到家,洛厄尔就写了三首诗歌,内容涉及这次游行示威和梅勒。尽管梅勒把洛厄尔看成是栋梁,洛厄尔却觉得自己根基尚浅。洛厄尔说,那些演讲有助于"表明我们是多么无力/却又正确"。梅勒让洛厄尔想起自己必须要坚持学习的东西:"反复无常,不是/成为我们自己,或者诺曼·梅勒/的唯一方式。"甚至梅勒保守的衣着也有一种完整感:"他的衣着是/两套同样笔挺的蓝色套装/以及两件蓝色背心。"罗伯特·洛厄尔发现,有诺曼·梅勒在场,使人觉得出乎意料的安心踏实。

抗议示威当日,那些退伍军人以及由于良心而拒绝服兵役的人,手挽着手,20个人领头走在前面,后面是几千人的队伍。他们从林肯纪念堂出发,走过阿灵顿纪念大桥,到了五角大楼前的草坪上。整个上午,梅勒都觉得神经紧张,他明白这是要进入战斗状态了,这是他作为步兵团士兵在菲律宾服役那时就清晰记得的感觉。

在《夜幕下的大军》一书中,梅勒有时称自己为"梅勒将军"。他讲述这个故事的方式带有一种军事特色,他们是正在集合起来反抗五角大楼的军队。虽然梅勒是在二战中服役,他的小说写的也是二战,但是他在参加这场示威活动时想到的战斗状态却并不是与二战有关。他当年在小说中描写二战时,还只是一名孤军奋战的年轻人,通过远离他人来证明自己。所以,他既不效法前辈作家,也不从同时代的人那里吸取力量。现在,随着年龄渐长,他更愿意包容历史,也更愿意与别人合作。他把自己与洛厄尔写在一起:"洛厄尔与梅勒都想起南北战争:很难不这样想。"

许多抗议者穿着从救世军商店里买的军装,还有些人戴着金属头盔,另外还有人穿着南北战争时的战斗服装,既有北方军队的蓝色服装,也有南方军队的灰色服装。图利·科普夫贝格(Tuli Kupferberg)和他的富格兹乐队(The Fugs)〔1〕在演奏乐曲。激进的非裔美国人举着标语牌,上面写着:"越共没有任何人叫过我黑鬼。"现场充满了紧张刺激的气氛。梅勒写道:"10月的天空中弥漫着恍如南北战争的硝烟味儿!"

梅勒的创作受到沃尔特·惠特曼与哈特·克莱恩的影响,或许,也受罗伯特·洛厄尔的影响。在梅勒的描述中,他引用了洛厄尔后来就这次示威游行所写诗歌中的一首。后来,他们两个来来回回多次交流对这些事情的感受。洛厄尔写道:"然后就像摄影师拍下的/英姿勃发的联邦士兵/在第一次布尔朗战役发起攻击那样/冲锋向前……"这可能是梅勒也联想到了的,在他回想由年轻人组成的密集人群向五角大楼冲去时,他"知道,自己以前曾见到过这种众人冲锋的姿势,是的,在马修·布雷迪拍摄的照片中出现过,那些照片上显示的是北方军队士兵穿越田野发起攻击的情景"。然后,可能让洛厄尔和梅勒想到布雷迪的并不是士兵们在冲锋的情形(这种照片布雷迪从来没有拍过),而是年轻人进入战斗状态时的面部表情。

在游行示威那天前后,与这次行动相关的主要人物,无论是那些

---

〔1〕 这是根据梅勒在小说《裸者与死者》中发明的一个词而如此取名的,该词原文为Fug,是英语单词"fuck"(操,他妈的)的委婉语。——译者注

当时在场的,还是在幕后徘徊的人,理查德·阿维顿都曾给他们拍过照,其中包括阿比·霍夫曼(Abbie Hoffman)、图利·科普夫贝格、威廉·斯隆·考芬(William Sloane Coffin)、亨利·基辛格(Henry Kissinger),美国国家安全委员会(the National Security Council)的各位将军、罗伯特·洛厄尔以及诺曼·梅勒。这些照片中的大部分,另外还有詹姆斯·鲍德温和玛丽安娜·穆尔的照片,以及约翰·凯奇与默斯·康宁汉及罗伯特·劳森伯格的合影照,都一起收进了阿维顿的摄影集《六十年代》。如果洛厄尔与梅勒翻阅这本集子,他们应该能看到一系列的面部表情,以及这些表情上显示出的种种忠诚,这与马修·布雷迪于一个世纪以前所拍的那些肖像照中的表情是相似的。

梅勒写道,他与洛厄尔站在五角大楼前面的草坪上,手挽着手,觉得"联邦死难者的魂灵"陪伴着他们。梅勒还想到"吉米·鲍德温虽然忠于自己的种族,但也试图对他那些白人老朋友发出的意义模糊又有点无条理的种种警告"。罗伯特·洛厄尔应该是想到了玛丽安娜·穆尔的那些诗句,那是自己特别喜爱的:"从来没有一场战争/不是内在的。"正如梅勒所写,也许他们两个都感觉到了"亨利·詹姆斯的影响"。

罗伯特·洛厄尔谈论历史人物的方式让人感觉他们好像就在现场,而诺曼·梅勒总是把自己以及遇到的人看做未来的历史人物。梅勒的作品《夜幕下的大军》比洛厄尔的自传性质的《历史》早5年出版,梅勒把该书内容分为两个部分:"作为小说的历史"和"作为历史的小说"。虽然他们两个人是从不同的方向得出的观点,但是殊途同归,而且,站在五角大楼的草坪上之际,他们真真正正地确信,历史就是个人的历史。

也许是出于梅勒对谦虚感的恐惧,也许是由于他与洛厄尔的私人竞争,或者也许是出于其真诚的政治信念——"美国一分为二并不会消除分歧,当这两半放弃接触,所有的历史都有可能在决裂中失去。"梅勒在示威活动中表现积极。示威那天,他穿着上等的蓝色套服,系着一条打着温莎结的栗色领带,听了"富格兹乐队"演奏的一些音乐,便坚定地向着那些军警走去,坚持说自己要进到五角大楼去,除非被逮捕。洛厄尔加入了草坪另一边的静坐示威人群,让梅勒很满意的是,洛厄尔没有被捕。

诺曼·梅勒心情仍处于那种微妙状态。他把这一切心绪都带进了拘留所。他在那里被关了一夜。梅勒给妻子打了电话,妻子告诉他说,洛厄尔很为他担心,给她打过几次电话了。次日,由于一位能言善辩的律师的辩护,梅勒得以具结获释,免于受到原本定为5天的监禁处罚。梅勒在拘留所外受到了众多记者的包围,他即兴发表了一次简短而又莫测高深的演说,主题是关于最终能把美国重新团结起来的信念。梅勒说这些话时,真正的意图也许仅仅是:他非常高兴地发现自己与罗伯特·洛厄尔终于站在了同一边。演说结束后,他便脱身回家了。

谢　词

　　玛丽安娜·穆尔曾经写过:"写致谢与写作不同,写致谢是毫无技巧可言,"然后又写道,"此外,还要冒着不是在表扬人而是在得罪人的风险。"但是,对于在我写作此书过程中对我付出辛勤劳动和关心照顾的人,我认为对他们表示谢意是一件非常令人高兴的事情。

　　本书编辑艾琳娜·史密斯(Ileene Smith)和我的经纪人埃里克·西蒙诺夫(Eric Simonoff)分别仔细阅读了本书,他们的责任心和洞察力对我帮助甚大;我也非常感谢蒂姆西·门内尔(Timothy Mennel)和维罗尼卡·温德霍兹(Veronica Windholz)对本书的密切关注;丹·弗兰克林(Dan Franklin)、罗宾·罗勒维克兹(Robin Rolewicz)以及扎加利·瓦格曼(Zachary Wagman)对本书的完成作出了极重要的贡献;感谢埃里森·梅里尔(Allison Merrill)、伊万·斯通(Evan Stone)、霍莉·韦伯(Holly Webber)以及朱迪斯·汉考克(Judith Hancock),他们的作品给了我启迪;感谢兰登书屋每个工作人员的关心和热情,尤其是巴巴拉·巴克曼(Barbara Bachman)、本杰明·德莱叶(Benjamin Dreyer)、戴博拉·弗雷(Deborah Foley)、乔纳·马丁(Jynne Martin)和斯泰西·洛克伍德(Stacy Rockwood)。

　　在本书的写作过程中,理查德·阿维顿曾给予我大量帮助,他极为慷慨地抽出时间与我交谈,并提供了他所拍摄的大量照片。我也想谢谢阿维顿摄影室(Avedon Studio)的工作人员比尔·巴克曼(Bill

Bachmann)、迈克尔·赖特(Michael Wright),尤其是德米翁·马德尔(Daymion Mardel),谢谢他们为我做的所有一切。诺曼·梅勒与我交流了书中他置身其中的那些内容,对此我非常感激;能从布鲁斯·凯勒(Bruce Keller)处获悉他的观点以及有关卡尔·范维克顿、格特鲁德·斯泰因、兰斯顿·休斯以及佐拉·尼尔·赫斯顿的情况,我深感荣幸。许多在档案馆、图书馆、文学协会、出版社、摄影作品收藏馆以及博物馆工作的人为我提供了友好的帮助,我在书末的使用权谢词中专门表达了感谢之意。这些年来,我在这里感谢的所有人以及许许多多其他的人都对我提供了非常重要的帮助。当然,书中的错误均为本人所致。

　　我要对温迪·莱塞(Wendy Lesser)表示深深的谢意,他最先在《三便士评论》(*The Threepenny Reviews*)上登载了本书中的一章。我还非常感谢《麦克斯维尼》杂志(*McSweeney's*)以及《双镜头》杂志(*DoubleTake* magazine),在它们上面我发表了其中两章的早期版本。此书有关工作受到了哈佛雷德克利夫学院凯瑟琳·英尼斯爱尔兰旅行研究基金(the Catherine Innes Ireland Radcliffe Traveling Fellowship)以及纽约艺术基金(the New York Foundation for the Arts)的支持。另外麦道尔艺术村(The MacDowell Colony)曾给予我特别诚挚的帮助——在此我衷心感谢米切尔·奥尔德雷奇(Michelle Aldredge)和布莱克·特克斯贝里(Blake Tewksbury)。我也非常感谢我在纽约 Bang on a Can 乐团、同性恋研究中心(the Center for Lesbian and Gay Studies)以及美国诗歌协会(the Poetry Society of America)的同事们的耐心帮助和支持。

　　在数年的研究和写作过程中,许多作家和编辑给予了我有益的、难以忘怀的建议。我很高兴在此能有机会感谢戴夫·埃格斯(Dave Eggers)、萨斯基亚·汉密尔顿(Saskia Hamilton)、维林·克林肯博格(Verlyn Klinkenborg)、托比·莱斯特(Toby Lester)、威廉·路易斯-德利法斯(William Louis-Dreyfus)、伊桑·诺索维斯基(Ethan Nosowsky)、艾丽斯·奎因(Alice Quinn),尤其是要感谢维杰·塞沙德里(Vijay Seshadri)。此外,多年来,劳伦斯·威施勒(Lawrence

Weschler）一直慷慨大方地赋予我灵感，鼓励着我。最后，我想说，如果没有瑞切尔·艾森卓（Rachel Eisendrath）提出的宝贵建议，这本书应该会逊色很多。

我关于友谊和艺术的许多观点是在与下列朋友们的友好相处中形成的，他们是：克利斯·安德森（Kris Anderson）、苏珊·波卡内格拉（Suzanne Bocanegra）、马特·博伊尔（Matt Boyle）、索菲克·德根（Sophic Degan）、约翰·弗雷泽（John Frazier）、泰拉·吉尔（Tara Geer）、迈克尔·戈顿（Michael Gordon）、彼得·赫尔姆（Peter Helm）、劳拉·赫尔顿（Laura Helton）、杰西卡·弗朗西斯·凯恩（Jessica Francis Kane）、大卫·兰格（David Lang）、彼得·帕奈尔（Peter Parnell）、贝斯·斯坎特（Beth Schachter）、迈克·索南斯肯（Mike Sonnenschein）、朱莉娅·沃尔夫（Julia Wolfe），以及我多年的好友贾斯廷·里查森（Justin Richardson）。

我极为感谢我的大家庭，既包括那些仍然健在的家庭成员，也包括那些虽已去世但仍活在我心中的亲人。艾米·科恩（Amy Cohen）与我的挚爱亲情为我提供了写作灵感。最后我要感谢自己的父母迈克尔·科恩和希拉里·科恩（Michael and Hilary Cohen），他们从各方面对这本书的写作提供了支持，并给予我积极影响，谨将此书献给他们，表达我对他们的挚爱与感激。

... 及其他 ... 及其他 ...

注　释

第一章　亨利·詹姆斯与马修·布雷迪

马修·布雷迪曾给他人的生活留下了大量的资料,但是他自己的生活却没有留下多少线索。关于他在银版照相方面的工作情形及其在纽约的生意状况,我参考了展览《历史的瞬间:马修·布雷迪摄影展》简介手册中潘策尔与其他随笔作者所写的内容,该次展览非常精彩,由玛丽·潘策尔组织,在史密森学会举办。

本章中几乎所有涉及詹姆斯家庭的细节,除了文章结尾虚构的吃冰淇淋一事,均来自亨利·詹姆斯自传第一卷《一个小男孩及其他》。他们父子二人的确是一时兴起,才去了布雷迪的摄影工作室。而且,那时詹姆斯还穿着那件有许多纽扣的外套,但他在与萨克雷交谈之后,就一直觉得外套上的纽扣太多了。詹姆斯家住在第 14 街,家庭成员常去百老汇的那些商店,并总是谈论要去英国的事情。詹姆斯的话便引用自这本书。

我特别感谢里翁·艾德尔,其为亨利·詹姆斯所撰传记第一卷《成长足迹》对本章起到非常重要的作用。我对老亨利·詹姆斯以及整个詹姆斯家庭的认识,来自 F. O. 马修森所著《詹姆斯一家》,琳达·西蒙所著《真诚:威廉·詹姆斯的一生》、琼·施特劳斯的《艾丽斯·詹姆斯》以及路易斯·梅南德著《形而上学俱乐部》。在写作本章的过程中,我还参考了艾德尔编写的亨利·詹姆斯书信集第一册,另外还参考了菲利普·霍恩所编的《亨利·詹姆斯的书信人生》。我对摄影的许多认识则来自苏珊·桑塔格的著作《论摄影》。

第二章　威廉·迪恩·豪威尔斯、安妮·亚当斯·菲尔兹与沃尔特·惠特曼

　　威廉·迪恩·豪威尔斯回忆录《文学圈的友人与熟人》中《新英格兰初游记》一文中的动人描述，是本章内容与基调的直接参考依据，豪威尔斯关于自己旅行的所有观察内容都引用自这篇文章。沃尔特·惠特曼的作品《典型的日子》及他这段时间创作的诗歌也是我参考的源泉。本章中这些场景中几乎所有的细节，甚至包括蓝莓蛋糕，都是来自我参考的种种资料。安妮·亚当斯·菲尔兹至少给沃尔特·惠特曼送过一次钱，不过她是否给他的轻型马车出过资则是推测。

　　我对威廉·迪恩·豪威尔斯的多方面认识，包括他表现出来的与众不同之处，他的雄心抱负，他对波士顿的感受，以及他与惠特曼的关系，都受到了肯尼思·林恩所著《威廉·迪恩·豪威尔斯：美国式人生》一书的巨大影响。豪威尔斯与安妮·亚当斯·菲尔兹之间的种种联系，都是在阅读丽塔·戈林所著《安妮·亚当斯·菲尔兹》一书时偶然看到的。贾斯廷·坎普兰写的传记《沃尔特·惠特曼的一生》，对于了解惠特曼来说，是一本极好的参考书，它还让我感觉到了林肯对惠特曼有多么重要。

第三章　马修·布雷迪与尤利塞斯·S.格兰特

　　格兰特行军帐篷内的景象以及连地图都没有这个细节，都是有明确记载的。拍照的情形是我虚构的。在本章写作中，威廉·S.麦克菲利所著《格兰特传记》一书对我帮助最大。我对格兰特性格的理解，尤其是他想当总统的欲望，相当直接地来自麦克菲利的生动描写。有关南北战争的资料，大部分取材于詹姆斯·麦克斐逊所著《呼喊自由之战》，还有部分内容则来自谢尔白·富特所著《受困之城：维克斯堡战役，1862.12—1863.7》以及格兰特本人所写的精彩自传《尤利塞斯·S.格兰特回忆录》。布雷迪的暗房马车资料主要来自玛丽·潘策尔组织的《历史的瞬间：马修·布雷迪摄影展》，以及罗伊·梅瑞狄斯所著《林肯先生的摄影师》。后者虽然收入

了太多布雷迪自己的照片,但仍有其独特意义。

第四章　威廉·迪恩·豪威尔斯与亨利·詹姆斯

　　我不能确定威廉·迪恩·豪威尔斯与亨利·詹姆斯在那晚畅谈的时候散步是否到了鲜湖,我也不能肯定那晚他们是否回家吃了晚餐,尽管他们经常这么做,而亨利·詹姆斯的确是从来就什么都不吃。我对豪威尔斯夫妇交谈方式的认识来自豪威尔斯小说中的家庭对话,尤其是作品《邂逅》、《塞拉斯·拉帕姆的发迹》以及《时来运转》。埃丽诺·米德·豪威尔斯观察敏锐,留心其他人的处境,如年轻的哈利想要努力逃离当时的生活环境,但她那时是否这样说过,则完全是我自己的猜测。本章参考了亨利·亚当斯所著《亨利·亚当斯的教育》、豪威尔斯的《意大利游记》、亨利·詹姆斯的《罗得里克·哈德森》,以及罗塞拉·马默里·佐芝编写的《亨利·詹姆斯写自巴尔巴罗府邸的信》。

　　肯尼思·林恩为豪威尔斯撰写的传记让我知道豪威尔斯塑造了多种美国女性形象,这些形象在豪威尔斯本人和詹姆斯的笔下得到了进一步发展。我很高兴对林恩和里翁·艾德尔再次表示感谢,他们的著作帮助了我,使我得以了解豪威尔斯与詹姆斯之间漫长交往历程中种种复杂的情形。在我写作本章之际,并没有看到迈克尔·安涅斯科关于豪威尔斯与詹姆斯关系的著作,不过,我真希望自己当时能读到此书。豪威尔斯与詹姆斯两家有几位姐妹,我对她们的认识部分来自亨利·亚当斯对自己的描述、艾丽斯·詹姆斯的日记以及琼·施特劳斯为艾丽斯·詹姆斯所写的传记。

第五章　沃尔特·惠特曼与马修·布雷迪

　　本章开头部分的整个情节都是我虚构的,根据的是马修·布雷迪给沃尔特·惠特曼所拍照片中的衣着。詹宁斯夫人这个人物也是虚构的,尽管惠特曼的邻居的确很喜欢这位诗人。惠特曼也的确与彼德·多勒相爱,而多勒的行车线路的确是整个宾夕法尼亚大道,但是我并不了解惠特曼那天是如何抵达布雷迪摄影工作室的。至于文中描述的布雷迪与惠特曼对彼此工作的感觉,除了对话,大量内容也出自我的推测,推测的依据主要来源于我阅读惠特曼散文时获得的感受,以及留意到他在诗歌中对照片进行相关描写时得到的体会。所有拍照过程中布雷迪与惠特曼的肢体接触细节,如调整惠特曼的手肘,用手梳理惠特曼的头发,让头发直起来,都是我在以自己的方式进行描述,传递惠特曼给人留下的印象。

兰德尔·贾雷尔的文章《惠特曼诗选评》对惠特曼的描写细腻传神,我深受该文影响。我对惠特曼身体的认识主要来自贾斯廷·坎普兰的文字。坎普兰引用了一个例子,即惠特曼同床男伴认为惠特曼看起来“秀色可餐”。本章中有关惠特曼对摄影和历史的认识,来自玛丽·潘策尔的相关展览简介手册。我从彼德·帕乃尔的剧作《罗曼语》中了解到惠特曼仪容风采方面的大量信息,也学到了很多如何看待历史人物的观念。

第六章　马克·吐温与威廉·迪恩·豪威尔斯

马克·吐温的确去《大西洋月刊》编辑部表达了谢意,而詹姆斯·T.菲尔兹也的确从另一个房间把威廉·迪恩·豪威尔斯叫了进来。至于其他事件,都是下述这些资料提供的。

亨利·纳什·史密斯与威廉·M.吉布森的精彩之作《马克·吐温与豪威尔斯往来书信汇编(1872—1910)》一书,是我了解吐温与豪威尔斯之间关系的核心材料。本章中大部分引语来自他们的书信,但是豪威尔斯对吐温的描述来自其为吐温所写的回忆录《我的马克·吐温》。他们两个人的家庭生活内容方面,有些参考了豪威尔斯的小说以及吐温写的《马克·吐温自传》,有些参考了吐温作品《马克·吐温短篇作品集》中的某些短篇小说。另外,我对他们性格的认识深受贾斯廷·坎普兰所著传记《克莱门斯先生与马克·吐温》的影响,也受到肯尼思·林恩所著《威廉·迪恩·豪威尔斯:美国式人生》的影响。关于豪威尔斯如何帮助吐温写作密西西比河系列作品,以及吐温如何帮助豪威尔斯从其波士顿生活的约束中解放出来,史密斯、吉布森、坎普兰以及林恩都进行了非常有价值的描述。

第七章　马克·吐温与尤利塞斯·S.格兰特

的确有一千人在芝加哥哈弗雷剧院高唱“当我们昂首迈进,穿过佐治亚";吐温是帕尔默酒店宴会上的最后一个讲演者,他的确为"婴儿们"祝过酒。在自传以及给豪威尔斯的信中,吐温都提到此事,本章引用了那封信中的文字。所有引用的书信都来自史密斯与吉布森合编的《马克·叶温与豪威尔斯往来书信汇编(1872—1910)》。本章中对格兰特心理活动的一些认识可以在他的《尤利塞斯·S.格兰特回忆录》中找到。

我对格兰特与吐温之间主要关系的理解大部分来自贾斯廷·坎普兰所著传记《克莱门斯先生与马克·吐温》,从这本书中,我第一次获悉吐温最初称之为"我把枪口瞄准格兰特"的事情。坎普兰曾对这次宴会所造成的危害做过分析,威廉·S.麦克菲利在《格兰特传记》一书中就坎普兰的分析做了深人探讨,《格兰特传记》这本书成为另一重要参考来源。我也有幸读到了约翰·格尔在其剧本《风流人物》中对格兰特与吐温关系的推测,在此谨表谢意。

第八章　W. E. B. 杜·波依斯与威廉·詹姆斯

威廉·詹姆斯与敬重他的学生 W. E. B. 杜·波依斯的确一起去拜访过海伦·凯勒。关于他们的马车之行以及交谈,大部分都是我的推断,依据是我阅读的《宗教经验种种》、《黑水:来自面纱背后的声音》和《黑人的灵魂》,以及杜·波依斯有关海伦·凯勒的一小段文字,这段文字出现在赫伯特·阿普特克汇编的《W. E. B. 杜·波依斯非刊作品集》一书中。

大卫·利弗霖·刘易斯的两卷本《W. E. B. 杜·波依斯》是传记文学的伟大成就之一,也是我关于美国历史资料的一个主要来源。本章中有关种族与阶级关系诸多细节的内容均来自该书。我也受益于小亨利·路易斯·盖茨的著作,其中阐释了杜·波依斯的作品。琳达·西蒙的《真诚:威廉·詹姆斯的一生》一书描述了威廉·詹姆斯生活中的许多重要事情。海伦·凯勒的《我的生活》一书也对我有诸多帮助。我还参考了路易斯·梅南德发表在《纽约书评》上的文章《威廉·詹姆斯与癫痫病人》。在我努力思考以把握威廉·詹姆斯对他人的影响以及他本人的个性时,这长达两年的时间里,梅南德的书《形而上学俱乐部》一直是我的亲密伙伴。

第九章　格特鲁德·斯泰因与威廉·詹姆斯

格特鲁德·斯泰因做过本章描述的这类实验,通常是与系里另一名学生利昂·索罗门斯合作进行。两人在读三年级时,都受威廉·詹姆斯指导。詹姆斯的确会在不合适的时间冲进实验室,要求自己的学生当同伴。本章中这个特别的日子、这次实验中断以及两人的散步,这些内容都是我自己虚构的。

我尽力从作者的角度去理解威廉·詹姆斯的《心理学简编》以及《对教师的讲话》。关于斯泰因的大部分引语取材自《艾丽斯自传》。正如许多学者已经注意到的,斯泰因在其早期作品,如《芬赫斯特》、《Q. E. D.》、《三个女人》,以及《美国人的成长》中的某些文字,都能看到她对自己的大量说明。我也参考了艾丽斯·B.托克拉斯所撰《难忘的记忆》一书。

我很高兴能有机会对布伦达·维恩艾普表示感谢,其精彩著作《斯泰因兄妹》一书实际上是我认识利奥与格特鲁德兄妹关系的唯一来源。里翁·艾德尔及 F. O. 马修森的著作都对詹姆斯兄弟的关系进行了细致的描绘。琳达·西蒙的著作《真诚:威廉·詹姆斯的一生》对我把握詹姆斯与其女学生们的关系特别有帮助。而路易斯·梅南德的《形而上学俱乐部》再次提供了珍贵的帮助。

第十章 亨利·詹姆斯、安妮·亚当斯·菲尔兹与莎拉·奥恩·朱厄特

在亨利·詹姆斯的妹妹艾丽斯去世后,安妮·亚当斯·菲尔兹与莎拉·奥恩·朱厄特特意去拜访她们的老朋友亨利,这件事是我猜测的。本章的有些现场内容来自菲尔兹编辑的朱厄特书信,还有朱厄特的《针枞之乡》、《乡村医生》、《玛丽·汉密尔顿》以及《女王的双胞胎姐妹》。这次拜访过程中许多细节内容都记载在安妮·亚当斯·菲尔兹的日记中,还可见于里翁·艾德尔所著关于亨利·詹姆斯生活的作品《异国岁月(1895—1901)》里,波拉·布莱查德那本有趣的《莎拉·奥恩·朱厄特的世界与作品》一书中也有记载。我对那时拉伊的认识参考了尼可拉斯·德邦科所著的《作家群像》。亨利·詹姆斯在拉伊的某些生活细节以及某些场景是在与本·桑南伯格交谈中想到的。我也参考了菲利普·霍恩的著作《亨利·詹姆斯的书信人生》。

第十一章　爱德华·史泰钦与阿尔弗雷德·斯蒂格利茨

　　本章开头的情形是按照史泰钦与斯蒂格利茨常常讲述的那样去写的。至于结尾部分,我不能确信史泰钦是在斯蒂格利茨与欧姬芙的家里看见的欧姬芙那些照片,但这似乎是最有可能的,因为画廊那时已经关门了,而史泰钦经常到他们家里去。我认为斯蒂格利茨应该希望史泰钦与自己一起去看新照片。斯蒂格利茨的确常常说,在史泰钦看到欧姬芙那些照片时,便开始哭泣起来。

　　理查德·维兰对斯蒂格利茨研究得很透彻,从他的著作中我了解到斯蒂格利茨的大量资料,包括他的性欲、风流韵事,以及与保罗、贝克·斯特兰德和欧姬芙之间错综复杂的关系。许多其他细节则来自佩内洛普·尼文的著作《史泰钦传记》。

第十二章　维拉·凯瑟与马克·吐温

　　维拉·凯瑟的确在 1905 年 11 月到纽约去参加了马克·吐温的 70 岁生日聚会,但是我不知道她穿的是什么衣服,她是否与伊迪丝·刘易斯住在一起,或者这个场合她是不是意识到吐温有"自己独特的风格"。

　　我首先要在这里感谢尤多拉·韦尔蒂关于吐温与凯瑟的文章,该文对我很有帮助,因为它定义了这两个人的相似点之一:"他们都成就非凡,对此,他们都意识到了,也都对自己充满信心。"在《她的声音:维拉·凯瑟成功之路》一书中,关于凯瑟的童年对她成年后的生活及文学创作有着怎样的影响,莎朗·奥布赖恩做了独特的阐释。詹姆斯·伍德雷斯所著《维拉·凯瑟的文学人生》一书记录了凯瑟在宴会上的外貌及举止神态,以及后来多次拜访马克·吐温的事情。这次生日聚会活动安排方面的细节,包括棕榈、管弦乐队以及一英尺高的马克·吐温塑像,都参考自贾斯廷·坎普兰所著的《克莱门斯先生与马克·吐温》。

第十三章　维拉·凯瑟、安妮·亚当斯·菲尔兹与莎拉·奥恩·朱厄特

　　维拉·凯瑟收集在《年过四十》中的散文,尤其是《偶遇》、《查尔斯街148 号》以及《朱厄特小姐》,一直对我写作本书具有重要的参考意义,它们对我了解凯瑟与文学界一位女性长者待在同一间屋子里时的情形至关重要。伊迪丝·刘易斯所写的回忆录《维拉·凯瑟的人生》让我第一次注意到朱厄特写给凯瑟的那封举足轻重的信件。朱厄特的其他书信,如安妮·亚当斯·菲尔兹编辑的那些,对本章的定调非常重要。亨利·詹姆斯的《美国景象》以及他这段时间的书信也为我写作本章提供了参考。

　　凯瑟所著关于玛丽·贝克·埃迪的书(现在,此书已被视为由她与乔吉娜·米尔麦恩合著)颇为有趣,因为从中可以看到凯瑟是如何把本属于埃迪的某些特点糅进其小说《我的死敌》中迈拉·汉肖这个人物的身上。另外的重要参考资料还有波拉·布莱查德所著《莎拉·奥恩·朱厄特的世界与作品》以及里翁·艾德尔的著作《文学大师亨利·詹姆斯(1901—1916)》。

第十四章　爱德华·史泰钦、阿尔弗雷德·斯蒂格利茨与格特鲁德·斯泰因

　　斯蒂格利茨在斯泰因兄妹面前觉得有点儿局促不安,这是我自己的推断。史泰钦因为利奥·斯泰因的评论而感到忧虑,以及斯蒂格利茨毫无同情心的回答,都是有记录的事情。一些引语和很多具体情景参考自艾丽斯·B.托克拉斯所著《难忘的记忆》一书。

　　在本章中,我再次受益于布伦达·维恩艾普,在其著作《斯泰因兄妹》中,除了许多其他的发现,我还找到了令人高兴的细节:斯泰因家所有人都一直在阅读凯瑟发表于《麦克卢尔杂志》上的那些有关玛丽·贝克·埃迪的文章。本章中所写到的这次会面的种种情况在所有面世的传记作品中都有记载。我发现理查德·维兰所著的《阿尔弗雷德·斯蒂格利茨》一书中的描述对我特别有帮助,另外我也参考了佩内洛普·尼文

的著作《史泰钦传记》。赫伯特·塞利格曼所著《阿尔弗雷德·斯蒂格利茨谈话录》一书帮助我了解到斯蒂格利茨的谈话风格。1970年,现代艺术博物馆举行《斯泰因一家在巴黎》展览时印制的简介手册也对我写作本章有所裨益,这次展览展出的是格特鲁德、利奥、迈克尔以及莎拉·斯泰因四人的收藏品。

第十五章 卡尔·范维克顿与格特鲁德·斯泰因

斯泰因与范维克顿有时伪造他们生活中的一些细节,这使得本章中我自己所做的推测变得复杂起来。但是我希望读者能清楚地知道,是在《春之祭》上演的第二天晚上,卡尔·范维克顿、格特鲁德·斯泰因及艾丽斯·B.托克拉斯在包厢里相遇,而且他们在多日以前就已经认识。在爱德华·伯恩斯编辑的《格特鲁德·斯泰因与卡尔·范维克顿书信集(1913—1946)》一书中,他在注释里对这次相遇有极为详细的记载。范维克顿的遗嘱执行人布鲁斯·凯尔纳给我解释说,范维克顿曾告诉过他包厢里的相遇纯属偶然。我极为感谢布鲁斯·凯尔纳,他把自己了解的这条信息以及许多其他有趣的信息都慷慨地与我分享。

本章中的许多引用文字,分别来自尤拉·E.戴多所编的《斯泰因文集》以及布鲁斯·凯尔纳汇编的《卡尔·范维克顿书信集》。我也很高兴在明娜·莱德曼编辑的《论作曲家斯特拉文斯基》以及保尔·帕吉特编辑的《卡尔·范维克顿论舞蹈》两书中发现了许多细节资料。我对范维克顿性生活方面事情的了解来自凯尔纳的传记作品《卡尔·范维克顿难以言说的岁月》,尤其是来自不受重视的范维克顿的小说《有文身的伯爵夫人》。斯泰因的讲演收集在《在美国的讲座》一书中。我也受益于珍妮特·马尔科姆的研究,尤其是她发表在《纽约客》上的文章《格特鲁德·斯泰因的战争》。最后我想说的是,每次我读到范维克顿为《三个女人》、《斯泰因晚期歌剧及话剧集》以及《格特鲁德·斯泰因作品选》所写的序言时,我都感动不已。

第十六章 马塞尔·杜尚与阿尔弗雷德·斯蒂格利茨

本章开始的情形曾在许多人笔下有过描述。我不确信他们到底喝了多少酒。展览委员会的确拒绝了他们送来的小便器,小便器后来的确到了斯蒂格利茨的画廊,他也的确把它放在哈特利的画作前拍了照。本章引用的内容大部分出自杜尚的书信,这些书信收集在弗朗西斯·M.诺曼与赫克托·欧伯克编辑的双语版《挚情杜尚:杜尚书信选集》一书中。

卡文·托姆金斯1996年出版的《杜尚传记》一书对我具有极为重要的参考价值。我还参考了奥克塔维奥·帕斯的著作《真实的杜尚》。1996年,惠特尼美国艺术博物馆举办的展览《达达到达纽约》也让我受益匪浅。另外,我还参考了理查德·维兰所著《阿尔弗雷德·斯蒂格利茨》一书。

第十七章　维拉·凯瑟、爱德华·史泰钦与凯瑟琳·安娜·波特

凯瑟与波特没有见过面,读者应该理解本章结尾处的情景是虚构的。凯瑟往摄影室走的那段内容同样也是虚构的。凯瑟琳·安娜·波特写文章时的心情也是我推测的,依据是伊莎贝尔·贝利所编辑《凯瑟琳·安娜·波特书信集》一书。我不知道波特是否有凯瑟的照片,不过那时凯瑟的照片已在大量出版物上出现。本章中提到的维拉·凯瑟的种种作品对本章的写作提供了重要的参考资料,如《我的死敌》、《快乐的露西》、《岩石上的阴影》、《死神来迎接大主教》。凯瑟与波特的短篇小说尤其是波特的精彩小说《灰白马,灰白骑手》也都对我的写作有重要的作用。另外,凯瑟的散文《偶遇》以及波特的散文《维拉·凯瑟回想》都对我甚有帮助。

我也一直在参考维拉·凯瑟多年密友伊迪丝·刘易斯写的内容丰富的传记《维拉·凯瑟》。从琼·基夫纳的著作《凯瑟琳·安娜·波特的一生》中,我了解到了凯瑟琳·安娜·波特的奋斗经历。从佩内洛普·尼文的传记中,我得知史泰钦摄影工作室许多特殊的细节,诸如史泰钦把跑车停在接待桌前。他这些细节最初的来源是马修·约瑟夫森发表在《纽约客》杂志上的一篇简介文章。在本章所写内容涉及的那段时间之后,约瑟夫森成为凯瑟琳·安娜·波特的情人。

第十八章　阿尔弗雷德·斯蒂格利茨与哈特·克莱恩

本章中提到斯蒂格利茨那些云景以及肖像照片。在哈特·克莱恩第

一次到斯蒂格利茨的画廊时,这些照片实际上的确都在墙上挂着。理查德·维兰的传记对这场展览有详细的描写。人们常常看到斯蒂格利茨用手翻照相凹版印刷,但是我不知道在克莱恩与戈汉姆·芒森走进画廊时,他是否也在这样做。本章最后所引用的诗句,尤其是最后一行"跨过争吵,不再喧嚣,把心愿献上",就我看来,似乎是接近斯蒂格利茨的固有理念以及他的会话风格的。

我主要的参考资料是两部细节丰富的著作:克里弗·费希尔的《哈特·克莱恩的一生》以及维兰的《阿尔弗雷德·斯蒂格利茨》。这两位作者都引用了克莱恩与斯蒂格利茨之间的通信。我也参考了保尔·马里亚尼的作品《破碎的塔:哈特·克莱恩的一生》。斯蒂格利茨与克莱恩的书信是极有价值的材料。克莱恩的书信,我主要参考了托马斯·S. W. 刘易斯所编的《哈特·克莱恩家书》以及布罗姆·韦伯编辑的《哈特·克莱恩书信集(1916—1932)》。另外,我也参考了苏珊·杰金斯·布朗的《哈特·克莱恩的书信及往事(1923—1932)》一书。

第十九章　哈特·克莱恩与查理·卓别林

哈特·克莱恩的确阅读过大量维多利亚时代的诗歌,但是本章开头处他的这一举动是我猜测的。他们的确是走路去了保尔·罗森菲尔德的住宅,瓦尔多·弗兰克当时住在那里。那晚分别时,卓别林的确是坐出租车送克莱恩回家的。卓别林总是观察每一个人的举止动作,但是我不知道他对克莱恩的看法。

本章中大部分内容依据两份材料而写:一是克莱恩与卓别林相遇后第二天给他母亲的信,另外就是克莱恩的诗《卓别林》。另外,我也得益于四部传记:保尔·马里亚尼与克里弗·费希尔各自所写的哈特·克莱恩的传记,以及大卫·罗宾逊和肯尼思·林恩(也是威廉·迪恩·豪威尔斯的传记作者)各自所写的查理·卓别林的传记。罗宾逊的传记对我了解卓别林在伦敦的童年生活以及在早期戏剧中采用的方法甚有帮助。在林恩的作品《卓别林与卓别林时代》中,作者阐述了克莱恩及其诗歌对卓别林的长远影响,对他所坚信的这种影响,我在第三十二章中也曾提及。

第二十章　兰斯顿·休斯与佐拉·尼尔·赫斯顿

　　兰斯顿·休斯说过佐拉·尼尔·赫斯顿的许多事情,本章开始的评论就是其中之一。赫斯顿的确曾手拿卡钳站在哈莱姆的街角。休斯与赫斯顿的携手旅行在他们各自的传记以及休斯的《大海》中都有记载。赫斯顿的收集工作在其自传《道路上的尘迹》以及作品《骡子与人》中都能看到。休斯与赫斯顿对彼此的重要性是毫无疑义的,但是他们对彼此感情的那些微妙之处一直是学者们感到困惑的问题,这些学者们对这个问题花费了大量时间予以研究,比我投入的时间要多得多。

　　我极大地受益于学术界重新兴起的对佐拉·尼尔·赫斯顿的研究热潮。瓦莱丽·博伊德新近出版的传记《佐拉·尼尔·赫斯顿的多彩人生》,卡拉·坎普兰极富思想性的赫斯顿书信版本《佐拉·尼尔·赫斯顿的书信人生》,以及不断再版的赫斯顿那些不那么有名的种种作品对我写作本章都有很大帮助,我对所有这些作者都非常感谢。关于本章的内容,我还要感谢罗伯特·海门威、艾丽斯·沃克以及卡尔·范维克顿。

　　艾米丽·伯纳德那部富有创见的《向哈莱姆致意:兰斯顿·休斯与卡尔·范维克顿书信集》一书丰富了我对哈莱姆文艺复兴的认识,本章中记录的许多争论都来源于书中那些书信。其他一些细节参考了布鲁斯·凯尔纳所编的《卡尔·范维克顿书信集》,以及阿诺德·拉波塞德的两卷本名著《兰斯顿·休斯的一生》,尤其是第一卷《我也歌唱美利坚(1902—1941)》。拉波塞德的著作为本章中大量关于休斯的内容提供了指导。有关 W. E. B. 杜·波依斯对其周围出现年轻一代艺术家所产生的感受,我参考了大卫·利弗霖·刘易斯所著的《W. E. B. 杜·波依斯》。布鲁斯·凯尔纳友好地对我转述了范维克顿日记本上的内容,例如在《黑鬼天堂》出版后,范维克顿在小天堂夜总会不再受欢迎的传言。

第二十一章　博福德·德莱尼与 W. E. B. 杜·波依斯

　　博福德·德莱尼当年常常从华盛顿广场走过,但是本章中的情形是虚构的。1941 年,德莱尼的一个朋友亲眼见证了杜·波依斯与德莱尼在华盛顿广场公园里的这次相遇,当时杜·波依斯对德莱尼脱帽致意,不过问候语中的时间是"下午"而不是"晚上"。这件事在大卫·利明所著《至善至雅:博福德·德莱尼的一生》一书中有所记载。我把这个场景在时间上推迟了十年。至于德莱尼在办公室给杜·波依斯画速写时二人相处的情形,则没有见到详细的记载,我增加了现场方面的细节。

　　我在本章中再次参考了大卫·利弗霖·刘易斯的权威著作《W. E. B. 杜·波依斯》,也参考了大卫·利明的《至善至雅:博福德·德莱尼的一生》。另外,我还参考了理查德·J. 鲍威尔最近在高等艺术博物馆组织《黄色,希望之光:博福德·德莱尼作品展》展览时印制的简介手册。

第二十二章　哈特·克莱恩与凯瑟琳·安娜·波特

　　对于本章中两位主人公这段在墨西哥的生活,许多人都详细记载过:保尔·马里亚尼以及克里弗·费希尔各自撰写的克莱恩传记,琼·基夫纳所写的波特传记。波特的书信和以墨西哥为背景的短篇小说也都有非常重要的参考价值。马尔科姆·考利的作品《第二次花季》中富有个性的文章《忆哈特·克莱恩》让我对克莱恩这位既有魅力而又有分裂性格的诗人有了某种认识。本章中的推测主要在接近结尾的部分,猜测两个作家对彼此的意义。哈特·克莱恩生命中最后时刻那一连串精确的细节内容,我参考了一位目击者的叙述。

第二十三章　伊丽莎白·毕晓普与玛丽安娜·穆尔

　　伊丽莎白·毕晓普的确坐火车从瓦萨来见玛丽安娜·穆尔,她有迟到的习惯,她当时的确带了记着问题的笔记本,这个本子如今仍在。两位女性的确是在纽约公众图书馆阅览室门外右侧长凳那儿见的面。本章中大部分细节来自毕晓普的散文《挚爱真情:忆玛丽安娜·穆尔》以及她的诗歌《给玛丽安娜·穆尔小姐的邀请》。罗伯特·吉罗克斯编辑的伊丽莎白·毕晓普书信集《一种艺术》对本篇有重要影响。本章中引用了玛丽安娜·穆尔一些令人愉快的信件,它们来自邦尼·卡斯特罗编辑并给出详细注解的著作。

已故的大卫·坎尔斯多恩著有《诗人足迹：毕晓普、穆尔与洛厄尔》一书，该书极其细致全面地揭示了毕晓普与穆尔之间知性交往的微妙之处。布莱特·米勒撰写的精彩传记《伊丽莎白·毕晓普》对我非常重要，有助于我理解毕晓普与因患精神病受到隔离的母亲之间的关系，理解她沉迷于酗酒难以自拔时所处的困境以及她的学识。毕晓普对旅行的感受以及她的思乡心境参考了罗莉·高登索恩的《伊丽莎白·毕晓普的诗书人生》。乔治·普林顿写了两篇文章记述诗人穆尔。在其中一篇里，普林顿详细记述了穆尔观看比赛和参观俱乐部的情形。我也参考了乔治·蒙蒂罗主编的《伊丽莎白·毕晓普访谈录》、加里·方泰恩与彼德·布兰泽汇编的《难忘伊丽莎白·毕晓普》，以及查尔斯·莫尔斯沃思所著传记《玛丽安娜·穆尔的文学人生》。

第二十四章　佐拉·尼尔·赫斯顿与卡尔·范维克顿

卡尔·范维克顿认为早餐具有私人性质（在他《往事记忆》一书中的《早餐随想》一文中有此说明），我很欣赏这一观点，因此我把本章的背景设置在了早餐时分，尽管我并不知道赫斯顿来拍照是一天里的什么时候。本章最后范维克顿在喝完第二杯咖啡后去开邮箱的场景，取材于他对自己早晨迟迟不能头脑清醒的描述。虽然他的确收到了赫斯顿的一封来信，但是我不确定信实际上是什么时间到达的。我在本章中的主要推测是关于他们两个对彼此的感觉。赫斯顿的确认为范维克顿放弃写作是一件令人惋惜的事情，她在信中这样说过。她也的确认为他是"上帝化身般的朋友"。而范维克顿也的确认为赫斯顿在采集民间传说方面具有"才能，也许甚至可以说是有天赋"，不过，他认为缺乏财力会影响赫斯顿的艺术创作，这一点却仅是我的猜测。当然，范维克顿的确极为清楚，对一名奋斗中的艺术家来说，拥有金钱该有多么重要，而且，他也总是非同寻常地慷慨解囊助人。

本章参考了两本重要的资料：瓦莱丽·博伊德最近出版的传记以及卡拉·坎普兰编辑的赫斯顿书信集。从坎普兰写的序言中我获知了一些具体细节，例如，只要有可能，赫斯顿就会雇用一名打字员。从赫斯顿的书信中，我了解到赫斯顿的知识渊源。正如我在其他地方已经提及的，我很高兴读到了艾米丽·伯纳德汇编的兰斯顿·休斯书信集和卡尔·范维克顿书信集,以及布鲁斯·凯尔纳编辑的范维克顿书信集。

第二十五章 约瑟夫·科尼尔与马塞尔·杜尚

阅读玛丽·安·考斯汇编的《心灵剧院:约瑟夫·科尼尔日记、书信及文献选》是研究约瑟夫·科尼尔的乐趣之一。本章写到了约瑟夫·科尼尔在某些日子里的感觉,所有那些内容都是基于上面这本书以及我自己对科尼尔艺术作品的感受。科尼尔与杜尚待在同一间屋子里时的感觉来自我有幸与图书馆长华特·霍普斯进行的多次交谈。华特将科尼尔的各种资料做了整理,现在都保存在史密森学会,它们对研究科尼尔的学者有着极为重要的参考价值。

第二十六章 博福德·德莱尼与詹姆斯·鲍德温

詹姆斯·鲍德温的确到格林街博福德·德莱尼的画室去见过他,他也的确写过:德莱尼在让他进门之前,用 X 光似的目光审视过他。我不知道那时德莱尼是否正在用维克多牌唱机听比茜·史密斯的歌,但是鲍德温与德莱尼的确经常一起听她的歌。德莱尼在巴黎认识了艾丽斯·B. 托克拉斯,后者给他讲过那个夜盗的事情,他也常常把这件事讲给自己的朋友们听。其他细节来自鲍德温多篇带有自传性质的精彩文章,尤其是包括在《土生子的札记》、《没人知道我的名字》以及《他的名字被遗忘》等书中的那些文章,另外也参考了其长篇小说《向苍天呼吁》。

大卫·利明所著《詹姆斯·鲍德温传记》一书描写了鲍德温的童年生活、在巴黎的岁月以及与理查德·赖特的关系。我对鲍德温与兰斯顿·休斯之间相处情形的了解来自阿诺德·拉波塞德所著《兰斯顿·休斯的一生》第二卷《我梦见一个世界(1941—1967)》。我也参考了大卫·利明的《至善至雅:博福德·德莱尼的一生》。最近举行的展览《黄色,希望之光:博福德·德莱尼作品展》的简介手册对我写作本章也有帮助。我还参考了詹姆斯·布兰奇·喀拜尔的作品《暗潮:詹姆斯·鲍德温的一生》。

第二十七章　约瑟夫·科尼尔与玛丽安娜·穆尔

本章中大量内容直接取材自两本重要参考书中的书信：一本是邦尼·卡斯特罗编辑的《玛丽安娜·穆尔书信选》，另一本是玛丽·安·考斯编辑的《心灵剧院：约瑟夫·科尼尔日记、书信及文献选》。我也参考了帕特里夏·C.威利斯编辑的《玛丽安娜·穆尔诗歌全集》以及《玛丽安娜·穆尔散文全集》。本章中有些推测没有用引号，尤其是在我试图去想像约瑟夫·科尼尔与卡洛塔·格里丝、玛丽安娜·穆尔以及科尼岛的关系时。德博拉·所罗门的《乌托邦公园路：约瑟夫·科尼尔的生活与作品》揭示了科尼尔与家人的关系、他的诸多浪漫史，以及莫顿·詹克罗在谈话中所证实的细节——科尼尔送出礼物之后又把礼物取回的嗜好。另外，我还参考了查尔斯·西米克所著《廉价与超凡：约瑟夫·科尼尔的艺术》一书，以及查尔斯·莫尔斯沃思的著作《玛丽安娜·穆尔的文学人生》。

第二十八章　詹姆斯·鲍德温与诺曼·梅勒

本章开始的情形取材于鲍德温在《黑人看白人》中的描述，不过鲍德温去参加这次晚会前的踌躇以及对主人的疑惑是我猜测的。结尾处的场景以及梅勒最后那句评论的确发生在休·赫夫勒的宅邸。梅勒在与我的交谈中说到了对自己与鲍德温之间关系的感受，对此我非常感谢，另外梅勒的作品《自我推销的广告》以及文章《瞬时万言》都对我很有帮助。

詹姆斯·布兰奇·喀拜尔的《暗潮：詹姆斯·鲍德温的一生》一书中有对梅勒的采访，非常有价值。同时，我也一直在参考大卫·利明撰写的《詹姆斯·鲍德温传记》一书。诺曼·梅勒的传记作家玛丽·蒂尔博对我理解梅勒与鲍德温的关系提供了极大帮助。在认识梅勒与鲍德温之间深层的关系方面，我发现阿黛尔·梅勒所著《最后的晚宴：我与诺曼·梅勒的生活》一书特别有帮助。本章中，关于利斯顿与帕特森拳击赛以及梅勒和鲍德温与它有关的一些资料，来自大卫·瑞姆里克关于默罕默德·阿里的书《世界之王》。路易斯·梅南德发表在《纽约书评》上的文章《真了不起》，分析了梅勒早期文章中的一些方面，对我也有参考价值。

第二十九章　罗伯特·洛厄尔与伊丽莎白·毕晓普

对于罗伯特·洛厄尔是否真的请求过伊丽莎白·毕晓普嫁给他这个问题,各界一直众说纷纭,我试图尽量接近公开出版物中的说法。关于剽窃与谅解的问题,我引证了真实的文本剽窃例子,根据毕晓普的书信,我尽力猜测了谅解的问题。毕晓普出版的《毕晓普诗歌全集(1927—1979)》,她《毕晓普散文集》一书中的《乡村岁月》,《一种艺术》中的书信,洛厄尔的《生活研究》、《献给联邦死难者》、《历史》、《海豚》以及《模仿》等作品都是重要的参考资料。萨斯基亚·汉密尔顿编辑的罗伯特·洛厄尔书信集即将出版,他帮助我澄清了两位诗人交往中的时间问题以及感情的微妙之处。

本章最重要的间接资料是大卫·坎尔斯多恩的《成为诗人》。我也非常感谢伊恩·汉密尔顿,我频繁地参考了他写的罗伯特·洛厄尔的传记。我还要感谢布莱特·米勒,其有关毕晓普生活的作品非常有帮助。我参考了阿诺德·拉波塞德所著的《兰斯顿·休斯的一生》,书中讲述了休斯参与为洛厄尔指控的雅多负责人洗刷罪名之事。伊丽莎白·毕晓普在雅多的居留情形则参考自加里·方泰恩和彼德·布兰泽汇编的《难忘伊丽莎白·毕晓普:一部口述传记》。我很高兴在波林·汉森和艾尔西·巴克的回忆录中发现了关于博福德·德莱尼以及凯瑟琳·安娜·波特在雅多的资料。在本章写作要结束的时候,我参考了弗兰克·比达特和大卫·格万特新出版的《罗伯特·洛厄尔诗集》。我也认真阅读了兰德尔·贾雷尔有关洛厄尔早期作品的文章《来自贫穷王国》。

第三十章　约翰·凯奇与理查德·阿维顿

理查德·阿维顿与我亲切交谈过,在我们的谈话中涉及到了本书中他置身其中的所有场景。他自己记不清拍照那时的具体经过了。劳森伯格的优质石灰石的确至少有一次破裂了。阿维顿以前,乃至现在也仍然经常去看表演,但是我不知道他最近是否看过康宁汉舞蹈团的表演。

本章的场景有一部分取材于卡尔文·托冈斯那本内容丰富的著作《独

树一帜》，此书以劳森伯格为中心。我参考了阿维顿的摄影集《六十年代》，该书文字部分出自杜恩·阿巴斯；我还参考了《阿维顿自传》和《见证（1944—1994）》；另外我也参考了阿维顿在大都会艺术博物馆举办展览《理查德·阿维顿人像摄影展》时印制的简介手册，册子里附有玛利亚·莫里斯·汉博格的一篇文章。亚当·高普尼克与杜鲁门·卡波特的书以及简·利维斯顿1993年2月的一篇访谈对我帮助极大。高普尼克记录了阿维顿凭直觉识别罗马皇帝脸的故事。约翰·凯奇自己的作品，尤其是乐曲《不确定性》、图书《静音》和《星期一揭开的一年》，都是最好的参考资料来源。对凯奇早期创业精神的了解来自大卫·瑞维尔撰写的传记《喧嚣的静寂：约翰·凯奇的一生》。

第三十一章　W．E．B．杜·波依斯与查理·卓别林

　　W．E．B．杜·波依斯喜欢卓别林的电影，大卫·利弗霖·刘易斯在他撰写的书中有过记录。小亨利·路易斯·盖茨在给《黑人的灵魂》写前言时简略地提到过杜·波依斯与卓别林在瑞士相见之事，此事在美国国家图书馆编撰的杜·波依斯作品年表中也有提及。杜·波依斯夫妇观看《一个国王在纽约》和他们拜访住在沃韦的卓别林夫妇的这些事情的具体情形，都没有可供参考的资料。我是依据两类资料进行猜测的，一类是当时杜·波依斯和卓别林的朋友们的描述，另外则是后来的传记作家们的创作内容，他们都在其作品中描述过杜·波依斯和卓别林的举止神态。卓别林《我的自传》一书有助于我了解他的整个人生以及思想观念，他的电影《舞台生涯》和《一个国王在纽约》也给过我很大的帮助。

　　在本章中我要再次感谢大卫·利弗霖·刘易斯，我从他的书中参考到了大量的传记资料和历史资料。关于卓别林在瑞士的生活，我分别参考了肯尼思·林恩以及大卫·罗宾逊的书。林恩引用了马兰·白龙度的描述，讲述卓别林的虐待狂表现以及影片《凡尔杜先生》拍摄现场那只小猫的故事，这只猫被制成了标本。林恩认为，卓别林心中仍然记得哈特·克莱恩写的小猫。

第三十二章　兰斯顿·休斯、卡尔·范维克顿与理查德·阿维顿

兰斯顿·休斯经常提到医生,但是我不知道休斯去阿维顿的摄影室之前在路上做了什么。在本章涉及的这段时间休斯正在整理书信。理查德·阿维顿证实说,他的确邀请了休斯,部分原因是出自于他对 1963 年的民权运动的兴趣。阿维顿对范维克顿没多少感觉。

关于兰斯顿·休斯对自己生活的回忆,我受益于他的两本自传性质的书《大海》以及《我漂泊,我思考》。本章主要参考了阿诺德·拉波塞德的著作,本章中大部分传记信息取材于此书。不过,杜·波依斯对休斯提供证词所做的反应是来自大卫·利弗霖·刘易斯所写杜·波依斯传记的第二卷。我也再次高兴地感谢艾米丽·伯纳德,我在写作本章的时候参考了他的著作《向哈莱姆致意:兰斯顿·休斯与卡尔·范维克顿书信集》。此外,我还参考了布鲁斯·凯尔纳的《卡尔·范维克顿难以言说的岁月》一书以及凯尔纳所编的范维克顿书信集。

第三十三章　理查德·阿维顿与詹姆斯·鲍德温

理查德·阿维顿那次飞行、抵达酒店以及晚上喝酒的情节,都是我自己的猜测。不过,鲍德温的确到波多黎各度假。对阿维顿冲回家去洗印那些"合脸"照片的描写也是我的虚构。至于其余的很多细节,我非常感谢理查德·阿维顿,他花了不少时间对我讲述他与鲍德温的关系。那次采访中他所回忆的一些事情,包括阿维顿的母亲揍电梯管理员的故事,在"低等"酒吧两人穿羊毛外套的事情,自动照相机拍摄"合脸"照片等事,都已引用在本章中。本章还引用了鲍德温和阿维顿一起合作的书《无关私人》。我也想表达对鲍德温《下一次是烈火》一书的赞美,它是我理解这段时期的鲍德温极为重要的参考资料。

我还参考了大卫·利明的书,以了解鲍德温的情况。另外,我也参考了阿维顿的书《六十年代》、《阿维顿自传》、《见证(1944—1994)》,以及阿维顿最近在大都会艺术博物馆举办展览《理查德·阿维顿人像摄影展》时

印制的简介手册。亚当·高普尼克和杜鲁门·卡波特的文章以及简·利维斯顿 1993 年 2 月的采访文章也都为我提供了帮助。

第三十四章　玛丽安娜·穆尔与诺曼·梅勒

　　玛丽安娜·穆尔的确与乔治·普林顿一起去看过拳击赛,细节来自她给其哥哥约翰·沃纳·穆尔的信。至于她是否有点儿受梅勒的吸引,那只是我自己的猜测。诺曼·梅勒友好地与我谈起过他们见面的情形,在我们的交谈中他说:"从来没有见过像她那样冷漠的人。"在公开报道中可以看到默罕默德·阿里在拒绝去越南服兵役问题上发表的许多讲话,梅勒提到的那句话就是其中之一,本章中引用了这句话。

　　在本章中许多动人的细节中,有一些参考了乔治·普林顿那两篇有关玛丽安娜·穆尔的文章,它们收集在《普林顿佳作集》中。其他的引用来自穆尔为默罕默德·阿里唱片《我是最伟大的!》所写的唱片封套说明,还有的细节来自帕特里夏·C. 威利斯编辑的《玛丽安娜·穆尔散文全集》中的一项附录。梅勒关于拳击赛细节的许多记载,包括他关于拳王阿里的文章,《阿里与福尔曼争冠战》一书以及文章《瞬时万言》,对本章写作也非常有帮助。本章中写到的梅勒当时政治信念方面的细节,我特别参考了玛丽·蒂尔博所著的传记《梅勒》。

第三十五章　约翰·凯奇与马塞尔·杜尚

　　我最初是在卡文·托姆金斯所撰的《杜尚传记》中了解到约翰·凯奇向马塞尔·杜尚学习下国际象棋这件事情的。本章开头描述的情形与凯奇总是讲述的这个故事在内容上基本吻合,包括凯奇对杜尚的担心。对凯奇与杜尚关系的许多认识来自凯奇的《静音》和其他作品,以及大卫·瑞维尔所著的传记。本章中后面写到杜尚把自己比做格鲁特德·斯泰因的那次采访,参考了皮埃尔·卡巴内的《马塞尔·杜尚访谈录》一书,这本书写得相当精彩。托姆金斯有关劳森伯格的《独树一帜》一书也提供了相关信息。本章末所写的那场国际象棋比赛在艾丽斯·戈德法伯·马奎斯那本《单身汉被剥光了衣服:杜尚传记》中有极为具体的细节描写,这本书对蒂尼和马塞尔·杜尚作为艺术商人的工作也给予了详细描述。

第三十六章 诺曼·梅勒与罗伯特·洛厄尔

　　本章主要参考了诺曼·梅勒那本《夜幕下的大军》,这本书对本章的写作至关重要。罗伯特·洛厄尔回家后的确就这次示威游行写了一些诗歌,其中一首名叫《诺曼·梅勒》。本章中唯一真正属于推测的内容仅在最末一段。

　　我从伊恩·汉密尔顿为洛厄尔所写的传记中得知,洛厄尔认为在所有有关自己的描写中,梅勒所写属于最好的之列。玛丽·蒂尔博所著传记《梅勒》,以及梅勒其他的文章,包括《迈阿密和包围芝加哥》一书中的文章,也对我确定梅勒在这个时期的所思所想提供了帮助。

参 考 书 目

Acocella, Joan. *Willa Cather and the Politics of Criticism*. Lincoln, Nebraska: University of Nebraska Press, 2000.

Adams, Henry. *The Education of Henry Adams*. 1906—1907. Reprint, with an introduction by Edmund Morris, New York: The Modern Liberary, 1996.

Als, Hilton. "Ham, Interrupted: Langston Hughes — the Musical." *The New Yorker*. 7 Oct. 2002: 106—107.

Avedon, Richard. *An Autobiography*. New York: Random House, 1993.

——. *Evidence*, 1944—1994. Ed. Mary Shanahan. With essays by Jane Livingston and Adam Gopnik. New York: Random House, 1994.

——. *Richard Avedon Portraits*. Essays by Maria Morris Hambourg, Mia Fineman, and Richard Avedon. Foreword by Philippe de Montebello. New York: The Metropolitan Museum of Art/Harry N. Abrams, 2002.

——, and Doon Arbus. *The Sixties*. London: Jonathan Cape/Random House, 1999.

——, and James Baldwin. Nothing Personal. New York: Dell Books, 1964.

Baldwin, James. *The Amen Corner: A Play*. 1968. Reprint, New York: Penguin Books, 1991.

——. *Another Country*. 1962. Reprint, New York: Vintage Books, 1993.

——. *The Devil Finds Work*. 1976. Reprint, New York: Delta Books, 2000.

——. *The Evidence of Things Not Seen*. 1985. Reprint, with a foreword by Derrick Bell with Janet Dewart Bell, New York: Henry Holt, 1995.

——. *The Fire Next Time*. 1962. Reprint, New York: Laurel Books, 1988.

——. *Giovanni's Room*. 1956. Reprint, New York: Quality Paperback Book Club, 1993.

———. *Going to Meet the Man*. 1965. Reprint, New York: Vintage Books, 1995.

———. *Go Tell It on the Mountain*. 1953. Reprint, New York: Delta Books, 2000.

——— *Nobody Knows My Name*. 1961. Reprint, New York: Vintage Books, 1993.

———. *No Name in the Street*. New York: Dell Books, 1972.

———. *Notes of a Native Son*. 1955. Reprint, with an introduction by David Leeming, Boston: Beacon Press, 1990.

Benton, William, ed. *Exchanging hats: Elizabeth Bishop Paintings*, New York: Farrar, Straus & Giroux, 1996.

Bishop, Elizabeth. *The Collected Prose*. Ed. Robert Giroux. New York: Farrar, Straus & Giroux, 1984.

———. *The Complete Poems, 1927—1979*. 1979. Reprint, New York: Farrar, Straus & Giroux, 1992.

———. *One Art*. Ed. Robert Giroux. New York: Farrar, Straus & Giroux, 1994.

Blanchard, Paula. *Sarah Orne Jewett: Her World and Her Work*. Radcliffe Series. New York: Addison-Wesley, 1994.

Boyd, Valerie. *Wrapped in Rainbows: The Life of Zora Neale Hurston*. New York: Scribner, 2002.

Branch, Taylor. *Parting the Waters: America in the King Years, 1954—1963*. New York: Touchstone, 1988.

Brant, Alice. *The Diary of "Helena Morley"*. Trans. Elizabeth Bishop. 1957. Reprint, New York: The Ecco Press, 1977.

Brown, Susan Jenkins. *Robber Rocks: Letters and Memories of Hart Crane, 1923—1932*. Middletown, Connecticut: Wesleyan University Press, 1969.

Burns, Edward, ed. The Letters of Gertrude Stein and Carl Van Vechten, 1913—1946. 2 vols. New York: Columbia University Press, 1986.

Cabanne, Pierre. *Dialogues with Marcel Duchamp*. Translated by Ron Padgett. New York: Viking Press, 1971.

———. *Duchamp & Co.* Trans. Peter Snowdon. Paris: Terrail, 1997.

Cage, John. Ⅰ—Ⅵ: *The Charles Eliot Norton Lectures, 1988—1989*. Cambridge, Massachusetts: Harvard University Press, 1990.

———. *Empty Words: Writings '73—'78 by John Cage*. Middletown, Connecticut: Wesleyan University Press, 1979.

———. *M: Writings '67—'72 by John Cage*. Middletown, Connecticut: Wesleyan University Press, 1973.

———. *Selected Texts*. Ed. Richard Kostelanetz. 1993. Reprint, New York: Cooper Square Press, 2000.

———. *Silence: Lectures and Writings by John Cage*. 1961. Reprint, Middletown, Connecticut: Wesleyan University Press, 1973.

———. *A Year from Monday: New Lectures and Writings by John Cage*. 1967. Reprint,

Middletown, Connecticut: Wesleyan University Press, 1969.

Campbell, James Branch. *Talking at the Gates: A Life of James Baldwin*. New York: Viking, 1991.

Carby, Hazel. *Race Men*. Boston. Massachusetts: Harvard University Press, 1998.

Cather, Willa. *Alexander's Bridge*. 1912. Reprint, Lincoln, Nebraska: University of Nebraska Press, 1977.

———. *Collected Stories*. 1948. Reprint, New York: Vintage Classics,1992.

———. *Death Comes for the Archbishop*. 1927. Reprint, New York: Vinrage Classics, 1990.

———. *A Lost Lady*. 1923. Reprint, New York: Vintage Classics, 1990.

———. *Lucy Gayheart*. 1935. Reprint, New York: Vintage Books, 1995.

———. *My Antonia*. 1946. Reprint, Boston: Houghton Mifflin, 1954.

———. *My Mortal Enemy*. 1926. Reprint, with an introduction by Marcus Klein, New York: Vintage Books, 1954.

———. *Not Under Forty*. 1936. Reprint, New York: Alfred A. Knopf, 1953.

———. *One of Ours*. 1922. Reprint, New York: Vintage Classics,1991.

———. *On Writing: Critical Studies on Writing as an Art*. New York: Alfred A. Knopf, 1949.

———. *O Pioneers!* 1913. Reprint, with a foreword by Doris Grumbach, Boston: Houghton Mifflin, 1988.

———. *The Professor's House*. 1925. Reprint, New York: Vintage Classics, 1990.

———. *Sapphira and the Slave Girl*. New York: Alfred A. Knopf, 1940.

———. *Shadows on the Rock*. 1931. Reprint, New York: Vintage Classics, 1995.

———. *Willa Cather in Europe*. New York: Alfred A. Knopf, 1956.

———. *The Willa Cather Reader*. With an interview by Archer Latrobe Carroll. Philadelphia: Courage Books, 1997.

Cather, Willa, and Georgine Milmine. *The Life of Mary Baker G. Eddy & the History of Christian Science*. 1909. Reprint, with an introduction and afterword by David Stouck. Lincoln, Nebraska: University of Nebraska Press, 1993.

Chaplin, Charles. *My Autobiography*. New York: Simon and Schuster, 1964.

Constantini, Paolo. *Edward Steichen: The Royal Photographic Society Collection*. Milan: Charter, 1997.

Cornell, Joseph. *Joseph Cornell's Theater of the Mind: Selected Diaries, Letters, and Files*. Ed. Mary Ann Caws. London: Thames and Hudson Ltd. , 1993.

Cowley, Malcolm. *A Second Flowering: Works and Days of the Lost Generation*. New York: Viking Press, 1973.

Crane, Hart. *Complete Poems of Hart Crane*. Ed. Mare Simon. New York: Liveright, 1993.

——. *The Letters of Hart Crane. 1916—1932.* Ed. Brom Weber. Berkeley and Los Angeles: University of California Press, 1952.

——. *Letters of Hart Crane and His Family.* Ed. Thomas S. W. Lewis. New York: Columbia University Press, 1974.

——. *O My Land, My Friends: The Selected Letters of Hart Crane.* Eds. Langdon Hammer and Brom Weber with a foreword by Paul Bowles. New York: Four Walls Eight Windows, 1997.

Davis, Keith F., ed. *The Passionate Observer: Photographs by Carl Van Vechten.* Kansas City: Hallmark Cards, Inc., 1993.

Dearborn, Mary V. *Mailer: A Biography.* Boston: Houghton Mifflin, 1999.

Delbanco, Nicholas. *Group Portrait.* New York: Carroll & Graf Publishers, 1982.

Du Bois, W. E. B. *Color and Democracy: Colonies and Peace.* New York: Harcourt, Brace, & Company, 1945.

——. *Darkwater: Voices from Within the Veil.* 1920. Reprint, with an introduction by Manning Marable, Mineola, New York: Dover Publications, 1999.

——. *The Education of Black People: Ten Critiques, 1906—1960.* Ed. Herbert Aptheker. New York: Monthly Review Press, 1973.

——. *The Negro.* 1915. Reprint, with an afterword by Robert Gregg, Philadelphia: University of Pennsylvania Press, 2001.

——. *The Souls of Black Folk.* 1903. Reprint, with an introduction by Henry Louis Gates, Jr., New York: Bantam Books, 1989.

——. *The Suppression of the African Slave-Trade to the United States of America, 1638—1870.* 1896. Reprint, with an introduction by Philip S. Foner, Mineola, New York: Dover Publications, 1970.

——. *Writings.* 1986. Reprint, New York: Library of America, 1996.

——. *Writings by W. E. B. Du Bois in Non-Periodical Literature Edited by Others.* Ed. Herbert Aptheker. Millwood, New York: Kraus-Thompson, 1982.

Duchamp, Marcel. *Affectionately, Marcel: The Selected Correspondence of Marcel Duchamp.* Eds. Francis M. Naumann and Hector Obalk. Trans. Jill Taylor. Ghent: Ludion Press, 2000.

——. *The Writings of Marcel Duchamp.* Eds. Michel Sanouillet and Elmer Peterson. 1973. Reprint, New York: Da Capo Press, 1989.

Dyer, Geoff. *But Beautiful: A Book About Jazze.* New York: Farrar, Straus & Giroux, 1996.

Edel, Leon. *Henry James.* 5 vols. Philadelphia: Lippincott, 1953—1972.

Fields, Annie Adams. *Authors and Friends.* Boston: Houghton Mifflin, 1893.

Fields, James T. *Yesterdays with Authors.* 1900. Reprint, New York: AMS Press, 1970.

Fisher, Clive. *Hart Crane: A Life.* New Haven, Connecticut: Yale University

Press, 2002.

Foote, Shelby. *The Beleaguered City: The Vicksburg Campaign, December 1862—July 1863*. New York: Modern Library, 1995.

Fountain, Gary, and Peter Brazeau, eds. *Remembering Elizabeth Bishop: An Oral Biography*. Amherst: University of Massachusetts Press, 1994.

Givner, Joan. *Katherine Anne Porter: A Life*. New York: Touchstone Books, 1982.

Goldensohn, Lorrie. *Elizabeth Bishop: The Biography of a Poetry*. New York: Columbia University Press, 1992.

Gollin, Rita K. *Annie Adams Fields: Woman of Letters*. Boston: University of Massachusetts Press, 2002.

Grant, Ulysses. *Personal Memoirs of Ulysses S. Grant*. Ed. E. B. Long. 1952. Reprint, with an introduction by William S. McFeely, New York: Da Capo Press, 1982.

Guare, John. *A Few Stout Individuals: A Play in Two Acts*. New York: Grove Press, 2003.

Hamilton, Ian. *Robert Lowell: A Biography*. 1982. Reprint, Boston: Faber and Faber, 1988.

Hardwick, Elizabeth. *Sight-readings: American Fictions*. New York: Random House, 1998.

Hemenway, Robert E. *Zora Neale Hurston: A Literary Biography*. 1977. Reprint, with a foreword by Alice Walker, Chicago: University of Illinois Press, 1980.

Howells, William Dean. *A Hazard of New Fortunes*. 1890. Reprint, with an afterword by Benjamin DeMott, New York: Meridian Books, 1994.

——. *Indian Summer*. 1886. Reprint, New York: Fromm International Publishing Corporation, 1985.

——. *Italian Journeys*. 1867. Reprint, Evanston, Illinois: Northwestern University Press, 1999.

——. *The Landlord at Lion's Head*. 1897. Reprint, New York: Dover Publications, 1983.

——. *Literary Friends and Acquaintance*. New York: Harper & Brothers, 1901.

——. *A Modern Instance*. 1882. Reprint, with an introduction by William Gibson, Boston: Houghton Mifflin, 1957.

——. *My Mark Twain*. 1910. Reprint of the original published under the title My Mark Twain: Reminiscences and Criticisms. New York: Dover, 1997.

——. *Pebbles, Monochromes, and Other Modern Poems, 1891—1916*. Ed. Edwin H. Cady. Athens, Ohio: Ohio University Press, 2000.

——. *The Rise of Silas Lapham*. 1885. Reprint (Norton Critical Edition), edited by Don L. Cook, New York: W. W. Norton and Company, 1982.

——. *Selected Literary Criticism Volume III : 1898—1920*. Text selection by Ronald Gottesman, Bloomington: Indiana University Press, 1993.

——. *Their Wedding Journey*. Boston: Houghton Mifflin. 1888.

——. *A Traveler from Altruria*. 1894. Reprint, with an introduction by Howard Mumford Jones, New York: Sagamore Press, Inc. , 1957.

——. *Years of My Youth*. New York: Harper & Brothers, 1916.

Howells, William Dean, et al. *The Whole Family: A Novel by Twelve Authors*. Durham, North Carolina: Duke University Press, 2001.

Hughes, Langston. *The Big Sea: An Autobiography*. 1940. Reprint, with an introduction by Arnold Rampersad, New York: Hill and Wang, 1993.

——. *The Collected Poems of Langston Hughes*. Ed. Arnold Rampersad. David Roessel, associate editor. New York: Vintage Classics, 1995.

——. *I Wonder as I Wander: An Autobiographical Journey*. 1956. Reprint, with an introduction by Arnold Rampersad, New York: Hill and Wang, 2000.

——. "The Negro Artist and the Racial Mountain." *Within the Circle: An Anthology of African American Literary Criticism from the Harlem Renaissance to the Present*. Ed. Angelyn Mitchell. Durham, North Carolina: Duke University Press, 1994.

——. *Simple's Uncle Sam*. 1965. Reprint, with an introduction by Akiba Sullivan Harper, New York: Hill and Wang, 2000.

——. *The Ways of White Folks*. 1933. Reprint, New York: Vintage Classics, 1990.

Hughes, Langston, and Carl Van Vechten. *Remember Me to Harlem: The Letters of Langston Hughes and Carl Van Vechten*. Ed. Emily Bernard. New York: Vintage Books, 2002.

Hurston, Zora Neale. *The Complete Stories*. With an introduction by Henry Louis Gates, Jr. , and Sieglinde Lemke. New York; HarperPerennial, 1995.

——. *Dust Tracks on the Road*. 1942. Reprint, with a foreword by Maya Angelou New York: HarperPerennial, 1996.

——. *Every Tongue Got to Confess: Negro Folk-Tales from the Gulf States*. Ed. Carla Kaplan, New York: HarperCollins, 2001.

——. *Go Gator and Muddy the Water: Writings by Zora Neale Hurston from the Federal Writers' Project*. Ed, Pamela Bordelon. New York: W. W. Norton & Company, 1999.

——. *Jonah's Gourd Vine*. 1934. Reprint, with a foreword by Rita Dove, New York: HarperPerennial, 1990.

——. *Moses, Man of the Mountain*. 1939. Reprint, with a foreword by Deborah E. McDowell, New York: HarperPerennial. 1991.

——. *Mules and Men*. 1935. Reprint, with a preface by Franz Boas and a foreword by Arnold Rampersad, New York: HarperPerennial, 1990.

——. *The Sanctified Church.* New York: Marlowe and Company, 1981.

——. "Sweat." Ed. Cheryl A. Wall. New Brunswick, New Jersey: Rutgers University Press, 1997.

——. *Tell My Horse: Voodoo and Life in Haiti and Jamaica.* 1938. Reprint, with a foreword by Ishmael Reed. New York: Perennial Library, 1990.

——. *Their Eyes Were Watching God.* 1937. Reprint, with a foreword by Mary Helen Washington, New York: Perennial Library, 1990.

——, *Zora Neale Hurston: A Life in Letters.* Ed. Carla Kaplan. New York: Doubleday, 2002.

James, Alice. *Alice James: Her Brothers, Her Journal.* Ed. Anna Robeson Burr. New York: Dodd, Mead & Company, 1934.

James, Henry. *The Ambassadors.* 1903. Reprint, with an introduction by Sandra Kemp, London: The Everyman's Library, 1999.

——. *The American. 1876—1877.* Reprint, with an introduction by William. Spengemann, New York: Penguin Books, 1981.

——. *The American Essays of Henry James.* Ed. Leon Edel. Princeton, New Jersey: Princeton University Press, 1989.

——. *The American Scene.* 1907. Reprint, with an introduction by John F, Sears, New York: Penguin Books, 1994.

——. *The Aspern papers.* 1888. Reprint, with an introduction by Daniel Aaron, London: The Everyman Library, 1994.

——. *Autobiography.* Ed. Frederick W. Dupee. 1956. Reprint, Princeton, New Jersey: Princeton University Press, 1983.

——. *The Awkward Age.* 1899. Reprint, with an introduction by Cynthia Ozick, London: The Everyman's Library, 1993.

——. *The Bostonians.* 1886. Reprint, with an introduction by Alison Lurie, New York: Vintage Books, 1991.

——. *The Complete Notebooks of Henry James.* Eds. Leon Edel and Lyall Powers. New York: Oxford University Press, 1987.

——. *The Europeans.* 1878. Reprint, with an introduction by Tony Tanner, London: Penguin Books, 1985.

——. *The Golden Bowl.* 1904. Reprint, with an introduction by Gore Vidal, New York: Penguin Books, 1985.

——. *Hawthorne.* New York: Harper & Brothers, 1879.

——. *Henry James: A Life in Letters.* Ed. Philip Horne. New York: Viking Press, 1999.

——. *Italian Hours.* Ed. John Auchard. 1992. Reprint, New York: Penguin Books, 1995.

——. *Letters: Volume I, 1843—1875.* Ed. Leon Edel. Cambridge, Massachusetts:

Belknap Press, 1974.

——. *Letters from the Palazzo Barbaro*. Ed. Rosella Mamoli Zorzi. London: Pushkin Press, 1998.

——. *The Other House*. 1896. Reprint, with an introduction by Tony Tanner, London: Everyman Paperbacks, 1996.

——. *The Portrait of a Lady*. 1908. Reprint(Norton Critical Edition), edited by Robert D. Bamberg, New York: W. W. Norton & Company, 1995.

——. *The Princess Casamassima*. 1886. Reprint, with an introduction by Derek Brewer, New York: Penguin Books, 1977.

——. *Roderick Hudson*. 1875. Reprint, with an editorial note by S. Gorley Putt, New York: Penguin Books, 1969.

——. *The Sacred Fount*. 1901. Reprint, with an introduction by Leon Edel, New York: The Grove Press, 1953.

——. *The Turn of the Screw and Other Short Fiction*. 1908. Reprint, with an introduction by R. W. B. Lewis, New York: Bantam Books, 1981.

——. *What Maisie Knew*. 1897. Reprint, with an introduction by Penelope Lively, London: The Everyman's Library, 1997.

——. *The Wings of the Dove*. 1902. Reprint. Edited and with an introduction by John Bayley and notes by Patricia Crick. New York: Penguin Books, 1986.

James, William. *The Varieties of Religious Experience*. 1902. Reprint, New York: The Modern Library, 1999.

——. *Writings: 1878—1899*. New York: Library of America, 1992.

Jarrell, Mary Von Schrader. *Remembering Randall: Memoir of Poet, Critic, and Teacher Randall Jarrell*. New York: HarperCollins, 1999.

Jarrell, Randall. *No Other Book: Selected Essays*. Ed. Brad Leithauser. 1999. Reprint, New York: Perennial, 2000.

Jewett, Sarah Orne. *Best Stories of Sarah Orne Jewett*. Eds. Charles G. Waugh, Martin H. Greenberg, and Josephine Donovan. Augusta, Maine: Lance Tapley, 1988.

——. *A Country Doctor*. 1884. Reprint, with an introduction by Joy Gould Boyum and Ann R. Shapiro, New York: Meridian Books, 1986.

——. *The Irish Stories of Sarah Orne Jewett*. Eds. Jack Morgan and Louis A. Renza. Carbondale, Illinois: Southern Illinois University Press, 1996.

——. *Letters of Sarah Orne Jewett*. Ed. Annie Adams Fields. Boston: Houghton Mifflin, 1911.

——. *Novels and Srories*. Ed. Michael Davitt Bell. New York: Library of America, 1994.

——. *The Tory Lover*. Boston: Houghton Mifflin, 1901.

——. *A White Heron and Other Stories*. Mineola, New York: Dover Publications,

1999.

———. *The World of Dunnet Landing: A Sarah Orne Jewett Collection*. Ed. David Bonnell Green. Lincoln, Nebraska: University of Nebraska Press, 1962.

Kalstone, David. *Becoming a Poet: Elizabeth Bishop with Marianne Moore and Robert Lowell*. New York: Farrar, Straus & Giroux, 1989.

Kaplan, Justin. *Mr. Clemens and Mark Twain*. New York: Book-of-the-Month-Club, 1990.

———. *Walt Whitman: A Life*. 1980. Reprint, New York: Bantam Books, 1982.

Keller, Helen. *The Story of My Life*. 1902. Reprint, New York: Bantam Books, 1990.

Kellner, Bruce. *Carl Van Vechten and the Irreverent Decades*. Norman, Oklahoma: University of Oklahoma Press, 1968.

Kostelanetz, Richard. *John Cage Explained*. New York: Schirmer Books, 1996.

La Fontaine, Jean de. *The Fables of La Fontaine*. Trans. Marianne Moore. New York: The Viking Press, 1964.

Lane, Anthony. "Head On: A Richard Avedon Retrospective." *The New Yorker*. 23 Sept. 2002: 83—85.

Lederman, Minna, ed. *Stravinsky in the Theatre*. 1949. Reprint. New York: Da Capo Press, 1975.

Leeming, David. *Amazing Grace: A Life of Beauford Delaney*. New York: Oxford University Press, 1998.

———. *James Baldwin: A Biography*. New York: Henry Holt and Company, 1994.

Lesser, Wendy. *Nothing Remains the Same: Reading and Remembering*. Boston: Houghton Mifflin, 2002.

Lewis, David Levering. *W. E. B. Du Bois*. 2 vols. New York: Henry Holt, 1993—2000.

Lewis, Edith. *Willa Cather Living: A Personal Record*. 1953. Reprint, Lincoln, Nebraska: University of Nebraska Press, 1976.

London, Michael, and Robert Boyers, eds. *Robert Lowell: A Portrait of the Artist in His Time*. New York: David Lewis, 1970.

Lopez, Enrique Hank. *Conversations with Katherine Anne Porter: Refugee from Indian Creek*. Boston: Little, Brown and Company, 1981.

Lowell, Robert. *Collected Poems*. Eds. Frank Bidart and David Gewanter. New York: Farrar, Straus & Giroux, 2003.

———. *Collected Prose*. Ed. Robert Giroux. New York: Noonday Press, 1987.

———. *Life Studies and For the Union Dead*. 1956. Reprint, New York: Farrar, Straus & Giroux, 1983.

———. *The Old Glory: Three Plays*. 1965. Reprint, New York: Farrar, Strsus &

Giroux, 2000.

Lynn, Kenneth S. *Charlie Chaplin and His Times*. New York: Simon and Schuster, 1997.

——. *William Dean Howells: An American Life*. New York: Harcourt Brace Jovanovich, Inc. 1971.

Mailer, Adele. *The Last Party: Scenes from My Life with Norman Mailer*. New York: Barricade Books, 1997.

Mailer, Norman. *Advertisements for Myself*. 1961. Reprint, New York: Flamingo Modern Classics, 1994.

——. *The Armies of the Night*. 1968. Reprint, New York: Plume Books, 1994.

——. *Barbary Shore*. 1951. Reprint, New York: Vintage Books, 1997.

——. *The Deer Park*. 1955. Reprint, New York: Vintage Books. 1997.

——. *The Executioner's Song*. 1979. Reprint, New York: Vintage Books, 1998.

——. *Existential Errands*. Boston: Little, Brown and Company, 1972.

——. *The Fight*. 1975. Reprint, New York: Vintage Books, 1997.

——. *The Idol and the Octopus: Political Writings by Norman Mailer on the Kennedy and Johnson Administrations*. New York: Dell Publishing, 1968.

——. *Miami and the Siege of Chicago*. 1968. Reprint, with an introduction by Tom Wicker, New York: Donald I. Fine, Inc. , 1986.

——. *The Naked and the Dead*. 1948. Reprint, with an introduction by Norman Mailer, New York: Picador USA, 1998.

——. *The Presidential Papers*. New York: Bantam Books, 1964.

——. *Why Are We in Vietnam?*. New York: G. P. Putnam's Sons, 1967.

Malcolm, Janet. "Gertrude Stein's War: The Years in Occupied France." *The New Yorker*. 2 June 2003: 58—81.

Mariani, Paul. *The Broken Tower: The Life of Hart Crane*. New York: W. W. Norton & Company, 1999.

Marquis, Alice Goldfarb. *Marcel Duchamp: The Bachelor Stripped Bare: A Biography*. Boston: MFA Publications, 2002.

Matthiessen, F. O. *The James Family: A Group Biography*. New York: Alfred A. Knopf, 1947.

McFeely, William S. *Grant: A Biography*. New York: W. W. Norton & Company, 1981.

McPherson, James M. *Battle Cry of Freedom: The Civil War Era*. New York: Ballantine Books, 1988.

Menand, Louis. "Beat the Devil." *The New York Review of Books*. 22 Oct. 1998.

——. *The Metaphysical Club: A Story of Ideas in America*. New York: Farrar, Straus & Gitroux, 2001.

——. "William James and the Case of the Epileptic Patient." *The New York*

Review of Books. 17 Dec. 1998.

Meredith, Roy. *Mr. Lincoln's Camera Man, Mathew B. Brady.* Reprint. New York: Dover Publications, 1974.

Merrill, James. *Recitative: Prose by James Merrill.* Ed. J. D. McClatchy. San Francisco: North Point Press, 1986.

Millier, Brett C. *Elizabeth Bishop: Life and the Memory of It.* Berkeley: University of California Press, 1993.

Molesworth, Charles. *Marianne Moore: A Literary Life.* New York: Atheneum Books, 1990.

Monteiro, George, ed. *Conversations with Elizabeth Bishop.* Literary Conversations Series. Jackson, Mississippi: University Press of Mississippi, 1996.

Moore, Marianne. *The Complete Poems of Marianne Moore.* 1967. Reprint, New York: The Viking Press, 1981.

——. *The Complete Prose of Marianne Moore.* Edited and with an introduction by Patricia C. Willis. New York: Penguin Books, 1987.

——. *A Marianne Moore Reader.* 1961. Reprint, New York: Viking Press, 1967.

——. *Predilections.* New York: Viking Press, 1955.

——. *Marianne Moore: Selected Letters.* Ed. Bonnie Costello. New York: Penguin Books, 1997.

Museum of Modern Art. *Four Americans in Paris: The Collections of Gertrude Stein and Her Family.* Exhibition catalog with essays by John B. Hightower, Margaret Potter, Irene Gordon, Leon Katz, Leo Stein, and Gertrude Stein. New York: Museum of Modern Art, 1970.

Naumann, Francis M. *Making Mischief: Dada Invades New York.* New York: Whitney Museum of Art, 1996.

Niven, Penelope. *Steichen: A Biography.* New York: Clarkson Potter Publishers, 1997.

Norman, Dorothy. *Alfred Stieglitz.* 1989. Reprint, New York: Aperture Foundation, 1997.

——. *Alfred Stieglitz: An American Seer.* New York: Aperture/Random House, 1960.

O'Brien, Sharon. *Willa Cather: The Emerging Voice.* 1987. Reprint, Cambridge, Massachusetts: Harvard University Press, 1997.

Ozick, Cynthia. *Fame & Folly: Essays.* New York: Alfred Knopf, 1996.

Panzer, Mary, ed. *Mathew Brady and the Image of History.* Washington, D. C.: Smithsonian Institution, 1997.

Parnell, Peter. *Romance Language.* Garden City, New York: Nelson Doubleday, Inc. , 1985.

Paz, Octavio. *Marcel Duchamp: Appearnce Stripped Bare*. Trans. By Rachel Phillips and Donald Gardener. New York: Viking Press, 1978.

Peterson, Christian A. *Alfred Stieglitz's Camera Notes*. 1993. Reprint, New York: W. W. Norton & Company, 1996.

Philadelphia Museum of Art. *Joseph Cornell/Marcel Duchamp ... in resonance*. Exhibition catalog, with an introduction by Anne d' Harnoncourt and essays by Walter Hopps, Ann Temkin, and Ecke Bonk. Ostfildern-Ruit, Germany: Cantz Verlag, 1998.

Plimpton, George. *The Best of Plimpton*. New York: Atlantic Monthly Press, 1990.

Porter, Katherine Anne. *The Colleted Essays and Occasional Writings of Katherine Anne Porter*. 1970. Boston: Houghton Mifflin, 1990.

——. *The Colleted Stories of Katherine Anne Porter*. 1965. Reprint, New York: Harvest/Harcourt Brace Jovanovich, 1979.

——. *Letters of Katherine Anne Porter*. Ed. Isabel Bayley. New York: Atlantic Monthly Press, 1990.

——. *Pale Horse, Pale Rider: Three Short Novels*. With an afterword by Mark Schorer. New York: Signet Classics, 1962.

——. *Ship of Fools*. Boston: Atlantic Monthly Press, 1962.

Powell, Richard J. *Beauford Delaney: The Color Yellow*. With essays by Richard A. Long and Richard J. Powell and a foreword by Michael E. Shapiro. Atlanta: High Museum of Art, 2002.

Rampersad, Arnold. *The Life of Langston Hughes*. 2 vols. New York: Oxford University Press, 1986—1988.

Remnick, David. *King of the World: Muhammad Ali and the Rise of an American Hero*. 1998. Reprint, New York: Vintage Books, 1999.

Revill, David. *The Roaring Silence: John Cage: A Life*. New York: Arcade Publishing, 1992.

Robinson, David. *Chaplin: His Life and Art*. New York: McGraw-Hill Company, 1985.

Roman, Judith. *Annie Adams Fields: The Spirit of Charles Street*. Bloomington, Indiana: Indiana University Press, 1984.

Seligmann, Herbert J. *Alfred Stieglitz Talking: Notes on Some of His Conversations, 1925—1931, with a Foreword*. New Haven: Yale University Library, 1966.

Simic, Charles. *Dime Store Alchemy: The Art of Joseph Cornell*. Hopewell, New Jersey: Ecco Press. 1992.

Simon, Linda. *Genuine Reality: A Life of William James*. New York: Harcourt Brace & Company, 1998.

——. ed. *Gertrude Stein Remembered*. Lincoln, Nebraska: University of Nebraska

Press, 1994.

　　Smith, Henry Nash, and William M. Gibson, eds. *Mark Twain-Howells Letters: The Correspondence of Samuel L. Clemens and William D. Howells, 1872—1910*. 2 vols. Cambridge, Massachusetts: Belknap Press of Harvard University, 1960.

　　Solomon, Deborah. *Utopia Parkway: The Life and Work of Joseph Cornell*. New York: Farrar, Straus & Giroux, 1997.

　　Sontag, Susan. *On Photography*. 1977. Reprint, New York: The Noonday Press, 1989.

　　Standley, Fred L., and Louis H. Pratt, eds. *Conversations with James Baldwin*. Literary Conversations Series. Jackson, Mississippi: University of Mississippi Press, 1989.

　　Stein, Gertrude. *The Autobiography of Alice B. Toklas*. 1933. Reprint, New York: Vintage Books, 1990.

　　——. *Brewsie and Willie*. 1946. Reprint, with illustrations by Jacqueline Morreau. London: Brilliance Books, 1988.

　　——. *Everybody's Autobiography*. 1937. Reprint, Cambridge, Massachusetts: Exact Change, 1993.

　　——. *Fernhurst, Q. E. D., and Other Early Writings*. 1971. Reprint, with an introduction by Leon Katz. New York: Liveright, 1983.

　　——. *Geography and Plays*. 1922. Reprint, with an introduction by Sherwood Anderson, New York: Something Else Press, 1968.

　　——. *Gertrude Atein's America*. Ed. Gilbert A. Harrison. 1965. Reprint, New York: Liveright, 1996.

　　——. *Last Operas and Plays*. Ed. Carl Van Vechten. 1949. Reprint, New York: Vintage Books, 1975.

　　——. *Lectures in America*. 1935. Reprint, Boston: Beacon Press, 1957.

　　——. *Lucy Church Amiably*. 1930. Reprint, Normal, Illinois: Dalkey Archive Press, 2000.

　　——. *The Making of Americans*. 1925. Reprint, with a foreword by William H. Gass and an introduction by Steven Meyer, Normal, Illinois: Dalkey Archive Press, 1995.

　　——. *A Novel of Thank You*. 1958. Reprint, with an introduction by Steven Meyer, Normal, Illinois: Dalkey Archive Press, 1994.

　　——. *Selected Writings of Gertrude Stein*. Ed. Carl Van Vechten. 1962. Reprint, with an essay by F. W. Dupee, New York: Vintage Books, 1990.

　　——. *A Stein Reader*. Ed. Ulla E. Dydo. Evanston, Illinois: Northwestern University Press, 1993.

　　——. *Three Lives*. 1909. Reprint, with an introduction by Carl Van Vechten, New York: The Modern Library, 1933.

——. *To Do: A Book of Alphabets and Birthdays*. 1957. Reprint, Los Angeles: Green Integer, 2001.

Stein, Leo. *Journey into the Self: Being the Letters, Papers & Journals of Leo Stein*. Ed. Edmund Fuller. New York: Crown Publishers, 1950.

Stout, Janis P. *Willa Cather: The Writer and World*. Charlottesville, Virginia: University Press of Virginia, 2000.

Strouse, Jean. *Alice James: A Biograpy*. Boston: Houghton Mifflin, 1980.

Toklas, Alice B. *The Alice B. Toklas Cookbook*. 1954. Reprint, with a foreword by M. F. K. Fisher, New York: HarperCollins, 1984.

——. *Staying On Alone: Letters of Alice B. Toklas*. Ed. Edward Burns. New York: Liveright, 1973.

——. *What Is Remembered*. New York: Holt, Rinehart and Winston, 1963.

Tomkins, Calvin. *Duchamp: A Biography*. New York: Henry Holt and Company, 1996.

——. *Off the Wall: Robert Rauschenberg and the Art World of Our Time*. Garden City, New York: Doubleday & Company, 1980.

Troupe, Quincy, ed. *James Baldwin: The Legacy*. New York: Simon and Schuster, 1989.

Turner, Kay, ed. *Baby Precious Always Shines: Selected Love Notes Between Gertrude Stein and Alice B. Toklas*. New York: St. Martin's Press, 1999.

Twain, Mark. *The Autobiography of Mark Twain*. Ed. Charles Neider. Harper and Row Publishers, 1966.

——. *Christian Science*. 1907. Reprint, with a foreword by Vic Doyno, Buffalo, New York: Prometheus Books, 1993.

——. *The Complete Essays of Mark Twain*. Ed. Charles Neider. 1963. Reprint, New York: Da Capo Press, 2000.

——. *The Innocents Abroad*. 1869. Reprint, with an afterword by Leslie A. Fiedler, New York: Signet Classic, 1966.

——. *Joan of Arc*. 1896. Reprint, with an introduction by Andrew Tadie, San Francisco: Ignatius Press, 1989.

——. *Letters from the Earth*. Ed. Bernard De Voto. 1962. Reprint, New York: HarperPerennial, 1991.

——. *Mississippi Writings: The Adventures of Tom Sawyer, Life on the Mississippi, Adventures of Huckleberry Finn, Pudd'nhead Wilson*. New York: Library of America, 1982.

——. *Roughing It*. 1872. Reprint, with a foreword by Leonard Kriegel, New York: Signet Classic, 1962.

——. *The Selected Letters of Mark Twain*. Ed. Charles Neider. New York: Cooper Square Press, 1982.

——. *Tales, Speeches, Essays, and Sketches.* Ed. Tom Quirk. New York: Penguin Books, 1994.

——. *A Tramp Abroad.* 1880. Reprint, with an introduction by Robert Gray Bruce and Hamlin Hill, New York: Penguin Books, 1997.

——. *The Unabridged Mark Twain.* Ed. Lawrence Teacher. Philadelphia: Running Press, 1976.

Van Vechten, Carl. *The Dance Writings of Carl Van Vechten.* Ed. Paul Padgette. 1974. Reprint, New York: Dance Horizons, 1980.

——. *Letters of Carl Van Vechten.* Ed. Bruce Kellner. New Haven, Connecticut: Yale University Press, 1987.

——. *Nigger Heaven.* 1926. Reprint, with an introduction by Kathleen Pfeiffer, Urbana, Illinois: University of Illinois Press, 2000.

——. *Parties: Scenes from Contemporary New York Life.* 1930. Reprint, Los Angeles: Sun & Moon Press, 1993.

——. *Sacred and Profane Memories.* Freeport, New York: Books for Libraries Press, 1971.

——. *The Tattooed Countess: A Romantic Novel with a Happy Ending.* 1924. Reprint, with an introduction by Bruce Kellner, Iowa City, Iowa: University of Iowa Press, 1987.

Watson, Steven. *Prepare for Saints: Gertrude Stein, Virgil Thomson, and the Mainstreaming of American Modernism.* Berkeley, California: University of California Press, 1998.

Welty, Eudora. *The Eye of the Story.* New York: Vintage. 1990.

Wharton, Edith. *A Backward Glance.* 1933. Reprint, with an introduction by Louis Auchincloss, New York: Charles Scribners' Sons, 1964.

Whelan, Richard. *Alfred Stieglitz: A Biography.* New York: Da Capo Press, 1997.

Whitman, Walt. *Leaves of Grass.* 1892. Reprint, with an introduction by William Carlos Williams, New York: The Modern Library, 2001.

——. *Complete Poetry and Collected Prose.* New York: Library of America, 1982.

Wills, Garry. *Lincoln at Gettysburg: The Words that Remade America.* New York: Touchstone Books, 1992.

Wineapple, Brenda. *Sister Brother: Gertrude and Leo Stein.* London: Bloomsbury, 1996.

Woodress, James. *Willa Cather: A Literary Life.* Lincoln, Nebraska: University of Nebraska Press, 1987.

正文译名对照表

The American Scene（Henry James）　《美国景象》（亨利·詹姆斯）

Ames, Elizabeth　伊丽莎白·艾姆斯

Anderson Galleries（New York City）　安德森画廊

Apples and Gable（Stieglitz）　《苹果与三角墙》（斯蒂格利茨）

Arensberg, Walter　沃尔特·阿伦斯伯格

The Armies of the Night（Mailer）　《夜间的军队》（梅勒）

Armory Show（New York City）　军械库画展（纽约）

Armstrong, Louis　路易斯·阿姆斯特朗

Army of the Potomac　波拖马可河驻军

Army of the Tennessee　田纳西州驻军

The Art of This Century Gallery　本世纪艺术画廊

Artaud, Antonin　安托南·阿尔托

Assis, Machado de　马查多·德·阿西斯

Associated Charities of Boston　波士顿联合慈善机构

Atlantic Monthly　《大西洋月刊》

The Autobiography of Alice B. Toklas（Stein）　《艾丽斯自传》（斯泰因）

The Autocrat of the Breakfast-Table（Holmes）　《早餐桌上的霸主》（霍姆斯）

Avedon, Jacob Israel　雅各比·伊斯雷尔·阿维顿

Avedon, Louise　露易丝·阿维顿

Avedon, Richard　理查德·阿维顿

The Awkward Age（Henry James）　《青春初期》（亨利·詹姆斯）

Baboons（film）　《狒狒》（电影）

Bacall, Lauren　劳伦·巴考尔

Baldwin, David, Jr.（brother）　戴维·鲍德温（詹姆斯·鲍德温之弟）

Baldwin, David, Sr.（father）　戴维·鲍德温（詹姆斯·鲍德温之父）

Baldwin, James　詹姆斯·鲍德温

Baldwin, Paula　宝拉·鲍德温

Ballets Russes　俄罗斯芭蕾舞团

Balthasar Klossowski de Roia Balthus　巴尔蒂斯

Bankhead, Tallulah　塔卢拉赫·班克海德

Barbary Shore（Mailer）　《巴巴拉海滨》（梅勒）

Bartok, Bela　贝拉·巴托克

the Beats　垮掉的一代

Brady, Mathew 马修·布雷迪

Brancusi, Constantin 康斯坦丁·布朗库西

Brandeis, Mrs. Louis 露易丝·布朗库西夫人

Brando, Marlon 马龙·白兰度

Braque, Georges 乔治·布拉克

Breslin, Jimmy 吉米·布雷斯林

Breton, Andre 安德烈·布勒东

The Bride Stripped Bare by Her Bachelors, Even (Duchamp) 《新娘，甚至被光棍们剥光了衣服》(杜尚)

The Bridge (Hart Crane) 《桥》(哈特·克莱恩)

Bridges, Harry 哈利·布里基斯

The Broken Tower (Hart Crane) 《破碎的塔》(哈特·克莱恩)

the Brooklyn Daily Eagle 《布鲁克林每日鹰报》

Brooklyn Dodgers 布鲁克林道奇队

Brooklyn Museum 布鲁克林博物馆

Brooks, Gwendolyn 格温朵琳·布鲁克斯

Brooks, Louise 路易斯·布鲁克斯

Brooks, Van Wyck 范怀克·布鲁克斯

Brown, John 约翰·布朗

Browning, Robert 罗伯特·勃朗宁

Browning, Elizabeth 伊丽莎白·勃朗宁

the Brummer Gallery 布鲁默画廊

Bunyan, John 约翰·班扬

by or of Marcel Duchamp or Rrose Selavy (Duchamp) 《马塞尔·杜尚或罗丝·瑟拉薇的作品》(杜尚)

Caesar 恺撒

the Cafe de Tournon (Paris, France) 图尔农咖啡馆

Cage, John 约翰·凯奇

Cage, Xenia 西尼雅·凯奇

Calder, Alexander 亚历山大·卡德

Calkins, Mary 玛丽·卡尔金斯

Camera Club (New York City) 摄影俱乐部(纽约)

Don Quixote（Cervantes）《唐吉诃德》（塞万提斯）

Donne, John 约翰·邓恩

Dos Passos, John 约翰·多斯·帕索斯

Dostoyevsky, Fyodor 费奥多尔·陀思妥耶夫斯基

Douglas, Aaron 阿隆·道格拉斯

Douglass, Frederick 弗雷德里克·道格拉斯

Dove, Arthur 亚瑟·达夫

Doyle, Peter 彼得·道耶尔

Dreiser, Theodore 西奥多·德莱塞

Dreyfus Affair 德雷福斯事件

Drum-Taps（Whitman）《桴鼓集》（惠特曼）

Dryden, John 约翰·德莱塞

Du Bois, Nina 妮娜·杜·波依斯

Du Bois, Shirley Graham 雪莉·格雷厄姆·杜·波依斯

Du Bois, W. E. B. W. E. B. 杜·波依斯

Du Bois, Yolande 约兰德·杜·波依斯

Duchamp Dossier（Cornell）《杜尚作品档案》（科尼尔）

Duchamp, Marcel 马塞尔·杜尚

Duchamp, Suzanne 苏珊娜·杜尚

Duchamp, Alexina（Teeny） 亚列克西娜·杜尚（蒂妮,杜尚第二任妻子）

Duncan, Isadora 伊莎多拉·邓肯

Duneka, Frederick 弗雷德里克·杜尼卡

Dust Tracks on the Road（Hurston）《道路上的尘迹》（赫斯顿）

Early, Jubal 犹巴·厄里

the East Louisiana State Mental Hospital 东路易斯安那州精神病院

Eastman, Max 马科斯·伊斯特曼

Eddy, Mary Baker 玛丽·贝克·埃迪

The Editor's Study（Howells's column） 编者研究（豪威尔斯专栏）

The Education of Henry Adams（Adams）《亨利·亚当斯的教育》（亚当斯）

Efforts of Affection（Bishop）《挚爱真情》（毕晓普）

Einstein, Albert 阿尔伯特·爱因斯坦

Einstein, Mrs. Albert 阿尔伯特·爱因斯坦夫人

Gustave Flaubert　古斯塔夫·福楼拜

For February 14th（Moore）　《为二月十四日而作》（穆尔）

For the Marriage of Faustus and Helen（Hart Crane）　《浮士德和海伦的联姻》（哈特·克莱恩）

For the Union Dead（Robert Lowell）　《献给联邦死难者》（罗伯特·洛厄尔）

Ford, Ford Madox　福特·马多克斯·福特

Foreman, George　乔治·福尔曼

Forrest, Edwin　埃德文·弗里斯特

Fountain（Duchamp）　《泉》（杜尚）

Four in America（Stein）　《美国四人行》（斯泰因）

Four Saints in Three Acts（Stein and Thomson）　《三幕剧中四圣人》（斯泰因和汤姆森合著）

4'33"（Cage）　《4分33秒》（凯奇）

Frank, Waldo　沃尔多·弗兰克

"The Freedom of India"（Du Bois）　《印度之自由》（杜·波依斯）

Freud, Sigmund　西格蒙德·弗洛伊德

Frost, Robert　罗伯特·弗洛斯特

The Fugs　操蛋乐队

A Gallery of Illustrious Americans（Brady）　《美国杰出人物名录》（布雷迪）

Mahatma Gandhi　圣雄甘地

Gandhi Marg（magazine）　《甘地园地》（杂志）

Gardner, Alexander　亚历山大·加德纳

Garfield, James　詹姆斯·加菲尔德

George Gershwin Memorial Collection of Music & Musicians（Fisk University）　乔治·格什温音乐及音乐家纪念馆（费斯克大学）

George（Twain' butler）　乔治（吐温的男管家）

Gide, Andre　安德烈·纪德

Ginsberg, Allen　艾伦·金斯堡

Giovanni's Room（Baldwin）　《乔瓦尼的房间》（鲍德温）

"*Go Slow*"（Hughes）　《慢点儿》（休斯）

Go Tell It on the Mountain（Baldwin）　《向苍天呼吁》（鲍德温）

Goering; Hermann　赫尔曼·戈林

Hardy, Thomas　托马斯·哈代

Harlem Doorways（Avedon and Baldwin）　《通往哈莱姆》(阿维顿和鲍德温合著)

Harlem Negro Unit　哈莱姆黑人组织

Harlem Renaissance　哈莱姆文艺复兴运动

Harper, Emerson　埃墨生·哈珀

Harper, Toy　托伊·哈珀

Harpers Ferry　哈珀斯渡口

Harper's Weekly　《哈珀周刊》

Harper and Brothers　哈珀兄弟出版社

Hartley, Marsden　马斯登·哈特利

Hartmann, Sadakichi　定吉·哈特曼

Harvard Philosophical Club　哈佛哲学俱乐部

Harvey, George　乔治·哈维

Hawthorne, Nathaniel　纳撒尼尔·霍桑

Hawthorne, Sophia　索菲亚·霍桑

Haymarket affair（1886）　干草市场事件(1886 年)

A Hazard of New Fortunes（Howells）　《时来运转》(豪威尔斯)

Hefner, Hugh　休·海夫纳

Heine, Heinrich　海因里希·海涅

Hellman, Lillian　莉莲·海尔曼

Hemingway, Ernest　欧内斯特·海明威

Henry James as a Characteristic American（Moore）　《作为典型美国人的亨利·詹姆斯》(穆尔)

Her Shield（Jarrell）　《她的盾牌》(贾雷尔)

Herbert, George　乔治·赫尔伯特

Herod the Great（Hurston）　《希律王》(赫斯顿)

Herskovits, Melville　梅尔维尔·赫斯科维茨

History（Robert Lowell）　《历史》(罗伯特·洛厄尔)

Hoffman, Abbie　阿比·霍夫曼

Holiday, Billie　比莉·哈乐黛

Holmes, Oliver Wendell Jr.　小奥利佛·温德尔·霍姆斯

Holmes, Oliver Wendell Sr.　老奥利佛·温德尔·霍姆斯

Holt, Nora　诺拉·霍尔特

Life magazine　《生活》杂志

Life on the Mississippi（Twain）　《密西西比河上》（吐温）

Life Studies（Robert Lowell）　《生活研究》（罗伯特·洛厄尔）

Limelight（Chaplin film）　《舞台生涯》（卓别林电影）

Lincoln, Abraham　亚伯拉罕·林肯

Lind, Jenny　珍妮·林德

Lippincott Publishing Co.　利平科特出版社

Liston, Sonny　索尼·利斯顿

Literary Friends and Acquaintance（Howells）　《文学圈的友人与熟人》（豪威尔斯）

Little Galleries of the Photo-Secession（New York City）　摄影分离派小画廊（纽约）

Little Negro Theater　黑人小剧院

The Little Review（journal）　《小评论》（期刊）

Lloyd George, David　戴维·劳埃德·乔治

Locke, Alain　艾兰·洛克

Logic and the "Magic Flute"（Moore）　《逻辑与"魔力长笛"》（穆尔）

Lomax, Alan　阿伦·罗马克斯

Longfellow, William Wadsworth　威廉·沃兹华斯·朗费罗

Lord Weary's Castle（Robert Lowell）　《威利爵爷的城堡》（罗伯特·洛厄尔）

Loring, Katherine　凯瑟琳·洛霖

Los Angeles Dodgers　洛杉矶道奇队

A Lost Lady（Cather）　《一个迷途的女人》（凯瑟）

Lowell, James Russell　詹姆斯·拉塞尔·洛厄尔

Lowell, Robert（father）　罗伯特·洛厄尔（父亲）

Lowell, Robert　罗伯特·洛厄尔

Lucy Gayheart（Cather）　《快乐的露西》（凯瑟）

Lynes, George Platt　乔治·普莱特·莱尼斯

Lysistrata（Hurston version）　《吕西斯忒拉忒》（赫斯顿版）

MacAlpine, William　威廉·麦克阿帕恩

Macbeth（Welles version）　《麦克白》（韦尔斯版）

McCarthy, Joseph　约瑟夫·麦卡锡

McClellan, George B.　乔治·B.麦克莱伦

McClure, S. S.　S. S.麦克卢尔

McClure's Magazine　《麦克卢尔》杂志

Macedo Soares, Lota de　洛塔·德·马塞多·索莱斯

Mckeon, James ("Mac")　詹姆斯·麦克基恩("马克")

The Magpie (De Witt Clinton school magazine)　《喜鹊》(德威特·克林顿中学杂志)

Mailer, Adele (née Morales)　阿黛尔·梅勒(娘家姓莫拉莱斯)

Mailer, Norman　诺曼·梅勒

Malaquais, Jean　让·马拉克

Malcolm X　马尔科姆·艾克斯

The Man That Corrupted Hadleyburg (Twain)　《败坏了哈德莱堡的人》(吐温)

Mann, Thomas　托马斯·曼恩

Mao Tse-Tung　毛泽东

The Map (Bishop)　《地图》(毕晓普)

María Concepción (Porter)　《玛丽亚·孔塞普西翁》(波特)

Marin, John　约翰·马林

Marinoff, Fania　法尼娅·玛里诺夫

Martin, Edward　爱德华·马丁

Martin, John　约翰·马丁

Mason, Charlotte Osgood　夏洛特·奥斯古德·梅森

Matisse, Henri　亨利·马蒂斯

Matisse, Pierre　皮埃尔·马蒂斯

Matisse (Stein)　《马蒂斯》(斯泰因)

Matta, Robert　罗伯特·马塔

Maupassant, Guy de　居伊·德·莫泊桑

Maurer, Alfred　阿尔弗雷德·冒勒

Maximilian (emperor of Mexico)　马克西米利安(墨西哥皇帝)

Melanctha: Each One as She May (Stein)　《梅兰克莎》(斯泰因)

Melville, Herman　赫尔曼·梅尔维尔

Memories of a Hostess (Annie Adams Fields)　《主妇回忆录》(安妮·亚当斯·菲尔兹)

Mencken, H. L.　H. L. 门肯

Mercer, Mabel　梅布尔·默塞尔

the Metropolitan Museum of Art　大都会艺术博物馆

Miami and the Siege of Chicago (Mailer)　《迈阿密及包围芝加哥》(梅勒)

Miller, Arthur　阿瑟·米勒

Miller, Henry　亨利·米勒

Milmine, Georgine　乔吉娜·米尔麦恩

Miro, Joan　胡安·米罗

A Modern Instance（Howells）　《现代婚姻》（豪威尔斯）

Modern Times（Chaplin film）　《摩登时代》（卓别林电影）

Monroe, Marilyn　玛丽莲·梦露

Monsieur Verdoux（Chaplin film）　《凡尔杜先生》（卓别林电影）

Moore, John Warner（brother）　约翰·华纳·穆尔（哥哥）

Moore, Marianne　玛丽安娜·穆尔

Moore, Mrs.（mother）　穆尔夫人（母亲）

The Moose（Bishop）　《驼鹿》（毕晓普）

Morgan, J. P.　J. P. 摩根

Morley, Helena　海伦娜·莫莉

Motherwell, Robert　罗伯特·马塞维尔

Mr. And Mrs. James T. Fields（Henry James）　《詹姆斯·菲尔兹夫妇》（亨利·詹姆斯）

Mule Bone（Hurston）　《骡骨》（赫斯顿）

Mules and Men（Hurston）　《骡子与人》（赫斯顿）

Mumma, Gordon　高登·穆马

Munson, Gorham　戈汉姆·芒森

the Museum of Modern Art（New York City）　现代艺术博物馆

Music for Marcel Duchamp（Cage）　《为杜尚而作的音乐》（凯奇）

Mutt, Richard（fictional character）　理查德·穆特（虚构人物）

the Mutual Film Corporation　缪区尔电影公司

My Antonia（Cather）　《我的安东尼亚》（凯瑟）

"My Literary Shipyard"（Twain）　"我的文学造船厂"（吐温）

My Mark Twain（Howells）　《我的马克·吐温》（豪威尔斯）

My Mortal Enemy（Cather）　《我的死敌》（凯瑟）

Nadar（pseud. Gaspard-Félix Tournachon）　纳达尔（化名。原名：盖斯堡德·费利克斯·图尔纳勋）

The Naked and the Dead（Mailer）　《裸者与死者》（梅勒）

National Association for the Advancement of Colored People（NAACP）　全国有色人种

"*O Captain! My Captain!*"（Whitman）　《哦，船长，我的船长!》（惠特曼）

O Pioneers!（Cather）　《啊，开拓者!》（凯瑟）

Obscure Destinies（Cather）　《模糊的命运》（凯瑟）

Observations（Moore）　《观察》（穆尔）

O'Connor, Flannery　弗兰纳里·奥康纳

Ode to the Confederate Dead（Tate）　《联邦死难者颂》（塔特）

O'Hara, Frank　弗兰克·奥哈拉

O'Keeffe, Georgia　乔治亚·欧姬芙

Olivier, Fernande　费尔兰迪·奥莉维亚

Olson, Charles　查尔斯·奥尔森

One magazine　《壹》杂志

One of Ours（Cather）　《我们中的一个》（凯瑟）

"*One*"（Stein）　《一》（斯泰因）

O'Neill, Eugene　尤金·奥尼尔

Opportunity magazine　《机遇》杂志

Opposition and Sister Squares are Reconciled（Duchamp and Halberstadt）　《棋局解析》（杜尚与豪伯斯达合著）

Orizaba（ship）: Crane's suicide from　《奥里萨巴号》（轮船）: 克莱恩跳海之船

Orlovsky, Peter　彼得·奥洛夫斯基

The Other House（Henry James）　《另一处居所》（亨利·詹姆斯）

Our America（Frank）　《我们的美国》（弗兰克）

Out of My League（Plimpton）　《来自我的棒球联盟》（普林顿）

Outre-mer: Impressions of America（Bourget）　《美国印记》（布尔热）

"*The Palatine*"（Cather）　《帕拉廷山》（凯瑟）

Pale Horse, Pale Rider（Porter）　《灰白马，灰白骑手》（波特）

Pan-African Congress（1900）　泛非会议（1900 年）

"*Paraphrase*"（Hart Crane）　《阐释》（哈特·克莱恩）

Paret, Benny　拜尼·帕莱特

Parker House（Boston, Massachusetts）　派克酒店（马萨诸塞州波士顿市）

Parties（Van Vechten）　《聚会》（范维克顿）

Patterson, Floyd　弗洛伊德·帕特森

Pavlova, Anna　安娜·帕夫洛娃

Psychology: Briefer Course（William James）《心理学简编》（威廉·詹姆斯）

Pulitzer Prize 普利策奖

The Queen's Twin and Other Stories（Jewett）《女王的双胞胎姐妹及其他短篇小说》（朱厄特）

Questions of Travel（Bishop）《旅行问题》（毕晓普）

Ramakrishna, Sri 罗摩克里希纳

Rauschenberg, Robert 罗伯特·劳森伯格

Remembrance of Things Past（Marcel Proust）《追忆似水流年》（马塞尔·普鲁斯特）

Renoir, Pierre-Auguste 皮埃尔·奥古斯特·雷诺阿

Reunion（Cage）《聚会》（凯奇）

Rhone, Happy 海皮·罗恩

Richards, Mary Caroline 玛丽·卡罗琳·理查兹

The Rise of Silas Lapham（Howells）《塞拉斯·拉帕姆的发迹》（豪威尔斯）

The Rite of Spring（Stravinsky）《春之祭》（斯特拉文斯基）

Rivera, Diego 迭戈·里维拉

Robeson, Essie 埃茜·罗宾逊

Robeson, Paul Bustill 保罗·罗宾逊

Rockefeller Center：Rivera murals in 洛克菲勒中心：内有里维拉壁画

Roderick Hudson（Henry James）《罗德里克·赫德森》（亨利·詹姆斯）

Rodin, Auguste 奥古斯特·罗丹

Rogers, Henry 亨利·罗杰斯

"Roosters"（Bishop）《公鸡》（毕晓普）

Rosenfeld, Paul 保罗·罗森费尔德

Rosenwald, Julius 朱利叶斯·罗森沃尔德

Rosenwald Fellowship 罗森沃尔德奖学金

Rosenwald Foundation 罗森沃尔德基金会

Roughing It（Twain）《艰苦岁月》（吐温）

The Sacred Fount（Henry James）《神圣源泉》（亨利·詹姆斯）

"Saint Valentine"（Moore）《圣瓦伦丁节》（穆尔）

Saint-Gaudens, Augustus 奥古斯塔斯·圣·高登斯

Sommer, William 威廉·索默

The Song of the Lark (Cather) 《云雀之歌》(凯瑟)

Sontag, Susan 苏珊·桑塔格

The Souls of Black Folk (Du Bois) 《黑人的灵魂》(杜·波依斯)

South Florida Baptist Association 南佛罗里达浸礼会协会

Soyinka, Wole 渥雷·索因卡

Spanish-American War 美西战争

Specimen Days (Whitman) 《典型的日子》(惠特曼)

Spingarn, Amy 艾米·斯平加恩

Spingarn, Arthur 阿瑟·斯平加恩

Spingarn, Joel 乔尔·斯平加恩

Spingarn Medal 斯平加恩奖章

The Spoils of Poynton (Henry James) 《波音顿的珍藏品》(亨利·詹姆斯)

Spring Showers (Stieglitz) 《春浴》(斯蒂格利茨)

"*Spunk*" (Hurston) 《勇气》(赫斯顿)

Stafford, Jean 琼·斯塔福德

Standard Oil 标准石油托拉斯

Steichen, Clara Smith 克拉拉·史密斯·史泰钦

Steichen, Edward 爱德华·史泰钦

Steichen, Lilian 莉莉安·史泰钦

Steichen, Lizzie (daughter) 莉兹·史泰钦(女儿)

Steichen, Mary (mother) 玛丽·史泰钦(母亲)

Steichen the Photographer (Steichen and Sandburg) 《摄影家史泰钦》(史泰钦与桑伯格
  合著)

Stein, Gertrude 格特鲁德·斯泰因

Stein, Leo 利奥·斯泰因

Stein, Michael 迈克尔·斯泰因

Stein, Sarah 莎拉·斯泰因

Stella, Joseph 约瑟夫·斯泰拉

Stevens, Wallace 华莱士·史蒂文斯

Stevenson, Robert Louis 罗伯特·路易斯·斯蒂文森

Stieglitz, Alfred 阿尔弗雷德·斯蒂格利茨

Stieglitz, Edward 爱德华·斯蒂格利茨

Thackeray, William　威廉·萨克雷

Their Eyes Were Watching God（Hurston）　《他们眼望上苍》（赫斯顿）

Their Wedding Journey（Howells）　《他们的新婚之旅》（豪威尔斯）

Thompson, Louise　路易斯·汤普森

Thompson's Dining Saloon（New York City）　汤普森餐厅（纽约）

Thomson, Virgil　维吉尔·汤姆森

Thoreau, Henry David　亨利·大卫·梭罗

Three Lives（Stein）　《三个女人》（斯泰因）

"*Three Typical Workingmen*"（Annie Adams Fields）　《三种典型工人》（安妮·亚当斯·菲尔兹）

Thurman, Wallace　华莱士·瑟曼

Ticknor & Fields　蒂克纳＆菲尔兹出版公司

Time magazine　《时代》杂志

"*To the Person Sitting in Darkness*"（Twain）　《致坐在黑暗中的人》（吐温）

Toklas, Alice B.　艾丽斯·B.托克拉斯

Tolstoy, Leo　列夫·托尔斯泰

Toomer, Jean　简·图默

Toots Shor's（New York City）　图茨·肖俱乐部（纽约）

The Tory Lover（Jewett）　《玛丽·汉密尔顿》（朱厄特）

A Tramp Abroad（Twain）　《国外漫游》（吐温）

A Traveler from Altruria（Howells）　《来自奥尔特鲁利亚的旅客》（豪威尔斯）

The Troll Garden（Cather）　《精灵花园》（凯瑟）

Tudor, David　大卫·图德

Turgenev, Ivan　伊万·屠格涅夫

The Turn of the Screw（Henry James）　《螺丝在拧紧》（亨利·詹姆斯）

Twain, Mark　马克·吐温

"*Two*"（Stein）　《二》（斯泰因）

291 Gallery（New York City）　291 画廊（纽约）

Twombly, Cy　塞·托姆布雷

United Artists　联美公司

Upshure, Luke Theodore　拉克·西奥多·厄普舒尔

Weil, Susan　苏珊·威尔

Weir, Robert　罗伯特·韦尔

Welles, Orson　奥森·韦尔斯

Wells, H. G.　H. G. 威尔斯

Welty, Eudora　尤多拉·韦尔蒂

Wharton, Edith　伊迪丝·华顿

"What is English Literature"（Stein）　《什么是英语文学》(斯泰因)

What is Remembered（Toklas）　《难忘的记忆》(托克拉斯)

What Maisie Knew（Henry James）　《梅西所知道的》(亨利·詹姆斯)

Whistler, James McNeill　詹姆斯·麦克尼尔·惠斯勒

White Buildings（Hart Crane）　《白色的楼房》(哈特·克莱恩)

White, Clarence　克拉伦斯·怀特

"The White Negro"（Mailer）　《白种黑人》(梅勒)

White, Walter　沃尔特·怀特

Whitehead, Alfred North　阿尔弗雷德·诺斯·怀特海

Whitman, Walt　沃尔特·惠特曼

Whitney, Mrs. Harry Payne　哈莉·佩恩·惠特尼夫人

the Whitney Studio Galleries（New York City）　惠特尼美术陈列馆(纽约)

Whittier, John Greenleaf　约翰·格林里夫·惠蒂埃

"Why the Mocking Bird Is Away on Friday"（Hurston）　《为啥仿声鸟总在周五离去》
　　(赫斯顿)

"Why the Sister in Black Works Hardest"（Hurston）　《为啥黑人姐妹最辛劳》(赫斯顿)

Wilde, Oscar　奥斯卡·王尔德

Wilder, Thornton　桑顿·怀尔德

Willa Cather Living（Lewis）　《维拉·凯瑟的人生》

Williams, William Carlos　威廉·卡洛斯·威廉姆斯

Wilson, Edmund　埃德蒙·威尔森

"The Wine Menagerie"（Hart Crane）　《醉酒》(哈特·克莱恩)

The Wings of the Dove（Henry James）　《鸽翼》(亨利·詹姆斯)

Wise, Herbert　赫伯特·怀斯

With Hidden Noise（Duchamp）　《隐藏之音》(杜尚)

A Woman of Paris（Chaplin film）　《巴黎妇人》(卓别林电影)

Woolf, Virginia　弗吉尼亚·伍尔夫

注释译名对照表

阿黛尔·梅勒　Adele Mailer

《阿尔弗雷德·斯蒂格利茨》　*Alfred Stieglitz*

《阿尔弗雷德·斯蒂格利茨谈话录》　*Alfred Stieglitz Talking*

阿诺德·拉波塞德　Arnold Rampersad

《阿维顿自传》　*An Autobiography*

爱德华·伯恩斯　Edward Burns

艾尔西·巴克　Ilse Barker

《艾丽丝·B.托克拉斯的自传》　*The Autobiography of Alice B. Toklas*

艾丽丝·戈德法伯·马奎斯　Alice Goldfarb Marquis

艾丽丝·沃克　Alice Walker

艾丽丝·詹姆斯　Alice James

艾米丽·伯纳德　Emily Bernard

《安妮·亚当斯·菲尔兹》　*Annie Adams Fields*

《暗潮：詹姆斯·鲍德温的一生》　*Talking at the Gates: A Life of James Baldwin*

奥克塔维奥·帕斯　Octavio Paz

邦尼·卡斯特罗　Bonnie Costello

保尔·罗森菲尔德　Paul Rosenfeld

保尔·马里亚尼　Paul Mariani

保尔·帕吉特　Paul Padgette

贝克·斯特兰德　Beck Strand

本·桑南伯格　Ben Sonnenberg

《独树一帜》　*Off the Wall*

《对教师的讲话》　*Talks to Teachers on Psychology*

F. O. 马修森　F. O. Matthiessen

《凡尔杜先生》　*Monsieur Verdoux*

菲利普·霍恩　Philip Horne

《现状》　*Fernhurst, Q. E. D.*

《风流人物》　*A few Stout Individuals*

弗兰克·比达特　Frank Bidart

弗朗西斯·M. 诺曼　Francis M. Naumann

高等艺术博物馆　the High Museum of Art

戈汉姆·芒森　Gorham Munson

《格兰特传记》　*Grant: A Biography*

《格特鲁德·斯泰因的战争》　*Gertrude Stein's War*

《格特鲁德·斯泰因与卡尔·范维克顿书信集（1913—1946）》　*The Letters of Gertrude Stein and Carl Van Vechten, 1913—1946*

《格特鲁德·斯泰因作品选》　*Selected Writings of Gertrude Stein*

哈弗雷剧院　Haverley Theater

《哈特·克莱恩的书信及往事（1923—1932）》　*Robber Rocks: Letters and Memories of Hart Crane, 1923—1932*

《哈特·克莱恩的一生》　*Hart Crane: A Life*

《哈特·克莱恩家书》　*Letters of Hart Crane and His Family*

《哈特·克莱恩书信集（1916—1932）》　*The Letters of Hart Crane, 1916—1932*

哈特利　Hartly

《海豚》　*The Dolphin*

《黑人的灵魂》　*The Souls of Black*

《黑人看白人》　*The Black Boy Looks at the White Boy*

《黑水》　*Darkwater: Voices from Within the Veil*

赫克托·欧伯克　Hector Obalk

赫伯特·阿普特克　Herbert Aptheker

赫伯特·塞利格曼　Herbert Seligmann

亨利·纳什·史密斯　Henry Nash Smith

《亨利·亚当斯的教育》　*The Education of Henry Adams*

《亨利·詹姆斯的书信人生》　*Henry James: A Life in Letters*

《亨利·詹姆斯写自巴尔巴罗府邸的信》 *Letters from the Palazzo Barbaro*

《呼喊自由之战》 *Battle Cry of Freedom*

华特·霍普斯 Walter Hopps

《黄色,希望之光:博福德·德莱尼作品展》 *Beauford Delaney: The Color Yellow*

《惠特曼诗选评》 *Some Lines from Whitman*

惠特尼美国艺术博物馆 the Whitney Museum of American Art

加里·方泰恩 Gary Fountain

贾斯廷·坎普兰 Justin Kaplan

简·利维斯顿 Jane Livingston

《见证(1944—1994)》 *Evidence, 1944—1994*

《卡尔·范维克顿论舞蹈》 *The Dance Writings of Carl Van Vechten*

《卡尔·范维克顿难以言说的岁月》 *Carl Van Vechten and the Irreverent Decades*

《卡尔·范维克顿书信集》 *Letters of Carl Van Vechten*

卡尔文·托闵斯 Calvin Tomins

卡拉·坎普兰 Carla Kaplan

卡文·托姆金斯 Calvin Tomkins

《凯瑟琳·安娜·波特的一生》 *Katherine Anne Porter: A Life*

《克莱门斯先生与马克·吐温》 *Mr. Clemens and Mark Twain*

克里弗·费希尔 Clive Fisher

肯尼思·林恩 Kenneth Lynn

拉伊 Rye

《来自贫穷王国》 *From the Kingdom of Necessity*

《兰斯顿·休斯的一生》 *The Life of Langston Hughes*

利昂·索罗门斯 Leon Solomons

《理查德·阿维顿人像摄影展》 *Richard Avedon Portraits*

理查德·J.鲍威尔 Richard J. Powell

理查德·维兰 Richard Whelan

《历史》 *History*

《历史的瞬间:马修·布雷迪摄影展》 *Mathew Brady and the Image of History*

琳达·西蒙 Linda Simon

《林肯先生的摄影师》 *Mr. Lincoln's Camera Man*

丽塔·戈林 Rita Gollin

里翁·艾德尔 Leon Edel

《六十年代》　*The Sixties*

路易斯·梅南德　Louis Menand

《论作曲家斯特拉文斯基》　*Stravinsky in the Theatre*

《罗得里克·哈德森》　*Roderick Hudson*

罗伯特·海门威　Robert Hemenway

罗伯特·吉罗克斯　Robert Giroux

《洛厄尔诗集》　*Collected Poems*

罗莉·高登索恩　Lorrie Goldensohn

《罗曼语》　*Romance Language*

罗塞拉·马默里·佐芝　Rosella Mamoli Zorzi

罗伊·梅瑞狄斯　Roy Meredith

《论摄影》　*On Photography*

马尔科姆·考利　Malcolm Cowley

《马克·吐温短篇作品集》　*Tales, Speeches, Essays, and Sketches*

《马克·吐温与豪威尔斯往来书信汇编（1872—1910）》　*Mark Twain-Howells Letters:*
　　The Correspondence of Samuel L. Clemens and William D. Howells, 1872—1910

《马克·吐温自传》　The Autobiography of Mark Twain

玛丽·安·考斯　Mary Ann Caws

《玛丽安娜·穆尔的文学人生》　*Marianne Moore: A Literary Life*

《玛丽安娜·穆尔诗歌全集》　*The Complete Poems of Marianne Moore*

《玛丽安娜·穆尔书信选》　*Marianne Moore: Selected Letters*

《玛丽安娜·穆尔散文全集》　*The Complete Prose of Marianne Moore*

玛丽·蒂尔博　Mary Dearborn

玛丽·潘策尔　Mary Panzer

《玛丽·汉密尔顿》　*The Tory Lover*

玛利亚·莫里斯·汉博格　Maria Morris Hambourg

《马塞尔·杜尚访谈录》　*Dialogues with Marcel Duchamp*

马修·约瑟夫森　Matthew Josephson

迈克尔·安涅斯科　Michael Anesko

《麦克卢尔杂志》　*McClure's Magazine*

迈拉·汉肖　Myra Henshawe

《美国人的成长》　*The Making of Americans*

《美国讲演集》　*Lectures in America*

《史泰钦传记》　*Steichen: A Biography*

《诗人足迹：毕晓普、穆尔与洛厄尔》　*Becoming a Poet: Elizabeth Bishop with Marianne Moore and Robert Lowell*

《斯泰因晚期歌剧及话剧集》　*Last Operas and Plays*

《瞬时万言》　*Ten Thousand Words a Minute*

苏珊·杰金斯·布朗　Susan Jenkins Brown

苏珊·桑塔格　Susan Sontag

《他的名字被遗忘》　*No Name in the Street*

《她的声音：维拉·凯瑟的成功之路》　*Willa Cather: The Emerging Voice*

《自我推销的广告》　*Advertisements for Myself*

《乌托邦公园路：约瑟夫·科尼尔的生活与作品》　*Utopia Parkway: The Life and Work of Joseph Cornell*

托马斯·S. W. 刘易斯　Thomas S. W. Lewis

《W. E. B. 杜·波依斯》　*W. E. B. Du Bois*

《W. E. B. 杜·波依斯非刊作品集》　*Writings by W. E. B. Du Bois in Non-Periodical Literature Edited by Others*

瓦尔多·弗兰克　Waldo Frank

瓦莱丽·博伊德　Valerie Boyd

《往事记忆》　*Sacred and Profane Memories*

《围攻之城：维克斯堡战役，1862. 12—1863. 7》　*The Beleaguered City: The Vicksburg Campaign, December 1862—July 1863*

《维拉·凯瑟》　*Willa Cather*

《维拉·凯瑟的文学人生》　*Willa Cather: A Literary Life*

《维拉·凯瑟回想录》　*Reflections on Willa Cather*

《威廉·迪恩·豪威尔斯：美国式人生》　*William Dean Howells: An American Life*

威廉·M. 吉布森　William M. Gibson

威廉·S. 麦克菲利　William S. McFeely

《威廉·詹姆斯与癫痫病人》　*William James and the Case of the Epileptic Patient*

《文学大师亨利·詹姆斯（1901—1916）》　*Henry James: The Master (1901—1916)*

《文学圈的友人与熟人》　*Literary Friends and Acquaintance*

《我的马克·吐温》　*My Mark Twain*

《我的生活》　*The Story of My Life*

《我的死敌》　*My Mortal Enemy*

《我的自传》　*My Autobiography*

《沃尔特·惠特曼的一生》　*Walt Whitman: A Life*

《我梦见一个世界(1941—1967)》　*I Dream a World, 1941—1967*

《我漂泊,我思考》　*I Wonder as I Wander*

《我是最伟大的!》　*I Am the Greatest!*

《我也歌唱美利坚(1902—1941)》　*I, Too, Sing America, 1902—1941*

《舞台生涯》　*Limelight*

《乡村医生》　*A Country Doctor*

《向苍天呼吁》　*Go Tell It on the Mountain*

《向哈莱姆致意: 兰斯顿·休斯与卡尔·范维克顿书信集》　*Remember Me to Harlem: The Letters of Langston Hughes and Carl Van Vechten*

《献给联邦死难者》　*For the Union Dead*

小亨利·路易斯·盖茨　Henry Louis Gates, Jr.

小天堂夜总会　Small's Paradise

谢尔白·富特　Shelby Foote

《邂逅》　*A Chance Acquaintance*

《新英格兰初游记》　*My First Visit to New England*

《心理学简编》　*Psychology: Briefer Course*

《心灵剧院: 约瑟夫·科尼尔日记、书信及文献选》　*Joseph Cornell's Theater of the Mind: Selected Diaries, Letters, and Files*

《形而上学俱乐部》　*The Metaphysical Club*

休·赫夫勒　Hugh Hefner

《喧嚣的静寂: 约翰·凯奇的一生》　*The Roaring Silence: John Cage: A Life*

亚当·高普尼克　Adam Gopnik

《意大利游记》　*Italian Journeys*

伊恩·汉密尔顿　Ian Hamilton

《一个小男孩及其他》　*A Small Boy and Others*

《异国岁月(1895—1901)》　*The Treacherous Years: 1895—1901*

《忆哈特·克莱恩》　*Hart Crane: A Memoir*

《伊丽莎白·毕晓普》　*Elizabeth Bishop*

《伊丽莎白·毕晓普的诗书人生》　*Elizabeth Bishop: The Biography of a Poetry*

《伊丽莎白·毕晓普访谈录》　*Conversations with Elizabeth Bishop*

《一种艺术》　*One Art*

尤多拉·韦尔蒂　Eudora Welty

《有文身的伯爵夫人》　*The Tattooed Countess*

约翰·格尔　John Guare

约翰·沃纳·穆尔　John Warner Moore

《约瑟夫·科尼尔的艺术》　*Dime Store Alchemy: The Art of Joseph Cornell*

《乡村岁月》　*In the Village*

《詹姆斯·鲍德温传记》　*James Baldwin: A Biography*

詹姆斯·布兰奇·喀拜尔　James Branch Campbell

詹姆斯·麦克斐逊　James McPherson

詹姆斯·伍德雷斯　James Woodress

《詹姆斯一家》　*The James Family: A Group Biography*

詹宁斯夫人　Mrs. Jennings

《早餐随想》　*A Note on Breakfasts*

《真诚：威廉·詹姆斯的一生》　*Genuine Reality: A Life of William James*

《真了不起》　*Beat the Devil*

珍妮特·马尔科姆　Janet Malcolm

《真实的杜尚》　*Marcel Duchamp: Appearance Stripped Bare*

《挚爱真情：忆玛丽安娜·穆尔》　*Efforts of Affection: A Memoir of Marianne Moore*

《挚情杜尚：杜尚书信选集》　*Affectionately, Marcel: The Selected Correspondence of Marcel Duchamp*

《至善至雅：博福德·德莱尼的一生》　*Amazing Grace: A Life of Beauford Delaney*

《宗教经验种种》　*The Varieties of Religious Experience*

《朱厄特小姐》　*Miss Jewett*

《最后的晚宴：我与诺曼·梅勒的生活》　*The Last Party: Scenes from My Life with Norman Mailer*

《卓别林》　*Chaplinesque*

《卓别林与卓别林时代》　*Charlie Chaplin and His Times*

《作家群像》　*Group Portrait*

《佐拉·尼尔·赫斯顿的绚丽人生》　*Wrapped in Rainbows: The Life of Zora Neale Hurston*

《佐拉·尼尔·赫斯顿的书信人生》　*Zora Neale Hurston: A Life in Letters*

《偶遇》主涉人物生卒年表

（以英文姓字母顺序排列）

《偶遇》主涉人物	生 卒 年 份
理查德·阿维顿（Avedon, Richard）	1923. 5. 15—2004. 10. 1
詹姆斯·鲍德温（Baldwin, James）	1924. 8. 2—1987. 12. 1
伊丽莎白·毕晓普（Bishop, Elizabeth）	1911. 2. 8—1979. 10. 6
马修·布雷迪（Brady, Mathew）	1822—1896. 1. 15
约翰·凯奇（Cage, John）	1912. 9. 5—1992. 8. 12
维拉·凯瑟（Cather, Willa）	1873. 12. 7—1947. 4. 24
保罗·塞尚（Cézanne, Paul）	1839. 1. 19—1906. 10. 22
查理·卓别林（Chaplin, Charlie）	1889. 4. 16—1977. 12. 25
哈特·克莱恩（Crane, Hart）	1899. 7. 21—1932. 4. 27
博福德·德莱尼（Delaney, Beauford）	1901. 12. 30—1979. 3. 25
W. E. B. 杜·波依斯（Du Bois, W. E. B.）	1868. 2. 23—1963. 8. 27

续　表

《偶遇》主涉人物	生卒年份
马塞尔·杜尚（Duchamp, Marcel）	1887. 7. 28—1968. 10. 2
安妮·亚当斯·菲尔兹 （Fields, Annie Adams）	1834. 6. 6—1915. 1. 5
尤利塞斯·S.格兰特（Grant, Ulysses S. ）	1822. 4. 27—1885. 7. 23
威廉·迪恩·豪威尔斯 （Howells, William Dean）	1837. 3. 1—1920. 5. 11
兰斯顿·休斯（Hughes, Langston）	1902. 2. 1—1967. 5. 22
佐拉·尼尔·赫斯顿（Hurston, Zora Neale）	1891. 1. 7—1960. 1. 28
亨利·詹姆斯（James, Henry）	1843. 4. 15—1916. 2. 28
威廉·詹姆斯（James, William）	1842. 1. 11—1910. 8. 26
罗伯特·洛厄尔（Lowell, Robert）	1917. 3. 1—1977. 9. 12
诺曼·梅勒（Mailer, Norman）	1923. 1. 31—2007. 11. 10
玛丽安娜·穆尔（Moore, Marianne）	1887. 11. 15—1972. 2. 5
巴勃罗·毕加索（Picasso, Pablo）	1881. 10. 25—1973. 4. 8
凯瑟琳·安娜·波特（Porter, Katherine Anne）	1890. 5. 15—1980. 9. 18
爱德华·史泰钦（Steichen, Edward）	1879. 3. 27—1973. 3. 25
格特鲁德·斯泰因（Stein, Gertrude）	1874. 2. 3—1946. 7. 27
利奥·斯泰因（Stein, Leo）	1872—1947. 7. 29

《偶遇》主涉人物	生 卒 年 份
阿尔弗雷德·斯蒂格利茨 （Stieglitz, Alfred）	1864. 1. 1—1946. 7. 13
艾丽斯·B. 托克拉斯（Toklas, Alice B. ）	1877. 4. 30—1967. 3. 7
马克·吐温（Twain, Mark）	1835. 11. 30—1910. 4. 21
卡尔·范维克顿（Van Vechten, Carl）	1880. 6. 17—1964. 12. 21
沃尔特·惠特曼（Whitman, Walt）	1819. 5. 31—1892. 3. 26

图书在版编目(CIP)数据

偶遇:美国作家与艺术家的多维私交/(美)科恩著;高伟译.
—北京:新星出版社,2009.6

ISBN 978-7-80225-643-9

Ⅰ.偶... Ⅱ.①科...②高 Ⅲ.作家—生平事迹—世界—19~20
世纪 Ⅳ.K815.6 K815.7

中国版本图书馆 CIP 数据核字 (2009) 第 022170 号

偶遇:美国作家与艺术家的多维私交

(美)瑞切尔·科恩 / 著 高伟 / 译

责任编辑: 吕 林
装帧设计: 林 涛 秦 嶷

出版发行:	新星出版社
出版人:	谢 刚
社 址:	北京市东城区金宝街 67 号隆基大厦 100005
网 址:	www.newstarpress.com
电 话:	010-65270477
传 真:	010-65270449
法律顾问:	北京建元律师事务所
读者服务:	010-65267400 service@newstarpress.com
邮购地址:	北京市东城区金宝街 67 号隆基大厦 100005
印 刷:	山东新华印刷厂临沂厂
开 本:	880 × 1240 1/32
印 张:	13.125 字 数:358 千字
版 次:	2009 年 6 月第一版 2009 年 6 月第一次印刷
书 号:	ISBN 978-7-80225-643-9
定 价:	36.00 元

版权专有,侵权必究;如有质量问题,请与出版社联系调换。